박민영 朴敏泳

경남 함양 출생. 인하대학교 역사교육과를 졸업한 뒤 한국학중앙연구원에서 문학석·박사 학위를 받았다. 인하대·단국대·충남대·상지대·국민대에 출강, 청계사학회 회장, 한국근현대사학회 편집이사, 2005광복60년기념사업추진위원회 상임연구위원, 국가보훈처 국가보훈위원회 실무위원, 독립유공자공적심사위원, 경상북도독립운동기념관 이사 등을 역임하였다. 2002년 독립기념관 한국독립운동사연구소에 들어가 수석연구위원을 지냈다. 현재 원광대학교 원불교사상연구원 책임연구원으로 재임 중이다.
대통령표창(2006), 의암학술대상(2008)을 수상하였다.

주요저서

『러시아지역의 한인사회와 민족운동사』(공저, 1994), 『중국동북지역 한국독립운동사』(공저, 1997), 『대한제국기 의병연구』(1998), 『한말 중기의병』(2009), 『거룩한 순국지사 향산 이만도』(2010), 『대한 선비의 표상 최익현』(2012), 『기록으로 보는 재외한인의 역사-아시아-』(공저, 2016), 『만주·연해주 독립운동과 민족수난』(2016), 『나라와 가문을 위한 삶 곽한소』(2017), 『의병전쟁의 선봉장 이강년』(2017), 『화서학파 인물들의 독립운동』(2019), 『한말 의병의 구국성전』(2020), 『독립운동의 대부 이상설 평전』(2020), 『임시정부 국무령 석주 이상룡』(2020)

원불교사 논문

「선산 변중선의 독립운동과 '한국독립운동약사' 저술」(2018), 「일제강점기 원불교계와 독립운동의 상관성에 대한 시론적 검토」(2019), 「자료로 본 숭산 박길진의 삶」(2022), 「숭산 박길진의 1956년 세계일주 해외교화 여정」(2023), 「숭산 박길진의 1956년 세계일주 교화여행의 역사적 의의」(2023)

원광의 빛
숭산 박길진

〈나〉의 빛

지금 여기에 꽃이 피어 있다
정성 다해 힘껏 피어 있다
우리도 이 꽃과 같이
정성 다해 힘껏 살아보자

-「좋은 얼굴의 〈어떤 빛〉」에서-

원광의 빛
숭산 박길진

박민영 지음

간행사

숭산 박길진.

　대학원 시절이던 1984년 고희기념논총 『한국근대종교사상사』를 통해 그를 처음 만났다. 원불교를 창시한 소태산의 장자(長子)이며 대학총장이라는 이력의 외형에 압도된 나에게 숭산은 더 이상 관심의 대상이 될 수 없었다. 그뒤 40년 가까운 세월이 지나 인생 만년에 그를 다시 만났다. 피할 수 없는 인연이었나 보다.

　그동안 나는 독립운동사연구에 오롯이 40년 외길 인생을 보냈다. 독립운동의 역사가 지닌 참된 가치와 효용성를 굳게 믿기에 그동안 보낸 세월, 삶에서 나름 작지 않은 보람과 긍지를 지닌다.

　2021년, 오랜 학문 도량이던 독립기념관을 떠나 원광대학교와 새롭게 인연을 지으면서 원불교 초기 교단(불법연구회) 자료를 정리하는 도정에서 숭산을 재회하였다. 이제사 비로소 역사가의 감각으로 숭산의 고귀한 역사성을 확신하게 되었다. 어느날 그의 삶이 영성과 실천으로 상(像)을 지어 또렷이 그려지면서 '역사적 인물'로 부상(浮上)되어 나타났던 것이다. 이에 선언적으로 평전 집필을 공언하고 오늘에 이르렀다.

　숭산은 두 말이 필요없는 원불교 교학(敎學)의 최고봉인 동시에 교단의 큰 지도자였다. 또, 1946년 유일학림 출범 이래 초급대학, 단과대학을 거쳐 종합대학에 이르기까지 학장, 총장을 맡아 오늘의 원광대학교를 있게 한 원광의 '큰 스승'이었다. 그가 걸었던 평생의 궤적, 그리고 그 궤적을 있게 한 사상과 이념은 모두 소중한 가치를 지니고 있다. 숭산이 원불교와 원광대학교의 역사에서 고귀한 자산이 되는 이유, 조건이 여기에 있다. 그가 생전에 남긴 저술은 한결같이 허명(虛名)과 공론(空論)이 아닌 실천적 교학을 온몸으로 체인(體認)한 참된 위인이었다는 사실을 웅변해 준다. 뛰어난 학문적 역량과 실천적 도량을 겸비한 참된 종교인이요, 구도자의 경건함으로 일생을 살다간 '원광의 빛'이었다. 하지만, 숭산의 위업은 1986년 작고 이후 바람직한 방향으로 계승, 발전되지 못하고 거의 단절된 채 오래도록 매몰되어 있었다.

　2021년 봄, 숭산 연구에 들어가 우선 관련자료를 일람한 결과물로 소고(小考)「자료를 통해 본 숭산 박길진」을 발표하였다. 숭산과의 인연은 이렇게 시작되었다. 백세 노모의 환후와 임종이 이어지는 가운데서도 숭산 자료에 줄곧 묻혀 지냈다. 숭산을 잘 아는 어느 노교수가 그 집필의 어려움을 두고 '나 같으면 결코 시작하지 않았을 것'이라고 한 단언이 늘 귓전을 울렸다. 그토록 고단했던 날들, 하루 일과를 끝낸 뒤에는 언제나 '대견하다'고 흐뭇한 미소로 그날을 격려해 주는 '마음 속 숭산'이 있었기에 마침내 탈고에 이를 수 있었다.

　집필과정이 순탄치 않으리라 짐작했지만, 실제로 부딪힌 난관은 예상을 훨씬 뛰어넘었다. 무엇보다 종교·교육·철학 등 숭산이 몸담았던 분야에 대한 전문적 식견이 부족한 나의 자질에 가장 큰 원인이 있었음을 자인한다. 특히, 적지 않은 시간과 노력을 기울였음에도 원불교 교사, 교학 공부가 끝내 만족할 만한 수준에 이르지 못하고 말았다. 가장 크게 아쉬움으로 남은 제2부 '저술과 사상'이 처음 계획하고 구상한 의도와 다르게 균형잡힌 내용으로 서술되지 못하고 소략히 정리된 이유도 여기에 있다. 그럼에도 불구하고 '숭산학'의 한 축이라 할 숭산의 학문·사상과 이념의 대체(大體)라도 제시하고픈 소박한 염원에서 제2부를 마무리하였다. 이 점 널리 혜량해 주기 바란다.

3년 전 처음 기필(起筆)할 때 구상한 원고 분량에 비해 집필 도중 30% 가량이 늘어났다. 여러 사정과 이유를 차치하고, 이 책이 장차 진작될 숭산 연구의 방향성을 가늠하는 역할과 더불어 기초자료로 활용될 수 있기를 바라는 희망 때문이었다. 내용과 논지에 따라 숭산 이해에 바탕이 될 자료·어록·증언 등 원문을 가급적 풍부하게 인용한 점, 다소 번다함을 무릅쓰고 가능한 한 세밀하게 주기(注記)를 붙인 것은 모두 서술의 신뢰를 제고하는 동시에 장차 숭산 연구에 다소라도 도움을 주려는 생각에서였다.

이 책은 모두 3부로 이루어져 있다. 제1부에서는 숭산의 평생 삶의 궤적을 서술하였고, 제2부에서는 숭산 내면의 사상, 그리고 그것이 표출된 저술 세계를 살펴보았으며, 제3부에서는 숭산의 만년과 후인의 추모·선양·논찬을 모아 정리하였다.

우선, 가장 큰 비중을 차지하는 제1부 '숭산의 삶'은 숭산의 생애를 주로 연대기 순으로 기술한 것이다. 영광과 익산에서의 성장시절부터 시작해 서울과 도쿄에서의 수학(修學), 일제강점기 불법연구회와 숭산의 관계, 유일학림 이후 40년간의 교육사업, 그리고 교육사업과 병진한 종교·사회 활동 등 모두 5개의 장으로 나누어 숭산의 삶을 단계별로 기술하였다. 물론 이와 같은 설정이 이상적 준거는 아니라 할지라도, 자료의 섭렵을 통해 자연스레 도출된 결과이기에 숭산을 이해하는 하나의 이정표는 될 수 있을 것으로 짐작한다. 그럼에도 불구하고, 원불교(불법연구회)와의 관계 설정을 통한 숭산의 활동을 더 분석적으로 언급하지 못한 대목은 한계로 남는다.

제1부에서 또 한 가지 특기할 것은 1956년의 세계일주 교화여행에 많은 지면을 할애했다는 점이다. 6·25전란 직후 고단했던 시대상황과 경제적 여건을 감안할 때, 당시의 세계일주는 이후 원불교 교화사업의 방향 설정과 파급 효과에 적지 않은 영향을 미쳤기 때문에 여정뿐만 아니라 그 결과와 의의에 대해서도 상세히 기술하였다.

제2부 '저술과 사상'에서는 숭산이 남긴 여러 형태의 저술과 언론보도, 그리고 철학과 종교관 등 숭산의 내적 사상을 다루었다. 하지만, 이 분야에 대한 선행연구가 조밀하지 않은 데다, 앞서 언급한대로 나의 역량 부족으로 처음 의도한 소기의 성과, 수준에 끝내 이르지 못한 채 제2부를 마무리 지어 못내 아쉬움이 크다. 장차 숭산의 종교사상, 교육철학 분야에 대해 더 심도 있는 연구가 이어지길 고대한다.

숭산 서거와 후인의 추모·논찬을 다룬 마지막 제3부 '원광의 빛'은 이 책의 에필로그 성격을 지니고 있다. 여기서는 먼저 1980년대에 등장한 전두환 신군부의 독재로 야기된 시대적, 사회적 혼란과 숭산 서거 양자간의 상관성을 논급하였다. 곧 숭산의 죽음에 내재된

'공도자(公道者)'로서의 헌신과 희생의 의미를 살펴본 것이다. 다음으로, 숭산이 남긴 기록과 지인들의 증언을 통해 그의 고결한 품성과 일상에서 보인 실천적 규범성을 제시한 뒤, 후인들에 의해 이루어진 추모와 선양, 그리고 논찬(論贊)을 모아 정리함으로써 숭산이 후세에 드리운 여운을 기술하였다. 끝으로, 평전에 임한 나의 소회와 더불어 숭산이 남긴 교훈을 제시해 봄으로써 장차 '숭산학'의 발흥을 촉구하면서 이 책을 마무리하였다.

숭산에 대한 학술적 연구는 그동안 심도 있게 이루어지지 않았다. 이 책이 담고 있는 내용과 논지도 두터운 신뢰를 담보했다고 생각하지 않는다. 장차 숭산 연구의 진척에 따라 크고 작은 비판과 수정의 여지가 있을 것으로 짐작한다. 이 책은 전적으로 홀로 한 나의 연구의 소산이기에 그에 대한 책임도 마땅히 내가 져야 할 몫이다. 출간에 즈음해 학문적 성취감보다 부담감이 앞선다. 내가 몸담은 원광대 원불교사상연구원의 외연에서 이 책을 내는 중요한 이유도 여기에 있다.

나는 익산에 머무는 동안 숭산평전 간행 외에 두 가지 일을 더 하고 싶었다. 일제말기-해방공간에서의 원불교 교단의 역사성을 구명하는 연구와, 원광대박물관에 미처 정리되지 못한 채 소장된 숭산자료를 분석·정리하는 일이었다. 하지만 여러가지 사정으로 이를 미제로 남겨두게 되어 아쉬움이 크다. 장차 원불교와 원광대학교의 미래지향적 발전을 위해 이들 과제의 해결은 필요할 것으로 생각된다.

이 책이 나오기까지 여러분의 도움이 있었다. 40년 학연의 박맹수 원광대 전 총장님은 숭산이라는 역사적 인물을 나에게 일깨워주고 집필 과정을 지켜보며 성원해 주었다. 원불교사상연구원의 현 원장인 박성태 원광대 총장님 이하 원영상·고시용 전·현 부원장님, 김태훈 실장님, 허석·이주연 교무님도 언제나 가까이서 격려를 아끼지 않았다. 대학교당 이종화 교감교무님은 늘 온화한 미소로 위안을 주었고, 박현덕 교무님은 숭산 세계일주 일기, 사진첩 등 귀중한 자료를 제공해 주었다. 숭산을 모셨던 가산 김영두, 현담 조수현 두 분 원로 교수님의 따뜻한 조언과 성원도 잊을 수 없다. 특히 현담 선생님은 평전 저술을 기념하는 '숭덕업(崇德業) 산고심(山高深)' 휘호까지 내려주셨다. 내가 원광대에 재임하는 내도록 지근에서 고락을 함께 한 정경훈 교수께도 사의를 전한다. 숭산의 따님 박시현 교수님은 시종 나의 편에서 지지, 성원을 보내주신 분이다. 나에게 쏟아준 모든 분들의 정성에 깊이 감사드리며, 이 또한 숭산을 향한 존모(尊慕)의 발현이기에 그 뜻이 더욱 소중하다. 또 간행 일을 맡아 정성을 다해 준 역사공간 여러분께도 감사드린다.

끝으로 꼭 한 마디. 이 책을 내는 데 가장 큰 힘이 된 분은 나의 큰누나(여타원 박상선)이다. 평화와 순탄을 염원하던 1945년 해방 해에 태어나 '평순(平順)'이라 이름한 큰누나는 진주·함양 교당을 40년 출입한 원불교인으로 오늘 부모님을 대신하는 나의 버팀목이다. 이 책을 손꼽아 고대하고 있을 큰누나의 앞날에 순탄과 건강이 함께 하길 천만 축원한다.

2024년 10월 26일
서울 문정동에서 박민영

차례

간행사 6

제1부 숭산의 삶

영광(靈光)의 복전(福田)
가계와 유년시절 17
소태산의 원불교 개교 23
영광에서 익산으로 27

배움의 길
배재고등보통학교 진학 36
일본 도요대학 유학 53

불법연구회와의 관계
일제강점기의 불법연구회 92
불법연구회와 숭산 126

원광대학교의 발전
유일학림의 출범 139
6·25전쟁과 원광초급대학 150
단과대 원광대학 156
원광대학교 승격과 발전 171

종교와 사회활동
원불교 교단과 숭산 190
세계일주 교화여행 207
국제종교회의 참가 260
일본과의 학술·종교 교류 280
연구소와 연구원의 개설 286
사회활동 300

제2부 저술과 사상

저작과 언론
저서류 331
문류 341
언론에 비친 숭산 356

철학과 사상
종교철학 372
교육사상 401

제3부 원광의 빛

신룡벌에 저물다
좌우명 417
서거 430

후인의 추모와 논찬
기념·추모 사업 448
후인의 논찬 459

숭산이 남긴 유훈 471

참고문헌 480
연보 507
찾아보기 519

제1부

숭산의 삶

영광(靈光)의 복전(福田)

가계와 유년시절

숭산(崇山) 박길진(朴吉眞)은 1915년 8월 15일(음 7. 5) 전라남도 영광군 백수면 길룡리 영촌마을에서 태어났다. 부친은 원불교 교조인 소태산(少太山) 박중빈(朴重彬, 1891~1943) 대종사이며, 모친은 대사모(大師母)라 불리는 십타원(十陀圓) 양하운(梁夏雲, 1890~1973)이다. 본관은 밀양이고, 법명은 광전(光田), 법호가 숭산이다. 젊어서는 한때 '독보(獨步)'라는 필명을 쓰기도 하였다.

경기도 양주에 세거하던 숭산의 선대가 영광에 정착한 것은 8대조 박억(朴億) 대에 와서였다. 그 뒤 군서면 마읍리에 살던 숭산의 조부 박성삼(朴成三)은 소태산 탄생 7년 전에 백수면 영촌으로 이사하였다.[1] 조부는 어려서 남의 집살이까지 했다는 얘기가 구전될 정도로 살림이 어려웠으나, 길룡리의 강릉 유씨 유정천(劉定天)과 혼인한 것을 계기로 차츰 형편이 나아져 이후 그 일대에서 소문이 자자할 정도로 탄탄한 재력을 가지게 되었다고 한다.[2]

숭산에게는 세 분의 삼촌과 고모 두 분이 있었다. 큰 고모는 일찍이 군서면 남죽리로 출가하였으나 후사 없이 작고하였다. 그 아래 백부 박군옥(朴君玉, 1880~1956)은 길룡리 구호동에서 지내다가 그의 당숙(진규)에게 입양되어 군서면 녹사리에서 살았다. 박군옥의 아래가 숭산의 작은 고모 박도선화(朴道善華, 1887~?)이다. 그녀는 영광군 법성면 용덕리에 사는 이천 서씨 서기채(徐奇彩)에게 출가하여 5남매를 두었다. 대종사의 법문을 많이 수필(手筆)하고 초기 원불교의 교리 정립에 크게 기여한 서대원(徐大圓, 1910~1945)이 바로 그녀의 3남이다.

중부 박만옥(朴萬玉, 1888~1905)은 유복녀 하나를 남겨두고 17세 때 요절하고 말았다. 숭산의 4촌 누이가 되는 그 딸은 백부 밑에서 자라 군서면 매산리의 서병옥에게 출가하여 8남매를 두었다. 1970년 「원불교 교화방법에 관한 연구」로 원광대 1호 석사가 된 서경전(徐慶田) 교수가 바로 그녀의 아들이다.

박만옥의 아래가 숭산의 부친 소태산이고, 소태산 아래로 박동국(朴東局, 1897~1950)이 있었다. 숭산의 계부(季父)인 그는 친형 소태산의 문하에서 '육산(六山)'이라는 법호를 받고 창립 표준제자 9인 중의 한 사람이 되었다. 일찍이 당숙(세규)에게 입양된 박동국은 영광읍 연성리에서 지내다가 뒷날 혼자 길룡리로 거처를 옮겨 노루목에서 주막을 열었다. 당시 길룡리 주막 풍경을 말하자면 장사는 흥청거려 돼지 잡는 소리, 술 마시고 취한 육자배기 시끌짝하게 다투는 소리로 노루목이 한창 번성하여 '작은 서울'이란 소리를 들을 정도였다. 비위가 틀리면 다짜고짜 받아버리는 그의 서슬에 근동의 누구 하나 대거리하고 나서는 자가 없었다고 한다. 슬하에 4남 4녀를 두었고, 6·25전쟁 때 참화를 입어 작고하였다.[3]

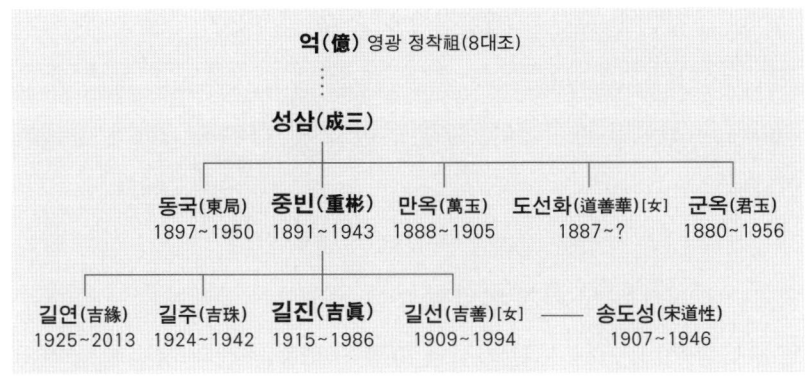

숭산의 가계도

숭산 부친의 형제자매 가운데 소태산을 비롯한 박도선화, 박동국 세 사람의 모친은 유정천이다. 조부 박성삼은 유정천 외에 천정리 대흥마을의 임씨부인과의 사이에서 맏딸과 박군옥, 박만옥 등 2남 1녀를 두었다.[4]

숭산의 부친 소태산은 속명이 희섭(喜燮)으로 3남 1녀를 두었다. 숭산보다 6살 많은 누나 박길선(朴吉善, 1909~1994)은 야성송씨 주산(主山) 송도성(宋道性, 1907~1946)에게 출가하여 5남 1녀를 두었다. 소태산의 법통을 이어받은 정산(鼎山) 송규(宋奎, 1900~1962)가 그의 형이며, 원광대학교 총장을 지낸 송천은(宋天恩)이 그의 아들이다.

박길선의 아래가 바로 큰아들 숭산이다. 숭산보다 9살 아래인 차남 박길주(朴吉珠, 법명 光靈, 1924~1942)는 장성한 21세 때 안타깝게도 병사하였다. 막내 동생은 박길연(朴吉緣, 법명 光振, 1925~2013)이다. 숭산보다 10살 아래이며, 보성전문학교 영문과를 다녔고, 초창기 원광대에서 도서관장 등으로 봉직하다가, 1964년 신설 원광고등학교 교감으로 전임된 뒤 1993년 교장으로 정년퇴임하였다.[5]

숭산의 부친 소태산은 세보상으로 조부 박성삼의 뒤를 이은 사자(嗣子)로 되어 있었다. 큰형 군옥은 당숙에게 출계하였고, 둘째 형 만옥이 요절하였기 때문이다. 동생 동국도 또 다른 당숙에게 출계하였다.

숭산의 어린 시절을 알려주는 자료는 별로 없다. 다만 숭산이 남긴 회고담에 나오는 몇 가지 일화를 통해 성장기의 분위기를 짐작할 수 있을 따름이다. 어린 시절의 집안 형편은 보통 농촌의 평범한 농가와 크게 다를 바 없었다. 베틀에 앉아 무명베를 짜고 밭일에 손마디가 거칠었다고 어머니를 기억한 정황으로 보아 가계 사정이 어떠했는지 짐작된다. 뒷날 종교인이자 철학자로 대성하게 되는 숭산의 이미지를 상정할 때, 그가 어린 시절부터 보여준 철학적 사색과 구도적 탐구 기질은 다음 일화에서 그 단초를 찾을 수 있다.

> 내가 3~4세 되었을 때인 것 같다. 어머님 무릎에 앉아 있었는데, 그때 아버님께서 나에게, "네 마음 지금 어디에 있느냐?"고 물으셨다. 방 안에는 갓 결혼한 신부가 옆에 와 있었다. 나는 얼른 "신부 코 끝에 있습니다."라고 말씀드렸다. 아버님께서는 아무 말씀은 없으셨지만 신통하다고 생각하시는 것 같았다. 나는 그때 코 끝이 빨갛던 신부를 유심히 보고 있었기 때문에 마음이 바로 그 신부의 코에 가 있었다고 대답했었다고 생각된다.[6]

위 부자간의 대화는 범상치 않다. 수양의 경지가 높은 선사들이 나누는 선문답을 연상할 만큼, 마음을 화제의 중심에 두고 어린 아들과 이러한 문답을 했다는 사실이 놀랍다. 어린 시절의 기억이 오랜 세월을 지나는 동안 다소 희석되었을 여지를 감안하더라도, 부자간에 오간 대화의 실상과 의미는 오롯이 짐작할 수 있다. 숭산이 어려서부터 심법을 공부하고 사물의 이치를 탐구하는 노력을 기울였다는 사실은 위 인용문에 이어지는 다음 일화에도 그대로 나타난다.

> 나는 어려서부터 아버님으로부터 자신이 알게 모르게 정신적인 훈련을 많이 받았었다. 가령 옥녀봉을 향하여 소리를 질러보라 하시고는 "저편에서 다시 네 목소리가 되돌아오는데 왜 그러겠느냐?" 즉 메아리에 대한 의문을 상기시켜 주셨고, "하늘 위에 떠 있는 구름을 네가 잡을 수 있겠느냐?" 하시며 가끔씩 나의 생각과 사고의 성장을 지켜봐 주시며 단련을 시키셨던 것이다. 그래서 나는 옥녀봉으로 구름을 잡겠다고 올라가 본 일도 있었다. 이때의 내 나이는 불과 5~6세 정도였다. 그러나 아버님께서는 어릴 때부터 이렇듯 자연현상과 사물에 대해 스스로 탐구할 수 있도록 촉구해 주시며 지도해 주셨다. … 이뿐 아니라 나무토막에 열 십 자[十]를 그려 놓으시고는 가로와 세로가 만나는 한 가운데 지점을 보라고 하셨다. 나는 틈만 있으면 보았다. 이것은 어떤 일이든 집중력을 길러나가는 하나의 교육과정이 아니었던가 생각된다.[7]

이러한 탐구 경험과 공부는 영성(靈性)이 탁월했던 아버지의 교육과 지도가 어린 숭산에게 얼마나 큰 영향을 미쳤는지 짐작케 한다. 훗날 숭산이 보여준 철학적 담론과 종교적 영성은 영산에서 보낸 어린 시절의 경험을 토대로 하고 있었다. 이런 까닭에 숭산에게 영산은 곧 '정신문명의 산실'이었다. "생각할수록 꿈같은 어린 시절, 비문명

숭산의 고향 영촌

지대 영산에서의 생활이었지만 정신세계의 단련은 그 누구에게 뒤지지 않는 과정으로서 종교적 본질로 다가서는 기초였던 것이다. 뿐만 아니라 세계를 향한 정신문명의 산실에서 나는 거침없이 자랐고 삶의 방향과 지침을 배우고 닦을 수 있었다."[8]고 술회한 대목은 숭산의 진솔한 심경을 그대로 보여준다.

이상과 같은 마음공부와 정신수양 외에 윤리·도덕 교육도 철저하게 받았던 것 같다. 소태산은 어린 숭산에게 그날그날 일과를 성찰케 하고, 그 가운데 잘못이 있으면 반성하도록 했다는 것을 보면 그러한 정황을 알 수 있다. 숭산이 기억하는 일과에서의 잘못이란 아주 사소하지만 확실하고 구체적인 일이었다.[9]

    어른에게 바늘귀 안 꿰어드린 일
    어른이 계신 문 앞에서 어른거린 일
    떼쓰는 일
    말 안 듣는 일

이러한 자아성찰은 바람직한 생활 습관과 자세를 기르는 훈련이 었음은 물론이다. 숭산이 일생 동안 늘 정성을 다하는 자세와 태도를 견지할 수 있었던 것은 어린 시절부터 몸에 익힌 이러한 교육의 소산이었다. 소태산의 가르침 가운데 또 한 가지 특히 유념했던 것은 인사 예절이었다. 소태산은 누구를 만나든지 인사를 공경히 하라고 가르쳤다. 구걸하러 온 걸인에게도 극진히 인사했다는 일화를 통해 인사 예절에 얼마나 철저했었는지 짐작할 수 있다. 뒷날 원광대 총장 시절에 "간단한 인사가 별것 아닌 것 같지만 인사는 바로 예의심의 발로이기 때문에 중요하지요. 그래서 우리는 학생들에게 인사하는 것부터 가르칩니다."[10]라고 하여 숭산이 대학교육에서 인사 예절을 중요한 교육 덕목으로 삼았던 것도 어려서부터 받은 예절 교육에서 비롯된 것이라고 할 수 있다.

소태산의 원불교 개교

소태산 박중빈은 원불교를 개창한 교조이기 때문에 원불교 교단에서는 흔히 대종사라는 존칭으로 불린다. 어려서는 9세까지 인근 서당에서 한문을 배웠다. 그 후 자연현상, 인간과 우주의 근본 이치에 대한 고민, 의문을 품고 그 해답을 얻고자 5년간 산상기도를 올리는 한편, 도사를 만나기 위한 구도생활을 하였으나 염원을 이루지 못하였다. 깊은 고민에 빠진 소태산은 마침내 외부 존재로부터 문제를 해결하려는 방도를 단념하고, 이후 깊은 사색과 기도에 전념하는 생활에 들어갔다.

소태산은 22세 무렵부터 입정삼매(入定三昧)의 경지에 들어 망아(忘我)의 침잠(沈潛) 상태에 드는 '대입정'을 체험하는 경지에 이르렀다. 그러나 주변 사람들은 오히려 그와 같은 소태산의 모습을 이상히 여겼다. 그로부터 5년 후인 1916년 4월 28일 이른 아침, 마침내 소태산은 우주만유와 인생의 근본을 제시하는 비전이 선명하게 떠오르는 체험, 곧 '대각(大覺)'을 하기에 이르렀다.

> 만유가 한 체성(體性)이며 만법이 한 근원이로다. 이 가운데 생멸 없는 도(道)와 인과 보응되는 이치가 서로 바탕하여 한 두렷한 기틀을 지었도다.[11]

'대각' 직후 소태산은 유교·불교·도교 등의 경전을 비롯하여 기독교의 성서까지 두루 섭렵하였다. 그 중에서도 특히 불교『금강경(金剛經)』의 내용이 자신이 깨달은 진리와 일치한다는 사실을 알았고, 그 근본 진리를 밝히는 데는 불법(佛法)이 제일이라 생각해 석가모니를 선각자로서 존숭하는 동시에 불법에 근거한 새로운 종교 공동체를 구상하기에 이르렀다.

소태산은 자신이 깨달은 진리를 펴기 위해서는 기존 불교와는 전혀 다른 새로운 불교, 새로운 교단을 설립하지 않으면 안 된다고 생각하고, '물질이 개벽되니 정신을 개벽하자'라는 기치 하에 새 교단의 창립을 선언하기에 이르렀다. 그와 더불어 소태산은 기존 불교와 같은 불상(佛像)이 아니라 '법신불(法身佛) 일원상(一圓相)'을 신앙의 대상, 수행의 목표로 정하는 한편, 불교의 시대화, 대중화, 생활화를 주창함으로써 신도 각자가 합당한 직업에 종사하면서 교화사업을 시행하는 '생활불교'를 표방하였다.

새로운 종교 공동체운동, 곧 새 교단을 열기 위한 소태산의 의지에 따라 인근 마을의 주민 40여 명이 모여들었다. 1917년 소태산은 저축조합을 만들어 새로운 운동을 전개하였다. 소태산이 펼친 저축조합 운동은 단순한 조합이 아니고, 근검 저축·허례 폐지·미신 타파·금주 단연·공동 출역 등을 핵심 내용으로 하는 인민의 자주적 신생활운동이었다.

원불교 교조 소태산 박중빈

1918년 5월부터 소태산은 간척지 조성사업인 방언공사(防堰工事)를 시작하였다. 1919년 4월 방언공사를 마치고 2만 6천 평의 간척지를 만들었다. 소태산이 태어나고 살아온 마을 앞 바다에 방언을 축조함으로써 새로운 농토를 조성하는 큰 사업을 완성하였던 것이다. 새롭게 조성된 간척 농지는 정관평(貞觀坪)이라 불렸다.

영광을 중심으로 교단 창립의 기초를 다진 소태산은 1919년 늦가을부터 약 5년간 부안군 변산에 칩거하면서 교단 창립에 필요한 교리와 제도를 정비한 뒤 1924년 6월부터 전북 익산[12]을 무대로 '불법연구회(佛法硏究會)'라는 종교단체를 창립하여 공개적이면서도 합법적인 종교운동을 펼치기에 이르렀다. 곧 원불교의 전신이 되는 불법연구회는 전북 익산군 북일면 신룡동에 본부[13]를 두고 새로운 종교 공동체를 건설하기 시작하였다. 이후 소태산은 총재로서 1943년 작고할 때까지 근 20년 동안 불법연구회를 지도하며 새 불교운동을 전

익산의 불법연구회 본부(총부)

개하였다.

  숭산의 어린 시절은 아버지 소태산이 대각 이후에 불법연구회를 창립하여 교단을 출범시키던 초기에 해당된다. 그러므로 숭산은 부친이 개교(開敎)한 원불교와 숙명의 태생적 인연을 가졌다고 할 수 있다. 소태산이 부안의 변산에서 세상 구원을 위한 교법을 다지던 1921년, 숭산은 일곱 살로 향리의 서당에서 천자문을 배우기 시작하였다. 그 뒤 1925년 11살 때 백수공립보통학교에 들어가 처음으로 신학문을 접하게 되었다. 불법연구회가 익산에 자리를 잡게 되자, 숭산의 모친은 어린 아이들을 데리고 1926년 가을 익산에 정착하였다. 이후 익산은 일생 동안 숭산의 활동 근거지가 되었다.

영광에서 익산으로

서당을 다니기 이전에 숭산은 자습으로 한글을 깨쳤다. 서당에 다닌 것이 7세 때였으므로, 한글을 익힌 것은 그보다 이른 5~6세 무렵이었을 것이니, 총기가 뛰어났음을 짐작케 한다. 처음에 숭산은 이웃 동네인 범현동에 있는 서당에 다녔다. 다른 학동들과 함께 천자문·소학 등 기초 한문을 배웠다. 김민서라는 분이 훈장이었고, 서대원이 함께 서당에 다녔다고 한다. 숭산의 고종(姑從)으로 한학에 뛰어났던 서대원은 불경을 깊이 연구하여 불법연구회의 『회보(會報)』에 그 성과를 연재함으로써 『불조요경(佛祖要經)』 간행에 초석을 다진 인물이다. 훈장 김민서는 다른 자료에 확인되지 않으나, 향촌사회에서 어느 정도 학행(學行)을 갖춘 범상한 학자로 짐작될 따름이다. 처음 다니던 범현동 서당이 없어지자, 숭산은 영촌에서 10리 떨어진 천정리 서당으로 옮겨 공부하였다.[14]

숭산은 서당에서 공부하는 동안 『천자문』을 철저하게 익혔다. 처음부터 끝까지 순서대로는 외운 것은 물론, 거꾸로 해도 암기가 완전했다고 한다. 숭산이 서당에서 공부한 시기는 7세부터 보통학교에 입학하는 11세 이전까지 약 4, 5년간이었다고 짐작된다. 어린 시절 서당에서 익힌 한문은 훗날 그가 철학과 종교를 공부하는 데 큰 자산이 되었다. 서당 공부를 하던 숭산은 11세 되던 해에 신학문을 배우기 위해 백수공립보통학교에 들어갔다. 숭산을 신학문으로 인도한 데는 충산(忠山) 정일지(丁一持, 1892~1970)의 조언이 있었다. 후일 원불교 교단의 양잠·과수원 등 실업 분야에 특히 오랫동안 종사했던 정일지는 당시에도 길룡리에서 누에를 키우고 있었다고 한다. 이런

영광 영산성지의 송규 사가(법모실)
숭산은 익산으로 가기 전 한동안 송규의 부인(여청운) 밑에서 지냈다.

그가 서당에 다니던 숭산에게 학교로 가서 신학문을 배울 것을 권유했다는 것이다.[15]

숭산은 1925년 백수공립보통학교(현 백수초등학교)에 들어갔다. 1923년 신설된 이 학교는 숭산이 살던 영촌 마을에서 20여 리 떨어져 있었다. 다른 아동들에 비해 다소 늦은 나이였기 때문에 간단한 시험을 거쳐 2학년으로 편입하였다. 이 무렵 숭산의 부모는 모두 영광을 떠나 외지에 있었다. 부친 소태산은 불법연구회를 주관하는 일로 익산에 머물러 있었고, 모친은 임실에서 지내고 있었던 것이다. 그러므로 숭산은 송규의 부인인 여청운(呂淸雲, 1896~1978) 사모 댁에서 지내면서 학교에 다녔다.[16]

백수공립보통학교에는 숭산이 입학한 1925년 당시 한삼용(韓三用)·김백호(金栢鎬) 등 한국인 훈도 두 명, 일본인 훈도 우에노(上野景章, 학교장), 그리고 교원 촉탁 김종하(金鍾夏)가 재직하고 있었다.[17] 숭산이 처음 신학문을 접한 것은 이들로부터였을 것이다. 먼 길을 걸어서 등교한 까닭에 지각을 면하기 어려웠다. 이런 사정을 헤아린 선생님은 지각을 해도 크게 나무라지 않았다고 한다. 숭산은 "학교에서 돌아오는 길에는 허리에 둘러 묶은 책과 도시락의 반찬그릇 소리가 달랑달랑 요란하게 울렸다."[18]고 하굣길의 정경을 오래도록 기억하였다.

그가 영광의 서당과 보통학교에서 공부하던 시절에 소태산은 언제나 숭산의 곁을 떠나 있었다. 1919년부터는 부안의 변산에 칩거하였고, 1924년 불법연구회가 개창되면서부터는 의당 익산에 상주해야 했기 때문이다. 그러므로 숭산은 어린 시절을 회상하면서 아버지는 중요한 일을 하기 위해 늘 출타하여 집에는 계시지 않았다고 하였다.

불법연구회가 자리를 잡아가게 되자, 숭산의 일가는 1926년 가을에 익산으로 모였다. 숭산은 영광을 떠나 익산으로 왔고, 임실에서 지내던 모친도 어린 두 동생을 데리고 이 무렵 익산 송학동으로 왔다. 이에 숭산은 1926년 4월 이리공립보통학교로 전학해야만 하였다.[19] 숭산 형제가 모친을 따라 익산으로 들어와 지내던 경위에 대해 일찍이 서경전은 다음과 같이 기술하였다.

그 뒤 대종사님의 지시에 따라 대사모님께서는 임실 최도화씨(초창교도)의 사가에 이사하시어 2년간 살으시다가 다시 이리 근교 송만리(현재 송학동)에 초가집을 구입하여 남의 농토를 소작을 얻어 경작하시다가 다시 총부 부근 도치부락 지금의 문갑진씨 집 자리 초가 4칸 집을 구입하여 그곳에서 5년간 살면서 농사지어 생업을 영위하였다.[20]

이는 익산에 들어온 초기에 연거푸 두 번 이사한 사실을 알려준다. 송학동에 처음 자리를 잡았고, 그 뒤 불법연구회 부근의 도치마을로 이사했다는 것이다.

위 인용문에 나오는 초가·소작·농사 등의 고단한 단어에서 짐작할 수 있듯 익산으로 들어온 무렵 숭산 일가의 형편은 몹시 곤궁하였다. 소태산이 이 무렵 '가사를 불고' 했다고 할 만큼 불법연구회의 업무로 여념이 없었기 때문에 어머니 혼자서 가사를 전담하고 자녀를 양육해야만 하는 형편이었다. 익산에 처음 들어오던 그 시절을 구술한 대사모의 만년 회상에도 그러한 고난의 실상이 고스란히 배여 있다. 한기두 교수가 1970년 학생들과 함께 '대사모'로부터 들은 아래 회고담이 그것이다.

3년 전(1970년-필자주) 일이었습니다. 원불교학연구회 교사(敎史-필자주) 연구반원들과 같이 대사모님을 찾아 대종사님이 살아 계실 때의 이모저모를 듣고자 안 나오시는 말씀을 학생들이 떼를 쓰면서 듣고자 했습니다. 대종경에 있는 말씀을 구체적으로 실감나게 들었습니다. 본교(원불교-필자주)가 영산에서 익산총부로 옮겨 어려움을 겪을 때 대사모님께서도 가정을 익산에 옮기려고 총부에 첫발을 디디셨습니다. 날씨는 차갑고 비는 눈으로 변해 바람이 세차게 불어와 어디로 가실 길이 없어 어린 아드님과 함께 3일간 총부 식당(현 세탁부)에 계셨답니다. 3일 되던 아침 대종사께서 친히 부르셔서 조실을 찾았습니다. 대종사님의 부르심을 받으면 그보다 더한 영광이 없다는 생각에 반가이 찾아간 대사모님에게 대종사님은 차분한 어조로 '당신도 이 거룩한 회상에 참예하여 공중을 위하여 심신을 바쳐야 할 시범이 되어야겠으니 그러

숭산이 졸업한 이리공립보통학교(1932년 졸업기념사진첩)

자면 가정을 맡아 자립해 사는 길이 그 첩경이므로 더 이상 공중의 빚을 지지 말라'고, 당장 공가에서 나오라는 명령이라, 당시는 전혀 의지할 곳이 없기 때문에 막연하기만 하였고 어린 아드님과 눈 비바람을 거슬려 맞으며 방향 없이 공가에서 나오실 때의 생각을 하면 한동안 이해할 길이 없었지만 이제 생각하면 그것이 도리어 사모님 자신을 위해서 하는 보람이었다는 것을 생각할 때 오직 대종사님의 위대하신 법력에서 나온 지중한 은혜였음을 새삼 느끼신다고 말씀하셨습니다. 그 말씀을 듣고 교사반 동지들은 다 함께 지난날 선진님들이 회상 창립을 위하여 겪으신 고생을 상상하며 눈시울을 적시게 하였습니다.[21]

익산 시내 마동에 소재한 이리공립보통학교(현 이리초등학교)는 비교적 이른 시기인 1915년에 4년제로 개교하였다. 공립보통학교 학제는 1922년 제2차 조선교육령 반포 이후 수업연한을 6년으로 하되 지역에 따라 4년 또는 5년으로 할 수 있게 하였다. 이에 숭산은 이리공립보통학교가 6년제로 바뀐 뒤에 졸업하였다. 이 학교는 숭산이 전학 오기 전년인 1925년 당시 일본인 교장 이치카와(市川光二) 아래 한국인·일본인 훈도 12명이 재직할 만큼 규모가 컸다.[22]

영광의 시골 농촌 영산을 떠나 소도시 익산(당시 이리읍)으로 옮겨 온 것은 숭산의 일생에 커다란 전기로 작용하였다. "모처럼 소도시로 나온 나는 얼떨떨했다. 논두렁과 밭고랑을 지나 산길로 다니던 학굣길에서 시멘트 집들이 들어서고 차들이 오가는 시내로 나오게 되었으니 시골 아이의 수줍음 같은 것이 있었던 것이다."[23]

하지만 숭산은 낯선 익산 생활에 금방 적응하였던 것 같다. 학업성적도 우수할 뿐 아니라 예체능 방면에도 상당한 소질을 보였다. 서예도 익혀 전람회에 출품할 정도였고, 운동에도 뛰어나 계주 선수로도 선발되었다고 한다. 이런 정황으로 보아 학교생활 전반에 두루 잘 적응하면서 장래가 촉망되는 인재로 순탄하게 성장하고 있었음을 알 수 있다. 숭산이 모친을 따라 익산의 '송학동 이리 철도역 뒤편'으로 옮겨와 살던 무렵, 아버지는 가족과 떨어져 북일면 신룡리의 불법연구회 구내 세탁부 옆 방에서 따로 지내고 있었다. 이에 숭산은 동생 길주와 함께 주말마다 신룡리로 가서 아버지와 지내곤 하였다.

가족이 모두 모여 함께 살게 된 것은 익산에 정착한 이듬해, 곧 보통학교 3학년 때인 1927년 무렵이었다. 가장이 가족과 따로 떨어져 지내는 것은 여러모로 불편하였을 것이다. 이에 불법연구회 주변에 초가삼간을 따로 지어 이사하였다. 이사한 집 옆에는 불법연구회 창립 주역의 한 사람인 문정규(文正奎, 1863~1936)가 살았고, 아랫채에는 불법연구회의 산업부가 있었으며, 집 주위에 수박농사를 짓고 있었다.[24]

불법연구회 옆으로 이사하게 된 것은 부친과 함께 지내게 된 장점도 있었지만, 통학 거리가 멀어져서 더 불편해진 단점도 있었다. 이리 읍내에 살 때는 학교가 가까이 있어 통학이 수월했던 반면, 불법연구회가 있던 북일면으로 옮겨온 뒤에는 읍내 마동의 보통학교까지 매일 10리 길을 걸어 오갈 수밖에 없었다. 숭산은 읍내에서 1년, 불법연구회에서 3년, 모두 4년간 이리공립보통학교를 다녔다.

영광의 길룡리 시골에서 어린 시절을 보낼 수 있었던 것은 숭산으로서는 참으로 큰 행운이었다. 그가 태어나서 자란 영촌은 종교적 영성과 철학적 사색을 풍부하게 배양할 수 있는 자연적 환경을 갖추고 있었기에 인간 사유와 자연 탐구를 통해 장차 철학자·종교인으로 성장할 수 있는 토대가 되었다는 점에서 커다란 의미가 있다. 고향 영광이 성장기의 어린 숭산에게 자연의 영감을 길러준 땅이었다면, 새롭게 터전을 잡은 익산은 숭산이 공부를 통해 지적 역량을 고양하고 새로운 세상을 경험할 수 있게 해준 굴기(崛起)의 고장이 되었다.

주석

1 「서문성 교무의 소태산대종사 생애 60가지 이야기」, 『원불교신문』 2011년 2월 25일자.
2 이혜화, 『소태산평전』, 북바이북, 2018, 44쪽.
3 이경옥, 「육산 박동국 종사의 생애와 사상」, 『개벽을 열다』, 모시는사람들, 2016, 292~293쪽.
4 이경옥, 「육산 박동국 종사의 생애와 사상」, 293쪽; 이혜화, 『소태산평전』, 72~73쪽.
5 「대학인사」, 『원대학보』 31, 1964년 3월 20일자; 「경산 박광진 정사 열반」, 『원불교신문』 2013년 7월 26일자.
6 「구도역정기(求道歷程記)(108); 숭산박광전법사편 ①」, 『원불교신보』 1985년 9월 16일자.
7 「구도역정기(108); 숭산박광전법사편 ①」, 『원불교신보』 1985년 9월 16일자.
8 「구도역정기(108); 숭산박광전법사편 ①」, 『원불교신보』 1985년 9월 16일자.
9 「구도역정기(108); 숭산박광전법사편 ①」, 『원불교신보』 1985년 9월 16일자.
10 「知育보다는 德育을」, 『조선일보』 1978년 9월 21일자.
11 『대종경』 제1 서품(序品) 1장.
12 오늘날 익산시의 연혁을 개관하면 다음과 같다. 일제는 1914년 전국 행정구역 개편 때 익산군, 용안군, 여산군, 함열군 등 4개 군을 익산군으로 통폐합하고 군 치소를 익산면 이리(裡里)에 두었다. 그 뒤 1930년 익산면이 익산읍으로 승격되었고 이듬해에 이리읍으로 개칭하였다. 해방 후 1947년에는 이리읍이 이리부로 승격됨에 따라 익산군에서 분리되었고, 1949년에는 이리시로 개칭되었다. 이후 익산군과 이리시는 별도의 행정구역으로 병존하면서 수차 행정구역 조정을 거쳐 오다가 1995년에 이르러 이리시와 익산군을 통합하여 익산시로 지명을 바꾸어 오늘에 이르고 있다. 또, 익산시 가운데서도 원불교 중앙총부가 위치한 '북일면(北一面) 신룡동(新龍洞)'의 연혁만 보면, 원래 전주부에 속했던 북일면은 1896년 익산군에 편입되었다. 그뒤 일제 강점기인 1914년 행정구역 개편 때 신관리, 내관리, 계룡리, 오룡동, 석상리, 석하리, 신동, 모인리, 학곤리의 각 일부를 병합하여 익산군 북일면 신룡리가 되었다. 그 뒤 1974년 이리시에 편입되면서 신룡동으로 개칭되었다가 1995년 익산군과 이리시가 익산시로 통합됨에 따라 '익산시 신룡동'이 되었다(익산시사편찬위원회 편, 『익산시사』 상권, 익산시, 2001, 211~212쪽).
13 익산에 소재한 원불교의 본부 명칭을 '중앙총부'라고 하게 된 유래는 명확하지 않지만, 천도교의 본부를 중앙총부로 명명한 데서 유래했을 개연성도 있다. 또 원불교 교단의 공식기록인 사업보고서를 보면 원래는 '익산본부' '익산본관' 등으

로 불리다가 1932년(시창 17)에 처음로 '총부'가 등장하고, 이어 '익산총부'를 거쳐 해방 후인 1948년에서야 '중앙총부'가 나타난다(『圓佛敎敎故叢刊』 5, 圓佛敎正化社, 1973, 112·115·121·140·145·181쪽).

14 「구도역정기(109); 숭산박광전법사편 ②」, 『원불교신보』 1985년 9월 26일자.
15 「구도역정기(109); 숭산박광전법사편 ②」, 『원불교신보』 1985년 9월 26일자.
16 「구도역정기(109); 숭산박광전법사편 ②」, 『원불교신보』 1985년 9월 26일자.
17 조선총독부 편, 『조선총독부급소속관서 직원록』(大正 14년), 342쪽.
18 「구도역정기(109); 숭산박광전법사편 ②」, 『원불교신보』 1985년 9월 26일자.
19 유일학림에 제출한 이력서에는 숭산의 이리공립통학교 전학 시기가 1923년 4월로 착기되어 있는데 비해 배재고보 학적부에는 '1926년(대정 15) 4월'로 바르게 기록되어 있다.
20 서경전, 「십타원 대사모님의 생애」, 『원광』 76, 1973년 1월호, 101쪽.
21 한정원, 「대사모님 추억」, 『원광』 76, 1973년 1월호, 93쪽.
22 조선총독부 편, 『조선총독부급소속관서 직원록』(大正 14년), 308쪽.
23 「구도역정기(109); 숭산박광전법사편 ②」, 『원불교신보』 1985년 9월 26일자.
24 「구도역정기(109); 숭산박광전법사편 ②」, 『원불교신보』 1985년 9월 26일자.

배움의 길

배재고등보통학교 진학

사학명문 배재고보

1931년 17세로 이리공립보통학교를 졸업한 숭산은 그해 봄 서울 정동에 소재한 명문사학 배재고등보통학교에 입학하였다. 졸업 당시 자신의 진로를 두고 본인 뿐만 아니라 주위 어른들도 함께 진지하게 고민한 결과 선택한 학교가 배재고등보통학교(이하 배재고보)였다.

배재고보를 선택한 가장 큰 이유는 기독교 학교라는 데 있었다. 그 무렵 그는 벌써 종교인으로 성장하겠다는 결심을 했던 것 같고, 이러한 결심을 하게 된 데는 부친의 조언과 영향이 절대적으로 작용했을 것으로 짐작된다. 숭산과 주변의 지인들은 종교인이 되는 데는 일반 학교보다 종교계 학교에서 공부하는 것이 더 유리하다고 판단했던 것이다. 뒷날 "앞으로 종교인이 되어야겠다는 대전제가 확고했기 때문에 타 종교에 대해서도 알아야 한다는 강한 의욕에서 기독교재단

배재고등보통학교 전경(1942)

에서 설립한 배재를 택하게 되었다."¹고 언급한 대목을 통해 그러한 정황을 짐작할 수 있다. 배재고보는 당시 종교계 학교 가운데 대표적인 명문이었다.

숭산이 배재고보를 선택한 또 하나의 중요한 이유는 민족정신에 투철한 교육도량이라는 데 있었다. 독립운동계의 거목인 이승만(李承晩, 1875~1965)과 여운형(呂運亨, 1886~1947)이 배재고보를 나왔다고 자랑스러워 한 데서도 그러한 생각을 감지할 수 있다. 배재고보는 휘문·보성과 더불어 일제강점기 대표적인 명문사학으로 명성을 떨치던 학교로, 숭산이 입학하던 1930년대는 배재가 최고의 명성을 구가하던 시기였다.

숭산 재학 당시 배재고보의 수업연한은 5년이었다. 1919년 3·1운동 이후 '문화정치'를 표방한 일제의 교육연한 연장 방침에 의거해 1922년 공포한 2차 조선교육령에 따라 고등보통학교의 수업연한이 4년에서 5년으로 연장되었다. 이에 따라 배재고보도 1922년부터 5년제로 운영되었다. 이 학제는 일제가 중일전쟁을 일으킨 뒤 전시

총동원체제에서 교명을 배재중학교로 개칭하고 6년제로 변경할 때까지 16년간 유지되었다.

강한 민족의식을 지녔던 교사들로부터 지식과 함께 '배재정신'을 배운 학생들은 졸업 후 사회에 나가 그 정신을 구현하기 위해 노력하였다. 일제강점기 이래로 사회 각계각층에서 지도자로 활약한 배재 출신들은 무엇보다 재학시절 교사들로부터 받은 정신적인 영향이 컸다는 사실을 강조하였다. 1936년에 숭산과 같이 배재고보를 졸업(고보 20회, 배재 50회)한 동기생으로 성균관대 총장을 지낸 조좌호(曺佐鎬, 1917~1991)[2]는 배재시절의 은사들에 대해 다음과 같이 회고하였다.

> 당시의 배재에는 교장 아펜젤러씨[3] 아래 쟁쟁한 선생님들이 많았다. 지금 기억나는대로 적어 보면, 대수에 신영묵, 기하에 정순택, 영어에 최관오[4]·이경렬·장용하,[5] 물리에 이정기, 화학에 박임련,[6] 역사에 신봉조,[7] 국한문에 한기준·민태식,[8] 상사요항(商事要項; 상업-필자주)에 권오익[9] 등 여러 선생님들이 계셔서 젊은 학도들에게 큰 감명을 주고 있었다. 특히 한글을 가르쳐 주신 환산 이윤재 선생님을 잊을 수 없다. 한글의 우수성과 민족의 얼을 일깨워 주시던 무명 두루마기의 선생님의 모습이 지금도 눈 앞에 선하다.[10]

조좌호의 증언처럼 일제 강점하에서도 배재에는 저명한 국어학자였던 이윤재와 같이 민족의식이 강한 교사들이 일종의 사명감을 갖고 후학 양성에 진력하고 있었다. 위에 언급된 교사들은 대부분 숭산을 직접 가르쳤거나 적지 않은 영향을 주었을 것으로 짐작된다. 이들

외에 독립운동가, 언론인 겸 역사학자로 명성을 떨친 호암(湖巖) 문일평(文一平, 1888~1939)과 같은 지사도 숭산 재학 무렵에 배재에서 교편을 잡고 있었다는 사실은 특기할 만하다.[11]

배재고보 수학

서울에서 공부하는 동안 숭산은 줄곧 불법연구회 '경성출장소'에서 지냈다. 교당이 이사할 때마다 따라다녔다. 처음 서울에 올라와 일시 거주했던 곳은 원불교 초기 교단 발전에 크게 기여한 구타원(九陀圓) 이공주(李共珠, 1896~1991)의 집이었다. 당시 이공주의 집은 종로구 계동에 있었고, 배재고보는 그 곳에서 5리 떨어진 중구의 정동에 있었다. 얼마 뒤, 숭산은 종로구 창신동에 있던 불법연구회의 경성출장소로 거처를 옮겼다.[12]

불법연구회 창립 후 최초로 설립된 교당인 경성출장소는 육타원(六陀圓) 이동진화(李東震華, 1893~1968)가 1926년 7월(음) 종로구 창신동(605번지)의 목조가옥 두 동을 대지와 함께 희사함으로써 출범할 수 있었다. 곧 서울교당의 전신이라 할 수 있는 창신동 교당은 '경성출장소'라는 간판을 내건 원불교의 역사적 산실이었다. 당시 경성출장소는 낙타원(洛陀圓) 김삼매화(金三昧華, 1890~1944)가 상주하면서 교당을 직접 관리하고 식사를 담당하였다. 그리고 초대 교무로 약관 20세의 송도성이 부임하면서 서울 교화가 시작되었다. 서울은 영광과 익산에 이은 세 번째 교화 현장이 되었다.[13]

숭산이 3학년이 되던 1933년에 창신동에 있던 교당(경성출장소)이 고양군 돈암리로 이사하게 되자 숭산도 그 곳으로 따라갔다. 돈암리

서울 창신동 불법연구회 '경성출장소' 숭산은 한때 이곳에서 지내며 배재고보를 다녔다.

교당[14]에서는 1936년 졸업 때까지 3년 정도 기거하였다. 1933년 7월 착공에 들어가 그 해 11월에 준공된 돈암리 신축 교당은 1934년 '경성지부'로 승격되어 해방 이듬해 용산으로 이전할 때까지 14년간 불법연구회 서울 교화의 근거지가 되었다.[15]

감수성이 예민하던 시절이었지만, 숭산은 배재고보 입학 후 오로지 학업에 몰입하였고, 성적도 매우 우수하였다. "입학하여 3학년에 이를 때까지 '아는 것이 힘이다'는 좌우명을 신조로 학업에 몰두, 줄곧 1등을 하였다."[16] 우수한 학업성적은 학적부를 통해서도 확인된다. 특히 1학년 때는 전체 216명 가운데 3등을 차지할 정도로 매우 뛰어났다.

숭산의 배재고보 학적부는 여러 가지 흥미로운 사실을 전해준다. 소태산이 보호자[正保]로 기록된 데 이어 부 보호자[副保]로는 '지인'

숭산 배재고보 학적부

'인물'란에 성격 온순하고 언어 명료, 동작 민활한 것으로, 또 과목 가운데 산술을 좋아하고, 일본어(국어)를 잘하며, 체조를 잘 못하는 것으로 기록해 놓았다.

관계로 하여 이공주(호적명 李瓊吉)가 올라 있다. 곧 구타원 이공주는 숭산이 서울에 유학해 있는 동안 보호자 역할을 대신한 것으로 짐작된다. 주소는 줄곧 이동진화 가택 지번인 창신동 605번지로 되어 있다. 이는 숭산이 처음 서울에 올라와 배재고보에 입학할 당시 이동진화 가택에서 지냈다는 사실을 알려주는 증좌이기도 하다.

학적부에는 1학년 때 조사한 개인의 신상도 기록되어 있다. 우선 종교란에 기독교('キリスト')로 기록되어 있는 점이 눈에 띈다. 당시로서는 불법연구회가 일반 종교로 널리 알려져 있지 않은 형편에서 이를 내세울 수 없었을 것이기 때문에 학교생활의 편의를 위해 임의로 기독교로 기입했을 것으로 짐작한다. 또 장래 희망을 '문사(文士)'로 기록해 놓은 것은 이미 입학 때부터 철학과 종교를 아우르는 인문학자가 되기를 꿈꾸었음을 알려준다.

다음으로 매 학년(2학년 제외)마다 실시한 신체검사 결과도 기입되어 있다. 이를 보면 1학년 입학 때는 신장 164cm, 체중 49kg의 다소 왜소한 체격이었는데, 5학년 졸업 때는 신장 176cm, 체중 67kg의 건장한 체격으로 성장한 사실을 알 수 있다. 그리고 학적부 하단에 '축(蹴)'이라는 메모가 적혀 있는데, 이는 숭산이 축구부 활동을 했다는 기록으로 보인다.[17]

배재고보 5년 재학기간에 숭산을 담임한 교사는 모두 4인이었는데, 그 가운데 한국인 교사 한교(韓喬)와 일본인 교사 야스다(保田正昇) 2인이 확인된다.[18] 2, 3학년 2년간 연이어 숭산을 담임했던 한교는 1916년 월시 박사, 노불 선교사 일행이 내한할 때 배재학당 간사로서 이들의 안내를 맡아 정무총감과 도장관을 방문했을 만큼 오랜 연륜을 지닌 '배재인'이었다.[19] 그는 또 기독교계의 거물 정치인이던

배재고보 개교 제49주년 기념, 10년 이상 장기근속 교원 표창사진
(『매일신보』 1934년 6월 9일자)
중앙이 숭산 담임을 맡았던 야스다, 그 오른쪽은 교장 H.D.아펜젤러 부처이다.

윤치호(尹致昊), 배재고보 교장 신흥우(申興雨) 등이 주관한 기독교청년회(YMCA)에 가담하여 우사미(宇佐美勝夫) 내무장관이 초청한 연회에 참석하거나, 이와 별도로 윤치호·신흥우와 모임을 가졌을 만큼 기독교계(감리교)에서도 비중이 큰 인물이었다.[20] 3·1운동 후인 1920년에 교장 신흥우가 사퇴한 뒤에는 그가 담당했던 교과를 대신 맡았을 만큼 교내에서도 비중이 컸다.[21] 5학년 담임이었던 야스다는 가고시마(鹿兒島) 출신으로 동경외국어학교 조선어과를 졸업한 뒤 한국으로 건너와 전매국 서무원으로 근무하다가 1923년 43세의 늦은 나이에 국어(일본어)·한문 담당 고등보통학교 교원자격을 인정받아 배재고보에서 국한문 과목을 가르쳤던 인물이다. 정치적 성향이나 학문, 사상 등은 알 수 없지만, 당시 경성방송(JODK)에서 '노아의 방주' 등을 강연한 이력 등을 짐작할 때 역시 독실한 기독교인이었을 것으로 짐작된다.[22] 그 외 담임교사는 확인하기 어려우나, 이들의 지도와 가르침은 감수성이 예민하던 시기의 숭산에게 적지 않은 영향을 미쳤을 것이다.

당시 배재고보는 전인교육을 지향하고 있었던 만큼 교육과정이 인문사회·자연과학·예체능 여러 방면의 다양한 과목에 걸쳐 있었다. 실제로 학적부를 보면 숭산이 배재고보에서 이수한 과목은 아래와 같이 다양하였다.

인문사회 분야 수신(修身)·일본어(국어)·한문·한국어(조선어)·영어·역사·지리·법제와 경제·실업

자연과학 분야 수학(산술·대수·기하)·박물(博物; 식물·동물·생물·광물)·물화(物化; 물리·화학)

예체능 분야 도화(圖畫, 미술)·창가(唱歌, 음악)·체조·무도(武道)

이수과목 가운데 일본 '신민'으로서 갖추어야 할 덕목을 가르쳤던 수신, 일본의 무예인 검도를 주로 가르쳤던 무도, 그리고 기초 군사훈련과 체력 단련을 위한 체조 등은 일본 군국주의를 상징하는 과목이었다. 이들 과목을 제외하면 인문사회·자연과학·예체능 각 분야

에서 여러 과목이 비교적 고루 개설되어 있었다.

숭산은 어린 시절부터 배양해 온 철학, 종교적 소양을 바탕으로 배재고보의 우수한 교육환경에서 다방면에 걸쳐 전인교육을 받으며 일취월장하였다. 배재시절에 학습한 다양한 분야의 공부는 숭산이 장차 철학과 종교를 전공하여 이를 실천적 학문의 영역으로 승화시킬 수 있게 한 동인(動因)이 되었다. 곧 철학과 종교를 아우르는 종교철학자, 나아가 교육자로서 일생토록 실천적 위기지학(爲己之學)에 전념할 수 있었던 토양이 일찍이 배재고보 수학시절에 배양되었던 것이다.

실내 강단의 학풍과 더불어 배재고보는 일찍부터 체육활동에도 역점을 두어 당시 '운동 잘 하는 학교'로도 명성이 높았다. 숭산이 입학하던 이듬해인 1932년부터는 모든 재학생이 의무적으로 운동부 활동에 참여하도록 제도화했을 정도로 체육을 중시하였다. 이렇게 정착된 체육활동에 의해 배재생들은 모두 운동하는 학생이 되었고, 체육수업을 통해 운동에 특별한 재능이 있는 학생들을 발굴하여 선수로 육성할 수 있는 기회도 얻었다. 기존의 전문 운동선수들을 중심으로 교외경기에 참가하는 전통을 유지한 것은 물론이다.[23]

숭산은 배재고보 축구선수로 활약하였다. 구기종목 가운데 축구는 일제강점기에 가장 인기 있는 종목 중 하나였다. 1920년 조선체육회가 주최한 제1회 '전조선축구대회'에서 우승하면서 두각을 나타낸 배재고보 축구부는 단연 전국에서 독보적인 위치에 있었다. 이후 1926년 제7회 대회 때도 우승하는 등 배재 축구는 전국대회에서 항상 상위권을 차지하는 성과를 거두고 있었다.[24]

숭산이 배재 축구선수로 활약한 사실은 당시 신문기사에서도 확인된다. 1933년 9월 배재고보와 히로시마(廣島)현 구레시(吳市) 소재 흥문중학(興文中學) 유학 한국학생팀 간에 친선 축구경기가 열렸는데, 숭산이 오른쪽 공격수(RF)로 출전했다는 기사가 그것이다.[25] 당시 심판으로 명성을 날리던 유호기(劉滈基)가 주심을 맡아 배재고보 운동장에서 열린 그 경기는 무승부(1:1)를 기록했다고 한다. 일제강점기에 나온 이 신문기사는 숭산이 처음으로 언론에 보도된 것이기도 하다. 보통학교 시절에도 달리기 등 운동에 뛰어났던 것으로 알려진 숭산은 배재시절에는 이처럼 축구선수로도 활약했던 것이다.

민족적 정의감과 종교적 영성

숭산은 배재고보에 재학하는 동안 학과 공부 외에 민족적 정의감과 종교적 영성이라는 두 가지 정신적 자산을 배양하였다.

> 매주 토요일에 개최되는 학교 예배시간에 참석하여 많은 견문을 넓혀 나가게 되었다. 이 예배시간에 학교 당국에서는 저명인사들을 초청, 강연을 하게 하였다. 그리고 찬송가와 기도를 통해 종교적 정서를 함양시켰다. 나는 목사의 설교와 사회 인사들의 강연을 통해 종교적 교양을 쌓는 데 열중하였다. 감명과 얻은 바가 많았다. 이런 시간을 보내면서 나는 점차 딴 꿈을 꾸게 되었다. 말하자면 우리나라의 비극을 극복하기 위해 독립운동을 해야겠다는 생각으로 집약되었다. 그래서 학교를 졸업하고 바로 중국으로 건너가 남경중앙정치대학에 유학하여 자주독립운동에 가담하려고 마음먹게 되었다. 감수성이 예민한 청소년 시절, 정의를 위해 죽음도 두려울 것 없다는 강인한 의지의 발로

배재고보 재학시절의 숭산
오른쪽은 이공주의 아들 박창기이다.

였다. 남아로 태어나 할 일이 아닌가 하는 꿈에 부풀었다. … 특히 '평화와 자유'라는 제목의 강연을 듣고 독립운동가들의 활동을 알게 된 뒤 나는 너무 감격하여 눈물을 흘렸고, 책상을 치고 그 울분의 일단을 터트리기도 하였다. 따라서 조국광복의 뜨거운 정열을 솟구어 내게 되었다.[26]

학업에 매진하던 숭산은 고학년이 되면서 차츰 자아의식이 성장하게 되면서 학교 밖의 세상을 향해 눈길을 돌렸다. 일제 강점으

인해 야기된 국가와 민족의 수난을 어떻게 극복할 것인가 하는 민족적 과제로 초점이 모아졌다. 민족적 정의감이 열혈청년 숭산의 가슴에서 배양되고 있었다. 그 계기가 된 것이 바로 배재고보에서 토요일마다 열리던 예배시간에 초청된 명사가 들려주던 강연이었다. '평화와 자유'라는 강연을 듣고 독립운동가들이 조국독립과 민족해방을 위해 분투하고 있다는 사실을 처음으로 알게 되었다. 당시 숭산에게 큰 감명을 주었던 강연의 주인공이 누구인지는 알 수 없다. 그러나 독립운동을 관통하는 핵심가치가 곧 '평화와 자유'였다는 사실을 상기해 볼 때,[27] 이러한 주제하에 강연을 한 인물은 독립운동계에 깊숙이 관여하고 있던 저명한 민족지사였을 것으로 짐작된다. 안중근 의사가 이토 히로부미(伊藤博文)를 처단한 궁극적 의도와 목적도 인류 보편의 고귀한 가치인 평화와 자유를 구현하여 이를 수호하는 데 있었다고 할 수 있다.[28]

그가 나라를 구하기 위해 독립운동에 투신할 생각을 가지고 이를 결행할 방안을 깊이 고민하던 시기는 3학년(1933) 무렵으로, 창신동 교당이 돈암리로 이사하던 때였다. 그는 배재고보를 졸업하는 즉시 중국으로 건너가 독립운동에 투신할 결심을 하였고, '남경중앙정치대학'에 입교할 생각을 했다.

남경중앙정치대학은 중국 국민정부의 임시수도 난징(南京)에 있던 중앙정치학교를 지칭하는 것 같다.[29] 이 학교는 국민정부를 이끈 장제스(蔣介石, 1887~1975) 총통이 국민당 간부들을 교육시키기 위해 1927년 중앙당무학교(中央黨務學校)로 처음 설립하였다가 1929년 중앙정치학교로 고쳐 불렀다. 그 뒤 1944년에 이 학교는 중앙정치대학으로, 1949년 대만으로 이전한 다음인 1954년에는 국립정치대학으로 두 차례 교명을 바꾸어 오늘에 이르고 있다. 숭산이 '대학'으로 표기한 것은 뒷날 이 학교가 이처럼 '대학'으로 교명을 바꾸었기 때문으로 짐작된다. 중국 국민당은 임시정부를 비롯한 한인 독립운동 세력과 밀접한 관계에 있었기 때문에, 독립운동에 투신하려던 숭산으로서는 당시 국민당 정부의 수도였던 난징의 중앙정치학교로 진학하고자 꿈꾸었던 것이다.

숭산은 또 자신에게 주어진 소명의식이라 할 종교적 영성을 배양하는 데도 각고의 노력을 기울였다. 다양한 근대학문을 공부하는 가운데 원불교의 교리공부와 실천적 수행을 통해 종교인으로 성장할 수 있는 토대를 이때 착실하게 쌓았던 것이다. 배재고보 수학시기를 일컬어 도학과 과학을 병진하는 기틀을 다진 시간이라고 자평한 것도 이런 맥락에서였다.

숭산은 서울에서 공부하는 동안 방학 때마다 익산으로 돌아와 불법연구회 공동체 생활에 동참하였고, 그것이 원불교학 공부의 출발점이 되었다. 그때마다 일상에서 대종사로부터 직접 설법을 들었을 뿐만 아니라, 사물이나 자연현상을 통하여 생각이나 진리를 깨닫는 감각감상(感覺感想)의 시간을 가지기도 했고, 의견을 서로 교환하고 토론하는 회화(會話)의 시간도 가졌다. 그에 의하면 당시 경험한 공동체생활은 참되고 의미가 있었기 때문에 고된 일과에도 불구하고 힘든 줄을 몰랐다고 한다. 설법을 듣고 정법을 믿는 가운데 우러나는 기쁨, 곧 법열(法悅)에 충만해 있어 죽어도 여한이 없다는 한 가지 마음으로 공부와 사업을 병진하였다.[30] 배재고보 입학 때부터 시작된 익산에서의 방학생활은 그 뒤 도요대학을 졸업할 때까지 대체로 일관되었다.

배재시절 품었던 민족적 정의감은 그 구체적 실천의 방편에서 숭산을 독립운동 대신 철학의 길로 인도하였다. 삶의 방향성을 결정하게 되는 결정적 전기라 할 그 과정은 매우 중요한 의미를 지니고 있다. 숭산은 자신의 과거를 회고하는 가운데 그 전환과정에 대해 두 차례 언급하였다. 먼저 1955년, 그의 나이 41세 때 청년 대학생들에게 교훈의 차원에서 자신의 공부 이력을 소개한「나의 수학시절」에서 아래와 같이 회고한 기사가 있다. 다소 장문이지만, 그가 학창시절 공부에 임했던 태도, 그리고 삶에 대한 진지한 자세가 진솔하게 담겨 있으므로 그 대목을 모두 소개한다.

(남경중앙정치대학에 입학하는) 중국 유학의 꿈이 포말(泡沫, 물거품-필자 주)처럼 사산(四散)한 폐허의 황야에서 무한정 배회만 할 수 없는 나는 다시금 내 본래의 환경으로 귀의하지 않을 수 없었다. 그러한 역사와의 역경에서도 나는 종교서적 탐독을 게을리하지 않은 탓에서인지는 몰라도 흔히 있는 타락의 비운과정을 모르는 채 심기를 전환하였으나 역시 회의(懷疑)의 심연(深淵)에서 허덕이지 않으면 안 되었다. 쇼펜하우엘(쇼펜하우어-필자주)의 저서는 빠짐없이 수집 탐독하면서 1. 인간의 심성에 관한 문제, 2. 삶에 대한 문제, 3. 사후문제, 4. 심(心)과 영(靈)에 대한 문제 등을 골똘히 연구했다. 선배들의 추천에 의하여 철학관 동양대학을 택하고 도일유학하게 된 것은 그 후일에 속한다. 회고하면 제1차의 심경의 변화와 꿈이 상실된 폐허의 터전에 다시금 심경의 전환을 가져온 제2차의 과정은 내 인생의 과거와 현실과 미래를 보람 세워주는 의의 있는 전기요(원문 오식구절 바로잡음-필자) 청춘의 크라이막스라고도 생각한다. 행인지 불행인지는 몰라도 그와 같은 전환의 과

정에서 흔히 있음직한 타락과정을 건너뛰게 되었다는 것은 종교적 가정에서 태어나 신앙의 세계에서 자랐다는 사실에 의하여 결론지워진 것이 아닐까– 제1차 변화가 행동으로서 인생을 연역하려고 했다면, 제2차의 전환은 사색으로서 인간을 귀납하려고 시도한 것이 아닌가 생각된다. 그러나 도일 후 동양대학에 취학하면서부터 나는 전일에 범한 사고의 극단을 정리하면서 순수한 학문세계에서만 골몰하였다.[31]

숭산은 작고하기 전년인 1985년에 남긴 만년의 회고록에서도 그 문제를 언급하였다.

나는 4학년으로 올라가면서 생각이 서서히 전환되기 시작했다. 내 작은 힘으로는 감당하기 어려울 것 같았다. 일본 군국주의의 손아귀에서 조국의 해방은 결코 쉬운 일이 아니었다. 그래서 차라리 억압받는 동포들을 위해 뭔가 할 일을 찾아야 한다는 생각과 앞으로 힘을 길러 우리 민족 스스로 일어나기를 염원하게 되었다. 이때부터 나는 안으로 나 자신 인생문제를 해결해야겠다는 데 귀결되었다. 인생의 본질 문제와 우주 궁극의 문제에 내 정열을 쏟아야겠다고 생각되었다. 그래서 철학 서적을 탐독하기 시작했다. 철학개론과 논어·맹자·중용에 이르기까지 독파하였고, 읽으면 읽을수록 더욱 철학에 대한 관심이 깊어졌고 그 방향에의 공부에 집중하였다.[32]

이와 같이 일제 강점하의 시대적 상황과 현실적 여건을 고려한 이성적 판단의 결과, 숭산이 지녔던 조국과 민족을 향한 뜨거운 정의감은 더 근원적 문제인 자아의 존재론적 본질에 대한 탐구, 나아가 인간과 우주의 문제 탐구를 위해 철학에 착안하게 만들었다. 다시 말해 조국광복에 대한 열렬한 갈망이 우주와 인간의 존재에 대한 탐구로 전환하게 된 것이다. 숭산의 표현을 빌리자면, 독립운동 참여 결심을 포기할 수밖에 없었던 그 심경의 변화를 '꿈이 상실된 폐허'라고 표현했을 정도로 매우 큰 의미로 와 닿았고, 이에 삶의 방향을 수정하여 철학을 공부하기로 한 그 심경을 '인생의 전기', '청춘의 크라이막스'라고 했을 만큼 소중한 가치를 부여하였다. 그리고 정치에 대한 관심에서 철학적 이슈로 급격히 방향을 전환하여 재설정하는 '극단적인 변화' 과정에서도 충격과 혼란을 제어할 수 있게 해 준 힘은 그가 굳건히 견지한 종교적 신앙심에서 비롯된 것으로 자인하였다.

배재고보 졸업 때까지 숭산은 논어·맹자 등 유교의 경전을 비롯하여 철학적 이해의 폭을 넓히기 위해 많은 서적을 독파하였다. 특히 대학 진학 후 그가 전공하게 되는 독일의 유명한 철학자 쇼펜하우어(Arthur Schopenhauer, 1788~1860)의 저서는 이미 배재시절 대부분 보았다. 숭산은 여러 철학 서적을 탐독하면서 인간의 존재와 삶, 심성, 그리고 사후, 심령 등에 관한 문제를 깊이 고민하고 연구하였다.

배재고보 시절 성찰을 통해 끝내 철학에 안착한 것은 그의 일생에서 가장 큰 전기가 되었다. 일생 동안 종교인으로서 철학을 견지할 수 있었던 토대가 여기에 있었기 때문이다. 이 시기 숭산이 철학에 착안하게 된 것은 그가 장차 일원철학(一圓哲學)을 정립함으로써 원불교학이 보편적인 학문으로 인정받을 수 있는 안정적 토대를 마련하게 된다는 점에서 가히 '코페르니쿠스적 전환'이라 부를 수 있을 것이다.[33]

일본 도요대학 유학

철학·종교학의 본산 도요대학(東洋大學)

숭산은 배재고보 재학 때부터 일본어에 능통하였다. 다량의 일본어 서적을 독파하는 가운데 자연히 더 익숙해졌다. 학적부에도 일본어를 가장 능통한 과목으로 명기해 놓은 사실을 통해서도 그러한 정황을 짐작할 수 있다.[34] 일본에서 대학공부를 하고 유학생활을 하면서 언어 소통에는 거의 불편함이 없었을 것으로 생각된다.

숭산은 22살의 나이로 1936년 3월 배재고보를 졸업하였다.[35] 이어 4월에는 일본 도쿄의 도요대학에 진학하여 이후 대학을 졸업하고 귀국하는 1941년 봄까지 만 5년 동안 일본에서 유학생활을 하였다.

도요대학은 철학 연구와 철학자 양성을 위하여 특화된 교육기관이었다. 이 대학의 연원은 철학을 연구할 목적으로 1887년에 문을 연 '철학관(哲學館)'에서 비롯되었다. 철학관의 설립자인 이노우에 엔료(井上圓了, 1858~1919)는 일찍이 철학의 학문적 역할과 효용성에 착안하여 1884년 최초로 철학회(哲學會)를 창립하여 일본 철학을 개척한 저명한 인물이었다. 철학회를 창립한 취지에 대하여 이노우에 엔료는 『철학회잡지(哲學會雜誌)』 창간호(1887)에서 유럽 문명의 발달은 정치·법률·이학(理學) 등 여러 분야에서 발전을 이룩한 바탕에는 원리원칙을 논급하는 철학이 있어 철리(哲理)를 강구하고 있는데 비해, 철학이 아직 발흥하지 않은 일본의 현실에 비추어 시급히 철학을 확립할 필요가 있다고 주장하였다.[36] 그는 서양철학뿐만 아니라 동양철학도 함께 발양하여 동서양 철학의 조화를 도모하려 하였다.

숭산이 공부하던 시절의 도요대학 전경(www.toyo.ac.jp)

도요대학 시절의 숭산(1938)

이처럼 이노우에 엔료는 분명한 목적을 가지고 1887년 도쿄에 철학관을 열었다. 철학관은 1904년 철학관대학, 1906년부터 도요대학(東洋大學)으로 교명을 바꾸어 오늘에 이르고 있다.

도요대학은 몇 차례 이전 끝에 1897년 이래 도쿄 시내 고이시카와구(小石川區) 하라마치(原町), 현재의 분쿄구(文京區) 하쿠산(白山)에 자리를 잡았다.[37] 철학관 설립과 더불어 이노우에는 또 동서양의 대표적인 철학자로 소크라테스·칸트·공자·석가 등 '사성(四聖)'을 선정하여 이들을 함께 모신 '철학당(哲學堂)'을 도쿄 시내 나카노구(中野區)에 건립하기도 하였다. 사성당(四聖堂)으로 불린 이 건물과 그 주변은 오늘날 철학당공원으로 조성되어 있다.

숭산이 도요대학 유학을 결정한 과정과 이유는 배재고보 진학 때와 흡사하였다. 현대 종교에 대한 학문적 이해가 선행되어야만, 그 토대 위에서 불법연구회가 더 바람직한 발전 방향을 모색하고 설정할 수 있다는 생각 때문이었다. 한 마디로 불법연구회의 장래를 위한 유학이었다. 그러므로 숭산의 일본 유학은 개인이 아닌 불법연구회 교단 차원에서 이루어졌다고 할 수 있다. 원불교 교단에서 숭산을 일컬어 '최초의 육영장학생'이라고 한 표현이 그의 유학이 지닌 성격과 의미를 그대로 보여준다.[38]

배재고보 졸업을 앞두고 숭산의 진로에 대해 불법연구회에서 여러 가지로 논의한 결과 전문 지식을 가지기 위해 유학을 보내기로 결정하였다고 한다. 또 부친 소태산이 주재한 불법연구회의 교법을 더욱 확대하기 위해서는 철학과 여러 종교를 연구해야만 했기 때문에 일본 유학을 결심했다고 한다. 이러한 대목은 숭산의 유학이 불법연구회와 결코 무관하지 않았다는 사실을 입증해주고 있다.[39]

철학 연구로 특화된 도요대학과 관련된 학술, 진학 정보는 일본에 먼저 유학한 선배, 지인들로부터 들었던 것 같다. 이와 관련하여 일찍이 선배들의 추천이 있었다고 언급하였다.[40] 그렇지만, 도요대학을 추천한 선배가 누구인지 밝히지 않았기 때문에 그 면면을 알 수 없다. 다만, 숭산 이전에 도요대학에서 수학한 동문은 몇 사람 확인된다. 선배로는 불교학자 조명기(趙明基, 1905~1988)를 비롯하여 사회학자이자 언론인인 김현준(金賢準, 1898~1949), 아동문학가 방정환(方定煥, 1899~1931), 동양철학자 김범부(金凡夫, 1897~1955) 등이 있고, 후배로는 저명한 언론인인 장준하(張俊河, 1918~1975, 1941년 철학과 입학)가 있다. 이들 가운데 열 살 위의 조명기 외에는 가깝게 지낸 인물은 없는 듯하다. 조명기가 동국대 총장에 재임하는 동안, 숭산은 동국역경원 역경위원(1964)에 피선되었을 뿐만 아니라 동국대에서 명예문학박사(1966) 학위를 받았다. 또 한국 불교철학의 권위자였던 그는 정년퇴임 후 숭산의 요청으로 한때 원광대 대우교수로 재직하며 후학을 가르치기도 하였다.

철학자 정종(鄭瑽, 1915~2016)은 숭산과 도요대학 철학과 동기로 평생 가깝게 지낸 벗이었다. 도요대학 졸업생 명부에는 정종이 숭산과 함께 철학과를 졸업한 유일한 학생으로 나타난다. 동기 입학생이 더 많았지만, 중퇴하거나 더 늦게 졸업한 경우도 있을 수 있다. 그런데 정종이 도요대학 시절을 회상하면서 '일본인도 없는 우리만의 동급생'이라고 하여 숭산과 자신 두 사람만이 동급생이었다고 기술한 사실로 보면, 본과 입학 후 졸업 때까지 줄곧 두 사람만이 과정을 이수한 것으로 짐작된다.[41] 동갑이었던 두 사람은 고향도 영광으로 같았고, 배재고보도 함께 다녔다. 숭산이 배재고보를 1931년 입학하여 1936년 졸업한 데 비해, 정종은 숭산보다 2년 빠른 1929년에 입학하여 1년 이르게 1935년 졸업하였다. 두 사람이 배재에 재학한 기간은 겹쳐 있지만, 재학시절에는 교분이 그리 두텁지 않았던 것으로 보인다. 정종이 숭산과 지낸 과거를 회고한 가운데 두 사람의 인연이 도요대학 입학으로 시작되었다고 한 점으로 보아 그러한 정황을 짐작할 수 있다.

숭산이 배재고보 졸업과 동시에 도요대학 예과로 진학한 데 비해, 정종은 중앙불교전문학교로 진학하여 과정을 이수한 뒤 예과를 거치지 않고 도요대학 철학과로 직접 입학하였다. 정종은 숭산의 '권장'에 의해 도요대학 철학과에 진학했다고 스스로 밝혔다.[42] 곧 두 사람은 1938년 4월 함께 철학과에 들어가 3년 동안 같이 공부한 뒤 1941년 3월 함께 졸업하였던 것이다. 또 학교생활만 함께 한 것이 아니라, 같은 방에서 숙식도 함께 했다고 한다. 이런 특별한 인연을 두고 정종은 아래와 같이 회고하였다.

잠자는 시간과 공부하는 시간을 내어놓고는 3개년을 하루같이, 그리고 물체와 그림자처럼, 아니, 파우스트와 메피스토펠레스처럼, 신달타와 고빈다처럼, 햄릿과 호레이쇼처럼, 우리는 마냥 붙어만 살았습니다. 하룻밤에 만리장성을 쌓는다고 했는데, 우리는 3년에다 한 캠퍼스 안에서 6년을 더 보냈으니, 우리가 쌓은 장성은 얼마나 길고 큰 것이 되겠습니까? 그건 무엇으로도 비길 수 없는 우정의 성인 줄로 압니다. … 그 시절, 일본학생도 없는 우리만의 동급생이었다고 해서 다 동급생이며, 친구라고 해서 어디가 다 친구란 법이 있습니까? 우리는 첫날부터 '연때'가 맞았나 봅니다. 흡사 첫눈에 반해버린 연인들처럼 말입니다. 우리는 그 이래로 같은 세계를 가슴에 안은 통일한 세계의 다정하고도 충실한 시민이었나 봅니다. 시민이라고 해야 단 두 사람인데, 그 중 하나가 빠져버린다면 어디 세계가 지탱인들 되겠습니까?[43]

해방 후 전남대와 동국대에서 철학을 가르쳤던 정종은 숭산의 요청으로 1981년 원광대 교수로 부임하여 숭산과 함께 지내면서 한동안 후학을 양성하였다.

한편, 숭산과 정종이 철학과에 들어가던 1938년에 철학과 3학년에 김삼도(金三道, 1907~?)라는 인물이 재학 중이었다. 김삼도의 졸업을 앞두고 세 사람이 함께 찍은 기념사진도 현전한다. 경남 양산 출신인 그는 경성제일고보를 졸업한 뒤 중앙불교전문학교로 진학하여 1936년 졸업과 동시에 도요대학 철학과에 입학하였다.[44] 도요대학 재학 중이던 1936년에 조선불교동경유학생회가 결성될 때 조명기·문록선과 함께 회칙 기초위원에 피선되기도 하였다.[45] 대학을 졸업하고 귀국한 다음인 1940년에 조선불교중앙교무원의 기관지였던『불교』의 편집 겸 발행을 맡아 반민족적 논설을 발표하는 등 일제의 황국신민화정책에 협조하였다.[46] 하지만, 김삼도는 귀국한 이후 숭산과 아무런 교분을 갖지 않았고, 해방 이후에는 경남지역 교육계에 한동안 몸담았던 것으로 알려져 있다.[47]

일본 유학생활

일본에 유학하는 동안, 숭산은 극도의 근검절약을 실천하면서 어렵게 지냈다. 직업, 수입도 없이 고국에서 보내오는 학자금만으로 도쿄에서 유학생활을 영위하기란 결코 쉬운 일이 아니었다. 만년에 숭산은 고단했던 유학시절을 아래와 같이 회고하였다.

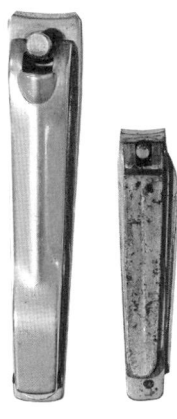

일본유학 시절부터 50여 년간 사용한 손톱깎기(숭산기념관 소장)

> 나는 동경의 한 모퉁이에서 예과 2학년 학생과 함께 방을 얻어 자취생활을 하게 되었다. 하숙한다는 것은 생각할 수도 없었다. 맨 처음에는 방만 얻어서 생활을 하고 식사는 그때그때 사서 해결했다. 점심은 한 끼에 주로 15전[48]을 했는데 나는 1전을 아끼려고 2km를 걸어가서 사먹기도 하였다. 얼마 동안 이렇게 불편하게 지내다가 자취를 하게 되었고, 그리고는 점심을 굶으며 아침, 저녁 두 끼로 때우고 공부에 전력을 다하였다. 나는 대학 5년 동안을 양복 두 벌과 구두 두 켤레로 마치게 되었다.[49]

5년 동안의 유학생활이 어느 정도로 고달팠는지 역력히 드러나 있다. 그동안 근검절약을 몸에 익힌 습관도 있었겠지만, 무엇보다도 경제적으로 궁핍했던 형편이 이처럼 고단한 생활을 할 수밖에 없게 만든 요인이었을 것이다. 숭산이 그 뒤 일생동안 근검절약을 생활의 덕목으로 실천하며 일관했던 것은 특히 유학시절 체득한 생활습관의 소산이기도 하다.

숭산은 생활비를 아끼는 대신에 필요한 책은 가능한 한 많이 사서 보았다. 동서고금의 철학, 종교 분야 서적은 물론, 시와 소설 같은 문학서적에 이르기까지 널리 섭렵하였다. 훗날 그가 학생들에게 독서의 중요성을 강조하면서 몸에 익히도록 역설했던 것은 젊은 시절의 소중한 경험을 바탕으로 한 것이었다. 대학시절을 회고하면서 그가 독서에 기울인 노력과 정성, 서적의 종류 등에 대해 언급한 아래 대목을 보면 잘 드러난다.

> 대학에 다니는 동안 읽을 수 있는 모든 교양서적, 종교서적, 교육에 관한 책, 철학서, 사상서, 소설, 시집, 고전 등등 동서양의 고대·중세·현대의 문헌을 모조리 섭렵할 수 있는 기회를 가졌고, 또 쉬지 않고 열심히 읽고 열심히 생각하였다. 이렇게 동서 서적을 탐독하고 명상하는 사이에 자연히 세계를 이해할 수 있었고 세상을 보는 눈이 더 크게 열리지 않았던가 하는 생각을 가끔 하여 본다.[50]

독서가 숭산을 지적으로 성숙케 한 결정적 역할을 했다는 사실을 알 수 있다. 또 많은 서적을 독파하는 한편, 사물의 이치를 궁구하는 자세로 열심히 생각하였다. 독서와 사색, 이 두 가지가 결국 숭산으로 하여금 학자와 종교인의 길로 인도한 것이다. 유학하는 동안 학교 안팎에서 언제나 성실하게 모범적으로 생활하였다. 그가 일본에 건너간 것은 단순한 개인 자격의 유학이 아니라, 불법연구회에서 장래 발전을 도모할 인재를 기르기 위해 파견한 유학이었기에 자신이 불법연구회의 대표로 일본에 갔다는 사실을 깊이 자각하고 있었고 사명감도 그만큼 컸다.

> 내가 일본 유학을 하게 될 때 (불법연구회의) 총부에서는 많은 논란이 있었다. 여러 가지 의견이 분분한 가운데 결국 한 사람이라도 끝까지

가르쳐야 된다는 데 집약되었다. … 남다른 여건에서 사명도 막중한 출발이었으므로 나의 어깨는 무거웠다. 그러기 때문에 나는 학문에 열중하면서 한편으로 심성 단련에도 정진, 반드시 견성하고 돌아오리라는 새로운 각오와 결심으로 장도에 올랐던 것이다. 그래서 남다른 생활을 하게 되었고, 주어진 시간과 공간을 헛됨이 없도록 최대한 활용하려고 무척 노력하였다. … 나의 뒤에는 언제나 불법연구회의 간판이 따른다는 강한 책임의식이 있었으므로 언어 행동에 각별한 신경을 쓰지 않을 수 없었다. 교단에 누를 끼치는 일이라든지 체면이 손상되는 일을 해서는 안 된다는 것은 내 수신 조목이었으므로 큰 소리나 욕 한 마디 하지 않았다.[51]

부친이 주재하여 신흥교단으로 떠오른 불법연구회의 장래 성장을 위해 막중한 책임을 지고 유학길에 오른 숭산의 입장에서는 유학생활을 영위하는 그 자체도 부담스러운 일이었다. 그러므로 그는 자신에게 부여된 책무를 한시도 잊지 않고 자각하는 가운데 학업과 일상 모든 면에서 각고의 노력과 정성을 기울이지 않을 수 없었던 것이다.

숭산의 유학생활은 교내외에서 이루어지는 일과의 모든 시간과 공간이 공부로 채워졌다. 먼저 그는 학교생활, 곧 학업에 최선을 다하였다. 학교에서 수강하는 모든 과목은 최선을 다해 성실하게 이수하였다. 뒷날 고질이 되어 오랫동안 숭산을 괴롭혔던 허리 통증도 대학시절 체조시간에 우연히 허리를 다친 것이 화근이 되었다고 한다. 당시 치료비를 감당하기 어려웠던 숭산은 병원 대신 단전주(丹田住)로 치료를 대신하였다. 이때 시작한 단전주는 오히려 좌선의 기틀을 다지는 훌륭한 계기가 되기도 하였다.[52]

숭산을 가르친 교수들

도요대학의 학제는 예과 2년, 본과 3년으로 전 5년 과정으로 운영되었다. 1936년에 입학한 숭산은 1938년 3월 예과 2년을 수료[53]함과 동시에 본과로 진학하여 3년간 철학과를 이수한 뒤 1941년 졸업하였다. 당시 도요대학에는 문학부 단일 학부 아래 철학과, 불교학과, 국문학과, 지나(支那)철학지나문학과 등 4개 학과가 설치되어 있었다. 숭산이 진학한 철학과는 1929년 개설되고 1932년 첫 졸업생을 배출한, 도요대학의 가장 중심되는 학과라 할 수 있다.[54] 도요대학 철학과를 졸업한 것이 1941년 3월, 졸업 당시 27세였다. 현존 도요대학 학적부를 보면 숭산이 3년간 이수한 강좌 수는 무려 38개(교련 두 과목 제외)에 달한다. 학년별로 보면 1학년 18강좌, 2학년 16강좌, 3학년 6강좌를 이수하였다. 1, 2학년에 비해 3학년이 강좌 수가 적은 이유는 졸업논문 작성을 위한 시간 때문이었을 것으로 짐작된다. 졸업을 위해서는 이처럼 많은 강좌를 이수해야 했는데, 강좌 가운데 중요한 과목을 예거해 보면 철학개론·동양철학사·서양철학사·(현대) 독일철학·인도철학·일본철학 등 분야별, 시대별, 지역별로 개설한 철학 강좌를 비롯하여 불교학·종교학·사회학·교육사·심리학·미학·동양윤리학·서양윤리학 등 인문학의 폭넓은 분야에 걸쳐 있다. 학문의 기초가 되는 철학을 이해하고 공부하기 위해서는 이처럼 광범위한 영역에 걸친 강좌를 수강해야만 했다.

    도요대학에서 숭산을 가르친 교수는 모두 24명이 확인된다. 한 사람이 중복해서 강좌를 맡기도 하고, 불교철학론·아동심리(이상 1학년), 지나(支那)철학론(2학년) 등 담당 교수를 알 수 없는 강좌가 있기도 하다. 숭산을 가르친 교수 가운데 비중 있는 학자들의 면모를 보면 다음과 같다.

철학

이노우에 데츠지로

숭산에게 철학을 가르친 특별한 인물로는 우선 1, 2학년 때 연이어 동양철학사개설 강좌를 담당했던 이노우에 데츠지로(井上哲次郎, 1856~1944)가 있다. 그는 젊은 나이에 현 도쿄대학(東京大學)의 전신이라 할 제국대학(帝國大學)[55] 교수가 되어 최초로 철학을 가르쳤다. 특히 유교와 양명학에 정통하여 일본의 동양철학을 개척한 학자로 평가되는 인물로, 일본 최초의 학술용어집인 『철학자휘(哲學字彙)』를 1881년에 편찬하였다. 제국대학 교수 시절에는 도요대학 설립자인 이노우에 엔료를 직접 가르치기도 하였다.

숭산이 수강할 당시 이노우에 교수는 82세의 고령이었다. 이노우에가 3년 내내 일본문화사를 강의했는데 강의 도중에 학생들을 향해 "여러분! 반도(조선)의 부여에 다녀왔습니까? 작년에도 강조했건만, 아직 안 간 사람은 이번 여름휴가에 기어코 다녀오란 말이요! 그곳은 일본문화의 발상지니까요. 거기도 안 가본 주제에 일본문화를 운위한다는 건 말도 안 된단 말이요."라고 했을 정도로 한국의 고대 문화와 역사에 박식했다.[56]

숭산의 학문과 관련하여 이노우에 교수가 주목되는 이유는 그가 '실재(實在)는 현상(現象) 뒤에 있는 것이 아니라 현상 가운데 내재한다는 생각에서 '현상즉실재론(現象則實在論)'을 주창했다는 사실

이노우에 데츠지로 교수와
숭산(왼쪽), 동기생 정종(오른쪽)

이다. 그의 이러한 철학적 입장은 불교적 관점에서 '원융실재론(圓融實在論)'으로도 불린다.57 이런 점에서 숭산의 대학 졸업논문인 「실재의 연구-쇼펜하우어를 중심으로」가 이노우에 데츠지로가 주창한 실재론과 상당한 관련성을 가지고 있다고 생각되는 것이다.

동양철학에 정통했던 이노우에는 독일철학에도 조예가 깊었다. 특히 쇼펜하우어와 칸트에 정통한 학자였다는 사실이 주목된다. 이노우에는 6, 7년 동안 독일에 유학한 뒤 1890년 일본에 돌아와 제국대학에서 칸트와 쇼펜하우어를 중심으로 하는 독일철학을 강의했던 이력을 지녔다. 이런 정황으로 볼 때, 이노우에 교수로부터 수강한 내용 가운데는 당연히 숭산의 주된 연구 대상이었던 쇼펜하우어에 대

한 심도있는 가르침이 있었을 것으로 짐작된다.⁵⁸

하지만, 일본인 최초의 철학교수였던 이노우에는 천왕을 정점으로 하는 입헌군주제와 유가윤리가 결합해 탄생된 이른바 대일본제국 헌법의 수호자를 자임하며 양명학을 연구하였고, 영국과 프랑스의 자유민권을 정면에서 배격하고 천황제 옹호를 위한 국책적 견지에서 독일의 절대주의적 사고방식과 그 사상만을 주창한 관학자, 어용학자였다는 점에서 비판의 대상이 되고 있다.⁵⁹

오시마 마사노리

숭산은 철학개론(후술할 사이토 쇼 교수 합동강좌), 철학특수강의(1학년), '미국철학(2학년) 세 강좌를 오시마 마사노리(大島正德, 1880~1947) 교수에게 수강하였다. 숭산이 배울 당시 50대 후반의 완숙한 학자였던 그는 도쿄제대에서 영미철학을 전공하고 졸업 후에는 도요대학과 도쿄제대에서 영미철학을 가르쳤다. 오시마는 숭산이 졸업한 다음인 1943년 『현대실재론의 연구(現代實在論の研究)』를 간행하였다. 그러나 이 책은 윌리엄 제임스, 존 듀이 등 미국 철학자를 중심으로 한 연구서이며, 숭산의 졸업논문 주제인 쇼펜하우어의 실재론과는 직접적 관계는 없는 것 같다.

오시마는 국가, 민족간의 연합, 협력을 전제로 한 자유국제주의를 지향한 학자로, 1920년 『신사상의 비판과 주장(新思想の批判と主張)』이라는 저서를 출간한 이래로 1947년 작고 직전에 낸『사회생활의 기조(社會生活の基調)』에 이르기까지 많은 저술을 간행하여 철학 연구와 교육 현장에 상당한 영향을 끼쳤다.⁶⁰ 철학 분야에서 특히 그가 이룩한 학문적 업적은 영미의 경험론을 일찍이 일본학계에 소개

오시마 마사노리

한 데 있으며, 그의 이러한 경험론 철학 연구성과를 묶어 1923년 『경험파의 철학(經驗派の哲學)』이라는 연구서를 간행하였다. 그는 시종일관 체제 내의 점진적 개량을 주장한 일관된 관점을 가졌다는 점에서 국가주의적 관점에 있던 이노우에 데츠지로와 뚜렷한 차별성을 보였다.[61]

숭산과 함께 오시마로부터 가르침을 받았던 정종은 "한국 학생들을 무엇보다 인간적으로 대해준 진정한 철학자"라고 하여 온화한 성품과 훌륭한 인격을 가졌던 스승으로 기억하였다.[62] 정종이 가졌던 이러한 인상은 숭산에게도 비슷하게 와 닿았을 것으로 짐작된다.

이데 다카시

다음으로 서양철학, 특히 아리스토텔레스의 대가인 이데 다카시(出隆, 1892~1980) 교수로부터 철학연습, 서양철학사 등 모두 네 강좌를 수강하였다. 특히 3학년 때는 아리스토텔레스를 비롯한 고대 그리스 철학을 배웠다. 철학 공부는 아리스토텔레스로부터 시작해야 한다는 것이 이데 교수의 지론이었다.[63] 그의 명저 『철학이전(哲學以前)』은 해방 후 우리나라에서도 철학을 공부하는 학자들이 입문서로 널리 읽었던 책이다.[64]

이데는 1917년 도쿄제대 철학과를 졸업한 뒤 니혼대학·호세이대학·도요대학을 거쳐 1924년 도쿄제대 교수가 되었다. 1921년에는 일본 철학계의 필독서가 된 『철학이전』을 간행하였고, 1926년부터 2년간 영국·프랑스·독일에서 철학사를 연구하였다. 제2차 세계대전 패망 후인 1948년에는 제자들을 전장에 보낸 데 대한 반성과 진정한 자유를 얻기 위해 일본공산당에 입당하였다. 그 뒤 1951년에는 도쿄대학 교수직을 사임하고 정치 일선에 뛰어들어 도쿄도지사 선거에 무소속으로 출마하였으나 낙선한 전력도 있다. 자서전(『出隆自傳』)이 포함된 『이데 다카시 저작집(出隆著作集)』(전 8권 별권 1)을 남겼다.

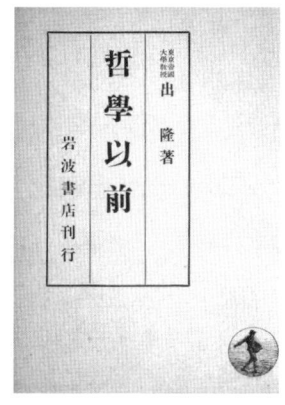

이데 다카시의 저서 『철학이전』
1921년 출간된 뒤 오래도록 철학 입문자들의 필독서로 일본 철학계에 큰 영향을 미친 책이다.

숭산이 수학하던 당시 이데 교수는 도쿄제대에 재직 중이었기 때문에 도요대학에는 겸직으로 출강하였다. 이데 교수의 자택을 방문한 적이 있다는 정종은 한국인에 대한 차별의식이 전혀 없었던 그의 인품을 '완미한 인간, 또는 양심적인 지식인이나 자유주의자'로 표현하였고, 초라하기 그지없는 집에서 소박하게 지냈던 것으로 회고하였다.[65]

아마도 숭산의 서양철학 이해의 토대는 도요대학 시절의 이데 교수로부터 다져졌을 것으로 생각된다. 원불교학 연구의 신기원을 마련한 것으로 평가되는 「일원상 연구」(1967)를 집필하는 데도 이데 교수의 고대 서양철학사 저술을 참고한 것으로 밝히고 있는 사실로도 그러한 정황을 짐작할 수 있다.[66]

사이토 쇼

철학개론(오시마 마사노리 교수와 합동강의)과 현대독일철학 등 두 강좌를 사이토 쇼(齋藤晌, 1898~1989) 교수에게 배웠다. 사이토 교수는 독일 실존주의 철학자 하이데거를 강의했다고 한다.[67] 사이토는 1924년 도쿄제대 철학과를 졸업한 뒤 도요대학 교수로 부임하였다. 비교적 젊은 교수였던 그는 우와지마번(宇和島藩)의 유학자 출신으로 한시에도 조예가 깊어 『일본한시(日本漢詩)』 등의 저술도 남겼다. 사이토는 1936년 동양적 자연주의의 관조를 통하여 문화비판과 역사 창조의 열정으로 동양고전으로의 비판적 복귀를 주창한 역저 『철학개론(哲學槪論)』을 출간함으로써 학계의 비상한 주목을 받기 시작하였다.[68] 이후 역사철학과 일본 문화, 사상 관련 다수의 연구서를 간행하였고, 스피노자 전집을 비롯한 다수의 서양 철학서를 번역, 소개하기도 하였다.

사이토는 학문적 재능은 뛰어났지만, 태평양전쟁 시기에 일본출판회 이사, 대일본언론보국회 이사 등의 직책을 갖고 일제의 침략전쟁에 협력한 인물이었다. 이러한 전력으로 인해 일제 패망 후에는 한때 공직에서 추방되기도 하였다.[69] 하지만 1952년 메이지대학 교수로 복직되었고, 이듬해에는 도요대학 교수를 겸임하였으며, 1956년에는 도요대학 문학부장을 지냈다.

사카자키 칸

숭산에게 현대독일철학을 강의한 인물이 사카자키 칸(坂崎侃, 1894~1965)이다. 도쿄제대를 졸업한 뒤 독일에서 과학사 등을 공부한 그는 도쿄제대 교수 시절 일본에서 처음으로 과학철학을 강의한 인물이다. 숭산에게도 과학사·과학철학과 같은 현대철학의 범주를 새롭게 소개하였을 것으로 짐작된다. 『범주론(範疇論)』과 『논리학(論理學)』 등의 저서를 남겼다.[70]

니시 요시오

니시 요시오(西義雄, 1897~1993)는 숭산에게 인도철학을 가르친 불교학자로 임제종의 승려이기도 하였다. 1924년 도쿄제대 인도철학과를 졸업한 뒤 1927년부터 1967년 정년 때까지 줄곧 도요대학 교수로 재임하면서 인도철학과 불교학을 강의하였다. 인도철학과 원시불교, 대승불교에 가장 정통한 학자로 평가되는 인물이다. 1961년에는 도요대학 문학부장에 피선되었다. 『초기대승불교 연구(初期大乘佛教の研究)』를 비롯하여 『원시불교에서의 반야 연구(原始佛教に於ける般若の研究)』, 『아비달마불교의 연구(阿毘達磨佛教の研究)』 등의 저서가 있다.[71]

숭산은 니시 교수의 학문적 영향을 적지 않게 받았던 것으로 보인다. 1967년에 발표한 「일원상 연구」를 집필할 때 니시 교수로부터 수강할 당시에 정리한 인도철학와 인도불교사 두 노트를 참고했던 사실도 그러한 정황을 알려준다.[72]

히로이케 토시사부로

히로이케 토시사부로(廣池利三郎, 1901~1969) 교수는 숭산에게 철학연습 강좌에서 버클리를 비롯한 영국철학을 가르쳤다. 주요저서로는 『철학강요(哲學綱要)』(1950), 『철학논문집(哲學論文集)』(1950) 등이 있고, 그의 아들 히로이케 토시쿠니(廣池利邦)가 1993년에 히로이케 추모집을 발간하였다.[73] 그의 부친은 도덕과학연구소를 창립한 법학자

히로이케 재회 기념사진(1963)
왼쪽부터 히로이케, 숭산, 전팔근, 히로이케 부인

히로이케 치쿠로(廣池千九郞, 1866~1938) 박사이다.

해방 후 숭산은 1956년 1월 세계일주에 올라 일본에 들렀을 때 도요대학에서 15년 만에 은사 히로이케와 반갑게 재회하였다.[74] 또한 1963년 말 숭산이 1개월간 일본 각지를 시찰할 때도 도쿄에서 히로이케 자택을 찾았다. 이때 히로이케는 숭산이 명예박사학위를 받을 수 있도록 도요대학의 유관 인물들과 힘을 모으기도 했다.[75]

종교학

야부키 게이키

1939년 2학년 때 야부키 게이키(矢吹慶輝, 1879~1939)와 우노 엔쿠(宇野圓空) 두 사람으로부터 종교학개론을 수강하였다. 처음에 강좌를 담당한 야부키 교수가 그 해 6월 작고하였기 때문에 우노 교수가 그 뒤를 이어 강의를 맡았던 것으로 보인다.

야부키 게이키는 1909년 도쿄제대 철학과를 졸업한 뒤 이듬해에 종교대학(현 다이쇼대학의 전신)의 교수가 되었다. 1913년부터 4년간 미국과 유럽 각국에 유학하였다. 그 뒤 다이쇼대학(大正大學) 교수로 재직하면서 도요대학에 출강하였다. 중국의 둔황(敦煌)에서 출토된 불전(佛典)을 연구하였다. 주요 저서로는 『아미타불의 연구(阿彌陀佛の硏究)』, 『삼계교 연구(三階敎之硏究)』, 『현대인과 불교(現代人と佛敎)』 등이 있다.[76]

야부키 게이키

우노 엔쿠

우노 엔쿠(宇野圓空, 1885~1949)는 1910년 도쿄제대 철학과를 졸업한 뒤 붓쿄대학과 류코쿠대학(龍谷大學)을 거쳐 1926년 도쿄제대 문학부 교수에 보임되어 1946년까지 근무하였다. 우노는 종교학을 체계화한 학자로 특히 종교민족학 분야의 개척자로 평가되는 인물이다. 『종교학개론』(1927)·『종교민족학』(1929)·『종교학』(1931) 등의 저서를 남겼다.[77]

우노 엔쿠

사회학

토다 테이조

토다 테이조

숭산은 일본 사회학의 토대를 구축한 토다 테이조(戶田貞三, 1887~1955) 교수로부터 사회학 강의를 들었다. 토다는 1912년 도쿄제대 철학과를 사회학 전공으로 졸업한 뒤 미국 시카고대학에서 공부하고 1922년 귀국하였다. 귀국 이후부터 1947년 정년 때까지 도쿄제대 교수로 재임하면서 일본 사회학계에 큰 영향을 미쳤다. 특히 토다는 일본 가족사회학 분야의 개척자이자 사회조사를 통해 '경험과학으로서의 사회학'을 수립한 인물로 평가되고 있다. 1937년에 출간한 『가족구성(家族構成)』은 일본 사회학사에서 획기적인 업적으로 평가되는 저술이다. 1940년 일본 사회학회 결성을 주도하여 1952년까지 회장을 맡아 사회학회를 이끌었다. 뿐만 아니라 도쿄제대 문학부 내에서 사회학과를 독립시켜 제도적으로 정착시켰다. 하지만 그는 정치적으로 일본 군국주의 침략정책을 뒷받침하는 입장에 서서 도쿄제대 내에 국수주의 계열의 학생들에 의해 1932년 '제대만몽연구회(帝大滿蒙硏究會)'가 결성되자 그 책임자가 되었다.[78]

토다 교수로부터 들었던 강의 내용은 알 수 없지만, 여러 정황으로 보아 당시 이슈로 떠올랐던 핵가족화 현상에 주목한 일본의 가족제도도 포함되었을 것으로 짐작된다.

심리학

다카시마 헤이자부로

일본의 저명한 교육자인 동시에 심리학자였던 다카시마 헤이자부로(髙島平三郎, 1865~1946)는 숭산에게 심리학개론을 가르쳤다. 다카시마는 1878년 히로시마사범학교 후쿠야마 분교에 입학하여 15세 때인 1880년 졸업과 동시에 소학교 교원이 되었다. 이후 히로시마, 나가노의 사범학교를 거쳐 1903년 일본여자대학교(현 일본여자대학의 전신) 교수에

다카시마 헤이자부로

임용되었고, 동시에 일련종대학(현 立正大學의 전신)과 도요대학의 교수도 겸하였다.

독학으로 심리학과 아동학을 공부하여 아동심리학을 교육현장에 적용할 것을 제창한 인물이기도 하다. 1944년 11월 도요대학 학장에 취임하여 일제 패망 직전인 1945년 7월까지 보임하였다. 학자, 교육자뿐만 아니라, 다카시마는 일본체조회체조학교(현 일본체육대학)의 교장에 재임하면서 일본 체육학의 기초를 마련한 체육인으로도 명성이 높았다. 2009년에 다카시마 교수의 저작집(『髙島平三郎著作集』, 전 6권)이 발간되었다.[79]

오쿠다 사부로

심리학을 가르친 교수는 오쿠다 사부로(奧田三郎, 1903~1983)였다.

홋카이도에서 태어난 오쿠다는 도쿄제대에서 심리학을 전공한 뒤 일본에서 정신지체, 장애인 치료 전문병원으로 가장 권위 있던 도쿄부립 마츠자와병원(松澤病院)에서 환자 심리를 담당하고 있었다. 도요대학에는 강사 신분으로 출강하면서 숭산을 가르쳤던 것 같다.

오쿠다는 제2차 대전이 끝날 때까지 마츠자와병원에 줄곧 재직하였고, 패전 후인 1949년에는 홋카이도대학 교육학과 교수로 부임하였다. 평생 장애인 교육과 치료를 위한 특수교육학 연구에 매진하여 이 분야 학문의 기초를 다졌다. 정신장애자 치료와 정신박약자 복지의 실천 현장에서 임상경험을 통해 '치료 교육적 인간학'을 체계화함으로써 의료와 교육, 그리고 복지의 통합을 추구하는 데 크게 기여하였다. 홋카이도의 '특수교육학의 비조'로 불리는 인물이기도 하다.[80]

교육학

요시다 구마지

요시다 구마지

요시다 구마지(吉田熊次, 1874~1964) 교수로부터 교육학개론 강의를 들었다. 그는 숭산에게 철학을 강의한 이노우에 데츠지로의 사위이기도 하다. 두 사람에게 동시에 강의를 들은 기이한 인연이 있다.

요시다는 1900년 도쿄제대 철학과를 졸업한 뒤 프랑스와 독일에서 윤리학을

공부하였다. 귀국 후 1907년에 도쿄제대 교수에 임용되어 1934년 정년 때까지 재임하였다. 강고한 도덕적 품성 함양에 교육 목표를 둔 독일의 요한 헤르바르트(J. F. Herbart) 학파의 영향을 받아 사회교육학 연구에 특히 심혈을 기울인 학자이다. 주로 사회교육, 교육윤리를 다룬 50여 종의 저서를 남겼다. 일제의 '황국교학(皇國敎學)' 기구인 국민정신문화연구소 주관으로 편찬한 군국주의 교과서 『국체의 본의(國體の本義)』 편찬위원으로 참여한 이력이 있다.[81]

곤도 히사지

교육사를 가르친 교수는 곤도 히사지(近藤壽治, 1885~1970)였다. 자세한 이력은 확인되지 않지만, 곤도는 문부성 관리와 교육학 교수를 겸한 이른바 관학자(官學者)였던 듯하다. 1928년에는 대만 타이페이 제국대학의 사무관 겸 교수가 되었고, 일제가 패망하던 1945년에는 일본 문부성의 교학국장 겸 교학연성소장(敎學鍊成所長)으로 있으면서 교원 양성학교인 히로시마문리과대학(廣島文理科大學)의 학장을 겸임하였다. 『인간학과 국민교육(人間學と國民敎育)』(1933), 『일본교육학』(1935), 『일본정신과 교육(日本精神と敎育)』(1937) 등의 저술을 통해서도 그의 연구가 일본 군국주의와 깊은 연관을 가졌던 정황을 짐작할 수 있다.

윤리학

나카지마 토쿠조우

2학년 때(1939) 도요대학을 대표하는 인물 가운데 한 사람인 나카지

나카지마 토쿠조우

마 토쿠조우(中島德藏, 1864~1940) 교수로부터 '동양윤리학'을 배웠다. 그는 이 듬해에 76세를 일기로 작고하였다. 도쿄제대 철학과를 졸업하고 도요대학의 전신인 철학관에서 윤리학과 서양윤리학을 가르치던 그는 1900년 문부성의 수신(修身) 교과서 기초위원에 위촉되었으나 천황제 교육방침을 천명한「교육칙어(敎育勅語)」보다도 지(智)·인(仁)·용(勇) 등 세 가지 덕목의 함양을 더 중시하는 입장을 고수함으로써 반년만에 해촉되고 말았다. 이어 1902년에는 그가 출제한 철학관 졸업시험 문제가 국체를 위태롭게 했다는 이유로 강제 퇴직을 당하였다. 그 사건으로 인해 철학관은 중등교원 무시험검정 자격 인가까지 취소당하고 말았다. 이에 불복한 나카지마 교수는 1903년 1월 여러 신문에「내가 철학관사건을 세상에 묻는 이유」라는 글을 투고함으로써 일본사회와 정계에서 한동안 교육과 학문의 자유에 관한 논란을 일으킨 '철학관사건'의 주역이 되었다. 1905년 도요대학에 복직한 나카지마는 1926년부터 1931년까지 학장을 연임하면서 대학령(大學令)에 의한 도요대학 승격, 새 교사(校舍) 건립 등 숙원사업을 해결함으로써 도요대학 발전에 크게 이바지하였다.[82] 저서로는『실천윤리강화(實踐倫理講話)』·『현세처세지침(現世處世指針)』등이 있고, 만년에 특히『논어』연구에 몰두하여 그 성과가 1941년에『논어의 조직적 연구』라는 유고집으로 출간되었다.

숭산이 나카지마 노교수로부터 들은 강의 내용은 확인할 수 없지만, 윤리학 외에도 철학관사건에서 보여준 정의로운 교육 신념, 그리고 도요대학을 경영한 학장 경험 등 뒷날 숭산이 교육인, 종교인으로 대성하는 데 많은 도움을 주는 내용이 포함되었을 것으로 짐작된다.

스즈키 나오지

숭산에게 동양윤리학을 강의한 또 다른 교수로는 소장학자였던 스즈키 나오지(鈴木直治, 1910~1992)가 있다. 그는 전후 일본에서 중국어학 연구에 두드러진 성과를 낸 인물 가운데 한 사람이다. 대표적인 저작물로는 『전습록(傳習錄)』(역주본)·『노잔유기어휘주석색인(老殘遊記語彙注釋索引)』·『중국어상용허사사전(中國語常用虛詞辭典)』·『중국어와 한문-훈독의 원칙과 한어의 특징(中國語と漢文－訓讀の原則と漢語の特徵)』 등이 있다.

미학

오니시 요시노리

일본의 미학 연구의 선구자인 오니시 요시노리(大西克禮, 1888~1959)에게 미학개론 강의를 들었다. 1910년 도쿄제대 철학과에 입학한 오니시는 도쿄제대에 미학 강좌를 창설했던 오츠카 야스지(大塚保治, 1869~1931) 교수의 뒤를 이어 명성을 떨쳤던 인물이다. 1922년 도쿄제대 강단에 선 이래 1949년 정년 때까지 줄곧 교수로 재임하였다. 1927년 독일에 유학하여 실러와 헤겔 등의 미학을 공부했던 그는 특히 비교미학 분야에서는 독보적인 지위를 구축하였다. 도쿄제대 교수로 있으면서 숭산이 재학하던 무렵에는 도요대학에도 출강했던 것

으로 보인다. 『미학원론』·『현대미학의 문제』·『그윽함과 멋(幽玄とあはれ)』 등의 저서가 있다. 1989년에는 오니시 교수 탄생 100주년을 기념하는 회상록(『大西先生とその周邊』)이 발간되었다.[83]

숭산은 도요대학에서 공부하는 동안 여러 학문 분야에서 당대 최고 수준의 학자들로부터 강의를 들었다. 담당 교수들이 가르친 학문 수준과 내용도 의미가 크겠지만, 이러한 석학들의 가르침을 수용할 수 있었던 숭산의 학문적, 지적 역량과 성실성도 결코 간과할 수 없는 대목이다. 배움의 시기에 탄탄하게 축적한 학문적 성취와 더불어 지나치리만큼 철저했던 자기 성찰과 탐구, 구도열이 숭산을 인간적으로 완성시켜간 원동력이 되었다. 이처럼 대학시절에 이룩한 괄목할 학문적 성취는 일생 숭산의 학문적 토대가 되었다는 점에서 도요대학 유학은 숭산에게 특별한 의미가 있다고 할 수 있다.

귀국 이후 숭산이 원불교학, 철학, 종교, 교육 등 다방면에 걸쳐 성취한 여러 저작물은 이러한 학적 축적의 결과물이었다. 원불교학 최초의 학술논문 「일원상 연구」(1967)를 비롯하여 그가 남긴 저술류 및 숭산이 담당했던 여러 강좌의 강의 노트가 그것이다. 해방 후 그는 유일학림과 그 후신인 원광대학에서 『불교정전』 등과 같은 원불교 교리 강좌를 비롯하여 서양철학사, 동양윤리학 등의 강좌를 맡아 후학을 가르쳤다. '불교정전 주해', '동양윤리학', '서양철학사개요', '이기론(理氣論)', '선론(禪論)', '염불론' 등의 제목으로 현전하는 여러 노트가 학생들을 가르칠 때 사용하던 강의안이다. 그 가운데 동양윤리학 강의 노트는 동양사상의 주류였던 유학을 윤리학의 관점에서 정리한 것이고, 서양철학사 강의 노트인 서양철학사개요는 '서편(緖編)', '자연철학의 제문제', '인성론 철학', '본체론' 등으로 구성되었다. 특히 숭산의 서양철학사 강의 노트는 이 분야에 관련된 서적이나 자료가 충분치 않았던 그 시절에 서양철학을 안내하는 매우 의미 있는 교재였다고 할 수 있다.[84] 결국 종교와 철학을 중심으로 젊은 시절에 온축한 숭산의 학문은 후일 후학들에게 전수되어 인문학을 발흥시키는 데 훌륭한 자양분이 되었다고 할 수 있다.

'일본의 성자' 가가와 도요히코

숭산은 일본에서 지내는 동안 기회 있을 때마다 일본 불교를 공부하였다. 전국의 유명한 사찰들도 두루 찾아다녔다. 승려들을 만나서는 선문답도 하고, 때로는 부처의 공덕을 기리는 게송(偈頌)도 지었다. 일찍이 생활불교로 정착되어 있던 일본 불교의 교리와 제도를 비롯하여 신앙생활의 실상 등을 배우고 공부하였다. 이처럼 틈틈이 수집한 자료와 공부 내용은 숭산이 방학을 맞아 귀국할 때 불법연구회에 전달함으로써 생활종교를 표방하던 불법연구회의 운영에 유용하게 활용될 수 있었다.[85]

도요대학 재학 때도 숭산은 방학이 되면 돌아와 익산에서 지냈다. 불법연구회의 공동체에 합류하여 낮에는 경전과 교리 공부에 전념하였고, 밤에는 중앙 선방에서 열리던 회화(會話)에 참여하여 마음공부의 표준과 정진의 시간을 보냈다.[86]

불법연구회에서 수양생활을 하는 가운데서도 간간이 구도를 위해 전국의 유명한 고승들을 찾았다. 동래 범어사의 강영명(姜永明) 구례 화엄사의 진진응(陳震應, 1873~1941) 등이 이 무렵 숭산이 찾았던 대표적인 고승들이다. 한국 불교경전에 대해 공부하고자 강영명을 찾았을 때는 열흘 동안 머물면서 그로부터 직접 불경을 배우기도 하였다. 또 뛰어난 인품과 탁월한 경전 강의로 이름 높던 고승 진진응을 찾아 화엄사를 방문한 적도 있었다. 하지만, 당시 진진응은 너무 노쇠하여 애석하게도 그로부터는 경전 수업을 받을 수 없었다.[87]

젊은 시절, 숭산은 학교 안팎에서 배움을 찾아 구도의 길을 걸었다. 제세구민의 종교적 일념으로 고행의 시간을 참고 견디었다. 고단하고 힘들었던 배움과 구도의 시간을 돌아보면서 감정에 북받치듯 격한 심정으로 아래와 같이 회상하였다.

끝없는 구도의 길, 그러나 그 영원한 과제를 안고 인연 닿는 곳마다 때와 장소를 가리지 않고 열심히 파고들어야 했다. 진리를 알지 못하고 살아가는 삶은 그렇게 고될 수가 없었다. 이 세상 그 어느 형벌보다도 무서운 것이다. 어둡고 답답한 생활, 거기에 죄악이 쌓이고 인연업보는 쉴 사이 없이 과중되는 것이다. 그러므로 순간순간을 영원으로 이어갈 진리 공부를 하지 않을 수 없고, 그래서 동서고금의 역사를 더듬고 고승들의 높은 지견(智見-필자주)을 받들고자 하는 것이다.[88]

숭산은 이처럼 마음 깊은 곳에서 우러나오는 진리를 깨닫기 위한 구도의 자세를 시종 일관되게 견지하였다. 일본 유학시절에 진리를 찾는 구도의 길에서 저명한 사회사업가이자 참된 종교인으로 칭송되던 가가와 도요히코(賀川豊彦, 1888~1960) 목사를 방문하여 가르침을 청했던 사실은 참으로 특기할 만하다. 가가와는 우치무라 간조(內村鑑三, 1861~1930)와 더불어 근대 일본을 대표하는 기독교인이었다. 그는 신학을 공부하기 위해 미국으로 건너가 1916년 프린스턴

신학교를 졸업하였다. 1920년에 처음 나온 그의 자전적 소설『사선을 넘어서(死線を越えて)』는 일본 최고의 베스트셀러가 되었다. 오늘날 세계 최대의 생활협동조합으로 성장한 '코프 고베(Co-op Kobe)'의 전신인 고베생활협동조합을 1921년에 처음으로 설립하였고, 노동자·농민 운동과 빈민구제에 자신의 모든 노력을 기울였으며, '하나님나라 운동'이란 이름으로 복음전도와 사회개혁을 접목한 운동을 전개하였다. 기독교의 박애정신을 실천한 '빈민가의 성자'로 알려졌다.

가가와는 일본뿐 아니라 서구사회에서도 상당한 명성을 떨쳐 1936년 한 해만 해도 미국, 캐나다에서 75만 명이 그의 연설을 들었다고 한다. 1940년에는 일제의 중국침략을 사죄하는 글을 발표하여 18일간 헌병대에 감금되었고, 1943년에도 반전, 사회주의사상 문제로 다시 헌병대에 끌려가 수난을 당하기도 하였다. 1940년 그가 일시 구금되었을 때, 미국의『뉴욕 타임즈』는 '일본의 간디가 체포되다'라는 제목으로 그의 투옥 사실을 1면 톱기사로 실었을 정도였다. 가가와는 또 6·25전쟁이 끝난 뒤인 1955년에 일본인 최초로 '일본이 한국을 40년 동안 통치한 것'에 대한 사과의 뜻을 담은 서한을 이승만 대통령에게 공개적으로 전달한 인물이기도 하다.[89]

정확한 시기는 알 수 없으나, 숭산은 도요대학 재학 중에 가가와 목사를 찾았다. 숭산과 동행했던 정종의 기록에 따르면 당시 찾아간 곳은 도쿄 교외의 스기나미구에 있는 조그만 교회였다고 한다. 그런데 가가와가 직접 작성한 이력서에는 그의 주소가 세타가야구(世田谷區) 가미키타자와정(上北澤町) 2정목(丁目) 603번지로 기록되어 있다.[90] 숭산은 정종과 함께 그곳으로 가가와를 찾아갔던 것으로 짐

가가와 도요히코 목사가 세운 마츠자와교회(松澤敎會)
숭산은 친구 정종과 함께 이곳으로 가가와를 방문하였다.

작된다. 그곳에는 가가와가 목회했던 작은 교회 건물 근처에 '가가와 도요히코 기념 마츠자와 자료관(賀川豊彦記念 松澤資料館)'을 조성해 놓았다.[91] 참고로 가가와 교회 옆에는 일본에서 가장 오랜 전통을 지닌 정신과 전문 도쿄도립 마츠자와병원(松澤病院)이 자리잡고 있다. 대한제국 마지막 공주라고 불리던, 광무황제(고종)의 딸 덕혜옹주가 15년 동안 입원해 있던 병원이기도 하다.

숭산이 정종과 함께 가가와를 찾았을 때, 처음에는 이들의 진지한 방문목적을 이해하지 못했기 때문에 가가와가 면담을 거절했다고 한다. 그러나 곧 이들이 인간과 종교의 본질적 문제를 탐구하기 위해

방문했음을 알고 면담을 기꺼이 허락했다고 한다. 가가와는 서재를 구경시켜 주기도 하고 정원을 함께 거닐기도 하였다. 구도 열기에 넘쳐나던 숭산은 이때 다음과 같이 과감하고도 직설적 질문을 했다고 한다.

> (가가와 목사님께서는) 신에 대한 신앙이 철저하신대 그 신이 어딘가에 계실 것입니다. 제게 지금 그 신을 보여주셨으면 합니다.[92]

단도직입적으로 신의 존재를 물은 것이다. 가가와가 종교적 신념, 신앙심이 매우 두터운 종교인이라는 믿음의 전제하에 신의 존재, 그리고 그 가치 등을 모두 함축한 의미로 그에게 던진 물음이었다. 젊은 구도자 숭산이 던진 이 같은 물음에 가가와의 답변은 다소 뜻밖이었다. 정원을 거닐던 그는 나뭇잎 하나를 따서 숭산에게 건네주며, "이게 신이다."라고 답했다는 것이다.[93]

신앙과 종교의 본질을 파고드는 숭산의 절박한 물음에 대해 가가와 목사는 인간의 품성과 자연의 이치, 곧 성리(性理) 철학의 차원에서 답변한 것이다. 이를 이해한 숭산은 그에게 더 이상 질문하지 않았다고 한다. 곧 숭산은 가가와로부터 종교의 본질에 대한 근원적 답변은 충분히 듣지 못하였던 것 같다.

한편, 도요히코를 만나러 가는 길에 동행했던 정종은 그 만남을 다음과 같이 회상하였다.

학우 숭산 박길진과 함께 그가 설교하는 동경 교외의 조그마한 교회를 찾았고, 예배가 끝난 뒤에 수인사를 하고 그 뒤를 따랐다. 벼이삭이 영글어가고 있는 논두렁의 좁을 길을 앞뒤로 거닐며, 나는 불쑥 물었다. '나에게 신을 보여주오. 내 눈으로 볼 수만 있다면 당장이라도 믿을 수 있겠소만'이라고 했다. '그럼 보여 드리죠'라고, 약간은 허스키에 보듬이 있는 목소리로 대답하면서, 작은 키의 허리를 굽히더니 풀 한 주먹을 뜯어 손을 펴 보인다. 뒤따르고 있는 나에게 '이 풀잎들이 왜 하늘로 올라가지 않고 땅으로 펄렁이며 떨어지는지요?', '그거야 만유인력의 법칙 때문이죠!', '그렇다면 당신의 눈에 인력이 보인단 말이요?', '보이진 않지만 그렇게 알고 있지요!', '그렇다면 이상하지 않소. 보이지도 않는 인력은 있다고 그 법칙을 믿으면서, 신은 보이지 않으니, 믿을 수가 없다는 말이요?' 이게 바로 우리만이 알고 있는 나에게 던진 가가와의 재치있는 '신의 존재 증명법'이다.[94]

그럼에도 불구하고, 가가와와의 만남은 숭산에게 커다란 감명과 영향을 주었다. 하느님에 대한 가가와의 철두철미한 신앙심을 온몸으로 느꼈고, 그 신앙심을 바탕으로 그가 보여준 이타봉공(利他奉公)의 종교적 희생정신과 가난하고 억압받는 민중을 위한 실천적 삶에서 큰 감명을 받고 교훈을 얻었기 때문이다. 뒷날 숭산이 가가와 목사를 만난 소회를 다음과 같이 기술한 대목을 통해서도 그가 받았던 충격과 영향이 얼마나 컸는지 짐작할 수 있다.

나는 이 분을 만나고 사무여한(死無餘恨)의 전무출신 정신을 다시금 되새겨 보았다. 권위와 안일로 종교를 방패 삼고 있지는 않은가? 이념과 현실의 이원화로 갈등을 빚고 있지는 않은가? 나아가서는 교단주의에 빠져 안목을 좁히고 있지는 않은가? 결국 종교인은 백 가지 이론보다도 한 가지 실천을 소중하게 여기는 삶의 자세, 이것이 무엇보다 소중한 생활태도가 되어야 한다고 생각했다. 인간은 물욕세상에 살기 때문에 갖가지 복잡한 일들이 일어나기 마련이다. 따라서 욕구 충족을 위해 본의 아닌 언어, 행동으로 번뇌를 일으키기도 한다. 이런 혼란 속에서 종교는 이 모든 고(苦)의 굴레를 벗어날 수 있도록 선도 역할을 하는 것이다. 모든 불안과 공포, 분수에 넘치는 욕망을 조절해 주고 참다운 인생으로서 떳떳한 길을 제시해 주어야 한다.[95]

곧 숭산은 가가와를 통해 종교적 신앙을 현실에서 구현하는, 실천을 전제로 한 이타적 삶을 온몸으로 느끼고 배웠던 것이다. 뒷날 숭산이 종교인으로서 실천을 제일의 덕목으로 내세우게 되는 것은 이때 가가와로부터 받은 감명과 영향이 컸으리라 짐작된다. 숭산과 함께 가가와를 찾았던 정종이 그와의 만남을 일컬어 '목마름을 해갈시켜줄 생명수'로 표현한 것도 가가와가 당시 이들에게 얼마나 큰 영향을 주었는지 잘 보여준다.[96]

주석

1 「구도역정기(109); 숭산박광전법사편 ②」, 『원불교신보』 1985년 9월 26일자.
2 창녕 출신의 조좌호는 대구사범학교 재학 중 항일민족운동 서클에서 활동하다가 1933년 12월 강제 퇴학당한 뒤 이듬해 9월 배재고보에 편입해 1936년 졸업하였다. 하지만, 숭산이 직접 조좌호를 언급한 자료는 확인하지 못하였다.
3 숭산 재학시절의 교장은 배재학당의 설립자 아들인 아펜젤러 2세(Henry Dodge Appenzeller, 1889~1953)였다. 그는 1920년부터 1941년 일제에 의해 추방당할 때까지 교장으로 봉직하였다.
4 일본 릿교(立敎)대학 영문과를 졸업하고 배재고보에서 교편을 잡았다. 광복 직후에 사업차 만주에 갔다가 소련군에 의해 간첩으로 몰려 시베리아와 북한에 13년간 억류되어 있었다. 1959년에 탈출한 뒤 「붉은 생지옥에서 13년」·「공포의 생지옥」 등의 르포기사를 써서 큰 반향을 일으켰던 인물이다(『국민보』 1959년 8월 12일~9월 23일자).
5 배재고보 3학년에 재학 중이던 1919년 3·1운동에 가담하였다가 3년형을 선고받고 옥고를 치렀다. 출옥 후 모교인 배재고보에 줄곧 봉직하였다. 1960년 4·19의거 당시 배재고 교장을 지냈다(『조선일보』 1960년 5월 2일자).
6 6·25전쟁 중에 나온 고등학교 화학 교과서 『신제 고급표준화학』(과학진흥사, 1951)의 저자이다.
7 배재고보 재학 중 3·1운동에 가담하였다가 징역 6월형을 선고받고 옥고를 치렀다. 그 뒤 연희전문학교를 졸업하고 모교 배재고보에 줄곧 봉직하였다. 일제 말기인 1938년부터 이화여고 교장이 되어 이른바 전시총동원체제에 협조한 친일행위로 인해 해방 후 반민특위에 체포되었다(『친일반민족행위진상규명 보고서 IV-9』, 7~54쪽).
8 1926년 배재고보를 졸업하고 경성제대 철학과로 진학한 뒤 1933년 졸업과 동시에 배재고보 교사에 임용되어 1937년까지 봉직하였다. 해방 후 서울대 교수, 충남대 총장, 성균관대 초대 유학대학장을 지냈다. 숭산과 동문인 정종도 신봉조와 민태식을 배재고보 시절의 은사로 소개하였다[『나의 삶 80(상)』, 41~42쪽].
9 일본 동경상과대학을 졸업하고 1928년부터 배재고보 교사로 봉직하였다. 해방 후 서울대 상과대학장과 성균관대 총장을 지냈다.
10 배재학당사 편찬위원회 기획·주관, 『배재학당사』(中·高史), 학교법인 배재학당, 2013, 247쪽.
11 1934년 배재고보를 졸업한 역사학자 홍이섭(1914~1974)이 배재에서 이윤재와 더불어 문일평으로부터 가르침을 받았다고 한 것으로 보아(이융조, 「오늘의 홍이섭 역사학」, 『대전일보』 2014년 12월 4일자) 숭산 재학시절에도 문일평이 배재에서

교편을 잡았을 것으로 짐작된다.
12 「구도역정기(109); 숭산박광전법사편 ②」,『원불교신보』1985년 9월 26일자.
13 원불교 서울교당93년사 편찬위원회 편,『서울교당93년사 ①』, 원불교출판사, 2016, 79쪽.
14 당시 돈암리 교당의 위치는 현재의 성북구 삼선동에 있는 삼선공원(삼선교로 4길 148번지) 자리에 해당된다.
15 원불교 서울교당93년사 편찬위원회 편,『서울교당93년사 ①』, 141쪽.
16 「구도역정기(110); 숭산박광전법사편 ③」,『원불교신보』1985년 10월 6일자. 송인걸의『대종경속 사람들』에도 숭산이 "배재고보를 줄곧 1등으로 졸업한"(73쪽) 것으로 기록되어 있다.
17 허석,「숭산 박길진 박사의 종교철학 고찰」,『원불교사상과 종교문화』91, 원광대 원불교사상연구원, 50쪽.
18 학적부의 학년별 담임교사 날인 판독으로 확인하였다.
19 「兩博士의 歷訪」,『매일신보』1916년 12월 9일자.
20 「宇佐美長官招宴」,『매일신보』1916년 8월 25일자; 국사편찬위원회 편,『윤치호일기』7, 1918년 4월 11일자.
21 배재학당사 편찬위원회 기획·주관,『배재학당사』(中·高史), 173쪽.
22 『조선총독부직원록』(1922년), 109쪽(대구전매국 서무과); 淵上福之助,『躍進朝鮮と三州人』, 1936, 332쪽;「사립학교교원자격인정자」,『매일신보』1929년 1월 7일자;「JODK」,『매일신보』1931년 8월 3일자;「培材校 기쁜 날 성대히 始終」,『매일신보』1934년 6월 9일자.
23 배재학당사 편찬위원회 기획·주관,『배재학당사』(通史), 학교법인 배재학당, 2013, 422쪽.
24 배재학당사 편찬위원회 기획·주관,『배재학당사』(中·高史), 179~180쪽.
25 「홍문중학 환영 축구시합」,『조선중앙일보』1933년 9월 6일자.
26 「구도역정기(110); 숭산박광전법사편 ③」,『원불교신보』1985년 10월 6일자.
27 한국근현대사연구회 편,『한국독립운동사강의』, 한울, 1998, 27쪽.
28 박민영,『만주·연해주 독립운동과 민족수난』, 선인, 2016, 199쪽.
29 중국 관내지방에서 활동한 대표적인 독립운동 군사단체인 조선의용대의 지도위원 韓志成(1913~?)이 이 학교를 졸업하였다.
30 「구도역정기(110); 숭산박광전법사편 ③」,『원불교신보』1985년 10월 6일자.
31 「나의 수학시절」,『원대학보』8, 1958년 10월 25일자.
32 「구도역정기(110); 숭산박광전법사편 ③」,『원불교신보』1985년 10월 6일자.
33 박윤철,「숭산 박길진 종사의 '일원철학'의 연원-아르투르 쇼펜하우어-」,『원광』547, 2020년 3월호.
34 숭산의 학적부에 '嗜好 算(術), 長所 國(語; 일본어), 短所 體(操)'로 기입되어 있다.

이수과목 가운데 좋아하는 과목은 산술이고, 잘 하는 과목은 일본어이며, 못하는 과목은 체조라는 것이다.

35　숭산의 회고록[『원불교신보』 1985년 10월 6일자, 「구도역정기(110)」]에는 배재고보 졸업 시기가 '1937년(원기 22년) 3월'로 잘못되어 있다. 이것은 기억에 의존한 오류로 보인다. 배재고보 학적부에는 학년별로 수료일자가 기록되어 있는데, 마지막 5학년의 수료일자는 1936년(소화 11) 3월 3일로 되어 있다.

36　井上圓了, 「哲學ノ必要ヲ論シテ本會ノ沿史ニ及フ」, 『哲學會雜誌』 1·2, 東京帝國大學文學部哲學會, 1887. 2·3, 4~9·41~44쪽.

37　마츠모토 세이이치(松本誠一), 「숭산의 수학 역정(歷程) – 박길진 원광대학교 초대 학장·총장과 도요대학 –」, 원불교사상연구원 주최 『숭산 박길진, 원광의 빛』(원광대학교개교75주년기념·숭산박길진총장열반35주년기념 학술회의자료집), 2021년 12월 21일, 66쪽.

38　원불교72년총람편집위원회 편, 『圓佛敎七十二年總覽』 IV, 원불교창립제이대 및 대종사탄생백주년 성업봉찬회, 1991, 258쪽. 여기에는 도요대학 진학 시기가 '1935년(원기 20) 4월'로 오기되어 있다.

39　「구도역정기(111); 숭산박광전법사편 ④」, 『원불교신보』 1985년 10월 16일자.

40　「나의 수학시대」, 『원대학보』 8, 1958년 10월 25일자.

41　정종, 「슬프도다! 숭산 박길진 선생이시여!」, 『원광대신문』 1986년 12월 10일자.

42　정종, 「슬프도다! 숭산 박길진 선생이시여!」.

43　정종, 「슬프도다! 숭산 박길진 선생이시여!」.

44　김삼도의 3학년 재학 연도가 1938년이었던 사실로 미루어 중앙불전을 졸업하던 1936년 그 해에 도요대학 본과에 입학하였음을 짐작할 수 있다(「생활전선에 出陣할 천여명 新學士」, 『조선중앙일보』 1936년 1월 17일자).

45　김경집, 「재일본조선불교청년회」, 『불교신문』 2023년 6월 13일자.

46　임혜봉, 『친일승려 108인』, 청년사, 2005, 398~406쪽.

47　장성운, 「울산교육 발전에 헌신, 좌고우면 않았던 참교육자; 김삼도 교장을 아십니까」, 『경상일보』 1989년 5월 16일자.

48　전(錢, 센)은 일본의 화폐 단위로, 100센이 1엔(圓)이다. 또 센 아래 단위로 리(厘)가 있는데, 1센은 10리에 상당한다.

49　「구도역정기(111); 숭산박광전법사편 ④」, 『원불교신보』 1985년 10월 16일자.

50　「내가 걸어온 길; 박길진 총장」, 『원광대신문』 1983년 8월 31일자.

51　「구도역정기(112); 숭산박광전법사편 ④」, 『원불교신보』 1985년 10월 16일자.

52　「구도역정기(112); 숭산박광전법사편 ⑤」, 『원불교신보』 1985년 10월 26일자.

53　1938년(昭和13) 3월 25일 발급한 숭산의 예과 수료증서가 현전하고 있다.

54　마츠모토 세이이치, 「숭산의 수학 역정」, 29쪽.

55　1877년에 도쿄대학으로 개교한 뒤 1886년 제국대학으로 개칭하였다. 그 뒤 교토

제국대학(京都帝國大學)이 설립되자 1897년에 도쿄제국대학(東京帝國大學)으로 교명을 바꾸었다. 제2차세계대전 패망 후인 1947년에 최초 설립 때의 교명인 도쿄대학으로 환원하였다.

56 정종, 『내가 사랑한 나의 삶 80(상)』, 도서출판 동남풍, 1995, 123~124쪽. 숭산과 정종이 이노우에 교수와 함께 찍은 사진도 있다.(「구도역정기(112)」; 숭산박광전법사편 ⑤, 『원불교신보』 1985년 10월 26일자; 정종, 「슬프도다! 숭산 박길진 선생이시여!」, 『원광대신문』 1986년 12월 10일자)
57 井上克人, 「明治期アカデミー哲學とその系譜－本体的一元論と有機體の哲學－」, 東洋大學國際哲學研究センター, 『國際哲學研究』 3, 2014, 83~84쪽.
58 마츠모토 세이이치, 「숭산의 수학 역정」, 74쪽.
59 이혜경, 「양명학과 근대일본의 권위주의－이노우에 데츠지로와 다카세 다케지로를 중심으로－」, 『시대와 철학』 30, 한국철학사상연구회, 2008, 16~22쪽; 정종, 『내가 사랑한 나의 삶 84(중)』, 도서출판 동남풍, 1999, 80쪽.
60 1930년대에 간행된 오시마 교수의 저작 대부분이 원광대 도서관에 소장되어 있다. 『영국신이상주의철학(イギリス新理想主義哲學)』, 『근세영국철학사(近世英國哲學史)』, 『철학이야기(哲學の話)』, 『흄 인성론(ヒューム人性論)』, 『존 로크(ロック)』 등이다.
61 菊川忠夫, 「大島正德の生涯と思想」, 『幾德工業大學研究報告』 A-8, 神奈川工科大學, 1984, 20~25쪽.
62 鄭璇, 「東京の叡智－柳宗悦先生を中心に」(尹青光 編, 『忘れ得ぬ日本人－朝鮮人の怨恨と哀惜』, 東京, 六興出版, 1979), 227쪽; 마츠모토 세이이치, 「숭산의 수학 역정」, 75쪽 재인용.
63 이마미치 도모노부 지음, 이영미 옮김, 『단테 '신곡' 강의』, 안티쿠스, 2008, 605쪽.
64 김형석, 『백년의 독서』, 비전과 리더십, 2021, 70쪽.
65 정종, 『내가 사랑한 나의 삶 80(상)』, 207쪽.
66 박길진, 「일원상 연구」, 『논문집』 3, 원광대학, 1967, 42쪽. 1949년 角川書店에서 출간한 出隆의 『西洋古代哲學史』 가운데 '제1편 고대철학'을 참고한 것이다.
67 정종, 『내가 사랑한 나의 삶 84(중)』, 78쪽.
68 篁實, 「新刊紹介; '哲學槪論' 齋藤晌著」, 『哲學研究』 251, 京都哲學會, 1937, 189~190쪽.
69 總理廳官房監査課 編, 『公職追放に関する覺書該当者名簿』, 日比谷政經會, 1949, 517쪽 명단 참조.
70 『デジタル版 日本人名大辞典』, '坂崎侃' 참조.
71 東洋大學創立100周年史編纂室 編, 『東洋大學史紀要』 3, 東洋大學創立100周年記念事業事務局, 1985, 104~144쪽.
72 박길진, 「일원상 연구」, 42쪽.

73 廣池利邦 編,『廣池利三郎追悼記』, 廣池千九郎顯彰會, 1993.
74 『숭산 해외일주 일기』(필사본, 숭산기념관 소장), 1956년 1월 13일조.
75 「모교에서 명예박사학위」,『원대학보』30, 1964년 1월 20일자.
76 日外アソシエーツ,『20世紀日本人名事典』, 紀伊國屋書店, 2004.
77 棚瀬襄爾,「宗教民族學者としての故宇野圓空先生」,『民族學研究』13-4, 日本民族學會, 1949, 391~403쪽.
78 竹内洋,『革新幻想の戰後史』, 中央公論新社, 2011, 139쪽.
79 坪内祐三,「高島平三郎」,『20世紀ニッポン異能・偉才100人』, 朝日新聞社, 1993, 192~193쪽.
80 狩野陽,「奧田三郎教授について」,『北海道大學教育學部紀要』13, 北海道大學教育學部, 1967, 99~102쪽.
81 小笠原雄・田中每実・森田尚人・矢野智司,『日本教育學の系譜』(勁草書房, 2014) 제1장('若き日の吉田熊次').
82 東洋大學 編,『東洋大學創立五十年史』, 1937, 239~241쪽.
83 鄭子路,「幽玄論史百年(二)-複眼的・総合的研究への道程-」,『人間文化研究』11, 廣島大學大學院總合科學研究科 人間文化研究會, 2019, 5쪽.
84 양은용,「숭산 박길진 박사 논저해제」,『원불교사상과 종교문화』90, 2021, 532~535쪽.
85 「구도역정기(112); 숭산박광전법사편 ⑤」,『원불교신보』1985년 10월 26일자.
86 「구도역정기(112); 숭산박광전법사편 ⑤」,『원불교신보』1985년 10월 26일자.
87 「구도역정기(113); 숭산박광전법사편 ⑥」,『원불교신보』1985년 11월 6일자.
88 「구도역정기(113); 숭산박광전법사편 ⑥」,『원불교신보』1985년 11월 6일자.
89 「다비드왕의 아량 발휘 요청; 이대통령에 賀川氏의 사과서한」,『동아일보』1955년 12월 14일자.
90 일본 고베 소재 가가와기념관(賀川記念館) 제공 가가와 평생 이력서 참조. 정종이 찾아간 교회가 스기나미구(杉竝區)에 있었다고 기억한 것은 그 교회가 세타가야구와 스기나미구의 경계지에 있었기 때문인 듯하다.
91 마츠자와 자료관의 주소는 도쿄 세타가야구(世田谷區) 가미키타자와(上北澤) 3-8-19이다.
92 「구도역정기(113); 숭산박광전법사편 ⑥」,『원불교신보』1985년 11월 6일자.
93 「구도역정기(113); 숭산박광전법사편 ⑥」,『원불교신보』1985년 11월 6일자. 한편, 1967년에 발표한「일원상에 대하여」(『원광』57, 15~16쪽)에서는 다음과 같이 범신론적 관점에서 가가와 목사와의 문답을 기술하였다. "기독교에서도 하느님은 안 계신 곳이 없다고 합니다. 한 떨기의 꽃 속에서도 신이 웃음을 웃고 계신다는 것입니다. 일본의 세계적 기독교 학자인 '하천풍언(賀川豊彦)' 선생이 내가 동경에 있을 때 신을 좀 보여달라 하였더니 나뭇잎 하나를 따서 보여주면서 '이것

이 신이라'고 말하였습니다. 이렇게 말씀드리면 범신론 사상이라고 하실 것입니다만 만물 속에서 신을 인정하였던 것입니다."

94 정종,「한 구도자의 신앙고백」,『한국종교사상의 재조명』상, 진산한기두박사 화갑기념논문집, 원광대학교출판국, 1993, 112쪽; 정종,『내가 사랑한 나의 삶 80(상)』, 258쪽.
95 「구도역정기(113); 숭산박광전법사편 ⑥」,『원불교신보』1985년 11월 6일자.
96 정종,『내가 사랑한 나의 삶 80(상)』, 259쪽.

불법연구회와의 관계

일제강점기의 불법연구회

불법연구회에 대한 인식

1924년 출범한 불법연구회는 일제강점기라는 시대적 제약으로 인해 민족종교로 발흥하는 데는 일정하게 태생적 한계가 있었다. 여타 종교의 경우와 마찬가지로 불법연구회의 활동도 조선총독부의 감시 대상이었을 뿐만 아니라 당대 지식인층의 관심의 대상이 되기도 하였다. 이러한 사실은 『동아일보』·『조선일보』·『시대일보』 등의 민족지, 『매일신보』·『경성일보』와 같은 조선총독부 어용기관지 등이 1920년대부터 1930년대에 걸쳐 불법연구회 관련 기사를 지속적으로 실었던 사실을 통해서도 짐작할 수 있다. 그 가운데 중요한 기사의 목록을 제시하면 아래와 같다.

『시대일보』

「불법연구회 창립」(1924. 6. 4)

『동아일보』

「익산에 수도원」(1925. 5. 26)

「세상풍진 벗어나서 담호반(淡湖畔)의 이상적 생활」(1928. 11. 25)

「익산불법대회」(1929. 5. 11)

「익산지방소개」(1933. 2. 11)

「무료의원설치」(1936. 4. 22)

『조선일보』

「불교혁신 실천자, 불법연구회 박중빈씨」(1937. 8. 1)

「불법연구회에서 문자보급운동」(1937. 10. 26)

『매일신보』

「익산불법회 대강당신축낙성」(1935. 5. 9)

「심전개발과 자력갱생, 장래가 기대되는 익산 불법연구회」(1937. 6. 25)

『경성일보』

「시대의 선구자」(1941. 10. 21)

불법연구회는 여러 조건과 이유로 한반도를 강점한 일제에 맞서 강렬하고도 선명한 민족지향적 활동을 전개할 수 없는 입장이었다. 다만 일제 말기의 '전시총동원' 체제 아래서는 전시동원정책에 적극 협력하거나 참여하지 않는 이른바 '비정치화' 노선을 지향하였다.

위에 소개한 여러 기사 가운데 1924년 불법연구회 창립 사실을 보도한 『시대일보』 기사 전문은 아래와 같다.

전라북도에서는 조선의 불교를 일층 확장키 위하여 서상인·송상면·오창건·이동완·문정규 제씨의 발기로 제유지(諸有志)가 거(去) (6월) 1일 오후 2시에 익산군 이리 보광사(普光寺)에 집회하여 불법연구회를 조직하고 제반 결의가 있었고 회장 서상인씨 외 제반 의원을 선거하였다고.[1]

같은 해 3월 말 최남선이 창간한 『시대일보』는 이리 보광사에서 서상인 등 유지들이 불교를 진흥하기 위한 목적으로 불법연구회를 창립한 사실만을 지방소식란에 간단히 보도하였다. 이로 미루어 불법연구회가 처음 결성될 때 서상인(徐相仁)이 회의 창립을 주도하고, 또 그 회장에 선임된 사실을 짐작할 수 있다. 창립 이듬해인 1925년에는 『동아일보』에서도 불법연구회의 공동체생활을 보도하였다.

회원은 현재 백여 명으로 전라남북도에 산재한 승려와 기타 불법연구에 유의하는 인사들로 단합된 것이라는 바 만여 평의 소유 토지로 큰 농포(農圃)를 설(設)하고 독신생활하는 회원들이 … 일정한 규율 하에 이상(理想)의 공동생활을 영위하면서 … 회세(會勢)의 확장에 따라 요소(要所)에 지회도 설립한다 하고 마치 서양에서 흔히 보는 구교(舊敎)의 수도원 그것과 조금도 다른 것이 없다 하며 일반은 호기심으로 그 진행(進行)을 주시한다고.[2]

『동아일보』 최초의 보도기사에서는 불법연구회 공동체를 '이상의 공동생활'로 규정하고 그 형태를 서구의 카톨릭 수도원 생활에 비유하였다. 위 기사의 전체 논조는 대체로 긍정적, 희망적인 색채를 띠

1920년대 불법연구회 보도기사 「세상풍진 벗어나서 담호반의 이상적 생활」
(『동아일보』 1928년 11월 25일자)

고 있다.

그 뒤 불법연구회가 정착되어 활발하게 활동하던 무렵인 1928년에 『동아일보』에서는 「세상풍진 벗어나서 담호반(淡湖畔)의 이상적 생활」이라는 다소 감성적, 낭만적 제목 하에 장문의 기사를 실어 그 활동 전모를 소상하게 소개하였다. 그 주요 내용을 보면 다음과 같다.

익산군 북일면 신룡리 구내에 신설된 조선의 명물이요 또는 이상향이라는 별칭을 가진 익산 불법연구사(佛法研究社) 본부이며 또한 그 시설의 일부분이다. 이 연구회는 오로지 불법에 근지(根旨)하여 정신수양, 사리연구, 작업취사(作業取捨)의 삼대 강령의 기치 하에서 움직이면서도 타류(他類)와 같이 불상을 가지지 않고 가장 현대적이며 현실화인 것이 특색이니 지금에 경성과 영광에 지부가 있으며 경향을 통하여 신실한 남녀회원이 4백여요 목하 본부 시설 구내 공동 거주자만이 50여로 산(算)하며 또 기본자산이 10만 거금에 근(近)하여 … 그들의 질서 있고 규모 있는 조직적 부문과 구체적 설비는 실로 끽경(喫驚)치 않을 수 없으며 괄목치 않을 수 없을 만하다. … 그들은 이와 같이 하여 범사에 허위가 없고 실질적으로 날로 융운의 실(實)을 거(擧)하여 매진하나니 이 시설의 주인공은 과연 누구일런가? 불법연구회의 회주(會主)요 총재격인 박중빈 선생의 포부의 일단이라 한다.[3]

위 기사를 집필한 '이리(裡里) 일기자(一記者)'는 그 뒤 도산 안창호를 익산 불법연구회로 안내한 배헌(裵憲, 1896~1955)이라고 전해진다. 배헌은 1913년 서간도로 건너가 신흥무관학교에 입교하였고

1924년 국내에 들어와서는 『동아일보』 기자로 활동하면서 신간회 운동에도 참여했던 민족적 성향이 강한 독립운동가였다.

위 기사에서는 먼저 불법연구회가 불상 없이 현대적으로 현실화한 특성을 언급하면서 서울, 영광에 지부를 두고 당시 4백 명 규모의 신도를 가지고 있고, 익산 본부에서 공동체 생활에 종사하는 교도 수를 50명 규모로 파악하는 등 불법연구회의 현황을 소개하였다. 이어 중간에는 익산 본부의 공동체 생활의 일과를 시간순으로 자세히 소개하고, 또 수양과정의 토론·강연과 노동의 일상을 소상히 언급하였다. 끝으로는 불법연구회의 회주(會主)인 소태산의 이력과 공적을 사진과 함께 소개하면서 "전도는 실로 양양(洋洋)하여 일취월진의 세(勢)로 발전되어 간다."라고 긍정적, 발전적으로 전망하면서 기사를 마무리하였다.

불법연구회에 대한 언론 보도와 관련하여, 그 이유나 배경은 잘 드러나지 않지만, 1937년에는 주목할 만한 기사가 몇 차례 지면을 달리하면서 소개되었다.[4] 그 가운데 『조선일보』는 '불교혁신 실천자'란 타이틀로 소태산의 사진과 함께 "일견 정치가적 타입이나 철리(哲理)에 심오한 종교가로서 … 조선 불교사상 마르틴 루터"[5]라고 평가하고 있다.

조선총독부 기관지 『매일신보』에서는 소태산에 대해 "일견 종교인으로서 정적(靜寂) 초연한 태도가 아니요, 투지 충만한 의지 실행적 활동 인물로 보인다. … 종교인으로 대하는 것보다는 자력갱생의 활모범(活模範)으로 볼 수 있다."는 소개 기사를 실었다.[6] 또 다른 총독부 기관지인 일어판 『경성일보』는 1941년 소태산에 대해 "대종사를 뵈었을 때 말할 수 없는 친밀감을 느꼈다. 대종사는 세상에 흔한 수양가형은 아니다. 대종사의 말씀은 평범하면서도 그 가운데 참으로 깊은 철학이 들어 있었다."⁷고 높이 평가하였다.

1920~1930년대에 간행된 민족적, 반민족적 두 가지 성향의 신문 모두에서 불법연구회에 관한 기사의 내용과 관점은 대체로 실천적 수양과 공동체 생활을 토대로 한 참신한 새 교단의 모습과 활동을 긍정적으로 소개하는 데 집중되어 있다. 이러한 분위기는 새로운 세상을 창도하는 민중종교의 관점을 전적으로 수용한 데서 나온 결과로, 침략과 반침략, 투쟁과 타협, 정의와 불의 등을 가치 중심에 두는 민족운동, 독립운동의 모습과는 층위를 달리한다고 볼 수 있다.⁸

일제의 불법연구회 탄압

일제강점 36년 동안 불법연구회가 겪은 시련과 고난의 30년 역사는 곧 원불교 초기 교단과 교조 소태산의 수난사이기도 하다. 1916년 소태산의 대각으로 원불교 역사가 시작된 후 최초로 일본 제국주의 침략세력, 곧 일제와 접촉하게 된 것은 1918~1919년에 이루어진 방언공사 때였다. 불과 1년 동안에 집약적으로 2만 6천 평의 개간지를 마련하게 된 방언사업의 성과에 대해 지역주민들은 경이로운 일이라고 인식하고 소태산의 역량을 높이 칭탄하였다.

일제는 이러한 방언공사의 추이와 성과를 예의주시하게 되었고, 그 결과 소태산은 부정과 비리, 곧 위조화폐 제조 등의 혐의로 영광경찰서에 1주일 동안 구금되어 문초를 받았다고 전해진다. 그리고 교인들의 기도 장소인 길룡리 마을 앞 옥녀봉 일대를 수색하고, 인부들 품삯으로 지급한 화폐의 진위 여부까지 확인하였다고 한다.⁹

그런데, 영광경찰서에서 소태산을 1주일 동안 구금한 것은 비리, 부정 혐의 외에 근본적으로는 3·1운동의 파급을 막기 위한 예비조치의 차원이었다. 이 점에 대해서는 다음과 같은 지적이 유효할 것이다.

일경이 대종사를 일주일간 구금한 이유는 그 무렵 만세운동이 전국을 휩쓰는 때인지라 대중의 신망을 얻어 탁월한 지도력을 가진 대종사가 다른 독립지사들과의 연락을 취하지 못하게 하기 위한 구금조치였던 것으로[10] …

1919년 3, 4월 두 달 동안 지속된 거족적 독립운동인 3·1운동의 여파로 인근 지역인 법성포(3. 30), 영광(3. 29) 등지에서도 만세시위운동이 연속해서 일어났기 때문에 민중의 신망이 두터운 지도자 소태산은 주민 공동체 공사를 지도한 입장에서 일제의 이른바 요주의 인물로 감시대상에 올라 탄압을 받았을 것으로 판단하는 것이 합리적일 것이다. 방언공사가 준공된 날짜는 1919년 4월 26일이었다.

방언공사가 끝난 뒤 같은 해 7월, 김제 금산사(金山寺)에 휴양 중이던 소태산은 다시 김제경찰서에 연행되어 일주일간 구금당하였다. 이때 구금된 이유는 실신한 불교 신도 한 사람을 치유한 기적을 일으킨 일로 인해 혹세무민의 사교 '도인'이라는 혐의를 받았기 때문이라고 한다.[11] 이 문제에 대해 '대종사님으로부터 자상스럽게 들은 이야기'라고 하여 황가봉(黃假鳳, 1910~1990)은 다음과 같이 증언하였다.

그때 독립운동 사건이 생길 때라 독립운동 사상범들이 산중 암자로밖에 못갑니다. 그래서 절에다가 이상한 도인이나 이상한 사람이 나타나면 신고하라 했을 겁니다. 그러니 중들은 자기 살기 위하여 도인이 나왔다고 하니 신고해서 모셔간 것입니다.[12]

일제 경찰이 이적(異蹟)을 행한 소태산의 행실을 독립운동과 연관지어 의심한 결과로 일시 수난을 당했다는 것이다. 하지만, 이러한 수난 역시 큰 틀에서 보아 일제가 지역사회에 유력한 지도자로 부상한 소태산의 동향을 밀착 감시하고 있었던 정황을 알려주는 하나의 단초가 된다.[13]

그 뒤 불법연구회가 익산에 본부를 두고 왕성한 활동을 하고 교세를 확장하게 되자, 일제는 여러 가지 구실을 만들어 전국 각지에서 조직과 교화, 인물들에 대해 전방위적인 압박과 탄압을 가하였다. 특히 독립운동계의 대표적 지도자 가운데 한 사람인 도산 안창호(安昌浩, 1878~1938)가 1936년 2월 불법연구회를 방문하여 소태산을 만나고 간 이후 일제의 감시는 한층 강화되었다.

중국 상하이에 머물던 독립운동 지도자 안창호는 1932년 4월 윤봉길 의사의 상하이 홍커우공원(虹口公園) 의거 직후에 피체되어 국내로 이송된 뒤 4년형을 선고받고 서대문감옥을 거쳐 대전감옥에 수감되었다. 하지만, 당시 58세였던 그는 위장병이 심해져서 형기를 22개월을 남겨두고 1935년 2월 10일 가출옥으로 석방되었다. 출옥 후 전국 순행에 나선 안창호는 1936년 2월 21일 익산의 불법연구회 총부를 방문하였다.[14]

안창호가 익산의 불법연구회를 방문한 것은 그가 일찍이 1910년대부터 독립운동의 기반 구축을 위한 이상촌 건설사업에 지대한 관심과 노력을 기울여왔던 사실과 결코 무관치 않아 보인다. 1921년

흥사단 제7회 원동대회에서 이상촌 건설을 역설하였고, 1920년대 중반에는 이상촌 건설의 후보지를 물색하기 위해 직접 북만주를 답사하여 쑹화강(松花江) 연안을 후보지로 결정하였다. 하지만, 현지 사정으로 인해 이상촌 건설과 농업 경영에 끝내 착수하지는 못하고 말았다. 안창호는 이상촌 건설을 염원하고 그에 대한 희망을 포기하지 않고 있었다. 익산을 방문할 당시 이상적 신앙공동체를 지향하던 불법연구회의 총부를 자신이 꿈꾸던 이상촌에 가탁하여 커다란 관심을 보였을 것으로 짐작된다.[15]

독립운동 지도자 안창호
1936년 2월 익산 불법연구회를 방문하였다.

불법연구회 방문 당시 안창호는 소태산에게 다음과 같은 말로 격려하였다.

> 나의 일은 판국이 좁고 솜씨가 또한 충분하지 못하여, 민족에게 큰 이익은 주지 못하고 도리어 나로 인하여 관헌들의 압박을 받는 동지까지 적지 아니하온데, 선생께서는 그 일의 판국이 넓고 운용하시는 방편이 능란하시어, 안으로 동포 대중에게 공헌함은 많으시면서도, 직접으로 큰 구속과 압박은 받지 아니하시니 선생의 역량은 참으로 장하옵니다.[16]

위 인용문은 안창호가 자신이 펼치던 민족운동의 범주나 그 지향성에 대비시켜 불법연구회를 거느리며 세상을 경륜하려던 소태산의 큰 뜻과 도량에 깊이 탄복하였다는 의미를 담고 있다.

이리경찰서 북일주재소 건물(청하원)
일제는 불법연구회 사찰을 전담하기 위해 1936년 10월 불법연구회 총부 내에 북일주재소를 설치하였다.

해방 후인 1956년에 하와이 한인사회에서 발간하던 한글신문 『국민보』에도 안창호가 불법연구회를 방문했다는 기사가 실렸다. 원불교의 약사와 교리, 교세를 비교적 자세히 소개한 장문의 기사 가운데 안창호가 소태산을 만나 칭탄(稱歎)했다는 대목을 인용하면 다음과 같다.

저 유명한 도산 안창호 선생께서 일제 말년에 일경이 삼엄한 경계를 받으시면서 호남지방을 여행하실 때 여기 원불교를 방문하시고 남겼다는 다음 탄사(歎辭)의 진보를 나는 이제부터 밝히고자 하는 것이다.
(박중빈) 선생이시여 나(안창호-필자주)는 부끄러워한다. 세인들은 나를 애국지사라고 떠든다. 그러나 나는 아무 일도 이룬 것이라고는 없다. 그러면서도 일곱 사람이 넘는 일경찰서인(日警察署人)들은 주위

로 저렇게 나를 따라 다니고 있다. 선생은 이러한 위대한 민족 복리의 사업을 이루시고도 마음에는 정을 얻고 겨레를 위하여 이처럼 큰 사업을 이루었으니 이 어이 된 일이요?[17]

위 기사의 요지도 안창호가 소태산의 경륜을 크게 칭탄했다는 점에서 앞서 소개한 인용문과 크게 다르지 않다. 이러한 정황으로 보아 안창호가 불법연구회를 방문했던 사실은 여러 면에서 일제를 자극하여 감시와 경계를 강화하는 계기로 작용하였던 것 같다.

일제가 불법연구회를 감시하고 탄압했던 사실은 1936년 10월 불법연구회 경내에다 이리경찰서 북일주재소를 신설하고 전담 순사를 배치했던 점에서 명확히 드러난다.[18] 당시 소태산과 불법연구회 사찰을 전담했던 순사 황가봉은 그 뒤 오히려 소태산으로부터 감화를 입고 원불교에 귀의하여 이천(二天)이라는 법명까지 받았다. 또 1938년 4월에는 조선총독부의 이른바 치안총책인 미츠하시 고이치로(三橋孝一郎) 경무국장[19]이 호남지방을 순행하면서 직접 불법연구회를 사찰한 일도 있었다. 당시 신문은 그 사실을 다음과 같이 보도하였다.

삼교(三橋) 경무국장은 예정과 같이 지난 8일 오후 3시에 전주로부터 자동차로 이리에 도착하여 경찰서장실에서 잠시 휴게(休憩)한 후 즉시 북일면 불법연구회를 시찰한 다음 일로(一路) 군산으로 향하였다.[20]

미츠하시 경무국장이 1938년 4월 8일 이리에서 군산으로 가는 도중 불법연구회 총부를 사찰했다는 기록이다. 이것은 일제가 당시 불법연구회를 얼마나 엄중하게 취체하고 있었는지 알려주는 생생한 증좌라 할 수 있다.

경무국장의 불법연구회 사찰 사실은 황가봉의 회고록에도 소개되어 있다. 그 회고록에는 이때 전라북도 경찰부장과 고등과장, 그리고 이리경찰서장 등 7~8명이 경무국장을 수행한 것으로 아래와 같이 기술되어 있다.

> 1937년 8월경(1938년 4월의 오류-필자주) 돌연 삼교 경무국장이 전라북도 경찰부장·고등과장·이리서장·고등주임·신문기자, 조선총독부 도서과 종교전문 관속 등 7, 8명이 총부를 들어왔다. 대각전 북쪽 응접실(현 오르간실)에 좌정하고 종사님 이하 전 간부를 호출하는 것이었다. 명령대로 전원 참석하였다. 당시는 어마어마한 좌석이었다.[21]

이때 경무국장은 황가봉에게 불법연구회를 감시하고 사찰하는 이유를 아래와 같이 말했다고 한다.

> 이 단체(불법연구회-필자주)에 대하여 군(황가봉-필자주)이 아는 바와 같이 경찰력을 총동원하여 직접간접으로 발전을 저지하고 있는 것이 아닌가. 그럼에도 불구하고 나날이 교도가 늘어나고 있다. 조선의 종교단체는 대개가 처음에는 좋은 일을 하는 듯하다 나중에는 민족주의로 집약되는 것이 상례이다. 이 단체를 좋은 단체라고 그저 방임할 때 머지않아 2천만이 한 덩어리로 뭉쳐질 가망이 없지 않다고 생각된다. 장차 2천만이 한 덩어리로 뭉쳐진 다음 옆 길로 들어가게 될 때는 어찌할 것인가.[22]

요컨대, 일제는 불법연구회가 민족종교로서의 속성을 가진 것으로 전제하고 그에 상응하는 대처를 하고 있었던 것이다. 그러므로 그 규모와 세력이 확대되는 경우, 민족운동을 전개할 개연성이 상존하였기에 미리 그 세력을 철저하게 탄압하려 하였다. 미츠하시 경무국장의 현지사찰은 이와 같은 배경 하에서 불시에 이루어졌다. 그 사찰을 탈없이 무마하고 불법연구회를 수호하는 데 오히려 황가봉이 힘썼다는 이야기는 유명한 일화다.

미츠하시 경무국장이 불법연구회를 사찰하기 직전인 1938년 4월 1일 일제는 이른바 국가총동원법을 공포하고 전

조선총독부 경무국장 불법연구회 방문 사찰기사(『매일신보』 1938년 4월 10일자)

시체제에 돌입하였다. 이후 한민족은 1945년 8월 일제 패망 때까지 공포와 불안 속에서 8년 동안 전방위에 걸쳐 극심한 인적, 물적 수탈을 강요당함으로써 일제의 침략전쟁에 일방적으로 희생되었다.

중국 분할 점령에 나선 군국주의 일본은 1932년 괴뢰국 만주국을 세워 먼저 동북 3성을 점령한 뒤 1937년 7월에는 중일전쟁을 일으켜 중국 본토 침공을 개시하였다. 침략전쟁에 광분한 일제는 급기야 '대동아공영'이란 미명 아래 1941년 12월 8일 하와이 진주만을 공습하여 태평양전쟁을 도발하면서 필리핀, 말레이반도 등 동남아 침공에 돌입하였다. 이처럼 전선이 태평양 전역으로 뻗어나가고 전장이 끊

임없이 확장되자, 일제는 전쟁물자 조달을 위해 본토뿐만 아니라 식민지 한반도에서도 살벌한 분위기를 조성하면서 수탈에 더욱 광분하였던 것이다.

　1938년의 '국가총동원법'은 일제가 본국뿐만 아니라 자국의 식민지를 대상으로 하여 모든 인적, 물적 자원을 강력히 통제하고 징발하기 위한 목적에서 제정한 특별법이었다. 이에 근거하여 국내에서도 '황국신민' 구호 하에 일제의 침략전쟁을 뒷받침하기 위한 가혹한 수탈이 강요되었다. 국민정신총동원조선연맹(1938)-국민총력조선연맹(1940)을 필두로 수많은 친일 관변단체들이 조직되어 탄압과 수탈에 앞장섰다. 1939년부터는 강제연행이 개시되어 가능한 수단을 모두 동원한 '인간사냥'이 본격화되었고, 그 이듬해에는 이른바 공출이 시작되어 쌀·보리·콩 등 농산물부터 금·은·동·철 등 광물류에 이르기까지 한반도에서 생산되는 일체의 물자를 모조리 수탈해 갔다. 일본 군국주의가 최후를 향해 단말마적 발악을 하던 이 시기는 일제강점하 36년 수난의 세월 가운데서도 가장 고단하고 피해가 극심하던 때였다. 황국신민화를 강요하던 '국체명징(國體明徵)', 민족성 말살을 강요하던 '내선일체(內鮮一體)', 전쟁지원을 위해 허리띠를 졸라매자던 '인고단련(忍苦鍛鍊)', 온 나라가 하나로 뭉치자던 '거국일치(擧國一致)', 전쟁을 위해 참고 견디자던 '견인지구(堅引持久)' 등의 관제 선동구호가 난무하고, 모든 인민에게 소위 천황의 신민이 될 것을 억지로 강요하던 '궁성요배(宮城遙拜)' 행사와 '황국신민서사(皇國臣民誓詞)' 제창이 일상화되던 그런 시절이었다.

　그 시기 불법연구회도 민족적 수난에서 예외일 수 없었다. 정례적인 법회인 예회(例會)에도 일제가 강제한 국민의례를 순서에 넣도록 하였고, 1916년 개창 이후 사용해온 연호 '시창(始創)' 대신에 일제의 쇼와(昭和) 연호로 바꾸도록 억압하였다. 전국 인민에게 강제로 할당되다시피 하던 국방헌금이 강요되었고, 거듭되는 공출로 인해 고통이 가중되었다. 전국 각지에서 포교에 제약과 감시, 탄압이 이어졌다. 남원에서는 1938년 조송광(曺頌廣, 1876~1957)이 불상 숭배를 미신 종교의 폐단으로 비판하는 요지의 설교를 했다는 이유로 교무 정관음행이 일주일간 구금되어 신문을 받았다. 주민을 모아놓고 법회를 보았던 정읍 화해리의 신도 김도일(金道一)은 혹세무민의 혐의를 받아 일경으로부터 수난을 당하기도 하였다. 개성교당에서는 '구주(救主)' 등과 같은 설교 내용, 표현을 문제 삼아 김영신 교무가 일경에 끌려가 문초를 받았다. 익산 총부에서도 1941년 전국 총회가 열렸을 때 회의 내용을 기록한 메모 가운데 들어 있던 '성체(聖體)', '하사(下賜)' 등의 표현이 문제가 되어 조전권 교무가 일시 구금되어 수난을 겪기도 하였다.[23]

일제 말기의 이와 같은 광란의 시기에 소태산이 당면한 가장 큰 문제는 일제의 단말마적 발악으로부터 불법연구회의 명맥을 온전히 보전하는 일이었다. 위에서 언급했듯이 일제는 생활공동체인 불법연구회의 존재 자체를 잠재적 위험세력으로 간주하고 철저히 취체하던 상황이었기 때문에 그 명맥이 풍전등화와 같이 위태로운 지경이었다. 그러므로 이를 지켜내는 과정에는 그에 상당하는 희생과 수난, 고통이 따를 수밖에 없었다.

원불교, 불법연구회의 역사에서 1943년 전반기는 장차 운명을 결정짓는 절체절명의 시간이었다. 곧 소태산의 열반을 맞은 1943년이 민족종교로서 원불교의 역사성을 평가할 때 가장 중요한 시기라는 것이다. 그 해에 일어난 숭산의 박문사(博文寺) 유거, 소태산의 열반, 그리고 불법연구회와 박문사의 관계 등을 어떤 입장에서 인식하고 해석할 것인가 하는 문제는 원불교의 역사성 규정과 직결된다고 할 수 있다.

불법연구회의 교무부장이던 숭산은 1943년 3월 29일부터 4월 11일까지 소태산의 마지막 나들이가 된 서울 방문에 동행하였다. 이 무렵 불법연구회의 교세가 호남·영남을 비롯해 서울·개성 일대까지 확장되어 있었다. 이에 소태산은 1942년 가을부터 1943년 봄에 걸쳐 전국 각지의 포교를 독려하기 위해 전주·원평·신태인·부산·개성·서울 등지의 순행에 나섰다. 그 가운데 1943년 봄에 들렀던 서울은 소태산의 마지막 순행지가 되었던 셈이다.[24]

서울 방문 때 소태산은 제자 황온순(黃溫順, 1903~2004)의 도움으로 경종과 목탁을 구입하였다. 이 무렵 소태산은 『불교정전(佛敎正典)』 간행을 위해 심혈을 기울이던 시기로, 이로 인해 일제의 간섭과 압박이 더 심해졌기 때문에 이를 무마하기 위한 임시 방책을 강구하지 않을 수 없었다. 이 무렵에 숭산이 서울의 일본 조동종 사찰 박문사에 체류하게 된 이면에는 그러한 배경이 자리하고 있었다. 곧 일제 말기의 살벌한 시국상황에서 불법연구회는 그 명맥을 유지하기 위해 일본 사찰 박문사를 바람막이로 내세웠다.

이에 불법연구회는 1943년 7월 1일 익산 총부에 서울 박문사의 신도조직인 복취회(福聚會)의 익산지부(益山支部)를 설치하였고, 이에 앞서 같은 해 4월부터 6월까지 3개월 동안 일본 조동종의 제반 의식을 공부한다는 명목으로 서울 장충동의 박문사로 숭산을 파견하였다.[25] 서울에 머물던 숭산은 소태산 서거 직전 익산에 내려왔다가 장례 후

대한 침략의 원흉 이토 히로부미를 기리던 박문사

다시 상경하여 잠시 더 체류했던 것으로 보인다.[26] 소태산의 49재에 박문사 주지 우에노 슌에이(上野舜穎, 1872~1947)가 직접 익산으로 내려와 참례한 것도 숭산의 서울 체류와 결코 무관하지 않았을 것이다.

원불교 교단에서는 불법연구회를 보전하는 데 도움을 준 인물로 이리경찰서장 '가와무라', 조선불교사 사장 나카무라와 함께 박문사 주지 우에노를 손꼽는다. 예컨대 유일학림 출신으로 원불교학 교재인 『교학개설(敎學槪說)』(1957년 탈고) 집필에도 참여했던 이은석(李恩錫)이 남긴 다음 기록이 교단의 그러한 정서를 잘 대변해준다.

> 일인 중 하촌 서장은 일제 말 총독부의 우리 교단에 대한 정책을 내통해 주는 역할을 하였고, 중촌 사장은 전 조선이 군계엄 하에 놓여 교단 말살정책이 채택될 때 당시 그간 우리 편에서 한 몫을 해주게 하였고, 상야 노사는 마지막으로 황도불교화 하려 할 때 자기의 권한 영역 내에서 외호(外護)의 한 몫을 또한 해주게 하였다.[27]

제1부 숭산의 삶   109

1939년부터 이듬해까지 재임한 것으로 확인되는 가와무라 마사미(河村正美) 서장[28]은 조선총독부의 종교정책 정보를 불법연구회에 제공해 주었고, 나카무라 사장은 교단 말살 획책을 차단해 주었으며, 우에노 주지는 불법연구회의 황도불교화를 막아 주었다는 것이 공적의 요지이다. 불법연구회가 이때 조동종의 의식 절차를 수용하고 정문에다 서울 박문사의 신도 단체인 복취회(福聚會)의 익산지부 간판을 내걸었던 것도 우에노가 가졌던 막강한 힘을 의식한 임기응변의 방편에서 나온 것이었다.[29]

이들 가운데 특히 우에노 주지는 우가키(宇垣一成) 총독의 식민지 지배정책의 골간 가운데 하나인 소위 심전개발운동(心田開發運動)과 깊숙이 연관되어 있었다는 사실이 주목된다. 사이토 총독의 이른바 문화정치를 내적으로 더욱 심화, 발전시켰다고 할 수 있는 이 운동은 한민족의 정신을 더욱 말살하고 통제를 강화하는 데 그 본령이 있었다. 이른바 마음의 밭을 일구고 잡초를 제거한다는 심전개발운동의 궁극적 결론은 일제의 식민지 정책에 따르는 것이 선이고, 그에 반대하는 것은 모두 악이라는 것이다. 그러므로 의문이나 불만을 품는 일 없이 무조건 따르기 위해서 마음의 밭을 일구어야만 한다는 억지 논리, 주장을 폈다. 이러한 심전개발운동의 실천에 앞장서서 식민지 통치에 깊숙이 관여되어 있던 인물이 곧 우에노였다.[30] 역설적으로 말하자면 일제 식민지 통치권력에 밀착된 인물이었기에 우에노는 풍전등화에 놓인 불법연구회를 지켜줄 힘을 가지고 있었던 것이다.

후쿠이현(福井縣) 미카타군(三方郡) 출신의 우에노는 1885년 13세 때 불문(佛門)에 들어가 조동종대학림(현 駒澤大學)과 화불법률학교

(현 法政大學)를 졸업한 뒤 조동종의 지도자로 성장하였다. 1912년 조동종 종회의원에 당선되었고, 1927년 55세 때는 조동종 상서(尙署)를 거쳐 모든 종무를 관장하는 총무에 올랐다. 이러한 이력으로 보아 우에노는 불법수행(佛法修行)보다 정치적 능력이 훨씬 더 뛰어난 인물이었음을 알 수 있다. 이러한 전력을 가진 그는 1935년 총무에서 퇴임하고 박문사의 제2대 주지로 부임한 뒤 1944년까지 장기간 재임하였다. 초대 주지 스즈키 텐잔(鈴木天山, 1863~1941)이 1932년부터 4년, 그리고 후임의 제3대 주지 오카 큐가쿠(丘球學, 1877~1953)가 고작 1년 재임한 사실을 감안하면, 10년간 주지를 지낸 우에노의 활동은 곧 일제강점기 박문사의 역할 그 자체를 의미한다고도 간주할 수 있을 것이다.[31]

이처럼 일본 군국주의와 깊이 밀착되었던 우에노가 제2대 주지를 맡았던 박문사는 대한제국의 충혼을 제향하기 위해 광무황제가 건립한 장충단(奬忠壇)의 동쪽 옆에다 이토 히로부미를 기리고자 일제가 건립한 사찰이었다. 이 절은 곧 한반도를 유린한 일본군국주의를 상징하는 시설물 가운데 하나였다. 1932년 건립 당시 신문에서 "조선통치의 대은인(大恩人) 이토 공의 덕풍을 기리고 공적을 찬양하며 명복을 빌고, 아울러 일선(日鮮) 양 민족의 굳은 정신적 결합을 꾀하고자 하는 도량"[32] 운운한 기사가 박문사의 군국주적 속성을 그대로 보여준다. 안중근 의사가 결행한 하얼빈 의거일인 동시에 이토의 제삿날이기도 한 10월 26일에 거행된 박문사의 낙성식에는 우가키 총독을 비롯하여 이광수·최린·윤덕영 등 거물 친일파들이 대거 참석하였고, 본토의 쇼화(昭和) 일왕은 공물로 향로를 보내왔다. 또 1937년에는 일본군의 이른바 '육탄 3용사' 동상을 세워 대륙침략을 위한

'정신기지'로도 삼았다. 이어 1939년 10월에는 관민 1천 명이 참석한 가운데 일제의 이른바 전몰장병 추도회를 대대적으로 개최하였고, 그 다음 달에는 병탄 원흉인 이토와 데라우치 초대총독, 그리고 매국노인 이완용과 송병준 등 '합방 공로자들'의 위령제를 거행하였다. 이처럼 왜곡, 변질된 박문사는 당시 서울을 찾은 일본인이 반드시 방문하던 명소로, 엄밀히 말하자면 불교를 포교하는 도량이 아니었다. 이토 현창을 통해 일본인들에게 우월성을 자각시켜 군국주의의 침략정책을 홍보하고 선전하던 시설이었다.[33] 해방 후 철거된 박문사 자리에는 현재 신라호텔 영빈관이 들어섰다.

원불교 교단의 최고 의결기구인 수위단회는 우에노 주지에게 1988년 '명예대호법'의 법훈을 추서하였다. '조선총독부의 탄압 등으로부터 교단을 옹호하고 교단 창립에 협력'했다는 것이 그 공적이다.[34] 박문사와 그 주지 우에노가 한국을 유린한 일본 군국주의의 중심부에 위치해 있었던 사실을 부정할 사람은 아무도 없을 것이다. 이러한 역사적 사실을 상기할 때, 우에노 주지에게 법훈을 추서한 사실은 역사의 아이러니가 아닐 수 없다. 왜곡과 굴절, 수난과 오욕으로 점철된 일제 말기의 단말마적 시대 상황에 아직도 속박되어 헤쳐 나오지 못하고 있다. 멀리서 숲과 산을 보지 못하고 눈 앞의 한 그루 나무만 보는 안목의 소치라 아니할 수 없다. 교조 소태산을 죽음으로 내몰고 불법연구회의 탄압과 말살을 획책하던 일본 군국주의를 오히려 은혜롭게 여겨 '호법(護法)'의 공덕으로 기리는 것이 명철보신(明哲保身)이라 여긴 처사에 대해 범교단 차원의 깊은 성찰이 요구된다.

일제 당국은 전쟁 막바지에 들어와서는 불법연구회의 황도불교화를 획책하여 실제로 그 실행에 착수하였다. 1944년 조선총독부에서는 경무국 촉탁 나카무라 겐타로(中村健太郎, 1881~1969)에게 불법연구회의 실정을 조사, 보고하도록 하였다. 나카무라는 조선총독부 기관지 『매일신보』 편집국장을 지낸 뒤 조선불교사를 설립하고 『조선불교(朝鮮佛敎)』를 발간하면서 이른바 내선융화의 실천에 주력하고 있었다. 곧 일제가 내선융화의 차원에서 한국 불교정책을 펴야 한다고 주장한 대표적 인물이었다.[35] 이러한 생각을 가졌던 나카무라는 불법연구회를 방문해 그 실정을 파악한 뒤 불법연구회를 강제로 해산시키면 민심이 소란해질 우려가 있으므로 유화책을 써서 일본불교에 동화시킬 것을 건의하였던 것이다. 그 결과 조선총독부 경무국은 불법연구회를 강압적으로 해산하는 대신에 '황도불교(皇道佛敎)'로 동화시킬 계획을 세우게 되었다. 황도불교는 천황을 정점으로 한 일본 군국주의가 침략전쟁을 수행하던 시기에 일본 불교계에서 천황을 신격화하여 창출한 이데올로기로, 곧 불교가 이데올로기화하여 '전쟁기계'로 바뀌게 된 것이다.[36]

불법연구회를 황도불교화 하려던 시책의 책임자는 일제의 조선군관구사령부 예하 광주사관구사령부 소속의 전주육군병사부장 겸 전주지구사령관(재임기간 1945. 3. 31~1945. 11. 4) 마키 지로(牧次郎, 1884~1954) 육군소장이었다.[37] 마키는 이를 결행하기 위해 불법연구회의 대표들을 소집하여 회의를 열었다. 원불교 교단에서는 그 시기를 1945년 2월로 기록하고 있으나[38] 마키 소장의 재임기간을 고려하면 이보다 조금 더 늦은 시기가 아닌가 싶다. 이에 숭산은 박장식(朴將植, 1911~2011), 그리고 소태산의 종통을 계승한 송규와 함께 그 회의에 참석하였다.[39] 숭산은 당시 회의를 다음과 같이 회고하였다.

어느 날 일본의 유지였던 중천건태랑(中村健太郎을 지칭함-필자주)과 육군소장인 목소령(牧次郞의 오류-필자주)이 상산(常山, 박장식의 법호-필자주)님과 나를 초청하였다. 이리 시내 청목당(靑木堂)에서 시내 유지급 인사 수십 명과 자리를 같이하게 되었다. 이를 계기로 더욱 황도불교화에 구체적인 방안까지 제시하였다. 군산에서 농장을 경영하는 사람에게 우리를 뒷받침해 주라고까지 하였고, 전주교당에도 그 야심을 드러내게 되었다. 이렇게 황도불교화를 본격적으로 강요하게 된 것은 대종사님 열반 후였으니 그들의 막바지 술책이었던 것이다. 의연하면서도 그들과 대질리지 않게 생활하기란 너무도 경계가 많았다.⁴⁰

마키 소장은 이 회의에서 불법연구회가 황도불교에 앞장설 것을 일방적으로 통고하고 회명(會名)을 비롯하여 『불교정전』과 『불법연구회회규』까지 소위 국체(國體)인 이른바 천황제(天皇制)에 맞게 바꿀 것을 강요하였다. 이 자리에 동석했다는 '군산에서 농장을 경영하는 사람'은 당시 익산·군산·정읍 일대에 광대한 토지를 소유한 구마모토 리헤이(熊本利平, 1879~1968)였을 것으로 짐작된다.⁴¹ 곧 이 회의를 소집한 목적이 일제가 전쟁 말기에 군·관·민 합동으로 불법연구회를 황도불교로 만들어 부일어용단체로 전락시키려는 데 있었음을 감지할 수 있다.

일제 패망 직전에 이처럼 풍전등화와 같던 불법연구회의 명맥이 보전될 수 있었던 것은 실로 천운이었다고 한다. 일제 당국의 강요에 의해 행정절차가 마무리된 상황에서 정산 종법사의 최종 재가만 남겨놓은 상황이었다. 이에 종법사 송규는 지방교화 시찰을 명목으로 급거 부산으로 피신하였고, 일본군은 7월 25일경 불법연구회 정문에 걸기 위해 '황도불교회' 간판까지 실제로 준비한 채 대각전과 양잠실을 점거하기에 이르렀다. 하지만 천행으로 종법사가 익산으로 돌아오는 도중에 대전역에서 해방을 맞았다고 한다. 이로써 불법연구회는 풍전등화의 위난 속에서 천우신조로 명맥을 유지할 수 있었다.⁴²
참고로, 마키 소장은 광복 3일 뒤인 8월 18일 불법연구회를 찾아와 황도불교회 간판을 내걸 준비를 하던 중 패망했다는 사실을 전하면서 불법연구회의 발전을 기원한다는 말을 남겼다고 한다.⁴³

소태산의 서거

숭산이 일본유학을 마치고 돌아온 해인 1941년 말 첫째 동생 길주(吉珠)가 죽었다. 1924년에 태어난 길주는 숭산보다 9살 아래로 이리 농림학교(현 익산의 전북대학교 특성화캠퍼스)에 다니던 중 불행히 병사했다. 동생의 죽음으로 숭산이 받은 충격과 고통은 참으로 컸다. 뒷날 숭산은 동생이 죽음에 이르게 된 배경을 다음과 같이 설명하였다.

> 바로 아래 동생 길주(광령)를 집에서 관리를 안 하고 내버려 둔 탓에 다 커서는 몸에 병이 들었다. 당시에 서둘렀으면 나을 병이었다. 음식을 함부로 먹고 그러냐고 뭐라고만 했지… 병든 몸을 고치질 못했다. 결국 길주가 나중에 폐병으로 죽었다.⁴⁴

당시 숭산의 집안이 사사로운 정리(情理)를 앞세우거나 사가(私家)를 우선해서 돌보던 분위기가 아니었음을 감지할 수 있다. 이처럼 고

숭산의 형제들(1934)   뒷줄 왼쪽 네 번째가 숭산, 맨 앞 왼쪽 길주, 오른쪽 길연

단한 환경에서 길주는 건강을 잃고 폐결핵에 걸려 18살의 나이로 아깝게 요절하고 말았던 것이다. 당시 폐결핵은 치료가 어려운 병으로 누구에게나 두려움의 대상이었다. 죽은 뒤 길주에게는 광령(光靈)이라는 법명이 내려졌다.

길주의 죽음에 대해서는 소태산의 언행록인 『대종경(大宗經)』에도 아래와 같이 기록되어 있다.

대종사, 차자 광령이 병들매 집안사람으로 하여금 힘을 다하여 간호하게 하시더니, 그가 요절하매 말씀하시기를 '오직 인사를 다할 따름이요, 마침내 인력으로 좌우하지 못할 것은 명이라' 하시고, 공사(公事)나 법설하심이 조금도 평시와 다르지 아니하시니라.[45]

사람의 힘으로는 미칠 수 없는 것이 생사의 운명이기에 아들의 죽음 앞에서도 의연했던 소태산의 평심(平心)을 알려주는 대목이다. 하지만, 주변의 증언과 회고를 보면, 소태산이 아들 길주의 죽음에 임했을 때 자식 잃은 애달픈 심정을 드러낸 일면이 감지되기도 한다. 개성교당 김여일화에 의하면, 길주가 죽던 날 소태산이 눈물을 흘리며 자신의 새 옷을 아들 수의로 쓰라고 내어주었다고 한다.[46] 또 집 앞에 세워놓은 길주의 조기(弔旗)가 소태산이 거주하던 조실(祖室)에서 환히 보였는데, 소태산이 몇 번 조실 앞길을 거닐더니 "저 열반 표기를 내 눈에 보이지 않는 쪽으로 가져다 놓아라"고 했다는 전언은 자식 잃은 아버지의 심적 고통이 어떠했을지 생생하게 알려준다.

그때 비통에 잠긴 아버지의 모습을 보고서야 숭산은 비로소 소태산의 참된 부정을 깨달았다고 한다. 동생이 죽기 전까지 아버지는 세속 일에 전혀 관심이 없고 오직 특별한 일만 하는 분으로만 알고 지내왔는데, 동생의 죽음을 계기로 숭산은 아버지 소태산의 따뜻한 부정을 느끼게 되었다는 것이다.[47]

그럼에도 불구하고, 숭산이 아버지 소태산에 대해 가졌던 인간적 정리(情理)는 일반인들의 보편적 정서와는 달랐고, 그 점은 후인에게 시사하는 바가 있다. 1975년 숭산이 자신의 과거를 회고하는 가운데 나오는 다음의 진솔한 표현에서 그러한 정황을 충분히 짐작할 수 있을 것이다.

어려서나 나이 먹어서도 대종사님은 역시 가정과는 관계없는 어른, 성자로만 보았을 따름이지, 친근감을 가지거나 하는 일은 없었다. 나는 총부 구내에 살기 전 어린 시절에는 송학동 이리 철도역 뒤편에서 살고 있었고, 대종사님은 세탁부 옆 방에 거처하셨었다. 공휴일이면 한 번씩 길주 동생을 데리고 갔고, 밤에는 아버지와 셋이 잤다. 그러면 길주는 궁글어가서 아버지를 꽉 안고 잤다. 나는 전혀 그런 감정이 없었다. 나는 그저 정의적으로 '저 분이 내 아버지다'라는 정도로 생각만 했다. 그래도 그 대종사님이 돌아가시고 나니 '내 아버지가 돌아가셨구나' 하는 정도의 생각은 들었다.[48]

곧 소태산은 숭산 등 자녀들에게도 어린 시절부터 아버지라는 사인(私人)이기에 앞서 불법연구회를 이끄는 공인(公人)으로서 그 위상과 역할이 뚜렷이 각인되어 있었음을 보여주는 증좌라 할 수 있다.

1943년 1월, 29세의 숭산은 임영전(林靈田, 1924~2010)과 혼인하였다. 부친 임청암과 모친 법타원 구양근의 2남 2녀 중 차녀로 1924년 부산에서 태어난 신부는 경남고등여학교를 졸업하고 이화여전에서 수학하던 중 모친이 이타원 장적조를 연원으로 입교한 것이 인연이 되어 혼인에 이르게 되었다. 당시 신부는 20살 꽃다운 나이였다.

원래 숭산은 결혼하지 않고 독신으로 수행할 생각이었다. 당시로서는 매우 늦은 29살에 결혼한 이유이기도 한 것 같다. 하지만, 54세 된 모친을 모시는 현실적 문제로 인하여 결혼하지 않을 수 없었다고 술회하였다.[49] 하지만, 숭산의 신혼생활은 참으로 고단하였다. 결혼 직후인 1943년 4월부터는 시국상황으로 인해 서울 박문사에 머물렀고, 이어 6월에는 소태산이 급서하는 등 교단 안팎에서 극도로 긴박한 상황이 연속되었기 때문이다.

소태산은 1943년 6월 1일 53세로 타계하였다. 소태산의 죽음은 이

숭산의 결혼식(1943. 1)

시기 고단했던 우리 민족의 현실과 결코 무관하지 않았다.[50] 뒷날 숭산의 죽음이 이른바 신군부 쿠데타로 조성된 서슬 퍼런 시국상황과 깊은 관계가 있던 상황과도 흡사한 양상이었다.

1943년 당시 소태산에게 주어진 가장 중차대한 과제는 불법연구회의 교리를 담은 『정전(正典)』을 간행하는 일이었다. 불법연구회 교단을 창립한 이래 소태산은 교화, 교서의 필요에 따라 1927년에 『불법연구회규약(佛法硏究會規約)』과 『수양연구요론(修養硏究要論)』, 그리고 1932년 『보경육대요령(寶經六大要領)』을 저술하여 사용해오고 있었다. 그 뒤 소태산은 『정전』 발간을 위해 심혈을 기울여 자신의 임종 즈음에 『불교정전(佛敎正典)』이라는 타협적 서명을 붙여 발간하게 되었던 것이다. 이때 간행된 『불교정전』은 1932년 저술된 『보경육대요령』에 불교의 경(經)과 논(論)을 보조경전으로 합권한 것으로, 1962년『원불교교전』이 간행될 때까지 19년 동안 원불교의 기본경전으로 사용되었다.

　소태산의 명에 따라 서대원·송규·박장식 등 불법연구회의 중심인물들이 합심하여 각고의 노력을 기울인 끝에『정전』의 편찬 준비를 마무리하였으나 일제 당국의 검열에 걸려 출판을 할 수 없었다. 이처럼『정전』발간사업이 난관에 부딪혀 있던 상황에서 간행을 성사시키는 데 큰 도움을 준 인물이 일제 당국과 밀착되어 있던 친일승려 김태흡(金泰洽, 1899~1989)이었다.[51] 이에 1943년 3월 교정을 완료하고 소태산 열반 후인 그해 8월『불교정전』이라는 서명으로 드디어 간행에 이르게 되었다. 일제 말기에 이루어진 이 작업은 실로 눈물겨운 과정이었고, '정전'이 나왔을 때의 감격은 그 무엇으로도 표현할 수 없었다. 소태산은 인쇄 전의 편집본은 열람하였지만, 경전의 출간은 끝내 보지 못한 채 타계하였다.

　소태산이 원불교를 개창하고 불법연구회가 활동하던 일제강점기의 민족 수난사는 엄연한 역사의 현실이었다. 1919년 3·1운동의 분출로 외형적이나마 일제가 유화적으로 통치형태를 바꾸었던 1920년대와 1930년대 전반부를 지나고 1930년대 후반부, 1940년대에 이르는 동안 일제 강권탄압이 자행되던, 칠흑같은 어둠이 드리워져 있던 상황에서 한반도 내에 존재했던 불법연구회가 한인(韓人) 공동체였다는 사실 그 자체만으로도 필연적으로 감시와 탄압의 대상이 될 수밖에 없었다. 그러므로 당시 불법연구회로서는 생존을 위해 온갖 방안을 강구하지 않을 수 없는 처지에 놓이게 되었다. 이 시기 교단이 민족 지향성을 가지는 데 일정한 한계를 노정할 수밖에 없었던 근본적 이유와 조건이 여기에 있다. 곧 소태산이 원불교를 창건한 뒤 불법연구회가 활동하던 공간이 한반도 안이었고 그 시기가 일제 강점기였다는 사실로 인해 불법연구회가 민족적 성향을 띠고 활동하기에는 현실적 제약이 너무 컸던 것이다.

이런 사실을 감안할 때, 앞서 언급한 일제 말기 이른바 전시총동원체제 하에서 민족말살과 물자수탈이 자행되는 와중에 불법연구회를 주지(主持)한 소태산이 지녔을 심적 부담과 고통이 어떠했을지 넉넉히 짐작된다. 작고 전년인 1942년 한 제자가 숨막히는 분위기 속에서 이런 고단한 시국상황이 얼마나 갈지, 또 어떻게 진행될지 물어 오자 소태산은 "떠오르는 밝은 달을 먹구름이 가린들 얼마나 가겠느냐."[52]고 답하고, 일제가 불법연구회의 존재 자체로 인한 후환을 없애려고 한다는 말을 전해 듣고 "요사이에는 관변의 지목이 차차 심하여 가니 내가 여기에 오래 머무르기 어렵겠노라."[53]고 했다는 어록이 일제 말기에 소태산에게 가중되던 심적 압박과 고통을 단적으로 보여주는 사례라 할 수 있다. 실제로 불법연구회 사찰 임무를 맡아 대종사를 가까이에서 보필했던 황가봉의 다음 증언에서도 그러한 정황이 감지된다.

> 1939년경에는 종사님께서 이제 머리를 너무 써서 머리가 아프니 먼 곳으로 수도의 길을 떠나야겠다는 말씀을 가끔가끔 하시고 중요한 간부들에게도 내가 수도길을 멀리 떠나 좀 조용하게 있고자 하니 나만 믿고 있지 말고 부지런히들 정리하라는 말씀을 자주 하셨다. 이는 열반 2, 3년 전부터였다.[54]

이처럼 일제의 탄압, 압박이 가중되던 상황에서 소태산이 종종 깊은 산중이나 금강산으로 수양을 떠나야겠다고 제자들에게 했다는 말은 그가 일제의 탄압으로 인해 받았던 극심한 심적 고통의 발로라 할 수 있다. 소태산은 또 말년에 죽음을 주제로 한, 예컨대 「열반시를 당하여 영혼천도하는 법설」, 「열반 전후에 후생길 인도하는 법문」 등의 법설도 발표했다고 한다. 뿐만 아니라 1941년에는 자신이 도달한 깨달음의 구경처(究竟處)를 아래와 같은 게송(偈頌)으로 제자들에게 전하였다.

유(有)는 무(無)로 무는 유로
돌고 돌아 지극(至極)하면
유와 무가 구공(俱空)이나
구공 역시 구족(俱足)이라[55]

이 게송은 곧 유무일원(有無一圓)의 회통(會通)한 이치를 관통한 말이다. 이는 또한 생사초탈의 자연한 진리와도 이치로 보아 상통한다. 소태산이 말년에 남긴 이러한 언행의 이면에는 죽음에 이르는 깊은 고뇌가 담겨 있다고 생각된다. 또 불법연구회의 중심인물 가운데 한 사람이던 박장식의 다음 증언도 소태산과 불법연구회가 겪었던 모진 고통과 수난을 잘 담고 있다.

무단히도 압박을 가하는 일본인에게 일호의 적대감이나 격리하시는 일 없이 원만하게, 자비에 넘치시는 용심처사(用心處事)를 뵈올 때면 저절로 탄성이 흘러나왔다. 그리고 일제의 수난에 못이겨 걱정을 하는 제자들에게 "절대 걱정할 것 없다. 그들도 이제 얼마 남지 않았다."라고 하시면서 용기와 희망을 심어주셨다. 그래도 못견디는 경계 속에서 화를 당하고 말 것 같다는 말씀을 드리면 "이 고비만 넘기면 문제없다. 영 안 되겠거든 정전이 있으니 정전만 들고 산중으로 들어가거라. 그러나 그럴 염려는 없으니 안심하여라." 이 말씀이 지금도 귀에 쟁쟁하게 들리는 듯하다. … 긴 세월을 일제하에서 그들과 크게 마찰됨 없이 교단을 이끌어 오셨음을 나로서는 쉽게 말할 수가 없을 것 같다. 일인들의 무불간섭에도 그들의 요구에 웬만한 것은 들어주시는 것 같아도 막상 큰 일은 절대로 안 들어 주셨다.[56]

불법연구회를 수호해야 하는 소태산으로서 짊어져야 할 고단한 현실을 지켜본 생생한 역사의 증언이라 할 것이다. 소태산은 불법연구회를 탄압, 해체하려던 일제의 거대한 힘을 분산시키며 살아남기 위해서 많은 고민을 하고 방책을 강구해야만 하였다. 그러한 고통과 압박은 곧 소태산이 급서하게 된 원인, 이유라 할 수 있다.[57] 건장했던 소태산이 급서한 변고는 이처럼 엄청난 심적 고뇌가 그 뒤안에 자리잡고 있었다고 아니할 수 없다. 소태산의 죽음은 그 스스로 선택한 것이었지만, 그를 죽음에 이르게 한 것은 바로 무도한 일제였다는 정황이 충분히 감지되는 대목이기도 하다.

소태산은 자신의 죽음을 예감한 듯 1943년 5월 16일 '생사의 진리'라는 아래 법문을 마지막으로 남겼다.

우리가 도를 알아가는 것이 마치 철 없는 아이가 차차 어른이 되어가는 것과 같다 하리라. 이와 같이, 아이가 커서 어른이 되고, 범부가 깨쳐 부처가 되며, 제자가 배워 스승이 되는 것이니, 그대들도 어서어서 참다운 실력을 얻어 그대들 후진의 스승이 되며, 제생 의세의 큰 사업에 각기 큰 선도자들이 되라. 음부경(陰符經)에 이르기를 '생(生)은 사(死)의 근본이요 사는 생의 근본이라' 하였나니, 생사라 하는 것은 마치 사시가 순환하는 것과도 같고, 주야가 반복되는 것과도 같아서, 이것이 곧 우주만물을 운행하는 법칙이요 천지를 순환하게 하는 진리라, 불보살들은 그 거래(去來)에 매(昧)하지 아니하고 자유하시며, 범부중생은 그 거래에 매하고 부자유한 것이 다를 뿐이요, 육신의 생사는 불보살이나 범부중생이 다 같은 것이니, 그대들은 또한 사람만 믿지 말고 그 법을 믿으며, 각자 자신이 생사거래에 매하지 아니하고 그에 자유할 실력을 얻기에 노력하라.[58]

위 법문은 그 내용과 분위기로 보아 소태산이 마치 자신의 운명을 감지하고 후인들에게 남기는 말과 같이 느껴진다. 인간의 생사는 우주만물의 자연한 질서 속에서 이루어지는 천지순환의 진리인 만큼 여기에 얽매이지 않고 초탈해야 한다고 설파한 것이다.

소태산이 서거하자, 불법연구회의 교인들은 말할 수 없이 큰 상실감에 휩싸였다. 소태산의 급서로 받았던 충격을 박장식은 다음과 같이 표현하였다.

청천벽력이란 말을 빌려서 표현해 보아도 일만 분의 일도 안 되는 그때의 막막함과 서러움, 하늘은 빛을 잃었고 산천초목이 모두 통곡하였다. 나는 일생을 통해 대종사님의 열반 때처럼 큰 충격을 받은 일이 없다. 돌아가신다는 것은 꿈에도 생각 못했던 일이었다.[59]

소태산의 장례식(1943. 6)

'하늘은 빛을 잃었고 산천초목이 모두 통곡했다'는 표현만큼이나 소태산의 부음은 모든 교인에게 충격 그 자체였다.

숭산은 '죽음에 대한 새로운 인식이 시작되었다'고 회상하였을 만큼 부친의 타계를 슬프고 서운한 감정과는 다른 차원으로 받아들였다. 춘향전·심청전을 보면서도 곧잘 울었을 만큼 감정다감했던 숭산은 동생의 죽음에 이어 태산과도 같았던 부친이 작고하자 생사를 초탈하는 경지에 이르게 되었다. 인간의 죽음에 대해 "인생무상을 새삼 깨닫게 되고, 윤회의 흐름 속에 오고가는 변화일 뿐이라는 어떤 자각이 나를 슬픔 속에서 깨어나게 했다"고 한 대목을 통해 그러한 사실을 알 수 있다.[60]

해방 직후에는 숭산이 그동안 믿고 따르던 지친인 주산(主山) 송도성(宋道性, 1907~1946)이 병사함으로써 또 한번 큰 상처를 받았다. 가형인 송규를 따라 1919년 대종사 문하에 들어온 송도성은 1928년 소

숭산의 자형 주산 송도성

태산의 장녀, 곧 숭산의 손위 누이 박길선과 혼인하였다. 숭산은 어려서부터 주산을 따랐다고 한다.[61] 총기가 뛰어났던 주산은 해방 직후 불법연구회에서 전개한 전재동포(戰災同胞) 구호사업에 전념하던 중 불행히도 열성질환에 걸려 1946년 3월 병사하고 말았던 것이다.[62]

불법연구회와 숭산

대학 졸업을 앞두고 숭산은 그동안 지내온 공부, 수양과정을 성찰하고 장차 그에게 주어진 일생의 과업, 소명이 무엇인지, 나아가 어떻게 살 것인지 하는 자문(自問)에 대해 진지하게 고민하였다. 이와 같은 생각과 고민의 일단이 그 무렵에 지은 시 「희망」에 잘 드러나 있다.

　몸 불편하고 돈도 한 푼 없으면서
　무엇을 가졌길래 기운은 그리 살았소
　그뿐인가, 땅 한 평 없고 집 한 칸도 없소
　가진 것이 있다면 희망 하나뿐이오[63]

수양과 구도의 실천의지로 학문에 정진해 온 한 청년이 품었을 드높은 기상과 포부가 생생하게 감지된다. 비록 물질적으로 가진 것

도요대학 졸업시험
합격증서(1941. 3)

은 아무것도 없는 처지지만, 새로운 세상을 향해 품은 새 기운, 희망은 넘쳐나고 있다는 숭산의 의식세계를 그대로 드러낸 시라 할 수 있다.

숭산은 1941년 3월 도요대학을 27세로 졸업하였다. 대학 졸업을 위해서는 소정의 과정을 이수한 뒤 치르는 학사시험에 합격해야만 하였다. 숭산은 1941년 3월 25일자로 제10대 도요대학장 오쿠라 쿠니히코(大倉邦彦, 1882~1971)가 발급한 합격증서를 받았다. 이 날짜가 졸업식 일자와 같은지는 알 수 없지만, 1941년 봄에 졸업한 사실만큼은 명확히 알려준다.[64]

숭산은 졸업 즉시 귀국하였다. 함께 졸업한 정종이 대학원 진학을 위해 일본에 체류했던 것과 대조적이었다. 불법연구회 총부에서 숭산의 졸업을 손꼽아 기다리고 있었기 때문에 일시도 지체할 수 없었다. 숭산이 일본 유학에 오른 이듬해(1937)에 중일전쟁이 발발했고, 귀국한 그해 12월에는 태평양전쟁이 일어났다. 이후 1945년 일제 패망 때까지 5년 동안은 일제에 의한 민족적 시련이 극심하던 시기였다. 귀국 직후 숭산은 자신이 맞닥뜨렸던 고단하고 암울한 시대 상황을 다음과 같이 회고하였다.

> 일제 말기의 억압은 이루 말할 수 없었고, 특히 우리 교단을 황도불교화 하려는 적극적인 강요에 시달려야 했던 것이다. 가장 자유롭게 교화의 장을 펴나가야 할 종교집단에까지 뻗쳤던 일인들의 야욕과 행패는 나라 잃은 민족의 설움이었고, 국권회복이란 막중한 과업만이 양 어깨를 내리누르고 있었다.[65]

17살 청소년기에 익산을 떠나 서울과 도쿄에서 10년을 공부한 끝에 27살 성인이 되어 환향한 그의 앞길은 이처럼 가시밭길과 같이 험난하였다. 철학과 종교 등 인문사회학 제반분야에서 최고의 신학문을 공부한 학문적 소양을 토대로 불법연구회의 발전을 도모해야 하는 소임이 숭산에게 주어진 과제였다. 하지만, 민족의 총체적 수난이 야기되던 상황에서 숭산이 당장 운신할 수 있는 일은 거의 없었다. 오직 변용과 협력을 강요하는 일제의 서슬퍼런 탄압에 직면하여 불법연구회의 원형을 온전하게 지켜내는 것이 눈 앞에 닥친 급무였다.

원불교의 전신 불법연구회가 창립되던 1924년 당시 숭산은 고향 영광에서 서당에 다니던 10살 어린아이에 지나지 않았다. 그러므로 창립 당시에는 공부나 수양 면에서 불법연구회와 유의미한 관계를 가질 수 없었다. 그 뒤 숭산이 음으로 양으로 불법연구회와 관계를 갖게 되는 것은 이리공립보통학교로 전학하고 익산으로 들어오게 되는 1926년부터였다. 이때부터 불법연구회(원불교) 본부(총부)는 숭산이 생을 마칠 때까지 생활과 활동의 근거지가 되었다.

보통학교에 다니던 어린 시절, 익산 불법연구회 본부는 숭산의 생활공간과 다름없었다. 통학거리 때문에 이리 시내에서 따로 지냈지만, 수시로 익산 본부에 왕래하였다. 서울의 배재고보 시절에도 방학 때마다 익산에 내려와 지냈다. 익산 총부를 근거지로 하는 생활은 일본유학 때도 마찬가지였다. 외형적으로도 불법연구회는 숭산의 삶과 일체화된 공간이었다. 이처럼 태생적 조건이나 성장환경 어느 면으로 보더라도 숭산이 불법연구회를 자신과 동일시했을 만큼 강한 애착과 열정을 가졌던 것은 너무나도 당연하다.

1930년대 후반, 가장 혈기왕성하던 20대에 발표한 「우리의 입각지(立脚地)」·「참 나를 찾으라」(이상 1936), 「불교의 의의」(1938) 등의 평론과 「나의 원(願)」(1935), 「새로운 출발」·「사랑」(이상 1937), 「구본(求本)」·「신춘(新春)」(이상 1939) 등의 시(조)를 통해서도 구도 열정과 불법연구회를 향한 마음가짐이 어떠했는지 짐작할 수 있다. 그 가운데 1939년에 발표한 시「신춘」을 보자

아, 너는 모든 더러운 생각을 없앴느냐
그리고 저 새싹과 같은 기운찬 진리의 움이 트느냐
너에게 그 미워하는 마음
저만을 위하려는 마음을 없애고
저 한 풀잎까지라도 화(和)할 만한
봄기운과 같은 따뜻한 사랑이 있느냐[66]

새싹을 틔우는 새봄의 기운, 곧 '너'에 자신을 가탁한 숭산이 진리를 향한 구도의 자세와 세상만물을 포용하는 사랑의 마음을 노래한

것이다. 마치 실천수양과 진리탐구를 병진하는 불법연구회를 향한 숭산의 지순한 정성의 한 단면을 보는 듯하다.

일본에서 유학을 마치고 돌아온 숭산에게는 당대 최고의 지성으로 불법연구회를 선도할 책무가 있었다. 불법연구회가 10년 동안 숭산의 외지(外地) 공부를 뒷바라지했던 것은 이런 기대와 소망 때문이었다. 1941년 봄, 귀국과 동시에 숭산은 불법연구회의 교무에 정식으로 보임되었다. 이때 박장식이 교무촉탁에 보임된 사실을 감안해 보면, 숭산이 오랫동안 수양과 공부에 정진해 온 경륜을 인정받았음을 짐작할 수 있다.67 박장식은 숭산보다 4살 위였지만, 그 해 2월에 갓 입문한 신진이었던 것이다. 이어 같은 해 4월 정기총회를 기하여 소태산은 장차 출범할 불교전수학원의 교원을 삼기 위하여 경성법학전문학교 출신의 박장식과 숭산 두 사람을 학원교무(學園敎務)로 임명하였다.68 이로서 보건대, 불법연구회에서는 '불교전수학원(佛敎專修學院)'의 설립을 기정사실화하고 그 대비를 하고 있었던 것으로 짐작된다.

숭산이 귀국하던 무렵 불법연구회가 가장 절급한 과제로 추진하던 사업 가운데 하나가 인재 양성을 위한 교육기관, 곧 불교전수학원을 설립하는 일이었다. 소태산이 불교전수학원 설립을 기정사실화하고 이를 전제로 1940년 재학 중이던 숭산을 미리 그 원장에 보임했을 만큼 교육사업의 중요성이 부각되어 있었다.69 하지만, 1941년 1월 일제 당국에 제출한 불교전수학원 설립 계획안이 승인을 받지 못했기 때문에 불법연구회의 육영사업은 당분간 유보될 수밖에 없었다.

불교전수학원 설립이 좌절된 후, 숭산은 한때 서울에 올라가 머물렀다. 대학시절에 얻은 허리통증 치료 때문이었다고 하지만, 오랜 기간 학업과 구도의 고행을 끝내고 귀향한 그로서는 고단한 현실의 압박에서 벗어나 얼마간 심신의 휴식이 필요했을 것으로 짐작되기도 한다. 이후 1945년 해방 후 유일학림 설립을 보게 될 때까지 수년 동안 불법연구회의 회무에 매진하였다.

숭산은 1942년 4월 처음으로 불법연구회의 중요 회무를 맡아 교무부장에 보임되었다. 당시 불법연구회의 간부진을 보면 총무부장 박장식, 서무부장 겸 공익부장 전음광, 산업부장 이재철 등이었고, 교무부장에는 처음에 김대거가 보임되었다가 그 이유는 명확치 않지만 숭산으로 교체되었던 것으로 보인다. 아마도 그해 4월 26일에 열린 불법연구회 제14회 정기총대회에서 그동안 시행해 오던 교정원·서정원 등 2원 10부제를 폐지하고 총무부·교무부·서무부·공익부·산업부 등 5부제로 개편할 때 숭산이 교무부장에 임명되었던 것 같다.[70] 이후 숭산은 1945년 해방 때까지 교무부장 직함을 가지고 활동하였다.

1945년 8월, 그토록 염원하던 광복을 맞이하였다. 주산 송도성은 부친 송벽조(宋碧照)에게 보내는 서신에 광복된 그날의 기쁨, 흥분을 아래와 같이 전하였다.

조선독립이란 천만 의외의 일로 36년간의 압박 구속이 일조에 해방되었사오니 이 과연 꿈인지 참이온지요. 정신이 황홀하여 걷잡을 길 없사옵니다. 아버님께서도 들으시고 얼마나 기뻐하셨나이까. 차후로 우리 조선인의 전도가 만 리 구름 걷히듯 무한 탕탕(蕩蕩)할 것이오며 본회(불법연구회-필자주)의 발전도 앞으로 크게 유망하오니 어찌 기쁘지 않겠나이까.[71]

해방을 맞이하던 그날의 감격이 마치 눈앞에 생생하게 펼쳐지는 것 같다. 일제강점 36년 동안 최소한의 생존적 필요조건조차 모조리 박탈해간 일제의 압제는 당장 사라졌다. 우리 민족의 전도에, 그리고 불법연구회의 발전에도 찬란한 광영(光榮)의 빛이 드리워졌다는 기쁨의 절규이기도 하다.

그동안 중국에서 대한민국 임시정부를 주재(主宰)해온 김구 주석 이하 여러 요인도 해방을 맞아 1945년 11월 23일 환국하였다. 임시정부가 환국하자 불법연구회는 즉시 임시정부를 절대 지지하는 대열에 앞장섰다. 환국한 지 열흘만에 당시 언론에서는 "불법연구회 대표는 김구 주석을 방문하고 절대 임시정부를 지지하겠다는 의사를 표명하였다."[72]라고 하여 불법연구회의 김구 방문과 임시정부 지지 사실을 보도하였다. 이처럼 신속하고도 분명한 정치적 입장 표명은 당시 우리 민족이 처한 현실을 그대로 반영한 불법연구회의 민족지향성을 상징적으로 보여준다. 해방 이듬해인 1946년 8월 16일 오후 7시 불법연구회 중앙총부의 대각전(大覺殿)에서 안중근 의사가 하얼빈 역두에서 이토 히로부미를 처단한 '활동사진'을 상영했다는 사실도 이와 동일한 맥락에서 교단에 시사하는 바가 크다고 생각한다.[73]

불법연구회 서울출장소를 방문한 백범 김구 (앞줄 왼쪽 다섯번 째)

불법연구회에서 김구를 방문한 사실을 알리는 기사
(『동아일보』1945년 12월 5일자)

주석

1. 「불법연구회 창립」, 『시대일보』 1924년 6월 4일자.
2. 「익산에 수도원」, 『동아일보』 1925년 5월 26일자.
3. 「세상풍진 벗어나서 담호반의 이상적 생활」, 『동아일보』 1928년 11월 25일자.
4. 교무부 편수과, 「1930년대의 불법연구회」, 『원광』 78, 1973년 8월호, 110쪽.
5. 「불교혁신 실천자, 불법연구회 박중빈씨」, 『조선일보』 1937년 8월 1일자.
6. 「심전개발과 자력갱생, 장래가 기대되는 익산 불법연구회」, 『매일신보』 1937년 6월 25일자.
7. 「시대의 선구자」, 『경성일보』 1941년 10월 21일자.
8. 박민영, 「일제강점기 원불교계와 독립운동의 상관성에 대한 시론적 검토」, 『원불교사상과 종교문화』 80, 원광대 원불교사상연구원, 2019, 16~21쪽.
9. 김정용, 「일제하 교단의 수난」, 『원불교70년정신사』, 원불교출판사, 1989, 205쪽.
10. 김정용, 「일제하 교단의 수난」, 205쪽.
11. 「일제하의 교단사 내막」, 『원광』 105, 원광사, 1980년 12월호, 80쪽.
12. 「일제하의 교단사 내막」, 81쪽.
13. 박민영, 「일제강점기 원불교계와 독립운동의 상관성에 대한 시론적 검토」, 14~16쪽.
14. 김도형, 「도산 안창호의 '불법연구회' 방문과 그 성격」, 『원불교사상과 종교문화』 80, 2019, 50쪽.
15. 김도형, 「도산 안창호의 '불법연구회' 방문과 그 성격」, 47~48쪽.
16. 『대종경』 제12 실시품(實示品) 45장.
17. 「도산선생의 탄사; 본지특파원 성동호씨 원불교 본지 현지답사」, 『국민보』 1956년 6월 20일자. 게재 시기로 보아 이 기사는 1956년 숭산이 세계일주 때 하와이를 방문했던 사실과 무관치 않아 보인다.
18. 불법연구회 경내에 신설된 북일주재소 건물은 불법연구회에서 조달한 건축기부금 1천 엔(圓)으로 건립되었다. 북일주재소에서 근무했던 순사는 황가봉 외에 1939년 8월 김제주재소로부터 전임한 許月南이라는 인물이 확인된다(『매일신보』 1939년 8월 10일자, 「이리경찰서원이동」).
19. 미츠하시(三橋孝一郎)는 1936년 9월부터 1942년 6월까지 무려 7년간 재임했던 최장수 경무국장이다.
20. 「三橋警務局長 이리 거쳐 군산 향발」, 『매일신보』 1938년 4월 10일자.
21. 황이천, 「내가 내사한 불법연구회(10)」, 『원불교신보』 1973년 12월 10일자. 황가봉의 다른 회고 기록에는 '1938년'으로 되어 있다(「1930년대의 불법연구회」, 『원광』 78, 1973년 8월호, 115쪽).

22 황이천, 「내가 내사한 불법연구회(10)」, 1973년 12월 10일자.
23 김정용, 「일제하 교단의 수난」, 『원불교70년정신사』, 원불교출판사, 1989, 213~216쪽.
24 원불교정화사 편, 『원불교교고총간』 5, 156쪽.
25 원불교정화사 편, 『원불교교고총간』 5, 159쪽. 박문사의 하부조직이라는 이른바 福聚會의 규모와 활동은 잘 확인되지 않는다. 다만 1936년 7월 김제에 복취회관이 준공되었다는 기사가 있어 지방조직이 존재했다는 사실을 알려준다(「김제 복취회관 상량식」, 『매일신보』 1936년 7월 17일자).
26 박용덕, 『소태산 박중빈 불법연구회 4; 일제수난과 대응』, 도서출판 여시아문, 2021(전면개정판), 109쪽.
27 이은석, 「日政의 수난과 대종사열반」, 『院報』 13, 원광대 원불교사상연구원, 1981, 3쪽.
28 조선총독부 직원록에 이리경찰서장(경부)은 1938년 入江幹夫, 1939~1940년 河村正美, 1941년 安西謙次로 나타나고, 이후에는 확인되지 않는다.
29 김정용, 「일제하 교단의 수난」, 224쪽.
30 이치노헤 쇼코 지음, 장옥희 옮김, 『조선침략 참회기-일본 조동종은 조선에서 무엇을 했나-』, 동국대학교출판부, 2013, 161~162쪽.
31 이치노헤 쇼코(戶彰晃, 일본 조동종 雲祥寺 주지), 「하쿠분지 2대 주지 우에노 슌에이」(원광대학교 원불교사상연구원 제210차 월례연구발표회 발표문, 2015. 6. 15), '우에노 슌에이의 이력'(1~2쪽)
32 「춘무산 박문사 건립되다(상)-반도의 대은인 이등공을 추억」, 『경성일보』 1932년 10월 24일자.
33 「우에노 슌에이는 누구인가」, 『원불교신문』 2015년 6월 19일자.
34 원불교 교정원 총무부 편, 『원불교 법훈록』, 원불교 원광사, 1999, 402~403 · 406~408쪽; 「대봉도 39, 대호법 28인 탄생」, 『원불교신문』 1988년 10월 26일자. 이 기사에 따르면 10월 20일 열린 125회 수위단회에서 우에노 주지 외에도 불교시보사 김태흡 사장, 이리경찰서 가와무라 서장도 교단을 옹호하고 난관을 해결하는 데 제반 도움을 준 공적으로 명예대호법에 추대하였다.
35 배병욱, 「일제시기 中村健太郎의 언론활동과 내선융화운동」, 『인문사회과학연구』 21-3, 부경대 인문사회과학연구소, 2020, 43~48쪽.
36 김영진, 「식민지 조선의 황도불교와 공(空)의 정치학」, 『한국학연구』 22, 인하대학교 한국학연구소, 2010, 54~55쪽.
37 일본 육군성 「陸軍移動通報」 제74호(1945. 3. 31); 大内那翁逸 · 津野田喜長 共編, 『舊帝國陸軍編制便覽』 제1권, 대내출판, 2003(제4판), 64쪽 「終戰時ニ於ケル北部,朝鮮, 臺灣軍管區部隊一覽表」에 의거함. 이에 따르면 그가 전주지구사령관에 재임한 기간은 1945년 3월부터 같은 해 11월까지였다. 1945년 일제 패망 시기 한반도내

일본군('조선군')의 계통은 조선군관구사령부(서울) 산하에 호남지역 군무를 총괄하는 光州師管區司令部를 두었고, 그 아래에 牧次郎 소장을 사령관으로 하는 전주지구사령부를 두어 전북지역 군무를 전담케 하였다. 중일전쟁 참전을 끝으로 1938년 전역했던 마키(牧次郎)는 삭발하고 승려 행세를 하면서 한동안 興亞佛徒會라는 어용단체를 만들어 각지를 전전하며 이른바 호국전몰자 위령활동을 벌였다(「宗圓牧次郎少將 北支로 向發」, 『동아일보』 1939년 10월 9일자). 이런 그가 전쟁 막바지인 1945년 62세로 다시 현역에 복귀하여 복무했던 전형적인 일본군 장교였다.

38 원불교72년총람편집위원회 편, 『원불교72년총람』 IV, 265쪽.
39 박장식, 『平和의 念願』, 원불교출판사, 2005, 109~110쪽. 숭산은 박장식과 함께 참석한 것으로 회고하였고, 박장식은 송규를 모시고 숭산과 함께 참석하였다고 한 점으로 보아, 이 회의에는 박장식과 숭산, 그리고 송규 등 세 사람이 참석한 것으로 짐작된다.
40 「구도역정기(114); 숭산박광전법사편 ⑦」, 『원불교신보』 1985년 11월 16일자.
41 박장식, 『平和의 念願』, 원불교출판사, 2005, 110쪽.
42 김정용, 「일제하 교단의 수난」; 박용덕, 『소태산 박중빈 불법연구회 4; 일제수난과 대응』, 113~114쪽.
43 「녹취록; 숭산 박길진 총장을 모시고-1975년 8월 12~14일/유성, 화양계곡-」, 『원불교사상과 종교문화』 89, 2021, 565쪽.
44 「녹취록; 숭산 박길진 총장을 모시고-1975년 8월 12~14일/유성, 화양계곡-」, 560쪽.
45 『대종경』 제12 實示品 32장.
46 이혜화, 『소태산평전』, 북바이북, 2018, 430~431쪽.
47 가산 김성택 교무, 「숭산종사의 경륜과 중심사상」, 『한 떨기의 꽃이 성실하게 피어 있다』(숭산문집), 원불교사상연구원, 2006, 277쪽.
48 「녹취록; 숭산 박길진 총장을 모시고-1975년 8월 12~14일/유성, 화양계곡-」, 560~561쪽.
49 「구도역정기(114); 숭산박광전법사편 ⑦」, 『원불교신보』 1985년 11월 16일자.
50 소태산이 일제 패망과 조국 광복, 그리고 자신의 죽음까지 예시했다는 증좌들을 모은 글이 일찍이 발표된 적이 있다(이운철, 「소태산 대종사의 광복의 예시」, 『원광』 156, 1987년 8월호, 41~44쪽).
51 임혜봉, 『친일승려 108』, 청년사, 451~479쪽. 김태흡은 2009년 친일반민족행위진상규명위원회에서 발표한 명단(총 705인) 가운데 불교계 5명(권상로, 김태흡, 박윤진, 이종욱, 허영호)에 포함되었다.
52 『大宗經選外錄』 2, 遺示啓後章 5절.
53 『대종경』 제15 附囑品 5장.

54 황이천,「내가 내사한 불법연구회(12)」,『원불교신보』1974년 2월 10일자.
55 『정전』제2 敎義編 제1장 一圓相 제6절 偈頌
56 박장식,『平和의 念願』, 107~108쪽.
57 불법연구회의 수호를 위해 소태산이 스스로 죽음을 선택했다고 한 견해(김형수,「두 하늘 이야기」,『두 하늘 황이천』, 장도역 엮음, 원불교출판사, 2017, 14쪽; 이혜화,『소태산 평전』, 450쪽)도 교단적 차원에서 유의미한 해석이라 생각된다.
58 『대종경』제15 부촉품 14장.
59 박장식,『평화의 염원』, 105쪽.
60 『한 떨기의 꽃이 성실하게 피어 있다』, 원불교사상연구원, 2006, 66쪽.
61 주산종사추모사업회 편,『민중의 활불 주산종사』, 원불교출판사, 2007, 191쪽.
62 원불교정화사 편,『원불교교고총간』5, 171쪽.
63 「구도역정기(112); 숭산박광전법사편 ⑤」,『원불교신보』1985년 10월 26일자.
64 숭산의 회고록에는 1942년(원기 27)에 졸업한 것으로 착기되어 있다(「구도역정기(114); 숭산박광전법사편 ⑦」,『원불교신보』1985년 11월 16일자). 화갑(1975), 고희(1984) 두 기념논총의「연보」에도 1942년 도요대학을 졸업한 것으로 잘못되어 있다.
65 「구도역정기(114); 숭산박광전법사편 ⑦」,『원불교신보』1985년 11월 16일자.
66 박길진,「新春」,『회보』56, 불법연구회, 1939, 67쪽.
67 원불교정화사 편,『원불교교고총간』6, 27쪽.
68 원불교72년총람편집위원회 편,『원불교72년총람』Ⅳ, 262쪽
69 숭산이 불교전수학원 원장에 보임된 시기에 대해서는 두 가지 설이 있다. 원불교 교단(원불교72년총람편집위원회 편,『원불교72년총람』Ⅳ, 260쪽;『원불교100년총람』10, 원불교100주년기념성업회, 2017, 804쪽)과 원광대(원광대학교60년사편찬위원회 편,『원광대학교60년사』, 2016, 698쪽) 공식기록에는 1937년(2월)으로 되어 있고, 2006년 간행된『한 떨기의 꽃이 성실하게 피어 있다』(「연보」)에는 25세 때인 1939년으로 되어 있다. 원장 보임은 학원 설립을 위한 구체적인 준비가 진행된 상황에서 이루어졌을 것이라는 점을 감안하면, 불교전수학원 설립 신청 시기가 1941년 1월이었던 사실과도 자연스럽게 연결된다. 사실 불교전수학원과 관련해서는 유관자료가 거의 보이지 않아 그 실상을 파악하기가 쉽지 않다.
70 원불교정화사 편,『원불교교고총간』5, 153쪽;『원불교교고총간』6, 28~30쪽. 숭산의 교무부장 보임 시기에 대해서는 1942년, 1943년 두 가지 설이 있으나 명확히 파악하기 어려운 실정이다. 불법연구회의 1942년 간부 서임 내역을 보면, 교무부 부서하에 김대거와 숭산이 '부장'으로 표기되어 있다. 이로 보아 확실치는 않지만 그해에 교무부장이 김대거에서 숭산으로 교체되지 않았나 짐작된다.

원불교 교단에서 정리한 숭산 전후의 교무부장 재임기간도 혼란스럽다. 1941년 4월 26일부터 1942년 4월 25일까지는 박제봉, 1942년 4월 26일부터 1943년 4월

25일까지는 김대거가 각각 교무부장을 맡았던 것으로 되어 있다. 그런데 그 중간인 1942년 2월 11일 숭산이 '부장'에 보임된 것으로 나타나 있어 재임기간이 박제봉과 겹치고 있다(원불교72년총람편집위원회 편, 『원불교72년총람』 I, 275쪽). 여기에 더해 교단 연표에는 1942년 4월 26일 불법연구회의 기존 2원 10부제 조직을 5부제로 조정할 때 숭산이 교무부장에 임명된 것으로 정리해 놓아 보임시기가 또 상이하다.(『원불교72년총람』 IV, 263쪽) 그런데 숭산은 또 회고록에서 자신의 결혼 시기(1943년 1월)를 '교무부장에 부임하기 직전'이라고 밝히고 있어 1943년 교무부장에 임명된 것으로 기록해 놓았다. 여기서는 교단 자료(사업보고서)에 근거하여 1942년에 교무부장에 보임된 것으로 파악하였다. 이 시기 불법연구회 기록이 이처럼 혼란스러운 이유는 일제 말기 긴박했던 시국상황에 일차 기인하는 것으로 짐작된다.

71 교화부 편수과 선진문집편찬위원회 편, 『주산종사문집』, 원불교출판사, 1980, 124~125쪽. 서신의 원문은 다음과 같다. "朝鮮獨立 千萬意外 而三十六年間 壓迫拘束 一朝解放 此果夢耶眞耶 精神恍惚 難自鎭定耳 父主聞之則 其所慶慰 亦當何如哉 自此朝鮮人之前途 如雲開萬里無限蕩蕩矣 本會發展 大有望於將來者也 豈不欣悅者哉"

72 『동아일보』 1945년 12월 5일자.

73 원불교정화사 편, 『원불교교고총간』 5, 171쪽. "8월 15일은 해방 일주년에 해당하므로 오전 11시 총부 구내 일동은 대각전에 운집하여 기념식을 거행하고 남자 청년들은 이리식장에 참예하다. 8월 16일 오후 7시부터 총부 대각전에서 고 안중근 의사의 활동사진이 有하다." 하지만 이때 총부에서 상영했다는 '활동사진'의 실체는 아쉽게도 확인되지 않는다. 해방 직후 제작되어 1946년 5월 우미관에서 최초로 상영한 영화 「의사 안중근」(감독 이구영)이거나 일제강점기 일본에서 상영하던 하얼빈의거 다큐멘터리 영상물이었을 것으로 짐작된다.

원광대학교의 발전

유일학림의 출범

숭산의 일생을 관조하면 원불교와 원광대가 그의 삶의 전부를 차지하고 있다고 해도 결코 과언이 아니다. 그의 삶에서 두 가지 가운데 어느 것 하나에도 기울지 않았고, 그 두 가지가 혼연히 일체화되었을 만큼 상호 깊숙이 연관되어 있었다. 이런 점에서 숭산에 대한 진정한 이해 없이는 원광대와 원불교를 온전히 이해하기 어렵다고 할 수 있다. 숭산은 곧 원광대와 원불교 교단의 소중한 역사적 자산이기도 하다. 그의 삶에서 원광대는 자신의 분신과도 같은 원불교의 가르침을 이 세상에 펼치는 가장 중요한 교화의 장이었다. 개교(開校)와 함께 원불교학의 구현을 표방하고 내건 '지덕겸수(知德兼修) 도의실천(道義實踐)'이라는 교훈이 대학과 원불교 양자를 연결하는 가교로서 상징성을 지닌다. 곧 숭산이 자신의 일생을 회고하면서 자신에게 원광대가 삶의 전부였다고 한 표현의 심중에는 의당 원불교가 자리하고 있었다.

이처럼 원광대는 숭산에게 있어 삶의 전부였다. 그는 평생 모든 열정을 원광대의 경영과 발전을 위해 쏟았다. 대학의 역사를 처음으로 집대성한 최초의 교사(校史)인 『원광대학교 40년사』(1987) 서두에서 밝힌 숭산과 원광대의 관계가 그러한 사실을 웅변해 준다.

> 설립재단인 원불교가 척박한 땅 신룡(新龍)벌에 우리 대학의 전신인 유일학림(唯一學林)의 주춧돌을 세웠을 때 오늘의 대원광(大圓光)을 예측한 사람은 아무도 없었을 것입니다. 이것은 오로지 평생을 바쳐 대학 발전에 헌신한 고 숭산 박길진 초대총장의 경륜과 힘이 아닐 수 없을 것입니다.[1]

허허벌판 신룡벌에서 태동하여 거대한 종합대학으로 발전한 현재의 모습은 그 누구도 상상할 수 없었던, 꿈 같고 기적 같은 일이었다는 회상이다. 위 기록은 숭산이 기울인 정성과 노력을 지근(至近)에서 지켜본 인물의 진솔한 회상이라는 점에서 시사하는 바가 크다.

숭산 사후 10년, 1996년에 개교 50주년을 맞았을 때도 『원불교신문』에서는 다음과 같은 사설을 실어 그의 위업을 기렸다.

> 원광대는 지금부터 50년 전, 전북 이리군(익산군의 오류-필자주) 북일면에 자리잡은 원불교 총부 공회당에서 유일학림이란 소박한 이름으로 조촐하게 출발하였다. 원광대 50년은 초창기 교단사가 그러하듯, 무에서 유를 창조한 대역사요 평지조산(平地造山)의 대장정이었다. … 개교 50주년을 맞는 원광대는 이제 15개 단과대학에 2만 명 학생 규모를 갖춘 명문 사립대학교로 자리 잡아가고 있으며, 원광의료원을 포함한 양·한방 의료기관을 통해 지역사회에 많은 도움을 주고 있다. 원광

대가 오늘의 대학으로 성장하기까지에는 원불교라는 신앙적 바탕과 40여 년간 대학 발전의 초석을 다져주신 숭산 박광전 초대총장을 비롯한 교직원들의 피땀어린 노력이 있었기 때문이다.²

유일학림에서 원광대학교로 발전한 50년 역사를 돌이켜 보면, 숭산이 그 발전의 초석을 다졌다고 하여 학교 발전의 업적을 기린 것이다. 인간훈련과 교육사업은 소태산이 원불교를 창도한 이래 일관되게 구현하려던 숙원사업이었다. 1928년 5월 15일 불법연구회 제1대 제1회 12년을 총결산하는 기념총회에서 '인재양성소 설립의 건'을 결의한 것도, '전무출신 실행단'이 학교설립 자금을 모으기 위한 다양한 활동을 벌였던 것도 모두 숙원사업을 이룩하려는 염원에서였다.

앞서 언급하였듯이 일제 말기에 소태산은 숭산의 착임(着任)을 전제로 불교전수학원 설립 계획을 구체적으로 추진하였다. 원광대의 모체 탄생을 눈앞에 둔 상황이었다. 불법연구회의 사업보고서에는 당시 상황이 다음과 같이 기록되어 있다.

(1941년) 1월 25일 불교전수학원 수속서를 당국에 제출하였는데, 조만간 이 학원이 실현되는 날에는 본회 학원계(學員界) 중등학과가 설치되어 기갈증에 신음하는 자들에게 회생의 일대 호기를 만나게 될 터이다.³

당시 교단에서 그토록 염원하던 불교전수학원에 걸었던 기대와 열망이 잘 드러나 있다. 숭산은 대학 재학 중에 불법연구회로부터 불교전수학원 원장 사령장을 받았다고 한다. 숭산은 회고록에서 그 시점을 대학 졸업 전년, 곧 1940년으로 기억하였다. 여러 정황으로 미루어 원장 사령장은 학원설립이 가시화되던 시점에서 나왔을 것이라는 점을 고려하면 설립 신청 직전인 1940년 말경이었을 것으로 짐작된다. 하지만, 불교전수학원의 설립 계획은 끝내 좌절되고 말았다.[4] 일제 당국이 교육기관 설립을 허가하지 않았기 때문이다. 국가총동원기 전시체제라는 시대상황을 고려한다면, 일제 당국이 자국의 군국주의 노선에 반하는 한인(韓人)의 민족종교를 주체로 한 교육기관 설립을 허가해줄 리가 없었다.

이처럼 일제의 방해와 탄압을 받아 좌절된 교육사업은 해방 이후에야 비로소 구현될 수 있었다. 해방 이듬해인 1946년 설립된 유일학림(唯一學林)[5]이 그것이다. 불법연구회에서는 유일학림 개교 당시의 상황을 다음과 같이 기술하였다.

> 본회(불법연구회-필자주)의 장래 발전을 위하여 지급(至急) 준비할 요건은 오직 인재 양성임을 절실히 느끼고 있던 바 4월 2일 대표회의 석상에서 종래 숙안을 결정하고 총부에는 유일학림을 설치하여 강사 6인의 교편 하 공비생(公費生) 30여 인과 입학생 30여 인으로 5월 1일에 개강하였고 동시에 서울 각 대학을 통하여 공비생 남녀 4인을 (특지가의 援助合力) 파견하여 열심 공부 중이다.[6]

곧 불법연구회에서는 가장 절급한 현안 과제로 부상해 있던 인재 양성을 위해 총부 내에 유일학림을 설립하여 6명의 교원을 두고 장학생 30명과 일반 입학생 30명을 모집하여 1946년 5월 1일 개강했다는 것이다. 불법연구회 장학생 4명을 선발하여 서울 여러 대학에 유학시켰다고 한 독지가는 해방 직후 남다른 교육열정을 가지고 불법연구회의 교육진로를 설정하는 데 심혈을 쏟았던 박창기(朴昌基, 1917~1950)를 가리킨다. 그는 당시 급변하는 시류에 대처할 유위한 인재를 양성하기 위해서는 전문학교(유일학림)를 서울에다 설치해야 한다는 소신을 굽히지 않았다. 하지만, 교단에서는 재정문제 등 여러 사정을 감안하여 박창기의 의견을 수용하지 못하고 총부 내에 두었던 것이다. 이에 박창기는 사재를 털어 두 번에 나누어 모두 8명을 서울 소재 대학으로 유학시켰다고 한다.[7] 불법연구회의 중심인물 가운데 한 사람이었던 이공주의 아들이기도 한 그는 불행히도 6·25전란 와중에 일찍 죽고 말았다.

1946년 5월 1일, 불법연구회 총부 내 대각전(大覺殿)에서 역사적인 유일학림 개학식이 열렸다. 소태산의 뒤를 이은 종법사 송규는 이날 다음과 같은 훈시를 하였다.

유일학림은 대종사 재세 당시에 직접 뜻을 두시고 유일(唯一)이라는 교명까지 정하셨으나 시국 관계로 그 뜻을 다 펴지 못하셨던 바를 해방을 맞아 이제 개학하게 된 것이니, 그대들은 먼저 유일의 참뜻을 알아 유일한 목적과 유일한 행동과 유일한 성과를 얻으라. 유일한 목적이란 제생의세(濟生醫世)요, 유일한 행동이란 곧 무아봉공(無我奉公)이요, 유일한 성과란 곧 일원세계(一圓世界) 건설이니, 지금은 비록 좁은 교실에 학인의 수효도 많지 못하나 장차 수없는 도인들이 여기에서 쏟아져 나와 넉넉히 세계를 제도(濟度)하게 되리라.[8]

송규는 개학 훈화에서 유일(唯一)이라는 교명이 소태산이 생전에 지어놓은 교명이라는 사실을 밝히고, 그 유업을 받들고 계승하여 유

유일학림 교사

일학림을 개교했음을 알렸다. 그리고 '유일'이 표방하는 참 뜻은 세상을 구제하고(제생의세), 남에게 봉사하고(무아봉공), 일원세계를 세우는(일원세계) 데 있다고 밝힘으로써 곧 교화·교육·자선 세 가지 사업의 구현에 유일학림의 본령이 있음을 천명하였다.

당시 불법연구회 교무부장으로 유일학림 설립에 직접 관여했던 숭산은 개교를 둘러싸고 분분히 제기되었던 여러 의견에 대해 다음과 같이 회고하였다.

그때 교단에 두 가지 생각이 다른 패로 나누어졌어요. 한 군데서는 "우리가 무슨 놈의 형편에 대학을 만드느냐. 어림도 없다. 기성 대학으로 전부 유학을 보내야 된다." 그렇지만 유학을 보낸다 해도 그 돈이 어디서 나옵니까. 가령 10명만 보낸다 하더라도 굉장한 돈인데. "그러지 말고 우리가 학교를 세워가지고 우리가 직접 우리 기관에서 인재를 양성해야 된다." 이렇게 주장하는 분이 몇 분이 있었습니다. 그래서 좌우간 나는 물론 학교를 만들어야 된다는 주장을 폈지요.[9]

유일학림 설립은 해방 직후의 어려운 재정적 여건에도 불구하고 불법연구회에서 상당한 부담을 감수한 채 재력과 인력을 투입한 역점사업이었다. 여러 가지 현실적 여건을 감안하여 서울이 아닌 익산에다 직접 학교를 건립하여 인재를 길러내는 쪽으로 인재육성 방향을 설정했던 것이다.

유일학림은 전문부와 중등부로 나뉘어져 있었다. 1기의 수업기간을 3년으로 하고, 1기가 끝나는 해에 다시 2기생을 받기로 하였다. 중등부에는 국민학교(현 초등학교)를 졸업한 어린 학생들이 수학하였고, 전문부에는 총부의 학원(비인가)에서 수학한 이력이 있는 청년들이 수학하였다.[10]

유일학림을 대표하는 학림장(學林長)에는 박장식이 임명되었고, 숭산은 교무를 총괄하는 학감(學監)을 맡았다. 『정전』 등 교학 과목의 강의는 종법사 주재 하에 총부의 여러 간부진이 맡았고, 그 외 일반과목은 외부 초빙학자들이 담당하였다. 이때 숭산은 동양철학·서양철학·윤리학·종교학·사회학 등 전문부 강의를 전담하였고, 박장식 학장은 『정전』을 비롯하여 공민·국어 등 중등부 강의를 주로 담당하였다. 경북 성주 출신의 송창허(宋蒼虛, 본명 寅輯, 1896~1961)는 중등부와 전문부에 걸쳐 영어·역사·한문·국어를 가르쳤다. 그리고 불교학과 관련해서는 서경보(徐京保, 1914~1996), 김영수(金映遂, 1884~1967), 서병재(徐炳宰) 등 명승이 연이어 출강하였다. 전문부와 중등부로 나뉘어 수업이 진행되었는데, 총부의 간부들이 담당하던 『정전』 과목만큼은 공회당(현 상주선원)에 함께 모여 공부했다고 한다.[11]

유일학림 제1회 졸업식은 1949년 4월 7일 중앙총부 대각전에서

유일학림 1회 졸업식(1949. 4. 7)

거행되었다. 3년간의 이수과정을 마친 졸업생은 전문부 38명, 중등부 50명이었다.[12] 종법사는 졸업식 훈화에서 "우리 몇 칸 양철집 학림을 다른 몇 층 양옥의 대학교보다 자랑스럽게 보아오고 있으며, 몇 사람 안 되는 제군을 세상의 인물 몇 백 명보다 더 귀엽고 중하게 여기고 있다."고 유일학림과 졸업생에 대한 애정과 희망을 피력하면서 "정신 번쩍 차리고 좀 잘해 달라"고 간절히 당부하였다.[13]

1기생에 이어 2기생 118명(전문부 52명, 특선부 15명, 중등부 51명)이 1949년 5월 1일 입학하였다.[14] 이로써 보건대, 개교 이후 재학생이 꾸준히 증가했음을 알 수 있다. 전문부에 등록한 학생 대부분은 총부 각 부서나 기관에 근무하고 있었고, 일부는 1기 중등부에서 진학한 학생들이었다고 한다. 당시 팽배하던 교육열기와 함께 학생 수가 증가하고, 또 점차 이리 시내 거주 학생들이 늘어나게 되자, 교사(校舍) 확장과 이전 문제가 시급히 해결해야 할 당면과제로 떠올랐다.

숭산은 학감으로서 교학 실무를 총괄하고 있었다. 그리고 주로 전문부 강의를 맡았다. 당대 최고 수준의 신학문을 공부한 숭산은 이 무렵 젊은 혈기를 쏟아 열성적으로 학생들을 가르쳤다. 유일학림 1기생으로 숭산의 강의를 들었던 김인룡의 다음 회고는 숭산의 그러한 열정을 생생히 대변해 준다.

> 정전 수업 외에 철학·윤리·종교·사회 과목은 숭산 박광전 학감님이 맡아서 하셨는데 얼마나 명쾌하게 강의를 하셨는지 학생들은 수업에 몰입하곤 하였다. 당시 숭산 학감님은 어느 대학교수보다 강의를 잘하기로 정평이 났었다. 점심을 먹고 오후 수업에 있어 비록 졸리는 시간이라도 학감님이 강의를 하시면 조는 학생이 없을 정도로 흥미진진한 강의에 몰아지경이 되었다.[15]

그 시절 숭산이 배양한 유일학림 제자들은 이후 원불교 교단과 원광대를 비롯한 여러 기관, 단체에서 활동하면서 훌륭한 역군, 지도자로 성장하였다. 숭산을 충실히 보좌하여 특히 원광대 발전에 공이 큰 김인룡·김정용·모상준을 비롯하여 원불교 교단의 지도자로 성장한 이공전·안이정·김지현·이정은·이순석·이성신 등이 그 대표적인 인물들이다.[16]

한편, 유일학림 설립과 더불어 불법연구회도 해방 이후 새로운 시대를 맞아 일대 혁신을 꾀하였다. 1948년 1월에는 그동안 사용해오던 불법연구회라는 교명(敎名)을 원불교로 바꾸었다.[17] 이를 계기로 같은 해 4월 26일에는 중앙총회대회(20회)를 열고 교단을 합리적이고도 미래 지향적으로 운영하기 위해 「원불교교헌(圓佛敎敎憲)」을 제정 공포하였고, 조직과 임원도 일신하였다. 그리고 이튿날 개교식(開

敎式)을 거행하고 원불교라는 새 교명을 선포하였다.[18]

숭산의 과업과 관련하여 유일학림 시기에 특기할 것은 이리 시내에 새 교사(校舍)를 마련함으로써 당면한 숙원사업을 해결할 수 있었다는 사실이다. 2기생 입학 후 교사 부족 사태는 심각한 지경에 이르렀다. 이때 이리 동인동(현 동산동)의 적산(敵産) 마면공장(麻綿工場)에 주둔 중이던 국방경비 3연대가 철수한다는 소식을 듣게 되자, 유일학림에서는 교무회의를 열어 그 건물을 불하받기로 결정하였다. 이에 학림장 박장식이 인솔한 학생들은 먼저 그 건물을 선점하고, 이어 학감 숭산이 이리경찰서장 현규병(玄圭炳)을 찾아가 입주 허가를 요청한 끝에 가까스로 승인을 받아낼 수 있었다고 한다. 그때가 1950년 봄 무렵의 일이다.[19] 그 경위에 대해 숭산은 회고록에서 다음과 같이 기술하였다.

> 강의실의 협소로 시내에 마땅한 장소를 물색하기에 이르렀다. 때마침 현재 원광중고교 자리에 큰 건물 하나가 비어 있었다. 이 건물은 그동안 군인들이 막사로 사용하던 곳이었고 국가에 귀속된 건물이었다. 그리고 이리경찰서에서 관리를 하고 있었다. 여러모로 적당한 장소라고 생각되어 이 일을 추진하기로 합의를 보았다. 나는 경찰서 서장을 찾아가 단도직입적으로 담판을 하였다. "우리 교단에 넘겨라"고 하여 사용 허가를 받았고, 제2기생들이 이곳에서 강의를 받게 되었다.[20]

유일학림 2기생들은 1950년 4월 초부터 이렇게 확보한 새 교사에서 수업을 받았다고 한다. 6·25전쟁이 발발하기 직전의 일이다. 원불교 교단측에도 이와 관련된 기록이 남아 있다.

(1950년) 3월 31일은 이리 시내 동산동에 있는 대건물(본래 공장인데 국방부에서 사용하던 집)을 우리 학림 교사(校舍)로 접수하되, 우선 사용할 처소만 수리에 착수하고 학생들도 불일내로 이관(移館) 수업을 계속시키려 함에 학교장 외 제위선생과 남녀학생들은 각방으로 수고 많으신 모양이며 앞으로 학교 발전에 대하여 많은 기대와 축복을 하는 중이다.[21]

유일학림에서는 기지(旣知)하신 바와 같이 이리 시내로 이관한 후 괄목할 만한 발전을 보이고 있으며, 신입생 초대부 40명, 중등부 250명을 모집하여 총수 600의 씩씩한 학도는 훌륭한 교수진의 교도 아래 수업을 계속하고 있으며, 아직도 미수리 교사의 수축 공사가 분망하고 있어서 머지않은 날 우리 학림의 신면목을 보게 될 것이니, 이 또한 경영자의 고심을 충심으로 감사하며 가일층 일반의 후원을 빌어 마지않는다.[22]

이처럼 새 교사를 확보하여 학교를 시내로 이전한 뒤, 유일학림은 즉시 학생 증모에 들어가 초대부(전문부) 40명, 중등부 250명을 추가 모집하였다. 결국 1950년 신학기의 2기생은 정규모집과 추가모집 등 두 차례에 걸쳐 이루어졌음을 알 수 있다. 그 결과 유일학림은 재학생과 입학생을 합쳐 무려 600명이 재학하는 큰 학교로 성장하게 되었다.[23] 불과 개교 4년 만에 유일학림의 교세(校勢)가 이처럼 급격하게 늘어나게 된 것이다. 이런 견지에서 볼 때, 이리 시내에 새 교사를 확보한 것이 유일학림의 발전에 결정적 전기로 작용하게 되었다고 해도 과언이 아니다. 하지만, 이처럼 교세가 확장되어 가던 중 뜻밖에 6·25전쟁이 일어나 유일학림은 새로운 국면에 접어들게 되었다.

6·25전쟁과 원광초급대학

이리 시내로 이전 정착한 유일학림이 한창 교세 확장을 시도하던 무렵인 1950년 6월에 미증유의 민족적 참극인 6·25전쟁이 발발하였다. 숭산이 36세 되던 해였다. 전쟁 발발 불과 20일만인 7월 19일 익산 전역이 북한군의 수중에 들어갔다. 이후 북한군이 물러나고 익산이 수복되는 9월까지 3개월 동안 원불교 중앙총부에 잔류한 교인들은 불안과 공포 속에서 수난과 고통을 감내할 수밖에 없었다. 대부분은 피난을 갔으나, 종법사 송규를 비롯한 소수의 인원이 잔류하여 중앙총부를 지켰다. 숭산도 익산에 남았다.

북한군에 점거 당한 원불교 중앙총부에는 호남철도경비대가 주둔해 있었다. 종법사 이하 익산에 남아 있던 교인들은 원불교 교단에서 운영하던 유일정미소(唯一精米所)와 중앙총부 대각전에서 지냈다. 종법사는 유일정미소 방을 쓰고, 나머지 교인들은 대각전과 유일정미소에 나뉘어 지냈다. 비교적 젊었던 숭산은 신변의 위협이 컸기 때문에 과수원(현 원광대 공과대학 자리)에 토굴을 파고 피신해 있었다고 한다.[24]

한편, 1951년 5월 4일 정부에서는 전시상황에서 한시적인 비상조치로 대학교육을 계속하기 위해 '대학교육에 관한 전시특별조치령'에 의거하여 전시연합대학 설치를 발표하였다. 이에 앞서 4월 3일에는 원불교재단 이사회에서 유일학림 출범 때부터 염원해 오던 대학설립 인가를 신청하기로 하고 숭산을 학장, 이운권(李雲捲, 1914~1990)을 부학장에 각각 내정하였다. 이어 5월 10일 열린 원불교 교정원 원의회에서도 대학과 중학교 설립 신청을 의결하였고, 숭산과 박장식 이하 몇 명이 그 실무를 준비할 추진위원에 선임되었다.

그리고 5월 15일 교정원장 자격으로 숭산도 참석한 원불교재단 임시이사회에서는 인가신청, 교사(校舍) 문제, 경비 및 유지방법 등 제반 사안에 대해 토의하였다.²⁵

특기할 것은 5월 15일 열린 임시 이사회에서 교명 '원광'이 결정되었다는 사실이다. 송동환 이사가 장차 설립할 대학의 교명과 관련하여 다음과 같은 의견을 제시함으로써 '원광' 교명이 확정되었다고 한다.

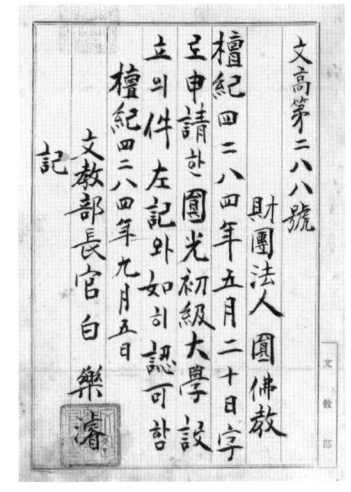

원광초급대학 설립 인가서(1951. 9)

> 교명은 원불교에서 경영하는 대학이니 '원(圓)' 자로 하고, 또 원불교 포교사를 양성하여 본교(本敎)를 광채 낼 인물을 기르는 기관이니 '광(光)' 자를 따서 원광대학으로 하자.²⁶

송동환의 이러한 의견에 대해 만장일치의 가결을 보아 교명이 '원광'으로 확정되기에 이르렀다는 것이다. 이러한 논의과정을 거치고 학장 숭산을 비롯한 추진위원회에서 준비를 마친 다음, 1951년 5월 20일자로 문교부에 초급대학 설립인가 신청서를 제출하였다. 이때 신청서에 명기한 대학의 설립 목적은 다음과 같다.

> 본 대학은 우리나라 교육이념에 기(基)하여 우주원리인 일원대도의 정신을 기본으로 고등학술의 심오한 이론과 그 광범정치(廣汎精緻)한 응용

을 교수하고 원불교 정신을 체득 실천케 하여 조국의 발전과 인류의 공영에 이바지할 수 있는 진실한 지도적 인격을 도야함으로써 목적한다.[27]

원광대학의 설립 목적은 우리나라의 교육이념인 홍익인간(弘益人間)과 원불교의 일원대도(一圓大道)에 기초하여 조국발전과 인류공영에 이바지할 수 있는 지도적 인재를 양성하는 데 있다는 것이다. 이를 더 압축적으로 표현하자면, 원불교 교화에 바탕을 둔 인재를 양성함으로써 한민족과 인류 공동의 발전, 번영에 기여하고자 한다는 것이다.

숭산을 학장으로 한 원광초급대학은 1951년 9월 5일 설립인가를 받았다. 이때 초급대학 인가를 함께 받은 학교로는 사립 가운데는 원광대가 유일하였고, 공립으로 광주농대·목포상대·청주농대 등이 있다.[28] 원불교 교단에서는 그동안 진행된 대학 설립 경위에 대해 다음과 같이 정리해 놓았다.

유일학림을 대학으로 승격시키려는 활동은 제1회 학생 재학 당시부터 전개되었으나 경제적 난관으로 인하여 하등의 성과를 보지 못한 채 제2회 학생을 맞이하였으며 그 후로도 그 활동은 계속되었으나 6·25사변 발생으로 인하여 일시 정돈상태에 빠졌더니 수복 후 다시 계속되어 드디어 (1951년) 5월 10일 (교정원) 원의회(院議會)에서 원광중학교와 원광대학 설립의 급속 추진을 결의하고 박장식·박광전·조갑종·송혜환·유허일·윤광언 제씨와 학생 측 몇몇 분이 합심 협력하여 인가 신청을 추진한 결과 6월 29일자로 원광중학교의 설립 인가를 얻게 되고 9월 5일자로 원광대학의 설립 인가를 얻게 되었으며 중학교는 교장에 박장식씨, 교감에 정도현씨가 임명되고 대학은 학장에 박광전씨, 부학장에 이운권씨가 각각 임명되었다. 그리하여 방금 이리시 동인동에서는 1학년부터 3학년까지의 3백 명 중학생이, 총부 구내에서는 교학, 국문학 양과의 80명 남녀 대학생이 발랄한 신흥기분으로 학업에 각각 정진하고 있는데 … [29]

유일학림 가운데 중등부는 원광중학교로 인가를 받아 동인동 교사를 쓰게 되었고, 전문부는 원광초급대학 인가를 얻어 중앙총부 구내의 교사를 쓰게 됨으로써 1951년에 이르러 유일학림은 학제를 달리하는 두 학교로 분립되었다는 것이다. 교학과(敎學科) 단일학과로 된 2년제 원광초급대학이 개교식을 거행한 것은 1951년 10월 1일이었다. 당시 재학생은 유일학림 전문부 2기생 19명과 일반 신입생 87명 등 모두 106명이었다.[30]

고난과 격변의 세월을 감내한 유일학림 전문부 2기생은 1953년 3월 졸업하였다. 이어 같은 해 4월 15일에는 신입생 100여 명의 입학식이 열렸다. "원광대학은 개교 이래 학장 박광전씨와 교직원의 열성 아래 백여 명의 학도들이 정성스러이 1년의 수업을 마침과 동시에 신입생 백 명을 모집 중에 있으며"[31]라고 한 기록을 통해서 어렴풋이나마 이 무렵 숭산과 교직원, 그리고 재학생들이 학교 발전과 배움을 위해 쏟은 정성과 면학 분위기를 짐작할 수 있을 것 같다.

원광초급대학을 대표하는 학장이었지만, 숭산은 유일학림 시절과 마찬가지로 대학의 행정과 교무 등 제반 분야를 총괄하는 한편, 학생들을 직접 가르쳐야 했기 때문에 매일 바쁜 일과를 보내야만 하였다. 숭산이 대학 경영에 눈코 뜰 새 없이 바쁘게 움직였던 그 시절을 회고하여 "초창기 학교의 상황은 매우 복잡했으므로 나는 학장이라는 직책만을 수행할 수 없었다. 때로 사환이 하는 일에서부터 강의, 행정까지 두루 하지 않을 수 없었다."³²라고 한 대목이 그러한 상황을 잘 알려준다. 실제로 숭산은 그 무렵 강의실 책상을 들다가 허리를 다쳐 평생 요통으로 고생하였다. 일본유학 시절에 얻었던 허리 통증은 귀국 직후 완치되었으나 이때 또다시 허리통증이 생겨 오래도록 그를 괴롭혔던 것이다.³³

아쉽게도 이 무렵 숭산이 학생들에게 가르친 내용이 무엇인지 알려주는 직접적인 자료는 없는 것 같다. 다만 이 시기에 창간된 원광대 문예지 『서원(曙苑)』에 숭산이 학생들에게 당부하는 「지덕(知德) 연찬(研鑽)에 힘쓰라」라는 격려사가 전해지고 있어, 이를 통해 숭산의 교육철학과 초창기 원광대학의 면학 분위기를 짐작할 수 있다.

우리가 대학에서 학문을 연구하는 것은 사람이 사람 된 소이를 알며 장차 전 인류에게 어떠한 공헌이라도 끼치고 상부상조한다는 인간의 본래 사명을 완수하는 데 그 목적이 있는 것이다. 나는 내 개인인 동시에 민족의 1인이며 세계 민주우방국가의 일원임을 자각해서 개인의 인격을 완성하는 동시에 애국애족의 정신을 발휘하여 민족의 고유문화와 미점(美點)을 유지 발전시키며 국제적 우호정신을 견지하여 우리 인류사회가 평화롭게 또는 자유스럽게 어떠한 권력, 계급 차별도 없는 깨끗한 장소로 화하도록 노력하지 아니하면 아니 될 것이다. … 학생 제군은 교육 본래 이념을 잊지 말고 학교에 있는 동안 교수들과 친하며 도서실, 연구실을 가까이해서 대학생으로서의 손색없는 지덕을 연찬해야 할 것이며, 장차 우리 눈앞에 보이는 부패상이 없는 명랑한 사회를 만드는 지도자가 되기를 기약하며 다방면으로 독자적 창의성을 발휘하여 명실상부한 대학생이 되어 주기를 바라는 바이다.³⁴

원광대학 최초로 건립된 제1교사(1953. 3)
이 교사는 1964년 철거되고 그 자리에 철근 콘크리트 4층 건물(현 원광보건대 도서관)이 들어섰다.

숭산은 먼저 대학생은 지성인으로서 인류사회에 유익한 존재가 되기 위해 전인적 인격체를 갖추도록 노력해야 한다는 당위성을 전제한 뒤, 학생 개개인이 민족 구성원의 일원인 동시에 세계 인류의 일원이라는 자신의 존재성을 자각함으로써 민족문화의 자긍을 바탕으로 한 애국애족과 인류애를 배양할 것을 당부하고 있다. 이를 위해 더욱 공부에 매진하고 지덕겸수에 힘쓸 것[硏鑽]을 역설하였다. 곧 숭산은 국가와 인류에 모두 도움이 되는 실천적 학문의 효용성을 강조한 것이다.

숭산은 초급대학 출범 이듬해인 1952년 9월부터 교사(校舍) 신축에 들어갔다.[35] 그동안 대학 출범에 맞추어 새 교사를 신축하기 위해 '학사(學舍)신축추진위원회'를 구성하고 범교단 차원에서 모금운동을 벌이기도 하였다. 전 교직원과 재학생이 건축 노역(勞力)에 직접 참여하는 등 각고의 노력 끝에 착공 1년 6개월만인 1953년 3월 드디어 새 교사(제1교사)가 준공되어 4월부터는 그곳에서 강의를 들을 수 있게 되었다. 이때 준공된 석조 2층의 제1교사는 건평 210평에 6개 교실 규모였다.[36]

단과대 원광대학

원광대학의 출범과 개교 10주년

2년제의 원광초급대학은 교학과 1개 학과에 정원 100명으로 1951년 9월에 설립인가를 받아 유일학림 전문부를 모체로 발전한 학교였다. 하지만, 원광초급대학은 학제와 규모 면에서 일반 대학에 미치지 못하였기 때문에 인재 양성의 내실을 기하기에 여러모로 부족한 실정이었다. 이에 원불교 재단에서는 1952년 12월 4년제 정규대학 승격을 위해 인가신청서를 문교부에 제출하였고, 이듬해 1월 신청 원안대로 교학과와 국문과 2개 학과의 4년제 원광대학 설립 인가를 받기에 이르렀다.[37]

학장직은 초급대학에 이어 숭산이 계속 맡았다. 해방 이듬해에 출범한 유일학림은 원광초급대학 2년간의 과도기를 거쳐 불과 7년만에 명실상부한 정규대학인 원광대학으로 성장하였다. 그 기간은 해방공간의 혼란과 6·25전란의 참화가 연속되던 혹독한 시련기였음에도 불구하고, 원광대학은 오히려 비약적 성장을 이룩하였다. 이와 같은 성장을 견인할 수 있었던 것은 숭산을 비롯한 교직원들의 단합된 힘과 노력이었고, 그 배경에는 원불교 교단 차원의 지지와 후원이 있었다. 다음 원불교 교단측 자료에는 이처럼 나날이 발전하던 원광대학의 역동성과 숭산 이하 교직원, 학생들의 열성이 생생히 담겨 있다.

> 종래 학생 수는 교학과, 국문학과 남녀 250여 명이었던 바, 거(去, 1953년) 10월에 다시 문교 당국에 법학과 설립 인가를 신청하여 2월 1일부 정식 인가되어 3과 신입생 200여 명을 모집하여 도합 4, 5백 명의 남녀 학생들이 새로운 기분으로 학구(學究)에 전력하고 있다. 날로 발전상을 다투고 있는 동(同)대학에서는 교사 완공과 아울러 부속건물 착공과 환경정리에 착수하여 현재 목조 와가(瓦家, 기와집-필자주) 10칸의 숙직실 및 도서장비실(圖書藏備室)을 건축 도중에 있으며 기지(基地) 및 운동장 확장에 매일 100여 명의 인부가 동원되어 장사진을 이루고 있으며 다시 신교사 동편에 본관 석조 2층 교실을 계획 중에 있는 바 일부는 부속건물 공사가 완료됨과 동시에 기공되리라 하니, 이와 같은 비약적인 발전을 보게 된 이면에는 학장 박광전 씨를 비롯해서 교직원들의 주야불철의 정성과 혈심고투의 선혈로 이루어진 것으로 앞으로 더욱 건투를 빌어 마지않는 바이며 본교(원불교-필자주) 인재 양성의 유일한 보금자리가 된 원광대학의 발전은 우리 교회의 발전과 아울러 머지않아 그 명성이 전 세계에 진동되리라 믿는다.[38]

원광대학 제1회 졸업식은 1955년 3월 15일 중앙총부의 대각전에서 열려 졸업생 28명(교학과 3명, 국문학과 25명)에게 처음으로 학사학위가 수여되었다.[39] 그 날 숭산이 제1회 졸업생들에게 들려준 훈화는

원광대학 제1회 졸업 기념(1955.3)

전하지 않는다. 대신에 이듬해 3월에 거행된 제2회 졸업식에서 행한, 현전하는 「훈사(訓辭)」를 통해 이 무렵 숭산이 견지했던 교육의 신념과 지향성을 짐작케 해 준다. 젊은 시절 숭산의 교육철학을 엿볼 수 있는 소중한 글이기에 「훈사」의 중요한 대목을 소개하면 다음과 같다.

여러분은 신설 초기 모든 악조건을 잘 극복하고 이해해서 오직 장래 발전만을 염원하며 하등의 불평불만 없이 지내왔습니다. 따라서 자기 희생된 바도 많았을 것을 생각할 때 좀 더 여러분에게 잘해주지 못한 것을 후회도 합니다. … 대학교육의 목적은 고등지식을 함양시키는 동시에 인격을 도야해서 진실한 지도자로 양성하는 데 있는 것입니다.… 교육을 시키는 것은 단순한 학술만 가르치기 위한 것이 아니요, 여러분 각자의 입신출세하기 위한 직업을 결정하기 위해서만 가르치는 것도 아니요, 오직 국가사회의 올바른 지도자가 되어 이 세상에 진정한 평화와 행복을 가져오는 데 도움이 되도록 노력하는 인물을 만드는 데 그 정신이 있는 것이니, 이 뜻을 여러분이 잘 명심해서 각자 어느 직장, 어느 장소에 처하든지 그러한 정신으로 활동을 해야 할 것입니다. … 우리는 인간 수양에 있어서도 인격이란 무한대로 수행 확장하여 전 인류의 존모(尊慕)하는 데까지 이르러야 완성되는 것이니 소(小)에 만족치 말고 역시 일생을 두고 수양을 쌓아서 전 세계 인류의 추앙하는 인물들이 되어 주기를 바라는 바입니다. 학술과 기술로 도저(到底)해야 하지만은 근본 문제는 인격 완성입니다. 이 인격의 존엄을 지키지 못하면 지도자로서보다 사람의 유(類)에 들 수가 없는 동물이 되고 마는 것입니다. 더구나 원광대학에서 훈련을 받았다고 하면 기대와 주목이 유별할 것이니 모교의 명예를 위해서 인격적 행동에 더욱더 유의해야 할 것입니다.

오늘의 우리 사회사(社會史)를 보면 왜정의 독아(毒牙)에서 벗어난 후 해방이 가져다준 민주주의의 자유사상을 올바로 소화치 못하여 도의정신은 땅에 떨어져 온갖 악과 불의만이 자행하여 질서를 혼란케 하고 있음은 뜻있는 인사들의 차탄(嗟歎)을 불금(不禁)케 하는 바입니다. … 여러분은 모든 악과 불의와 과감히 싸워 세기의 거화(炬火)가 되고 민중의 사표가 되어 국가사회의 굳건한 역군이 되어 줄 줄로 믿습니다. …

우리 대학의 교칙인 '지덕겸수 도의실천'의 두 구를 명심하여 주기를 거듭 바라면서 장도에의 환송이며 또한 석별의 이 자리에서 무량의 감격을 느끼면서 이상 몇 가지를 진심으로 호소하고 부탁하는 바이오니 오직 건투 있기를 축원하면서 훈사(訓辭)에 대(代)합니다.[40]

위 훈화를 통해서 원광대학 출범 초기부터 숭산은 학문연마와 함께 '인격 완성'을 포함하여 도덕교육과 인격수양에 힘쓰고, 이를 기반으로 한 국가·사회의 올바른 지도자 양성에 교육의 목표를 설정하고 있었음을 알 수 있다. 곧 원광대학의 교훈인 '지덕겸수 도의실천'은 대학 출범 초기부터 숭산이 지녔던 교육관의 근저에 깊이 자리잡고 있었다. 이처럼 학문의 연마 외에 도덕교육과 인격수양을 특별히 강조하고 역점을 두었던 점이 다른 대학에서 볼 수 없는 원광대학 교육의 특징이었다.

1953년에 정규대학으로 승격한 원광대학은 이후 수년간 일로상향(一路上向)의 눈부신 성장만을 거듭하였다. 경상학과(1958)와 가정학과(1959)를 연이어 신설해 입학 정원을 늘렸을 뿐 아니라, 대학 최초의 제1교사 준공에 이어 건평 380평의 제2교사(1956)와 640평의 3층 본관(제3교사, 1958)을 연이어 준공하면서 대학의 규모는 날로 커져갔다.[41]

이처럼 비약적 발전 도상에 있던 원광대학은 정규대학 승격 3년이 되던 1956년에 개교 10주년을 맞이하였다. 당시 개교기념일은 10월 1일이었다. 개교기념 기준 연도는 유일학림이 설립된 1946년부터 기산한 것이며, 개교기념일은 초급대학이 개교한 날(10.1)을 기준으로 한 것이었다.[42] 이에 숭산은 발전도상에 있는 원광대학의 내실을 다지고 대학 선전과 홍보의 전기로 삼고자 1956년 한 해 동안 다양한 기념사업과 행사를 추진하였다. 무릇 1956년은 원광대 역사에서 중요한 전기가 된 해라 할 수 있다. 개교 10주년 기념의 여러 사업, 행사의 요체를 소개하면 아래와 같다.

먼저, 1956년 초, 학장 숭산은 세계일주 교화여행을 결행함으로써 개교 10주년을 맞이하는 원광대학의 대내외적 위상을 크게 부상시켰다. 후술하겠지만, 그해 1~2월에 걸쳐 44일 동안 아시아, 구주 등지의 12개국을 순방함으로써 원불교단과 원광대의 국제교류의 장을 마련하였던 것이다. 비록 숭산의 세계일주가 외형적으로 개교 10주년을 표방한 것은 아니었지만, 원광대 교사(校史)에서 볼 때, 개교 10주년을 맞이한 시점에서 국제교류와 도서 확충 등 내실을 기하고 위상을 제고하는 중요한 계기가 되었다는 점에서 그 역사적 의미가 매우 크다.

다음으로, 1956년 1월, 원광대 개교 이래 처음으로 학술논문집『원대학보(圓大學報)』(172쪽)가 간행되었다. '원광대학 문화부'에서 발간한 국판본의 이 논문집에는 전원배 교수의 「감정론」, 재학생 류병덕의 「현대와 자각」 등 교수와 학생 논문 11편이 수록되었다. 숭산은 이 논문집 서두에다 철학과 종교 등 학문의 실천적 지향성에 역점을 두고 원광대학의 교육방향을 제시한 「교육방향의 재고」라는 제하의 '권두언(卷頭言)'을 실었다.

학술논문집에 앞서 6·25전란의 와중인 1952년 6월에 원광대학 최초의 교지라 할『서원(曙苑)』이 간행되었다. 초급대학 시절 학도호국단 문예부 주관으로 발간한 이 교지는 학술지보다 문예지의 성격이 짙었다. 그나마 교지『서원』은 창간호에 그쳤고, 1954년 교지 2호부터는『원광문화(圓光文化)』로 제호를 바꾸어 간행되었다. 학술논문집을 표방한『원대학보』는 이러한 토대 위에 발전지향성을 가지고 발간되었던 것이다. 하지만, 이때 나온 논문집『원대학보』는 아래에 다시 언급하겠지만, 같은 해 10월 20일 같은 제호로 대학신문이 창간됨으로써 더 이상 이어지지 않고 중단되고 말았다. 대학 논문집은

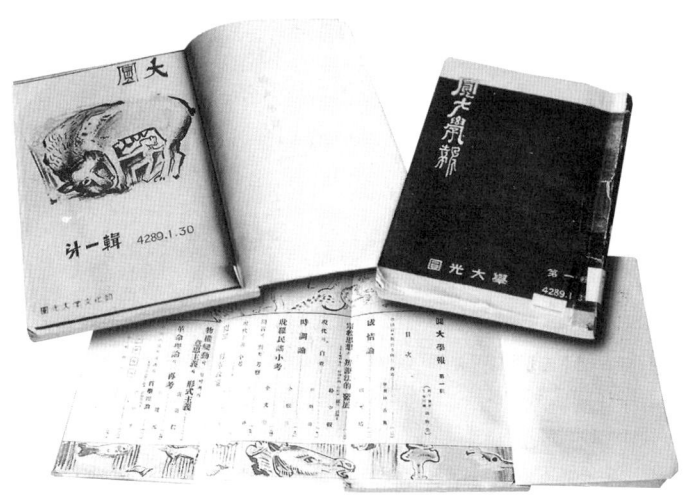

원광대 최초의 학술논문집 『원대학보』(1956. 1)

그로부터 4년 후인 1960년 10월에 『논문집(論文集)』으로 제호를 바꾸어 다시 나오게 된다.[43]

원광대학 홍보지가 처음 나온 것도 1956년이었다. 개교 10주년에 즈음하여 원광대학 설립 이후 최초로 대학 홍보지를 1956년 2월에 발간하였던 것이다. 『안내말씀; 원광대학약사(圓光大學略史)』라는 이름으로 나온 이 홍보지에는 대학 연혁을 비롯해 교육시설, 연구활동, 재직 교원 등이 수록되어 있었다. 이러한 홍보지 발간에 뒤이어 1958년에는 원광대 안내책자인 『대학안내』를 발간하게 된다.[44]

1956년에는 또 원광대 교내에 인문사회 분야의 여러 학술 모임이 발족되어 학술연구를 진작하게 된다. 원광대학의 학술연구를 이끌어가는 선도 학회로 성장하게 되는 국어국문학연구회와 법학연구회가 5월에 나란히 발족하였고,[45] 6월에는 원광대 최초의 원불교학 연구모임인 교학연구회(教學研究會)[46]가 창립되었던 것이다. 그 가운데 특히 교학연구회는 숭산의 주창 하에 교학과의 교수, 학생을 주축으로 원불교학의 체계적인 연구를 위해 만든 단체였다. 원불교 교단의 기관지『원광』은 이때 발족한 교학연구회를 아래와 같이 소개하였다.

> 본교(원불교-필자주) 교리를 논리적으로 체계화하여 본교 교학의 완전한 수립을 목적하고 원대 학장을 회장으로, 동 교학과 담당 교수들을 지도위원으로, 동과 학생 전원을 회원으로 하여 구성된 원광대학 교학연구회는 금 6월에 드디어 발족을 보게 된 바 우선 매월 일차씩 정례 회합을 개최하여 좌담회·학술발표회 등을 가지리라 하는데 앞으로 그 성과가 크게 기대되는 바이다.[47]

위 인용문을 통해서도 알 수 있듯이, 학장 숭산이 직접 회장을 맡았다고 한 점에서 원불교학의 체계적 연구를 위해 숭산이 교학연구회 설립을 주창했던 사실을 감지할 수 있다. 그 뒤 연구 기반이 안정된 이후에는 교학과 학생들이 주축이 되어 자발적으로 원불교학 연구를 활발히 수행해 가게 된다.[48] 나아가 교학연구회는 뒷날 1974년 원불교사상연구원이 발족하는 데 토대를 제공했다고 할 수 있다.

1956년 한글날(10. 9)에는 원광대 최초의 학술서라 할『주해강설 한글금강경』이 간행되었다. 원불교의 교리와 밀접한 관련이 있는『금강경』의 한글 주해본인 이 책은 김제의 봉남면 신호리에 살던 정초(淨超) 임종권(林鍾權)의 원고를 가져다가 숭산과 포광(包光) 김영수(金映遂) 등의 교열로 출간한 것이다. 불법연구회가 이 책의 '발행소'로, 그리고 회장 숭산이 '발행자'로 되어 있다.

끝으로, 원광대 최초의 대학신문인『원대학보(圓大學報)』가 개교

10주년을 맞아 1956년 10월 20일 창간되었다. 발행인이기도 한 학장 숭산은 창간호에 개교 10주년의 의미를 천명한 「개교 10주년에 제(際)하여」라는 기념사를 실었다. 이로써 『원대학보』는 학내 소식을 알리고 학술을 제고하는 대학언론의 새 지평을 열게 되었다.

원광대 신문의 효시가 된 『원대학보(圓大學報)』는 이후 『원대신문』(한글, 126호, 1971. 3. 20)-『원광대학신문(圓光大學新聞)』(178호, 1974. 3. 1)-『원광대신문(圓光大新聞)』(443호, 1983. 10. 5)-『원대신문(圓大新聞)』(532호, 1987. 3. 4)-『원대신문』(한글, 772호, 1996. 3. 4)으로 제호를 바꾸어 오늘에 이르고 있다.

원광대학에서는 1956년 10월에 들어 거교적으로 다채롭고도 성대하게 10주년 기념행사를 가졌다. 먼저, 이리 시내 남성중학교 대강당에서 20일 김영수(불교학), 정래동(丁來東, 중문학), 차낙훈(車洛勳, 법학) 등 원광대학에 재직 중이던 세 석학의 '학술연구발표회'가 개최되었고, 이어 26~28일에는 호남지역의 남녀 중고교를 대상으로 한 음악경연대회와 배구대회가 열렸다.[49] 또 원광대학 제7강의실에서 숭산의 세계일주 사진전시회도 이 기간(27~28일)에 개최되었다. 이와 같은 10주년 행사는 원불교 중앙총부 외에도 전라북도(문교사회국)·이리방송국·전북일보사 등이 후원기관으로 참여하였다.[50]

원광대학은 1956년 개교 10주년을 맞이하여 숭산 세계일주를 필두로 학술연구회 결성, 학술서 간행, 대학신문 창간, 경축행사 개최 등 여러 가지 형태의 기념사업을 펼치면서 도약의 한 전기를 마련하였다. 이에 숭산은 유일학림 설립 이래 온갖 고난과 역경을 이겨내고 발전 도상에서 맞이한 개교 10주년의 감격스러운 소회를 다음과 같이 밝혔다.

유구한 역사와 찬연한 전통을 내일에 약속하면서 호남의 중심지인 이리의 교외에 자리잡고 고고지성(呱呱之聲)을 울린 지 어느덧 10년, 오늘의 웅장한 자세는 천여 영재들의 희망이오, 이상의 상징이라 하겠으니 비록 천단한 춘추일망정 충실한 내용과 건실한 발전은 호남의 교육계에 혜성적 권위로 자부되면서 각계각층으로부터 절대(絶大)한 찬사와 촉망을 온몸에 누리게 되었음도 우연한 결과는 아닌 것이며 또한 준마천리를 달리듯 일조일석에 이뤄진 것도 아니다.

우리 대학이 설립되기까지만 하더라도 재단측인 '원불교'의 천신만고야말로 눈물겨운 바 컸다. 사회정화운동을 위한 포교사(布敎師)의 양성과 무교육자들을 위한 영육사업(英育事業), 그리고 천애의 고아를 보호하는 등 제반 기관을 창설할 원대한 목표 아래 경제적 기반을 꾀하는 나머지 동지 8, 9인의 적수공권(赤手空拳)으로 간석지(干潟地)를 막아 수백 두락의 전답을 개간했고 한편 많은 동지를 규합하여 각종 산업시설과 심지어는 생활개선으로 근검절약을 하면서 허구한 세월 수십 년에 걸쳐 땀과 정성을 모아 오늘의 재단이 형성되기에 이른 것이다.

겨레의 장래를 위한 크나큰 숙원의 영육사업이었으나 간악한 일제는 누차의 교섭을 거듭 불허하여 뜻을 이루지 못하고 있던 중 위대한 8·15광복과 함께 제반 계획과 사업이 자유롭고 순조로이 진행되었던 것이다. 이리하여 교육기관으로서 '유일학림' 간판 아래 중등부와 전문부를 두고 500명의 학생을 영육하면서 전문부는 대학으로, 중등부는 중고등학교로 발전 승격을 목표하고 교사 신축기지와 건물을 마련하는 일방, 고명한 교수를 모셔 충실을 꾀하던 중 6·25의 참변으로 일시 중단되었다가 9·28 수복 후에야 대학다운 형태를 갖추고 역사적인 발족을 보았던 것이다.

원광대학 개교 10주년 기념대회(1956. 10)

회고컨대 초창기의 대학 형편은 문자 그대로 빈약함을 면치 못했으나 교직원은 물론 전체 학생들이 (어려운) 실정을 극복하면서 비약에의 모색을 게을리하지 않아 일취월장의 발전을 보았으니 웅장한 석조건물이 준공되고 전국적으로 고명한 교수님을 모시는 한편 천여 영재의 수용으로 자타가 공인하는 바 대학으로서의 진면목을 갖추기에 이른 것이다.

이와 같은 실정은 왕년에 심혈을 기울인 선각적 선배님들의 희생정신의 결정(結晶)이라 하겠으니 설립취지를 철저히 이해하면서 대학교육의 본래 사명에 아름다운 개화결실을 위하여 매진해야 될 줄로 믿는다.[51]

숭산에게는 개교 10주년이 그동안 지나온 역정(歷程)을 돌아보게 하는 가운데 여러 감회가 교차할 만큼 큰 의미가 있었음을 알 수 있다. 또한, 원광대학이 개교 10주년을 맞이한 것은 원불교 교단 차원에서도 특별한 의미가 있었다. 원광대학과 교단 양자가 일체화되어 있다시피 하던 당시로서는 당연한 일이었다. 교단의 기관지『원광』에서는「대학의 징표」라는 제하에 그 역사적 의미를 아래와 같이 담담히 정리해 제시하였다.

'창립 10주년!' … 지난 10월 26일(10월 1일의 오류인듯-필자주)을 그 창립의 돐로 맞이한 우리 원광대학의 10년사는 실로 자신의 자각에 입지(立地)할 문화창조적 과정사(過程史)라 하여도 좋을 것 같다. … 유아(唯我) 대종사께서는 1대 36년의 교단사업을 1.경제확보, 2.교재편찬, 3.인물양성의 3기로 획정(劃定)하고 인류구제의 보살적(菩薩的) 인물의 구득(求得)에 모든 정력을 기울였던 것이다. 이리하여 그의 첫 단계로서의 실현이 유일학림의 기성에 이르렀고, 이 '유일학림'으로부터의 발전적 형태에서 마침내 오늘날의 '원광대학' 창립을 가지게 된 것이었다. 돌이켜 보건대, 오늘의 그것은 미력한 본교(本敎, 원불교-필자주) 재단의 힘을 기울이고 교우제현(敎友諸賢)의 정성을 모아 쌓은 이 원광대(圓光臺)[52]의 장래성과 그 심오한 구도선학(求道禪學)이 널리 방가(邦家)의 촉망을 모으게 되었다는 것은 무한히 반가운 일인 동시에 이것은 또한 유아 대종사 성업(聖業)에 빛나는 한 가지 기쁜 보람이 아닐 수 없는 것이다. 이제 10년이라면 창립 1기로서의 막은 내리게 되는 셈이리라. 그러나 우리들의 명제는 언제나 뚜렷이 남아 있어야 한다. 더욱 이제부터는 중흥의 제1보를 힘차게 내어 딛는 오늘의 과정(課程)이다. … 우리 대학생 제현 앞에는 지금 한없이 무거운 짐이 놓여져 있다. 안으로는 민족의 존영(尊榮)을 보전하고 밖으로는 세계사의 바른 진전을 향도(響導)하고 겨레를 위하고 동양을 위하고 나아가서는 세계를 위하여 이것을 현성(顯成)하는 데 우리 학생들의 책임은 크다 할 것이다.[53]

위 인용문에서는 소태산이 역점을 두고 추진하려던 사업이 인재양성 사업이었음을 상기하고, 이어 해방 후 이를 구현하기 위해 설립한 유일학림으로부터 원광대학이 비롯되었다는 역사적 사실을 강조하였다. 그러므로 교단적 차원에서 역량을 기울여 이룩한 원광대학 10년의 역사는 곧 '소태산의 성업'에 빛나는 기쁜 보람의 구현이었다고 찬탄하였다. 끝으로 이러한 소중한 10년의 역사를 바탕으로 삼아 앞으로 우리 민족의 장래는 물론, 동양과 세계 인류의 발전에 기여할 수 있는 인재를 양성하는 데 대학이 매진해 줄 것을 당부하였다.

원광대학의 수난

욱일승천의 기세로 발전하던 원광대학은 1961년 5·16군사쿠데타로 집권한 박정희 군사정권에 의해 일시 폐교되는 수난을 당한다. 군사정부는 집권 직후 전국 사립대학을 대상으로 일시에 '정비'를 감행하였다. 그 외형적 이유와 명분은 당시 대학의 과다한 양적 팽창으로 인해 교육의 질적 저하가 초래된 현상을 개혁하는 데 맞추어져 있었다. 그 결과 1961년 7월에 1차 정비안이 발표된 데 이어 8, 9월을 거치면서 국공립대학을 대상으로 한 정비안을 완료하고, 11월에는 드디어 사립대학 정비 기준을 발표하기에 이르렀다. 전국 37개 대학 가운데 12개 교를 폐합하여 25개 교로 줄이는 것이 그 골자였다. 이때 원광대학은 홍익대·국민대·단국대·덕성여대·동덕여대 등과 함

께 정비 대상에 포함되었다.⁵⁴

당시 원광대학은 교학과·국문학과·법학과·경상학과 등 4개 학과를 비롯해 2년제 대학의 가정과 등 680명의 정원을 가진 유수의 대학이었음에도 불구하고 신학대학으로 간주하여 '각종학교'로 분류되고 말았다. 각종학교란 정식학교로 인가를 받지 못한 채 특수분야를 교육하는 비정규학교를 일컫는다. 이에 대학이 폐교당하게 되자, 1962년 3월에 4년제 각종학교인 '원광대학림(圓光大學林)'이라는 교명으로 설립인가를 받아 한동안 파행적 학사운영을 하지 않을 수 없었다. 숭산은 힘들고 어려웠던 당시 상황을 아래와 같이 회고하였다.

5·16혁명 후 상황은 달라졌다. 그 당시 여기저기 대학 설립의 남발 현상으로 부패한 교육실정이 드러나게 되어 문교부 당국으로부터 정리하는 작업이 시행되었다. 이로 인해 우리 대학도 동양철학과와 불교교육과만 두어 각종대학으로 전향하고, 타과(5~6개)는 폐과시키라는 정책이 있어 대부분 교수들이 집으로 돌아가게 되었다. 일대의 위기를 맞게 되었다.⁵⁵

폐교와 다름없는 폭압적 처분으로 인해 받았을 정신적 부담과 고통이 어떠했을지 감지되는 대목이다. 1946년 유일학림 개교 이후 숭산이 맞닥뜨린 가장 큰 위기였다. 숭산은 이러한 사태에 직면하여 학원 내실화에 진력하는 한편, 정규대학 복귀를 정부에 청원하였다. 사실 대학교육의 질적 제고를 명분으로 내세웠던 군사정부의 대학정비 시책은 대학의 운영을 정상화시키지 못한 채 도리어 운영난을 초래하였으며, 교원양성의 차질, 지방대학의 위축, 학과의 축소, 정원의 감축, 여성교육 약화 등 허다한 문제점을 드러냈다. 이에 정부에서는 1963년 12월 16일자로 대학정상화 방안을 발표하여 그동안 폐교, 격하된 8개 대학의 정상복구를 발표하여 대학교육의 방침을 사실상 5·16 이전의 상태로 복귀시킨 것이다.[56] 이에 원광대학도 1964년 1월 21일 정규대학으로의 복설 인가를 받았다.[57] 이때 이전 4개 학과 복설 외에 농업경제과와 원예학과 2개 과의 증설이 허용됨으로써 대학의 규모는 이전보다 더 커졌다.[58]

이처럼 5·16군사쿠데타의 여파로 위기를 맞았던 원광대학이 원상을 회복하게 되자, 숭산은 안도의 기쁨과 함께 새로운 각오를 다지게 된다. 그동안의 시련을 경험 삼아 경영을 쇄신하고 건실한 학풍을 조성함으로써 설립 당시의 초심으로 돌아가 우리 민족과 전 세계 인류의 행복에 이바지할 수 있는 인재를 양성할 것을 다짐하고 공언한 것이다.

> 여러분의 원광대학은 드디어 1963년 12월 17일자로 정규 4년제 대학으로 정식 복귀 인가를 보게 되었습니다. 평소에 아껴주신 여러분에게 근 2개 년이나 심려를 끼쳐드린 본인의 본의 아닌 부덕을 무어라 사과드려야 옳을지 널리 접어주심만을 바랄 따름입니다. … 앞으로 본인은 본교 설립의 근본이념을 재천명하고 시련 중에 얻은 바 여러 가지 값진 경험을 거울삼아 새로운 구상과 의욕을 가다듬어 제반 운영방침을 일신하는 방향에서 이 터전에 새로운 진지하고 건실한 학풍을 불러 일으킴으로 원래의 설립 목적인 국가·민족·인류의 행복에 공헌하는 대로(大路)를 매진하는 데 혼신의 노력을 경주할 각오입니다. 본인의 충정에 각별하신 이해를 가지시어 배전의 따뜻한 지도와 편달을 아끼지 마시기 바라는 바입니다.[59]

원광대학교 승격과 발전

해방 후 유일학림 개교를 시작으로 숭산은 원불교 교단의 교화·교육·자선의 3대 사업 가운데 하나인 교육사업에 매진해 왔다. 그 결과 1960년대에 이르러 원광대학은 호남을 대표하는 사립대학 가운데 하나로 성장하였다. 이에 숭산은 단과대인 원광대학의 성장, 발전에 상응하여 마침내 종합대학 승격을 목표로 삼고 그 준비에 착수하게 되었다.

정부에서는 1963년 12월 사립학교는 학교법인에 의해서만 설립할 수 있도록 법제화하였다. 이에 원불교 교단에서는 그동안 대학을 운영해오던 원불교 재단과는 별개로 원광학원 재단을 설립하기 위해 1965년 1월 21일자로 설립을 신청하여 같은 달 30일 설립 허가를 받았다. 이로써 원불교 재단에서 분리되어 학교법인 원광학원(초대 이사장 성정철)이 탄생하기에 이르렀다.[60]

숭산이 종합대학 승격 포부를 가졌던 것은 원불교로부터 원광학원 재단이 분리되던 무렵이었다. 1965년 1월 『원대학보』에 게재한 신년사에서 숭산은 종합대학 승격을 전제로 교육 전문가 양성, 지역사회 발전 선도, 호남농업 근대화 선도 등 향후 원광대학의 3대 교육지표를 제시하였다.[61] 곧 원광대학을 호남지역의 명문 사립종합대학으로 육성한다는 목표를 천명한 것이다. 숭산의 신년사가 실렸던 그 학보에는 또 「종합대학 체제로 나아가는 웅자(雄姿)!」라는 제하에 "대학 당국의 새로운 발전책에 의하여 장차 종합대학의 체제를 지향해 나아가는 그 웅자는 실로 해를 거듭하면서 새롭기만 하다."라고 하여 학장 숭산의 포부에 적극 호응하는 기사가 함께 실리기도 하

였다.⁶²

한편, 그동안 대학 내적으로 학문적 역량이 크게 온축됨에 따라 대학원 설치 요구가 점차 증가하였다. 이에 숭산은 1967년 9월 27일 정부 당국에 대학원 설치를 신청한 결과 그해 12월 15일자로 인가를 받았다. 이에 1968년 신학기부터 대학원이 신설되었다. 출범 때는 불교교육과 단과(單科)로 인가되었지만, 이듬해에 약학과가 추가로 증설되었다. 그리고 1970년 2월부터는 석사학위를 수여하기 시작하였다.⁶³

대학원 신설 인가를 통보받은 직후의 흥분된 분위기, 그리고 향후 운영계획에 대해 당시 원광대학 신문에서는 다음과 같이 전하고 있다.

> 천 2백 재학생과 3천여 동문, 그리고 전 교직원과 평소 원광을 아껴오던 전북도민의 오랜 숙망인 본대 대학원 신설이 마침내 확정되어 기쁨과 환희 속에서 새 학기부터 불교교육과를 비롯 신입생을 맞게 되었다. … 우리 원광학원은 종합대학 시설확보에 박차를 가해와 이제 그 승격을 목전에 두고 이에 앞서 대학원이 신설되어 학문의 전당 대원광의 약진에 배가의 힘을 북돋우게 되었다. … 대학원이 신설됨에 따라 그 사무는 교무과 안에서 임시 맡아보며 교사는 제1본관 3층을 사용하고 대학원장에 박길진 박사가 겸임하게 되었다. … 대학원 신설에 따라 8명의 위원을 구성하였는데 그 명단은 다음과 같다. 대학원 위원 전원배·김삼룡·김용태·류병덕·유재영·한기두·송천은·박항식 이상 8명의 교수이며 … ⁶⁴

종합대학 승격을 향해 나아가던 도정에 대학원이 신설됨으로써 원광대학은 더욱 발전에 박차를 가할 수 있게 되었다. 대학원장은 숭산이 겸임하고, 그 아래 대학원 운영을 위해 전원배·박항식·김정용(삼룡) 등 8명의 교수를 성원으로 하는 대학원위원회를 둔다는 것이다.

다년간 종합대학 승격을 준비해온 숭산의 계획이 실행 단계로 전환되는 결정적 계기는 1969년에 이루어진 박정희 대통령 면담이었다. 그해 8월 14일, 숭산은 박장식 이사장, 이운권 감사, 김정용 교학처장 등과 함께 청와대를 방문한 자리에서 종합대학 승격을 숙원사업으로 건의하여 대통령으로부터 긍정적인 확약을 받았다.[65] 숭산을 지근에서 보필하면서 원광대 캠퍼스 건설의 산증인이라 할 김인룡은 회고록에서 당시 상황을 다음과 같이 기술하였다.

1969년 8월 어느 날 마침내 원불교의 박장식 재단이사장, 박길진 학장, 이공주 교무, 김정용 교무가 청와대를 방문하였다. 박 대통령은 이들을 반갑게 맞이하며 "원불교에서 하고자 하는 원은 무엇인가요?" 하고 물으시자, 방문자들은 이구동성으로 "원광대학이 종합대학교로 승격되는 것이 교단의 가장 큰 원입니다."라고 간곡히 말씀드렸다. 이 말씀을 깊이 새겨듣고 박 대통령은 이후락 비서실장을 불러서 "원광대학을 종합대학교로 승격시켜 주도록 검토해 보라"고 하셨다. 이후락 비서질장은 원광대학이 설치 기준이 미달되어서 종합대학교로 승격이 어렵겠다고 박 대통령에게 보고하자 박 대통령은 "지방대학의 설치 기준령을 좀 낮추어서라도 승격시켜라"고 재차 당부하셨다.[66]

청와대 방문 성과에 고무된 숭산은 그 직후인 8월 25일자로 문리과대학·약학대학·농과대학·사범대학·공과대학 등 5개 단과대학 21개 학과를 골자로 하는 종합대학 개편안을 문교부에 제출하였다.[67] 또 이듬해 7월에는 종합대학 승격을 갈구하는 전주·군산·이리(익산) 등 지역사회의 염원을 반영하여 유력인사들을 망라한 '종합대학교추진위원회'(위원장 이춘기)가 발족하여 숭산 등 학내 인사들과 공동보조를 취하였다. 이어 여름에 숭산은 교육행정의 수반인 문교부장관을 방문하여 승격을 재차 요구하였고, 9월에는 종법사와 재단이사장 명의로 종합대학 개편 호소문을 각계에 발송하였으며, 이어 10월에는 이춘기 추진위원장, 이환의(李桓儀) 전북지사 등 2백여 명의 유력인사가 참석한 가운데 추진대회를 열고 추진위원장 명의로 요로에 건의문을 발송하여 승격 열기를 고조시켜갔다.[68]

숭산은 이 무렵 종합대학 승격에 대비하여 1971년 3월 신학기를 맞아 새로운 학교운영체제를 마련하고 교양학부(학부장 이상비 교수)를 별도로 설치하는 한편, 사무직에 대해 전면적 인사를 단행하였다.[69] 이때 숭산은 "이번 인사는 보다 참신하고 기동성 있는 교육행정으로 비약의 계기를 마련하기 위함이라"고 밝히고 각자 열성을 다해 임무를 수행해 줄 것으로 호소하였다.[70]

숭산은 이러한 준비 끝에 1971년 4월 1일 종합대학 설립 인가를 문교부에 신청하였다. 이 신청에 대해 정부 당국은 그해 마지막 날인 12월 31일자로, 1972년 3월 1일을 개교일로 하여 원광대학교 설립을 인가하였다. 이로써 1946년 유일학림 개설 이래 매진해온 숭산의 교육사업이 최고의 결실을 보게 된 것이다. 인가 규모는 문리과대학(7개 학과), 사범대학(5개 학과), 법경대학(2개 학과), 약학대학(1개 학

과) 등 4개 단과대학에 총 15개 학과, 입학 정원 4백 명이었다.71

1972년 신학기부터 원광대는 새로운 도약과 발전을 기약하는 종합대학 시대로 들어섰다. 58세의 숭산은 초대 총장에 취임하였다. 2월 26일 열린 취임식에서 숭산은 지난 역정(歷程)을 회고하면서 만감이 교차하는 가운데 향후 학교 발전을 위한 포부를 밝히면서 각오를 새롭게 다졌다. 제18회 학위수여식을 겸한 이 날의 취임식에서 낭독한 장문의 취임사 가운데 중요한 대목을 소개하면 아래와 같다.

해방 직후에 우리 원불교가 나라와 겨레의 생기 넘치는 앞길에 공헌해야겠다는 굳건한 신념과 사명감에서 원대한 포부와 청신한 이념 아래 뜻을 모아 이 학원을 창건한 지 어언 4반세기. 그동안 줄기찬 근면의 보람 있어 이제 종합대학교로 승격을 보게 되었습니다.

이에 이르기까지의 정부 당국의 특별한 배려와 교단의 열성, 교직원의 헌신적 기여, 동문의 힘찬 성원, 그리고 우리 학교를 아껴주신 학부형님들과 또 각계 유지인사 여러분의 지도편달에 대하여 이 자리를 빌어 새삼 깊은 감사를 드리는 바입니다. …

대학은 명실공히 한 나라의 정치, 경제, 사회, 문화를 창조 발전시키는 생성의 원천이요, 앞날의 노정(路程)을 주도하는 곳이며 나아가서는 인류의 복지에 공헌하는 인재를 배양하는 곳임은 너무나 잘 알고 있는 사실입니다. 대학과 정치·경제·사회·문화와는 유기적으로 관계를 맺고 있어야 하며 그러므로 대학은 오직 국가와 민족, 인류문화의 발전에 이바지하는 목적하에 존재하는 공동운명체인 것입니다. …

대학의 본질이 국가·사회·인류의 이익을 위하는 새로운 이미지의 아카데미즘에 있고, 보다 높은 진실 인식의 과정이며 천착을 위한 매

원광대학교 초대 총장 취임식(1972. 2. 26)

개체임을 알 때 대학의 사명은 오로지 연구와 봉사에 있다고 하겠습니다. …

대학교육의 중요한 특수성격의 일면은 사회의 가치관과 규범을 젊은이들에게 올바르게 전달하여 질서 확보를 위한 조화적 인격자를 만들어 현대에 적응토록 하는 한편, 사회규범과 가치관을 정확히 비판할 줄 알고 개선할 수 있는 지성을 지닌 인간을 만드는 데 있습니다. 그리하여 이 양면의 하모니를 바람직한 대학교육의 실현이라 보겠습니다. …

대학은 하나의 대단위를 형성하는 사회입니다. 그 구성요소인 교수·직원·학생의 유기적이고 건전한 생활을 기반으로 대학사회는 발전하는 것입니다. 사립이라 할지라도 설립자나 경영자나 운영실무자만의 대학일 수는 없는 것이며, 어느 위치, 어느 부면에서든 대학사회를 구성하는 요소라면 누구든 대학의 주인인 것입니다. …
주인의식이 확고한 대학인의 생활영위에는 희생적인 정신이 따라야 할 것이나, 대학사회의 융화라는 어엿한 목적이 서 있는 만큼의 보람도 있는 길이 될 것입니다. …

이상에서 연구하고 봉사하는 대학, 교양인을 육성하는 대학, 전문인을 양성하는 대학, 민주적 협동이 실천되는 대학이라는 네 줄기로 대별하여 지난날의 미흡을 반성하면서 앞으로의 진력을 스스로 다짐해 보았습니다만, 이러한 대이상의 구현이라는 명제 앞에 저 하나의 힘은 미약한 것이어서 교내외로부터의 긴밀한 협조 없이는 소기의 성과를 거두기는 지난(至難)한 일입니다. …

이제 닻은 감아지고 돛은 올려졌습니다. 안팎으로부터 순풍을 맞아 이 배는 비상사태하의 험한 파도를 종식시키면서 맑은 바다, 구국교육의 항로를 향해 힘껏 출범 하에 된 것입니다. 폭풍이 없는 항해가 되는 것은 오직 힘의 집결로 가능하다는 것을 느끼면서 여러분의 건강과 행운을 비는 바입니다. 감사합니다.[72]

종합대학으로 새롭게 출범하게 된 원광대학교의 초대 총장에 취임하는 그날의 벅찬 감회와 사의(謝意)를 피력한 뒤, 연구와 봉사 지향, 교양인 양성, 전문가 육성, 민주적 협동의 실천 등 원광대학교가 장차 진력해야 할 네 가지 모토를 제시하였다. 이러한 전제하에 숭산은 원광대학이 도약과 발전을 이룩하기 위해서는 교수와 학생, 학부모, 경영진 등 모든 '대학인'의 헌신적 노력과 정성이 절실히 요구된다고 호소하였다.

한편, 원광대가 종합대학으로 새롭게 출범한 1970년대 초는 박정희 정권의 중추적 국정과제인 경제개발을 모토로 하여 민족중흥·조국근대화·새마을운동 등의 구호가 전국을 뒤덮던 시기였다. 곧 한국사회가 유사 이래 지속되어 온 전통적 농촌사회에서 벗어나 근대 산업사회로 전이되는 도정에 있었던 것이다. 숭산도 이러한 시대적 전환기의 거대한 사조를 수용하고 대학교육에 이를 수용하려 하였다. 이것은 당시 시대적 추이에 따른 국정의 지향성을 긍정적으로 수용하려는 노력의 일환이기도 하다. 1972년 개교기념일에 학생들에게 당부한 숭산의 다음 치사에서 그러한 사실을 감지할 수 있다.

한 나라의 운명은 그 나라 청년의 힘과 지혜에 좌우된다는 것을 명심하고 학생들은 현실을 직시하고 민족의 선봉이 되어야 하겠다는 사명감을 다짐하되 이 학교는 사회정화의 기틀이 될 민족자주의 사상과 철학의 산실이 되어야 하겠습니다. 낭만을 구가해야 될 대학생들이지만 교착된 현실을 이해하고 어려운 문제를 해결해야 될 냉엄한 시국에 처하여 올바른 국가관에 입각한 애국애족의 지표를 세워야 됨은 민족이 요구하는 급선무라 할 것입니다. … 우리 대학이 현재 민족 앞에 무엇을 할 수 있고 또 장차 사회에 무엇을 공헌할 수 있는가를 생각하여 장기적인 '마스터 플랜'을 기획함으로써 우리 대학인의 능력의 총화를 보여 비젼이 있는 혁신적 계기를 만들어야 되겠습니다. 국가 방향의 테두리 안에서 사학의 자주성과 창의성을 발휘하여 특색 있는 교육의 면모를 세움으로써 새로운 전통을 정립해야 될 것이라 믿습니다.[73]

숭산은 위에서 당시 절급한 시대의 과제로 부상한 국가발전, 민족번영의 향로(向路)에 학생들이 적극적으로 동참해 주기를 호소하고 있다. 경제개발과 국민총화를 통한 국가발전, 곧 조국근대화라는 동시대의 거대한 사조가 그러한 분위기하에 생생하게 감지되는 것이다.

사실 원광대가 종합대학으로 출범하던 무렵의 국내외 정치상황, 사회현실은 매우 혼란스럽고 위태로웠다. 3선개헌(1969)부터 유신헌법(1972)으로 이어지는 박정희 정권의 독재체제가 기승을 부리는 가운데 이에 맞선 학생들의 민주화투쟁은 탄압당하고 자유와 인권이 말살되던 실정에 있었다. 이처럼 불안했던 시국하에 1975년에는 또 월남 패망의 커다란 충격파가 한반도 전역을 휩쓸었다. 숭산은 새롭게 출범한 원광대의 총장으로서 이러한 시대적 아픔과 위난에 심대한 영향을 받았던 인물이기도 하다. 특히 유신철폐를 연호하던 학생시위가 고조되던 1970년대 중반, 숭산은 학교와 학생을 모두 지켜내야 하는 처지에서 현실적 책무에 깊이 고민하던 흔적도 역력하다. 1975년 5월 제29회 개교기념 및 제8회 원탑제(圓塔祭) 행사를 맞아 숭산이 행한 다음 훈화에 그 절박한 심경이 잘 드러나 있다.

한동안 시끄러웠던 미국·일본·유럽 등지에서의 학생데모 유행도 이제는 씻은 듯이 없어지고 오직 학문에 열중하고 있는데 유독 우리나라 학생들만이 뒤늦게까지 나라 안 사정이나 나라 밖 현실 상황을 올바로 인식하지 못한 몇몇 주동자에게 이끌려 필요 이상의 민주와 분수에 맞지 않는 자유를 소리치며 데모를 자행한 나머지 휴강, 휴교 사태를 초래하여 오고 있습니다. 생사와 흥망이 걸려있는 전시라는 것

베트남 패망 소식을 전하는 신문기사(『동아일보』 1975년 4월 30일자)

을 망각이라도 한 듯이 함부로 자유를 부르짖던 월남 학생데모 대열이 자유와는 방향이 180도나 다른 구속과 압박에 부딪혀 이제는 제한된 자유는 커녕 삶의 기본권마저 송두리 채 빼앗겨버린 실태를 우리는 보았습니다. 자유를 존중하되 지나치지 않았던 우리의 사고와 행동의 정도(正道)가 이제는 안도의 숨과 더불어 그 진가를 인정받기에 이르는 것입니다.[74]

원탑제가 열리기 직전인 4월 10일 학원가 반정부 시위를 차단하기 위해 '긴급조치 7호'를 발동하고 휴교령을 내린 데 이어 4월 30일에는 수도 사이공(현 호찌민) 함락으로 월남이 완전히 패망하면서 시국상황이 매우 위중하던 분위기를 생생히 담고 있다. 곧 숭산은 학생 시위가 잦아든 미국과 일본, 유럽 등지의 사례를 원용하고 패망으로 연결된 베트남 학생시위의 참담한 결과를 교훈으로 제시하면서 시위 자제를 촉구하였던 것이다. 유신독재의 살벌한 분위기를 온몸으로 실감케 한다. 그 이면에는 '정치적 각도에서 안보와 자유의 비중이나 우선을 가릴만한 이론에 밝지는 못하다'고 토로하는 대목에서 숭산의 깊은 고뇌가 엿보이기도 한다. 특히 사이공이 함락된 이튿날인 5월 1일에는 원광대를 포함하여 전국 22개 대학 총장의 연명으로 「난국에 처한 조국의 현실을 바라보며」라는 제하의 성명서를 발표하여 베트남 사태를 거울삼아 사회안정을 기하고 대학생들의 시위를 만류하는 호소문이 발표되기도 하였다.[75]

한편, 1965년 신년사에서 지역사회 발전과 선도에 큰 비중을 둔 데서 알 수 있듯이, 숭산이 대학을 경영하면서 교육의 방침으로 내세운 중요한 방향성 가운데 하나가 지역사회, 지역문화에 대한 기여였다. 종합대학 출범 이듬해인 1973년 10월 원광대에 '마한·백제문화연구소'(초대소장 김정용)를 개소한 것이 그 대표적인 사례라 할 수 있다. 특히 설립 이듬해에는 숭산과 교분이 깊었던 히라오카 도호(平岡宕峯, 1896~1994) 박사가 매년 5백만 엔씩 향후 10년 동안 연구기금을 제공키로 함으로써 연구 열기를 크게 진작시켰다. 붓쿄대학을 나온 히라오카는 백제문화에 관심이 지대했던 인물로, 일본 오사카의 세이푸학원(淸風學園), 시아푸난카이학원(淸風南海學園)의 창립자로서 원광대에서 명예철학박사 학위를 수여한 인연이 있다.[76]

마한·백제문화연구소는 설립 이후 백제 미륵사지와 왕궁리를 비롯하여 익산·고창·남원·부안·정읍 등 전북 일대에 산재한 문화유적 발굴조사를 연이어 수행하였다.[77] 뿐만 아니라 관련 분야의 석학들이 대거 참여한 대규모 '마한·백제문화학술회의'를 수차 개최하는 한편, 연구논문집 『마한·백제문화』를 간행함으로써 익산을 중심으로 하는 마한·백제 역사 연구에 커다란 기여를 하였다.[78]

이후 원광대학교는 발전을 거듭하여 굴지의 종합대학으로 성장하였다. 종합대학 출범 이듬해(1973) 대학원에 처음으로 박사과정을 설치한 데 이어 같은 해 12월에는 농과대학과 한의과대학을 신설하였다. 그 뒤 1978년에는 교학대학·공과대학·2부대학(야간)을, 1980년에 의과대학·치과대학·가정대학을, 그리고 1983년에는 미술대학을 신설함으로써 전국 굴지의 종합대학으로서 면모를 갖추게 되었다. 숭산이 서거하기 직전인 1986년 4월 현재 원광대학교는 14개 단과대학에 59개 학과가 개설되어 정원 13,680명 규모로 성장해 있었다.[79]

이상에서 보았듯이 숭산은 유일학림 학감에서 시작하여 초급대학, 단과대학을 거쳐 굴지의 종합대학으로 발전하는 도정에 학장(총장)의 직책을 가지고 헌신적 노력을 기울였다. 숭산이 원광대학에 쏟은 열성의 바탕에는 일원상 진리에 대한 신앙심이 자리잡고 있었고, 이는 '지덕겸수 도의실천'이라는 교훈으로 구현되었다. 그는 또 대학경영 과정에서 열린 마음으로 폭넓게 의견을 수용하였으며, 우수한 교수 확보와 인재 양성에도 심혈을 기울였다.[80]

숭산이 쏟은 성력과 함께 원불교 교단과 학교 교직원들의 뒷받침, 지역사회의 노력 등이 원광대 발전의 토대가 되었음은 물론이다. 특히 대학에서 숭산과 오래도록 고락을 함께 했던 인물들로는 교학(敎學)·교무(敎務) 분야의 서병재·이종행·김정용·이병은·전팔근·송

형 김인룡(왼쪽)과 아우 김정용(오른쪽)
이들 형제는 숭산을 도와 원광대학교 발전에 크게 기여했다.

천은·류병덕·한기두·한종만 등을 필두로 총무 분야의 윤기원·이영해·김인룡·정화성, 재무 분야의 모수동·김영춘, 그리고 도서관의 기초를 닦은 이종행과 박길연 등이 두드러진다. 이들이 흘린 피땀은 곧 대학 발전의 원동력이 되었다. 여기서는 특히 숭산을 보좌한 인물들 가운데 아산(亞山) 김인룡(金仁龍, 본명 判用, 1922~1915), 문산(文山) 김정용(金正勇, 본명 三龍, 1925~2014) 형제의 조력을 언급하고자 한다. 이들 형제는 모두 유일학림 시절 숭산의 제자였다. 숭산은 이들에 대해 도타운 신뢰를 가져 학교 행정과 살림의 중책을 맡겼다. 형 김인룡은 학교의 건축과 시설, 서무와 재무 관련 업무를 총괄하여 대학 발전에 큰 공적을 남겼다. 1955년 건설과장으로 부임하면서 제2교사 신축과 운동장 건설을 시작한 이래로, 종합대학 승격 이후에는 사무국장·총무처장·재무처장 등 살림의 요직을 맡아 학교 발전에 매진하였다. 한편, 동국대 불교학과를 졸업한 아우 김정용은 교학 행정 부문에서 숭산을 충실하게 보필한 인물이다. 1956년 강사로 원광대에 첫발을 들인 이후 학생처장·교무처장·부총장 등을 역임하였고, 숭산 서거 이후에는 총장직을 승계하여 숭산의 유지를 충실하게 계승 발전시킨 주역이라고 할 수 있다. 뒷날 원광대학에서 아우와 함께 지낼 때의 마음가짐을 회고한 김인룡의 다음 어록은 후인들에게 시사하는 바가 크다.

> 문산과 나는 혈연이자 법연으로 사사로움에 끌리지 않고 공중사만을 위하는 떳떳한 마음으로 심심상련하였다. 정산종사님과 주산종사님도 형제로서 사적으로 전혀 끌리지 않으시고 오로지 공중사에 심신을 다 바치셨으니, 나는 이 두 분 스승님들의 아름다운 사이를 본받고자 하였다.[81]

곧 초기 원불교 교단의 모범적 지도자들인 송규·송도성 형제의 공심(公心)과 처신을 본받아 사심을 버리고 오로지 공무(公事)에만 진력했다는 것이다. 오늘의 원광대가 있기까지는 이처럼 숭산의 뒤에는 공심으로 사업에 전심한 인물들이 흘린 피땀이 있었다.

주석

1 「간행사」,『원광대학교40년사』, 교사편찬위원회 편, 1987.
2 「원광대학교 개교 50주년」,『원불교신문』1996년 5월 10일자.
3 원불교정화사 편,『원불교교고총간』5, 143쪽.
4 갓 귀국한 숭산은 이때 도요대학 출신의 이리공립고등여학교의 일본인 교장 이시자와(石澤)을 앞세워 도 당국에 접촉을 시도했다고도 한다(박길진,『일원상과 인간의 관계』, 원광대학교출판국, 1985, 417~418쪽).
5 참고로 일제 강점기인 1923년에 경북 예천의 한 사찰에서 '유일학원(唯一學院)'이라는 이름으로 자선교육기관을 설립해 운영한 적이 있다(「禮泉唯一學院曙光」,『조선일보』1923년 9월 8일자). 불법연구회의 '유일학림'과 전혀 무관하지만, 양교 모두 '유일'이라는 교명에 포착했다는 유사성이 있어 흥미롭다.
6 원불교정화사 편,『원불교교고총간』5, 171쪽.
7 교사편찬위원회 편,『원광대학교40년사』, 1987, 53쪽. 박창기가 서울로 유학시킨 8명은 정성숙·전팔근·김대현·정경호·정자선 등이라고 한다. 박창기도 이때 동국대학교 불교학과에 입학하였다(「이도전 교무가 쓰는 선진읽기 27, 묵산 박창기 대봉도」,『원불교신문』2013년 6월 9일자).
8 『정산종사법어』제2부 법어 제4 경륜편 4장.
9 박길진,『일원상과 인간의 관계』, 원광대학교출판국, 1985, 418쪽.
10 교사편찬위원회 편,『원광대학교40년사』, 54쪽.
11 교사편찬위원회 편,『원광대학교40년사』, 55쪽.
12 원불교정화사 편,『원불교교고총간』5, 186쪽.
13 「유일학림 제1회 졸업식 훈사」(이공전 受筆),『원광』창간호, 1949년 7월호, 20쪽.
14 「교계소식」,『원광』창간호, 1949년 7월호, 88쪽.
15 아산종사문집간행위원회 편,『개벽회상의 공도생활』, 원불교출판사, 2008, 75쪽.
16 교사편찬위원회 편,『원광대학교40년사』, 59쪽.
17 『동아일보』1948년 2월 3일자,「불법연구회 개칭」. "종래의 불법연구회를 원불교로 개칭하고 그동안 재단법인 인가를 신청 중이었던 바 지난 1월 16일부로 정식 인가가 있었다."
18 원불교정화사 편,『원불교교고총간』5, 181쪽.
19 교사편찬위원회 편,『원광대학교40년사』, 54쪽. 여기에는 서장 성명이 '玄奎彬'으로 오기되어 있다. 그의 실명은 '玄圭柄'으로 1917년 경북 문경에서 태어났으며 군산경찰서장으로 재직하다가 1949년 6월 8일 이리경찰서장으로 전임하였다(『대한민국건국10년지』, 1956, 1121쪽;『군산신문』1949년 6월 10일자).
20 『한 떨기의 꽃이 성실하게 피어 있다』, 원불교사상연구원, 2006, 68쪽.

21 원불교정화사 편,『원불교교고총간』5, 187쪽.
22 「교계소식」,『원광』5, 1950년 7월호, 82쪽.
23 「교계소식」,『원광』5, 1950년 7월호, 82쪽.
24 「구도역정기(115); 숭산박광전법사편 ⑧」,『원불교신보』1985년 11월 26일자.
25 교사편찬위원회 편,『원광대학교40년사』, 65쪽. 숭산은 4월 26일 교정원장을 사임하였고, 그 이튿날 조갑종이 후임 교정원장 서리로 임명되었다. 그런데 5월 15일 열린 임시이사회에 숭산이 여전히 교정원장 자격으로 참여한 것으로 확인되는데, 그 정확한 이유는 알 수 없다.
26 재단법인 원불교 제2회 임시이사회의록(1951. 5. 15); 교사편찬위원회 편,『원광대학교40년사』, 65쪽에서 재인용. 한편, 숭산은 원광대 교명이 결정되는 과정에 대해 다른 견해를 제시하였다. 숭산에 의하면 교명을 논의할 때 '聖文' '唯一' 등 여러 안이 제시되던 중 김두헌 교수가 '원광대학'으로 하자는 의견을 내어 모두 여기에 동의했다는 것이다(「구도역정기(115); 숭산박광전법사편 ⑧」,『원불교신보』1985년 11월 26일자).
27 교사편찬위원회 편,『원광대학교40년사』, 89쪽.
28 「初大도 2년제로」,『자유신문』1951년 9월 28일자. 대학 설립에 앞서 6월 29일 원광중학교(교장 박장식) 설립이 먼저 인가되었다. 곧 1946년 유일학림에서 발원한 원불교 교단의 교육사업은 6·25전쟁의 와중인 1951년 대학과 중학으로 분화되어 각기 별도로 성장하게 된다.
29 원불교정화사 편,『원불교교고총간』5, 201쪽.
30 교사편찬위원회 편,『원광대학교40년사』, 62쪽.
31 원불교정화사 편,『원불교교고총간』5, 205쪽.
32 「구도역정기(115); 숭산박광전법사편 ⑧」,『원불교신보』1985년 11월 26일자.
33 「구도역정기(116); 숭산박광전법사편 ⑨」,『원불교신보』1985년 12월 6일자.
34 박길진,「知德硏鑽에 힘쓰라」,『曙苑』창간호, 1952; 교사편찬위원회 편,『원광대학교40년사』, 96~97쪽 재인용.
35 원불교정화사 편,『원불교교고총간』5, 212쪽.
36 원불교정화사 편,『원불교교고총간』5, 212·223쪽; 교사편찬위원회 편,『원광대학교40년사』, 143쪽. 원광대 최초의 이 교사는 1964년 철거되었고, 그 자리에 철근 콘크리트 4층 건물(현 원광보건대 도서관)이 들어섰다.
37 원불교정화사 편,『원불교교고총간』5, 212쪽; 교사편찬위원회 편,『원광대학교40년사』, 105쪽.
38 원불교정화사 편,『원불교교고총간』5, 223쪽.
39 원불교정화사 편,『원불교교고총간』5, 233~234쪽;「교계소식」,『원광』9, 1955년 4월호, 48쪽.
40 교사편찬위원회 편,『원광대학교40년사』, 110~111쪽.

41 원불교정화사 편, 『원불교교고총간』 5, 246쪽; 교사편찬위원회 편, 『원광대학교 40년사』, 143~146쪽. 1950년대 건립된 원광대의 3개 교사 가운데 1958년 준공된 구 본관(제3교사, 현 원광보건전문대 본관)이 현재 유일하게 남아 있다.

42 1956년 개교 10주년 기념식을 거행한 일자는 자료상 확인하지 못하였다. 다만 2년 뒤 개교 12주년 기념일을 "10월 1일에 맞이하였다."고 한 기록(「10월은 감격의 달」,『원대학보』 8, 1958년 10월 25일자)으로 보더라도 이 무렵 개교기념일은 10월 1일이었음을 알 수 있다. 개교기념일이 현재와 같이 5월 15일로 변경된 것은 개교 제27주년을 맞이한 1973년부터였다(「유일학림에서 오늘까지」, 『원광대학신문』1973년 5월 15일자). 하지만 변경사유는 확인하지 못하였다.

43 교사편찬위원회 편, 『원광대학교40년사』, 682쪽.

44 교사편찬위원회 편, 『원광대학교40년사』, 682쪽.

45 교사편찬위원회 편, 『원광대학교40년사』, 156~157쪽.

46 교학연구회는 원불교학연구회로 불리기도 하였으나, 1956년 창립 당시 정식명칭은 '교학연구회'였다. 교학연구회에서는 1965년 학술지『교학연구』를 창간하였다. 그 뒤 1972년 5집부터『원불교학연구』로 제호를 바꾸고 회명도 '원불교학연구회'로 변경한 것 같다. 하지만, 여러 정황으로 보아 보편적 개념, 의미에서 두 회명을 엄격히 구분하지 않은 채 혼칭한 것으로 짐작된다.

47 「교계소식」,『원광』15, 1956년 5월호, 71쪽.

48 「교학연구회 임원개선」,『원대학보』19, 1961년 11월 10일자.

49 이때 열린 중고교 대항 음악경영대회와 배구대회는 개교기념일에 맞추어 한동안 계속 열렸던 것 같다(「10월은 감격의 달」,『원대학보』 8, 1958년 10월 25일자).

50 「개교10주년기념행사」,『원대학보』창간호, 1956년 10월 20일자;「개교 10주년 기념!」,『원대학보』2, 1956년 12월 1일자; 교사편찬위원회 편,『원광대학교40년사』, 189~190쪽; 원불교정화사 편,『원불교교고총간』 5, 253쪽. 현전하는 행사사진에서도 '세계일주 기념 사진전시회'라는 홍보문안이 확인된다.

51 학장 박길진,「개교 10주년에 際하여」,『원대학보』창간호, 1956년 10월 20일자. 창간호 1면 머리기사로 실린 숭산의 이 글은 그해 12월호『원광』에도 '선각적 諸 선배의 희생정신의 결정'이라는 부제를 달아 그 전문이 轉載되었다(박광전,「원광대학 개교 10주년에 際하여」,『원광』17, 1956년 12월호, 26~27쪽).

52 교지『서원』(1952)에 실린 원광대 교가(이은상 작사) 첫 구절 '보아라 원광대 거룩한 터전…'에도 '圓光臺'가 등장한다(『원광대학교40년사』, 92쪽).

53 「대학의 징표-원광대학 창립 10주년에 際하여-」(편집실),『원광』17, 1956년 12월호, 8~11쪽.

54 「4년제 주간대 12개 교를 정비」,『조선일보』1961년 11월 18일자.

55 「구도역정기(116); 숭산박광전법사편 ⑨」,『원불교신보』1985년 12월 6일자.

56 「대학정원 2만명을 증원」,『동아일보』1963년 12월 17일자.

57 『원광대학교40년사』 所收 문교부 '지령서'(221쪽); 원불교정화사 편, 『원불교교고총간』 5, 320쪽.
58 교사편찬위원회 편, 『원광대학교40년사』, 219쪽.
59 「인사말씀」, 『원대학보』 1963년 12월 18일자.
60 『원광대학교40년사』 所收 학교법인 원광학원 '허가서'(226쪽). 그런데 원광학원 재단설립 시기와 과정에 대해서는 기록 간에 상충되는 부분이 있어 혼란스럽다. 「원기 49년도 사업보고서」(『원불교교고총간』 5, 325쪽)에는 1964년 3월 12일 설립 인가를 신청하고 같은 달 28일 설립 인가를 받았으며 최종적으로 4월 28일 원불교 중앙교의회의 승인을 거쳐 원광학원 설립이 확정된 것으로 기술되어 있다. 이에 비해 문교부의 원광학원 설립허가서(『원광대학교40년사』, 226쪽)에 따르면 설립자 대표 성정철 명의로 재단 설립을 신청한 것이 1965년 1월 21일이고, 그 신청을 허가한 일자가 같은 해 1월 30일이었다.

이처럼 서로 간에 시기가 일치하지 않은 자료에 근거한 결과, 『원광대학교40년사』 225쪽에서는 '1964년 3월 12일자로 문교부에 제출한 신청 건이 1965년 1월 30일자로 인가' 받은 것으로 잘못 기술되었고, 심지어는 1964년 4월 '인가'(『원광대학교40년사』, 1266쪽; 『원불교72총람』 IV, 280쪽)에 이어 1965년 1월에 '허가'(『원광대학교40년사』, 1267쪽)를 받은 것으로 중복 정리되기도 하였다. 하지만, 이처럼 혼란을 야기한 재단 설립 시기와 경위에 대해서는 더 이상 구체적 실상을 파악할 수 없는 실정이다. 여기서는 문교부의 설립 허가서에 의거해 기술하였다.
61 「대학의 지역적 기회균등을: 박학장님 年頭辭」, 『원대학보』 38, 1965년 1월 15일자.
62 「종합대학체제로 나아가는 雄姿!」, 『원대학보』 38, 1965년 1월 15일자.
63 『원광대학교40년사』 所收 대학원 인가 '지령서'(246쪽).
64 「대학원 신설」, 『원광대학보』 75, 1968년 1월 1일자.
65 교사편찬위원회 편, 『원광대학교40년사』, 379쪽. 숭산 일행의 청와대 방문에 대해 교단의 당해연도 사업보고서 '중앙총부특황'란에는 "8월 14일 대통령의 초청에 의하여 교정원장을 비롯한 본 교단대표의 청와대 방문을 주선하였다."라고 간단히 기록되어 있다(원불교정화사 편, 『원불교교고총간』 5, 368쪽). 한편, 『원대학보』(1969년 9월 1일자, 「동정」)에는 "박 학장은 8월 14일 박장식 재단이사장(원불교 교정원장), 이운권 (원불교 교령) 재단법인 감사와 함께 청와대로 박대통령을 예방했다."고 하여 숭산 이하 박장식, 이운권 등 3인이 언급되었고, 앞에 든 校史에서는 숭산 외에 박천식(장식)과 김정용(삼룡)을 언급하였다. 그리고 『원불교신보』(1969년 9월 1일자, 「동정」)에서는 숭산을 비롯하여 박장식·이공주·이운권·김정용 등 5인이 청와대를 예방한 것으로 보도하였다.
66 아산종사문집간행위원회 편, 『개벽회상의 공도생활』, 2008, 189쪽.
67 「종합대학 개편 인가신청」, 『원대학보』 1969년 10월 10일자.
68 교사편찬위원회 편, 『원광대학교40년사』, 380~383쪽.

69 「사무직 대폭교체, 교양학부 별립」, 『원대신문』 1971년 3월 20일자.
70 교사편찬위원회 편, 『원광대학교40년사』, 384쪽.
71 『원광대학교40년사』 所收 문교부 '원광대학교 설립 인가'(386쪽)에 의거함.
72 「총장취임사」, 『원대신문』 1972년 2월 26일자; 박길진, 「취임사; 연구와 봉사의 기본자세를 새로운 차원에서 정립」, 『원광』 73, 1972년 4월호, 14~19쪽; 교사편찬위원회 편, 『원광대학교40년사』, 404~406쪽; 원광대학교 의전과 편, 『봉황과 더불어』, 1994, 3~7쪽.
73 원광대학교 의전과 편, 『봉황과 더불어』, 1994, 15~16쪽.
74 원광대학교 의전과 편, 『봉황과 더불어』, 26~27쪽.
75 「성명서」, 『조선일보』 1975년 5월 1일자.
76 「원대 마백연구소에 일본 청풍학원에서 3천만 원」, 『원불교신보』 1974년 6월 25일자.
77 「미륵사지 사적 始掘式」, 『동아일보』 1974년 8월 22일자; 「백제 제3의 도읍터 발견」, 『조선일보』 1976년 11월 25일자.
78 교사편찬위원회 편, 『원광대학교40년사』, 803~812쪽.
79 교사편찬위원회 편, 『원광대학교40년사』, 474쪽.
80 김봉곤, 「원광대학교와 숭산」, 『숭산 박길진, 원광의 빛』(원광대학교개교75주년기념·숭산박길진총장열반35주년기념 학술회의자료집), 2021년 12월 21일, 145~146쪽.
81 아산종사문집간행위원회 편, 『개벽회상의 공도생활』, 114쪽

종교와 사회활동

원불교 교단과 숭산

앞장에서 상술했듯이, 일제 말 전시총동원체제 하의 비상시국에서 불법연구회의 지도자들에게 주어진 당면한 책무는 풍전등화 같던 교단의 명맥을 지켜내는 일이었다. 이를 위해 여러 방면에서 갖은 노력을 기울였다.

   일본유학을 끝내고 귀국한 숭산은 당대 최고의 학식과 지성을 갖춘 엘리트로서 교단을 수호하는 과업의 선봉에 섰다. 이즈음 불법연구회의 업무를 총괄하는 교무부장에 보임된 것도 이러한 과업 수행과 결코 무관치 않다고 생각한다. 숭산이 뒷날 "일제하에서 교단의 대외적 업무는 주로 상산 박장식님과 혜산 전음광님, 그리고 본인이 담당"[1]했다고 술회한 대목은 이러한 분위기를 염두에 두고 한 말이었을 것이다. 이로 인해 그가 겪었을 수난과 고통은 짐작되고도 남는다. 일제강점 하에서 불법연구회가 처했던 고단한 형세를 숭산은 다음과 같이 회고하였다.

후래의 사람들이 불법연구회는 일제에 순응한 것이 아니냐고 묻는다면 그것은 잘못된 생각이다. 갖은 탄압과 수모 속에서도 견디고 참으면서 한편으로는 민족의식을 고취하고 있었던 것을 알아야 한다. 대종사님께서 일개 경관의 부름에 다녀오셔야 했던 당시의 상황은 한국인의 민족단체면 어떻게든 없애려는 일제의 예봉을 피하고 대종사의 경륜을 실현하기 위한 방편이었으나 그렇다고 무조건 복종하지는 않았다.²

불법연구회가 일제로부터 받았던 탄압과 수난을 알려주는 대목이다. 불법연구회를 보전하기 위해 숭산이 벌였던 익산 활동, 서울 박문사(博文寺) 유거 등이 그 구체적 사례라 할 수 있다. 해방 이듬해인 1946년 숭산은 교무부장에서 물러났고, 그 자리는 이공주가 이어받았다. 이는 이제 막 출범한 유일학림의 학감을 맡아 학교 업무에 전심하기 위해서였던 것으로 생각된다.

해방으로 일제의 압제에서 벗어난 뒤 불법연구회도 교헌(教憲)을 비롯한 여러 규정과 제도를 새로운 시대에 맞게 새롭게 정비하면서 모습을 일신하였다. 불법연구회라는 이름을 원불교라는 새 교명으로 바꾸어 개교식을 거행한 것도 새 시대에 부응하기 위한 노력의 일환이었다. 해방 전후 격변기 4년 동안에 봉직했던 교무부장을 퇴임하고 유일학림 교무에 전념해온 숭산은 1950년 원불교 중앙총부의 교정원장(教政院長)에 선임되었다.³ 교단의 중책을 다시 맡게 된 것이다. 숭산은 교정원장 취임에 즈음하여 원불교 교단의 발전을 위한 실천방안으로 새롭게 구상한 포부와 계획을 다음과 같이 밝혔다.

우리 교단은 벌써 종지를 밝히신 제반 교리, 제도와 교헌이 있어 우리의 나아갈 길은 이미 명시되어 있으니, 다못(다만의 방언-필자주) 이 근본정신에 철하여 사상에 옮겨 실현할 따름이오며 여기에 있어서 일단 교단의 중임을 수락한 이상 무아봉공의 신념으로써 성심성의를 다하여 중임 완수를 기할 각오입니다.

우리 각 지부, 지소 임원과 교도 여러분은 다시 한 번 본교의 창립 사상을 소급해 보십시다. 우리는 애초에 사람은 적었고 힘은 약하였습니다. 대중의 기반도 없었고 경제의 힘도 없었습니다. 그러나 창립 35년에 이만한 대중과 기초를 획득하게 된 것은 여기에 위대한 힘이 잠재해 있음을 명언하는 것입니다. 그는 다름이 아니라 혼과 혼의 결합된 하나의 힘이 제생의세의 대이상에만 불타고 있었으며, 한 사람 한 사람의 피가 상호 교류되어 있기 때문이었습니다. 그러므로 적은 수효와 약한 토대가 이처럼 발전을 보게 된 것입니다. 그러니 우리는 앞으로도 창립사상에 면면히 흐르고 있는 정신을 체험하여 상하가 합심하고 종횡으로 결합하며 총지부(총부, 지부-필자주)가 상부하고 혼과 혼이 연결하여 서로 서로의 사정과 형편을 잘 알아주며 서로 이해하고 용납하여 일치단결해서 화목하고 친애하며 일을 당해서는 명랑 감투하여서 만년 대업에 누 됨이 없이 하여야 하겠습니다.

또 본교(원불교-필자주)의 발전의 양상을 살펴보면 날로 새로워가고 있습니다. 따라서 기관은 확대되고 사람은 많아집니다. 그러므로 이 대중을 영도하고 기관을 운영하려면 무엇보다도 법규로써 통제를 세워나가는 것입니다. 중앙총부 사무기관이나 각처의 사업기관이나 지부 급(及) 지소에 있어서 어느 때 어떠한 일에나 명령계통을 준수해서 상호간 지리멸렬함이 없이 일사불란하여서 하나에 통어(統御)되어 일률 시행하도록 오직 교단의 발전을 위하여 자진 엄격히 규율을 지켜주시며 노력해 주셔야 되겠습니다. 그럼으로써 온 인류로 하여금 빠짐없이 우리 종사님의 복음을 올바르게 하루라도 한 사람이라도 속히 전수시킬 수 있을 것입니다.[4]

지난 35년 원불교 교단의 역사를 회고하면서 창립사상에 기반하여 하나로 뭉친 힘이 원불교 발전의 토대가 된 사실을 지적하면서, 앞으로도 총부, 지부를 막론하고 상하가 일치단결하여 힘과 지혜를 모아줄 것을 역설하였다. 나아가 소태산의 가르침을 널리 세상에 전파하기 위해서는 교단의 여러 기관이 규정에 따라 일사분란하게 통일된 명령계통을 준수해 줄 것을 호소하였다. 이러한 취지를 구현하기 위한 구체적 실천방안으로는 교단 자립을 위한 경제력 향상과 대민교화사업 증진, 그리고 교화 지도자(포교사) 양성 등 세 가지를 제시하면서 범(凡)교단적 협력을 촉구하였다.

1948년에 제정한 「원불교교헌(圓佛敎敎憲)」에서는 '매 36년을 1대(代)'로 하는 법계(法系)를 규정하였다. 이에 따라 원기 37년, 곧 서기 1952년은 원불교 제1대를 결산하는 역사적인 해가 되었다.[5] 그동안 제1대에는 교단 내부의 실력 양성에 주력하였고, 이러한 토대 위에 제2대에는 대민교화에 전력을 기울이기로 교단 내부에서 거시적 발전방략을 설정해 놓았다. 이처럼 교단 차원에서 설정한 발전적 전환기를 앞두고 숭산이 교정원장을 맡게 된 것은 우연이 아니었을 것이다. 교단에서는 시대적 전환기에 그 소임을 담당할 적임자로 숭산을 지목하고 그 역사적 책무를 부과했다고 할 수 있다.

그럼에도 불구하고, 숭산은 교정원장으로서 미처 자신의 이상과 포부를 구현할 겨를이 없었다. 취임한 지 불과 두 달 만에 6·25전쟁이 발발했기 때문이다. 우리 역사에서 일찍이 볼 수 없었던 전란의 참상을 원불교 교단도 결코 비켜갈 수 없었다. 긴박한 전란상황에서 교정원장의 직함을 가졌던 숭산이 운신할 수 있는 공간은 없었고, 오직 교단의 명맥과 재산, 교인을 지켜내는 일이 절급한 당면과제로 떠올랐다. 일제 말기의 소위 전시체제에 이어 풍전등화와 같던 교단 수호의 위기가 다시 한 번 찾아왔다.

익산지역이 북한군 수중에 들어간 것은 전쟁 발발 불과 24일만인 7월 19일이었다. 익산을 점령한 북한군은 중앙총부를 장악하였다. 북한군 호남철도경비대가 주둔하면서 중앙총부는 천만 뜻밖에 군사시설로 바뀌었다. 당시 익산에 잔류했던 박장식이 총부가 폭격을 피하고 무사한 것을 '신기한 일'로 '대종사님 성령의 가호와 정산 종사의 기도 위력' 덕분이었다고 회고했을 정도로 당시 상황이 위태로웠다.[6]

북한군이 중앙총부에서 철수한 것은 점령 두 달 뒤인 9월 27일이었다. 이틀 후 익산 전역이 국군에 의해 수복되었다. 인민군이 총부를 장악한 기간은 두 달에 불과했지만, 그 동안 일체의 활동이 중단된 것은 말할 것도 없고, 종법사 송규 이하 간부들은 매일 생사를 넘나드는 위험을 감수해야만 하였다. 교정원장과 유일학림 학감을 겸직하던 숭산 또한 온갖 수난을 겪고 위험을 감내해야만 하였다. 그 시절을 회고한 숭산의 다음 기록이 살벌했던 당시 분위기를 잘 전해준다.

원기 35년 6·25의 돌발로 총부에는 비상이 걸렸다. 대부분 피난을 하고 정산 종사님을 위시한 몇 명만이 남아 총부를 사수하게 되었다. 나는 젊었으므로(36세) 위험했다. 인민군들의 점령, 그리고 납치의 살벌한 분위기였으므로 조심하지 않을 수 없었다. 지금의 유일정미소에 굴을 파고 그곳에서 회의를 했다. 나는 그 당시 과수원이었던 지금의 원광대 공대 자리에 역시 굴을 파고 피신했었다. 때때로 인민군들을 지지하는 내용으로 연설하라는 강요도 받았다. 그들은 이 지지연설의 장면을 사진 찍어 UN에 보낸다는 것이었다. 이처럼 인권이나 정법이 발붙일 수 없었던 수난시대를 살기도 하였다.[7]

전란이 전국을 휩쓰는 동안 원불교 교단에서도 유능한 인물과 다수의 교도를 잃는 아픔을 겪었다. 장래 교단의 지도자로 촉망받던 박창기(구타원 이공주의 아들)와 강필국(팔타원 황정신행의 아들)이 6·25전란 와중에 희생된 대표적인 인물들이다. 이에 교단에서는 1952년 1월 희생된 교인들의 명복을 비는 합동위령제를 중앙총부 대각전에서 거행하기도 하였다.[8]

숭산은 1950년 4월부터 1951년 4월까지 전란의 와중에서도 원불교 교단(교정원장)과 유일학림(학감) 두 기관의 실무를 총괄하였다. 특히 1951년 전반기는 유일학림이 원광초급대학 승격을 목표로 제반 준비와 행정절차를 이행하던 시기였다. 이 업무를 전담해야 하는 숭산으로서는 교단 사무까지 관장하기에는 무리가 있었다. 이에 그는 1951년 4월 교정원장을 사임하였다. 그는 교정원장을 마지막으로 원불교 교단의 행정, 사무와 관련된 직접적 업무는 맡지 않고, 이후 원불교학의 정립과 발전, 원불교 교화와 선양, 그리고 교단의 대내외 행사 등을 주관함으로써 교단을 지원하는 역할을 주로 수행하였다. 그 대신에 숭산은 오로지 대학 운영, 발전에만 전력을 기울였다.

사실 원불교 교단 살림의 최고 책임을 맡은 교정원장의 직책을 가졌던 숭산의 처지에서 볼 때, 6·25전쟁이 발발하면서 어느날 갑자기 중앙총부가 인민군 수중에 들어가 병참기지화하는 소용돌이 속에서 교단을 지켜내야 한다는 책무로 인한 심리적 압박감이 상당했을 것으로 짐작된다. 이러한 배경과 압박감이 학교와 교단의 기로에서 학교를 선택하게 한 요인의 하나로 작용했던 것 같다.

교정원장을 사임하던 그날, 곧 1951년 4월 26일자로 교정원장 명의의 성명서를 발표하였다. 매년 개최하던 중앙교의회(中央敎議會)를 대면으로 열 수 없는 상황에서 지면으로 대체하는 것이었다. 전란에 휩싸였던 당시의 긴박했던 상황과 숭산의 고충은 아래 성명서에도 생생하게 드러나 있다.

지상교의회(誌上敎議會)를 열면서 교의원 제동지에게

지난 (1950년) 4월 26일 제3회 중앙교의회를 마치고 교무행정의 계획적인 새 출발을 시도하다가 불의의 (6·25)사변 돌발로 인하여 모든 계획은 일시에 좌절되고 크나큰 시련 중에 그만 1년도를 흘려보내 버린 후 이제 제5회(제4회의 오류-필자주) 중앙교의회가 당두하니 실로 감개무량한 바 있습니다. 3월 20일자 공문에도 말씀드린 바와 같이 1년 동안 각처에서 기막히는 고난을 치른 여러 동지들과 교의회 때에나 일당(一堂)에 모여 서로 그 지낸 일을 이야기도 하며 앞날의 새 계획도 세워 볼까 하였더니 불행히도 현실은 그 기대에 전혀 어기게 되어 이처럼 지상회의(紙上會議)로 대회를 대신하지 아니할 수 없게 되니 실로 유감스럽기 한이 없으며 더욱 당무자(當務者)로서 답답한 정을 이루다 말할 수 없습니다. 현명하신 교의원(敎議員) 제동지는 이런 점을 미리 양해하고 계실 줄 믿고, 대회에 부의하여야 할 '35년도사업보고서', 동 '결산서', '36년도세입출예산안', '4월 25일 원의회에서 결정한 부의안' 등을 자(玆)에 합송(合送)하오니, 애교적(愛敎的)인 심경으로 양찰 비판하시와 조속히 가부의 회시(回示) 주시기 바라며 … 끝으로 제동지의 건투를 빌고 우선 이만하옵니다.[9]

위 통고문은 교정원장 시절에 숭산이 작성한 현전 유일 문건인 듯하다. 전란으로 인해 교단 업무가 거의 중단되어 있었기 때문이다. 숭산은 통고문 발송 당일 교정원장을 사임하였다. 그 이유를 당시 '일신상 형편'이라고 했지만,[10] 실상 유일학림을 대학으로 승격시키는 업무 등 교무(校務)에 전념하기 위해서였다. 숭산의 회고록 가운데 다음과 같이 언급한 대목에서도 정황을 충분히 감지할 수 있다.

시간이 흐르고 어느 정도 (교단이) 안정이 되어 갈 때 나는 교정원장직을 사임하고 교육의 일만을 맡기로 하였다. 백 가지의 이론보다 한 가지의 실천이 우리에게는 중요하므로 정식학교를 세워 인재들을 교육하며 진리생활을 권장할 것을 다짐하였다.[11]

여기서 숭산이 언급한 '정식학교'는 곧 유일학림에서 승격하게 되는 '원광대학'을 가리키는 것으로 보아도 무방하다. 대학 졸업 후 숭산은 원불교 교단을 이끄는 중요한 역할을 수행하는 한편, 그동안 유일학림 운영에도 전력을 쏟아왔다. 곧 1945년 해방 이후부터 1950년 6·25전쟁 발발 때까지 격변의 5년 동안, 원불교 교단과 유일학림 두 기관의 업무를 총괄하면서 과중한 업무에 시달리지 않을 수 없었다.

나는 원기 33년[12]부터 교정원장직을 겸임하고 있었다. 그래서 3일은 학교에, 3일은 총부에 근무하게 되므로 (유일학림) 2기생들이 "우리는 어떻게 하라는 것이냐"고 데모(?)를 일으켰다.[13]

이 회고가 당시 숭산이 얼마나 고단한 처지에 있었던가를 단적으로 알려주고 있다.

교정원장 퇴임은 숭산의 일생에서 외형상으로 볼 때 중요한 전환점이 되었다. 이후 숭산은 원불교 교단의 사무행정을 관장하는 직무는 더 이상 수행하지 않고 오로지 대학 경영에만 진력하였기 때문이다. 사무행정을 맡는 대신에 이후 그는 원불교 교학과 교화의 연구 및 체계화 등 학술분야 주제를 비롯하여 교단의 대내외 행사를 주관함으로써 원불교를 선양하고 교단의 위상을 제고하는 역할을 주로 수행하였다.

이와 같은 외형적 관점과 달리, 사실 숭산은 원불교 교단과 원광대 양자를 분리해서 인식하지 않고 상보적 관계에서 일체로 간주하였다. 1968년부터 숭산을 가까이서 보필한 후학 한길량(韓吉良, 1938~)은 숭산의 이러한 인식에 대해 다음과 같이 언급하였다.

숭산 종사님은 원광대학교의 총장이면서 교단의 스승이셨습니다. 수위단 중앙단원으로 교단의 중심에 계셨기 때문입니다. 근무는 대학에서 하셨지만 평생을 중앙총부에 기거하면서 총부를 떠나지 않으셨습니다. 그리고 오늘날 명문사학으로 발전할 수 있도록 오롯한 정성으로 헌신봉공하셨으며, 대학과 총부를 둘로 보지 않으셨습니다. 숭산님은 늘 대학 발전이 교단 발전이 된다 하셨고, 대학 발전을 통해 교단을 드러내는 데 최선을 다하셨습니다. 숭산님을 떠올릴 때마다 '우리의 근본은 교단임을 잊지 말라'고 하신 말씀이 생각나곤 합니다.[14]

이처럼 숭산은 대학의 근본이 '원불교'에 있다는 사실을 깊이 각인하고, 교단과 대학 양자를 '둘로 보지 않고' 일체화시켜 '대학 발전이 교단 발전'이라는 신념을 가졌던 것이다.

원불교 교단은 전란의 와중에 있던 1952년 제1대를 결산하는 기념비적인 해를 맞았다. 하지만 전시 시국사정으로 인하여 1년을 연기하여 1953년 4월에서야 '제1대 성업봉찬기념대회'를 비로소 개최할 수 있었다. 숭산은 개회식장에서 법어를 봉독하였다.[15]

이때 제2대를 시작하는 제1회 수위단(首位團) 총선거에서 39세의 나이로 원불교 교단 최상위의 의결권을 가진 수위단회의 수위단원으로 선출되었다. 처음에는 곤방단원(坤方團員)에 배정되었다가 1962년 중앙단원으로 다시 배정받았다. 송규가 작고하고 중앙단원이던 김대거(金大擧, 1914~1998)가 종법사가 되자 공석이 된 중앙단원 자리에 숭산이 배정되었던 것이다.[16] 이는 숭산이 그동안 교단에 기여한 공로로 주어진 것이라 할 수 있다.

숭산이 원불교 교단에서 이룩한 공적 가운데 특기할 한 가지가 이 무렵 교단에서 추진한 『원불교교전(圓佛敎敎典)』의 발간과 「원불교교헌(圓佛敎敎憲)」 개정에 참여한 일이다. 숭산은 이러한 작업에 참여함으로써 원불교 교리를 체계화하고 교단의 체제를 정비하는 데 기여할 수 있었다. 종법사 송규는 1961년 12월 병석에서 '특별유시(特別諭示)'를 내려 그동안 진척되지 않고 있던, 『정전』과 『대종경』을 묶은 『원불교교전』의 편수작업의 완결을 촉구하였다. 그리고 김대거·

원불교 반백주년 기념대회(1971. 10)와 홍보엽서

이공전·이완철·이운권·박장식과 함께 숭산을 정화사(正化社) 감수위원에 임명하여 교전을 감수하는 일을 맡겼다.[17] 이공전(李空田, 1927~2013)이 편수작업을 전담했던 『원불교교전』은 이러한 과정을 거친 뒤 이듬해 1962년 9월 마침내 간행될 수 있었다. 또 숭산은 1962년 2월 21일 열린 임시수위단회에서 중앙단원에 배정됨과 동시에 '교헌개정안기초위원회'가 조직될 때 박장식·이운권·정광훈·김윤중·이공전·오종태 등과 함께 그 기초위원에 선임되었다.[18] 송규 종법사 서거 후 제기된 여러 현안으로 인해 「원불교교헌」 개정의 필요성이 제기되어 그 개정작업에 착수했던 것으로 보인다. 1948년 원불교 교명 선포 때 제정된 「원불교교헌」은 1949년 1차 개정되었다가 1964년에 이르러 2차 개정되었던 것이다.

그 뒤 1966년에는 원불교 개교 50주년을 맞이하였다. 이를 기념하는 사업을 추진하기 위해 1964년 4월 '원불교개교반백년기념사업회'가 조직되었고 회장에 숭산이 선임되었다. 시일이 촉박했던 관계로 해당 연도인 1966년에 행사를 개최하지 못하고 5년을 연기한 끝에 1971년 10월 비로소 성대한 기념행사를 개최할 수 있었다.[19] 이처럼 1964년부터 1971년까지 무려 8년 동안 교단이 전력을 기울여 추진한 개교반백년기념사업은 소태산이 '우리 회상은 창립 사오십년대 안에 이 나라에서 분명한 결과를 보게 될 것'을 예언한 '사오십년 결실'에 그 근거를 두고 펼친 원불교 90년 역사상 가장 주목할 큰 사업이었다. 숭산을 회장으로 한 이 사업은 다음과 같은 표어를 내걸고 반백년 기념가를 널리 부르며 각 교당마다 사업회를 조직하여 성금을 모으고 적극 참여하였다.[20]

- 다가오는 반백주년 정성다해 꽃피우자
- 반백년 기념성업 뭉쳐서 한 맘으로
- 재가출가 합력하여 일원성업 이룩하자

개교 50주년 기념대회는 원불교 개교 이래 가장 규모가 큰 행사였다. 근 일주일 동안 진행된 대회기간에 반백년기념관 낙성식과 송규 종법사 성탑 제막, 기념문총 간행 등 다양한 행사, 사업이 진행되었다. 교단은 이 대회를 통해 원불교 자존과 위상을 높일 수 있었고, 교화사업의 진전에 큰 전기를 마련할 수 있었다.

숭산은 역사적인 반백년 기념대회의 회장으로서 무거운 책임감과 커다란 사명감을 갖고 있었다. 자신의 일생을 정리한 회고록에서 상당히 큰 비중을 두고 이 대목을 서술한 점에서도 그러한 분위기를 감지할 수 있다. 10월 7일 열린 개회식에서 숭산은 원불교의 종지와 대회의 취지에 대해 다음과 같이 언급하였다.

반 세기 전 한국의 남단, 전남 영광 일우(一隅)에서 자수자각(自修自覺)으로 불지(佛地)에 이르신 소태산 대종사께서 '물질이 개벽되니 정신을 개벽하자'는 기치를 높이 들고 종교로 하여금 인간생활에 도움이 되는 길을 개척하기 시작하셨습니다. 특히 종교가 현실생활과 떠나지 않도록 하기 위하여 '곳곳이 부처님이요, 일마다 불공(佛供)'이라는 너른 신앙 길과 '언제나 선(禪) 공부요, 어디나 선방'이라는 큰 수행 길을 열으셨고 '공부와 사업을 병행하고 영(靈)과 육(肉)을 쌍전하라'는 가르침으로써 정신과 육신, 과학과 도학을 아울러 온전케 하여 결함 없는 원만한 도를 이루도록 하시었으며 진리신앙과 사실수행에 의거하여 새 시대에 부응한 '인류를 위한 인류의 새 종교'를 지상에 세우셨습니다.

원불교는 개교 이래 전변 무상한 세계의 흐름 속에서 교화·교육·자선 등의 세 가지 사업으로 교단 본연의 사명을 다하여 이제 백만 신도를 내다보며 2백여 교당과 50여 기관과 해외 30여 국과의 포교 연락망 등을 통하여 인류의 지상목표인 하나의 세계 건설사업을 하나하나 착실히 진행하고 있습니다.

반세기의 연륜이 비록 짧으나 교단 창립의 숭고한 역사와 사회 개조의 뚜렷한 업적을 만세에 길이 빛날 표본으로 후대에 물려주고, 앞날의 비약을 기도하며 전 인류의 소원인 하나의 세계 낙원건설의 큰 뜻을 함께하고자 이 대회를 개최하게 되었습니다.[21]

마치 당시 대회의 개회식장 모습이 눈앞에 그려지듯 생생하게 전해지는 대목이다. 소태산의 개교 이래 가르침의 정수와 교세의 확장의 실상을 언급한 뒤, 원불교가 표방한 대의가 '전 인류의 소원인 하나의 세계 낙원건설'에 있다는 사실을 천명하였다.

양하운 대사모

숭산이 59세 때, 1973년 1월 7일(음 1972. 12. 3) 어머니 양하운(梁夏雲) 대사모가 83세로 서거하였다. 마침 돌아가신 날이 곧 생일이었다고 한다. 대사모는 그 전년 11월부터 두 달 가량 병고를 겪었다. 모친 발병 후 중국문화학원 초청으로 대만을 방문하던 동안에도 숭산이 전화로 안위를 확인해야 할 만큼 병세는 위중하였다.[22]

교조 소태산의 배위(配位)인 대사모의 타계는 원불교 교단 전체의 큰 슬픔이었다. 장례는 교정원장 이운권(李雲捲)을 장의위원장으로 하는 교회전체장으로 치렀다. 교단을 대표하여 황정신행은 발인식에서 그동안 대사모가 지켜온 교단의 자리와 서거의 애통을 다음과 같이 고하였다.

일찍이 저희들은 시국의 간난함과 초창의 어려움 속에서도 대종사님을 하늘처럼 믿고 살아오다가 하늘이 무너지듯 대종사님 열반을 당하여 목자 잃은 양이 되었습니다. 그 후 대사모님을 비롯한 모든 원로님들이 든든히 지켜주시는 그늘 아래 살아오는 동안 해가 거듭됨에 따라 또한 한분 한분 열반에 드시었습니다. 그러나 대사모님께서만은 그 장

제1부 숭산의 삶 203

대하신 모습과 인후하신 마음으로 교단을 지켜보시며 저희들의 든든한 의지가 되어 주시더니 이제 대사모님마저 영영 떠나시나이까. 대종사님께서 열반에 드신 지도 어언 삼십여 년, 말할 수 없는 허전함 속에서도 총부에는 대사모님이 계신다는 든든한 마음에서 살아왔습니다. 이제는 어느 곳에서 찾아뵈오리까. 새로 후진들이 들어오면 대종사님을 평생 친히 모신 대사모님이 계신다고 자랑하였습니다. 이제는 무어라 말하오리까.[23]

이처럼 대사모는 1943년 소태산 서거 이후 30년간 교단에서 절대적 위망을 가지고 중앙총부를 지켜온 상징적 인물이었다. 숭산은 이때 친상(親喪)의 애통 가운데서도 모친의 공덕을 다음과 같이 기렸다.

어머님께서는 저희들을 낳으사 자력없는 연약한 몸을 길러내실 때 온갖 수고를 잊으시고 모든 사랑을 이에 다하셨으며, 젊은 시절부터 아버님께서 가사를 불고하시고 구도정진하실 때에 온갖 고생을 참으시면서 아버님의 대각성도에 간고한 내조(內助)의 보필을 다하시었고 아버님께서 대각하신 후 교단 창립기에도 생활의 곤란과 경제의 궁핍 속에서 일신의 영욕을 다 잊으시고 교단의 어머니로서 한량없는 정성과 근검으로써 아버님 뒤를 받들어 공도사업 권장의 책임을 다하시었으며 아버님 열반하신 뒤에도 이 회상 거진출진(居塵出塵)의 사표로서 길을 닦고, 우리 회상의 바탕이 되셨으며 노래(老來)에는 원불교가 잘 되어가고 저희 자녀들이 잘 되는 것을 기뻐하시면서 이 회상 만난 기쁨으로 낙도(樂道)하셨사오니 어머님은 교단의 자모(慈母)요, 호법(護法)

의 원훈(元勳)이셨습니다. 그 지중하신 호법내조(護法內助)와 끼쳐주신 권장공덕은 교단의 빛이요, 생명이요, 밑거름으로서 교단 발전과 더불어 영원하실 것입니다.24

젊은 시절의 구타원 이공주
숭산의 배재고보 수학시절에는 후견인 역할을 하였고, 원불교 창립 제2대 및 소태산대종사탄생 100주년 성업봉찬회 때에도 숭산에 이어 사업을 주관하였다.

자녀 양육과 가사 전담을 비롯하여 소태산 대각(大覺)을 위한 내조에 간고한 세월을 보낸 모친 대사모를 '교단의 자모, 호법의 원훈'으로 그 공덕을 기렸다. 아들 숭산의 눈에 비친 어머니의 일생 삶의 궤적은 자녀와 가사, 그리고 소태산과 원불교 두 가지였음을 알 수 있다.

그 뒤 1983년, 반백년기념대회에 이어 숭산은 다시 한번 원불교 교단의 중대한 행사의 책임을 맡았다. 그해 2월 22일에 출범한 '원불교창립 제2대 및 소태산대종사탄생 100주년 성업봉찬회'의 회장을 맡은 것이다. 이 기구는 원불교 제2대(1952~1987)를 결산하는 사업과 교조 소태산 탄생 100주년(1991) 기념사업 등 교단의 두 가지 대사업을 추진하기 위한 것이었다. 원불교 교단은 한 대를 36년으로 정하고, 대의 주기를 1회 12년씩 3회로 구분하여 주기적인 연차계획으로 3회의 주기를 통하여 한 대의 목표와 과업을 점검 추진하고 마무리 짓게 되어 있었다. 이에 제1대(1916~1951)를 지나고 창립 제2대를 결산하는 '성업봉찬사업'을 준비하면서 그 3년 후에 도래하는 교조 소태산 탄생 100주년 기념사업까지 계기적으로 연결시켜 준비하는 모임을 만들었던 것이다.[25] 하지만 중도에 숭산이 1986년 작고하게 되자, 이공주와 박장식이 연이어 회장을 이어받아 사업을 순차적으로 마무리하였다.

　유고로 인해 비록 중도에 그치고 말았지만, 숭산이 성업봉찬사업 준비에 기울인 노력과 정성을 짐작케 하는 어록은 남아 있다. 1985년 제3회 위원총회에서 '교단이 우리에게 부과한 역사적 사명'이라고 전제한 그 '성업'에 전 교도가 적극 참여하기를 독려한 데 이어, 숭산이 작고하기 직전에 마지막으로 주재한 이듬해 그 봉찬회의 제4회 위원총회에서 "새 세상의 주세성자로 출현하시고 새 세상의 주세성자로 모시는 대종사님의 위업을 받들고, 기리고, 계승하며, 온 누리에 펼치기 위해서는 우리의 노력과 정성은 몇 십, 몇 백 배 더 커져야 할 줄 믿습니다."라고 절절히 당부한 대목 등이 그것이다.[26]

　이상에서 보았듯이 숭산이 원불교 교단에서 가졌던 위상과 역할은 뚜렷이 드러난다. 교조 소태산의 장남으로 어려서 외지로 유학을 떠나 근대학문을 수학하고 익산으로 돌아온 그는 일찍부터 원불교 교단의 정책과 사업을 결정하고 집행하는 데 중요한 역할을 하였다. 교단의 요직이라 할 교무부장과 교정원장을 지내고 교단 최고의 의결기구인 수위단의 단원이 된 것 등이 교단 내 그의 역할과 비중을 상징적으로 보여준다. 또 숭산은 당대 원불교 교단의 최고 지성이었다. 종교철학자로서 숭산은 원불교의 핵심 개념인 일원상의 진리 탐구에 천착하여 그것이 우주의 근원이며 모든 철학의 바탕이라는 사실을 구명함으로써 원불교학 연구의 중요한 발원이 되었다. 최고 지성의 경지에 이르렀던 그의 학문은 동양의 불교·유교·도교는 물론 서양철학·인도철학까지 통달하였다. 이처럼 그는 원불교학 연구의 태두였을 뿐만 아니라, 원불교 교리에 대한 해석에서도 탁월한 식견으로 독보적인 위치를 차지하였다. 『대종경』을 주석한 저서 『대종경강의』의 저술을 통하여 철학적 해석뿐만 아니라 종교적 실천의 면까지 아울러 제시함으로써 원불교 해석학의 새로운 지평을 열었다.[27] 숭산은 이처럼 원불교의 교단 발전, 교학 연구, 교화의 실천 등 다방면에서 두루 큰 역할과 기여를 하였다.

세계일주 교화여행

시대적 배경과 여행 목적

숭산은 1956년에 44일 동안 12개 나라를 순방하는 세계일주를 하였다. 그해 1월 12일 출국하여 2월 25일 귀국할 때까지 일본·미국(하와이 포함)·영국·노르웨이·스웨덴·덴마크·독일·스위스·이집트·인도·태국·홍콩을 차례로 들렀다. 아무도 주목하지 않았지만, 숭산의 1956년 해외교화 여정은 해방 후 한국인 최초의 세계일주였다. 이런 점에서 한국현대사에서 연대기적 의의를 가지기도 한다. 또, 숭산의 일주는 해방 후 새롭게 맞이한 새 시대 원불교 교단의 '해외교화'라는 방향성과 밀접하게 연관되어 있었다. 세계일주 여정의 속성이 교화에 있었다는 점에서 원불교 해외교화사업의 기점이기도 하다.

한민족은 1945년 일제의 단말마적 탄압에서 해방되었다. 1953년 정전(停戰)으로 한반도를 휩쓴 3년 전란의 소용돌이에서도 벗어났다.

이제 완전히 새 세상을 맞이한 원불교 교단도 새로운 도약을 꿈꾸게 되었다. 이 시기 교단의 새 꿈 가운데 하나가 해외교화였다. 한반도와 극동을 벗어나 온 누리의 인류를 대상으로 '일원(一圓)의 법종자(法種子)'를 심고자 한 것이었다. 숭산의 해외순방에 즈음하여 1960년 전후에 나온 교단 기관지 『원광』의 지면에 해외교화와 관련되어 넘쳐나는 글제들이 그러한 경향성을 단적으로 보여준다.

세계일주가 원불교 범교단 차원에서 이루어진 교화사업의 일환이었음은 교단의 아래 자료에도 잘 드러나 있다.

> (1956년) 1월 6일에는 금반 본교의 중차대한 의의와 사명을 지니고 수륙 수만 리의 장도에 오르는 박광전 선생의 구미시찰 여행 환송회를 각 기관대표 및 교무를 비롯한 일반교도 남녀 선객(禪客) 다수 참석한 가운데 성대히 거행되었던 바 종법사님 환송사를 비롯한 총부·중학·교무·남녀학생·원광사 등 각 대표의 환송사와 꽃다발, 기념품 증정이 있은 후 박학장의 감개어린 답사와 힘찬 만세삼창으로 폐회하였는데, 이 장행(壯行)에서 세계 각 민족의 종교·문화·교육의 제분야를 시찰할 것이며 아울러 우리의 정법종자(正法種子)가 만방에 뿌리어질 것으로 이는 진정 일원대도의 세계적인 거보이며 새로운 사조와 역사의 도화선이 될 것이다.[28]

위 인용문은 출발 전야에 열린 환송행사가 원불교의 범교단 차원에서 이루어진 사실을 알려줄 뿐만 아니라, "우리의 정법종자(正法種子)가 만방에 뿌리어질 것으로 이는 진정 일원대도의 세계적인 거보이며 새로운 사조와 역사의 도화선"이라고 그 의미를 드러낸 대목을

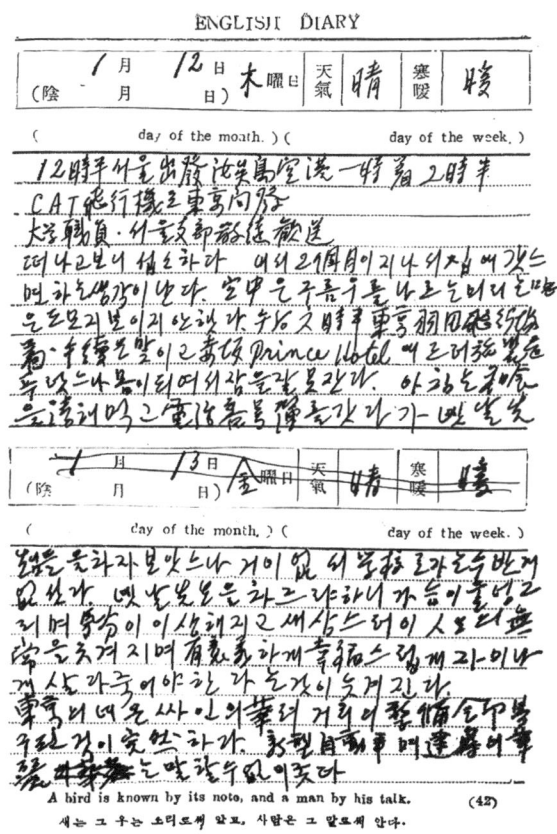

세계일주 교화여정을 기록한 숭산의 일기(위)와 사진첩 설명문(아래)

통해서도 숭산의 세계일주가 원불교의 해외교화를 목적으로 했다는 사실을 선명하게 보여준다. 또 비서 이공전이 대독한 종법사 송규의 환송 시구에서도 그러한 분위기를 충분히 감지할 수 있다.[29]

먼 나라 수만 리 길	水陸空數萬里
무사히 다녀오게	去平安來平安
인연 깊은 터전 찾아 임의 법을 씨 뿌리고	應機緣傳法光
뚜렷이 지닌 빛을 펴주고 오소서	初如意後如意

숭산 또한 자신의 해외순방이 세계만방을 대상으로 한 원불교 교화에 있었다는 사실을 확실하게 자각하고, 그러한 과업에 대해 일종의 무거운 소명의식을 가지고 있었다. 출발 전야에 열린 환송식에서 장도에 오르는 소감을 다음과 같이 밝혔다.

종교란 중생을 구제한다는 데에 그 참다운 이념이 설 수 있는 것으로서, 우리 원불교의 사명이 또한 제생의세인 만치 우리의 교화 판도야말로 좀 더 세계적인 광범위한 위치를 확보하여야만 되겠다는 의욕이 진즉부터 없지 않았으나 그간 국내외의 긴박된 제사정으로 말미암아 뜻을 이루지 못하고 이제사 요로 당국의 주선으로 미 국무성 초청을 받아 소기한 바의 목적을 이뤄볼 기회를 얻게 된 것입니다.[30]

인용문의 맥락으로 보아 숭산은 제생의세(濟生醫世)라는 원불교 사명에 비추어 전 인류를 대상으로 삼는 해외교화의 포부를 일찍부터 가졌음을 짐작할 수 있다. 곧 해외교화사업은 숭산 개인 차원의 이상과 포부로 추진한 것이 아니라, 원불교가 지닌 태생적 속성에 기인하는 필연적 방향 설정의 결과라는 점을 알려준다. 원불교 교단의 이러한 과제를 숭산이 이른 시기에 선도한 것이다.

원불교 교화사업이라는 본의(本義)와 더불어 숭산의 세계일주가 가지는 또 한 가지 간과할 수 없는 부차적 목적이 신생 원광대학의 발전 도모에 있었다. 곧 미국의 여러 재단을 통해 원조금을 조달하고, 또 외국의 여러 대학과 기관, 단체로부터 도서를 수증하여 빈약한 장서를 확충하고자 했던 것이다. 특히 미국을 방문하는 동안 유수의 여러 대학과 국가기관, 각종 재단을 빈번하게 출입한 것은 모두 원광대학의 발전을 도모하기 위한 행보였다고 보아도 무방하다. 결과적으로 여러 자선, 원조 재단을 통한 자금 확보는 즉시 결실을 보지 못했지만, 기증도서 확보는 기대 이상의 성과를 거두었던 것으로 생각된다.

지금과 달리, 당시 해외여행은 상상 이상으로 어려웠다. 미국 비자와 방문에는 초대 공보처장을 지낸 천리구(千里駒) 김동성(金東成, 1890~1969) 합동통신사 사장의 주선을 비롯하여 주미대사 양유찬(梁裕燦, 1897~1975), 유엔주재대사 임병직(林炳稷, 1893~1976) 등 이승만 정권 최고 실세들의 도움이 있었다.[31] 후술하겠지만, 워싱턴 방문 때 숭산은 양유찬 대사 집무실도 찾았고, 뉴욕 엠파이어스테이트 빌딩 78층 유엔주재 한국대표부를 찾아가 임병직 대사를 만났던 것도 이와 맥락을 같이 한다.

숭산의 해외교화 여행을 주선한 주역인 김동성은 원불교 서울교당 의타원 성의철 정사의 부군이었다. 정부수립 후 초대 공보처장을 지내고 합동통신을 설립하였으며 제2대 국회의원에 당선되어 1952년 국회부의장을 지낸 명사였다. 박정희 정권 시절 유신정우회(유정회) 국회의원을 지내고 숙명여대 총장이 된 김옥렬(金玉烈, 1930-2021)의 부친이기도 하다. 숭산의 회고에 의하면 김동성이 '미 대사관을 통해 초청장을 발부받을 수 있도록 주선'해 준 결과 성사될 수 있었다고 한다.[32]

세계일주 여정

해방 후 한국 최초의 세계일주가 1956년 숭산의 세계교화 여정(旅程)이다. 1960~1970년대에 널리 회자되던 세계여행가 김찬삼(金燦三, 1926~2003)이 처음 여행에 나선 것이 1958년이었으니, 숭산은 그보다 2년이나 앞서 세계를 일주했던 것이다.

숭산은 1956년 1월 12일 출국하여 2월 25일 귀국할 때까지 44일 동안 동서양 12개국을 순방하였다. 일본·미국(하와이 포함)·영국·노르웨이·스웨덴·덴마크·독일·스위스·이집트·인도·태국·홍콩 등 12개국(경유국인 그리스·대만은 제외함)을 차례로 들렀던 것이다. 현전하는 『숭산 세계일주 일기』[33]에 의하면, 방문 예정이던 프랑스·네덜란드·이탈리아·필리핀·대만 5개국은 비자문제로 끝내 방문하지 못하였다. 또 「숭산선생 환송의 밤」에서 숭산이 "이번 여행 코스를 대강 소개하자면 미국에서 월여를 지내고 영국·스웨덴·노르웨이·스위스·불란서·독일·유고·덴마크·인도·버마·태국·일본 등 제국을 순방할 예정이며, 특히 시간이 허용되는 한 금년 5월에 '세이론'(실론-필자주)에서 개최되는 불타 입적 2천 5백 주년 기념행사에도 참례할 예정"이라고 밝힌 대목을 통해서도 처음 계획했던 세계일주의 커다란 윤곽을 짐작할 수 있다.[34] 결과적으로 여기서 언급된 프

숭산의 출국 장면
위에서부터 이리역 환송인파, 이륙하는 비행기, 서울 여의도공항 환송객

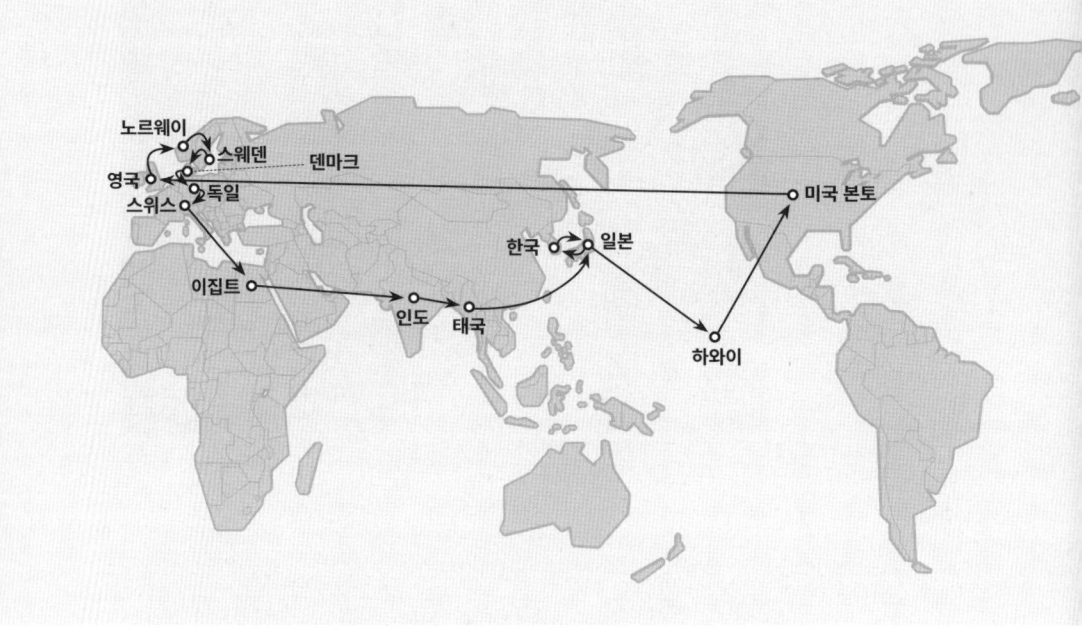

숭산의 세계일주 여정
한국, 일본, 하와이, 미국 본토, 영국, 노르웨이, 스웨덴, 덴마크, 독일, 스위스, 이집트, 인도, 태국, 일본, 한국의 순으로 여행하였다.

랑스·유고슬라비아·버마(현 미얀마)·실론(현 스리랑카) 4개국은 예정에는 있었지만 실제 방문하지는 못한 나라로 생각된다.

숭산이 미국 방문을 위해 1955년 8월 무렵 신청한 여권이 12월 2일 발급되었다.[35] 이에 1956년 1월 6일 중앙총부 내 중앙선원(中央禪院)에서 교단 차원의 환송회가 열렸고, 숭산이 서울로 향하던 1월 8일에는 눈발이 날리는 가운데 이리역에는 원광고 브라스밴드의 연주 속에 유지인사 6백여 명이 모여 성대한 환송을 하였다. 세계일주 여정을 순방 국가별로 소개하면 다음과 같다.

일본

원광대학 교직원과 원불교 서울지부 교도들의 환송을 받으며 1월 12일 오후 2시 반 중국 민항공운공사(CAT, Civil Air Transport) 항공편으로 여의도공항을 이륙하였다. 일본 하네다(羽田)공항에 도착한 숭산은 도쿄 시내 아카사카(赤坂) 프린스(Prince) 호텔[36]에 투숙하였다. 1941년 대학 졸업 이래 15년 만에 일본을 다시 찾은 것이다. 이튿날 모교인 도요대학에 들러 철학 강의를 참관하기도 하고, 또 숭산에게 영국철학을 가르쳤던 히로이케 토시사부로(廣池利三郎)를 비롯하여 바바(馬場) 등 은사들과도 반갑게 재회하였다.

미국

숭산은 1월 13일 팬암(Pan Am) 항공편으로 하와이 호놀룰루로 향하였다. 하와이에서 숭산을 처음 맞이한 사람은 문월라(文月羅, 미국명 Mirs Whalla Chung)였다. 국민회 하와이지방총회장을 지낸 저명한 독립운동가 정원명(鄭元明, 1881~1942)의 부인이었던 그녀는 당시 60세 노인이었는데[37] 하와이 도착 첫 날 숭산에게 숙소와 식당을 주선해 주었다.

하와이에 머무는 동안 숭산은 일본계 조동종 사원을 찾았고, 또 '국제불교연구회'라는 단체를 운영하던 미국인 승려 훈트(E. K. Hunt)를 방문하였다.[38] 1930년 7월에 열린 범태평양불교청년대회에 인도 대표로 참석하였다가 그대로 하와이에 정착한 훈트는 "하루 일하지 않으면 하루 먹지 않으리라"는 표어를 신조로 삼았을 정도로 실업(實業)과 실천을 중시한 인물이었다. 후술하겠지만, 얼마 뒤 훈트는 원광대학에 개인적으로 신간도서 100여 권을 기증하고 숭산과 서

하와이에서 만난 인도계 미국인 승려 훈트

신을 왕래하며 두터운 교분을 쌓게 된다.

숭산이 하와이에서 만났던 인사 가운데 특히 주목되는 인물이 도진호(都鎭鎬, 1889~1986?)이다. 훈트처럼 그도 1930년 하와이 범태평양불교청년대회에 참가했던 인물로,[39] 한때 호놀룰루에 고려선사(高麗禪寺)를 창건하고 포교활동을 벌였던 승려였다.[40] 매우 우호적이던 그는 숭산에게 하와이 불교계의 현황도 들려주었고, 향후 원불교 교화문제에 대해서도 논의하였다.

1월 16일, 숭산은 다음 여행지 로스앤젤레스에 도착하였다. 한인이 가장 많이 거주하는 로스앤젤레스에서는 엠버시호텔(Emberssy Hotel)[41]에 투숙하였다. 그리고 즉시 다음과 같은 서신을 고국으로 보내 그 간의 소식을 간단히 전하였다.

12일에 떠나 12일 밤에 동경에서 자고 13일 하와이로 떠나서 역시 13일 하와이에 안착했습니다. 하와이에는 14일이 되는데, 하루가 감(減)해져서 역시 13일이 되는 것입니다. 영사가 늦게 나와서 나는 그대로 한국인 호텔에 들어가서 자고 다음 날은 류(柳)씨(미상-필자주)라는 분의 환대를 받고 그날 밤 도진호(都鎭鎬) 씨에게 연락했더니 즉시 와서 자기 집으로 가자고 해서 그 집에 가서 한국 밥과 김치를 먹으니 배가 불렀습니다. 하루 구경을 잘하고 밤 7시 반에 로스앤젤레스로 왔더니 영사가 나와서 안내해서 엠버시호텔에 들게 되었는데, 이 호텔은 9층 건물로 하루 3불 짜리에 들었으나 깨끗한 곳입니다. 이제 몇 사람을 연락하고 기다리고 있습니다. … 미국인은 생활상으로 보아서 불교 포교에 맞지 않겠습니다. 전부 호화스럽고 관능적이고 쾌락적인데 불교와는 맞지 않습니다. 잘 연구해야 할 것입니다. 그곳 일이 아득합니다. 잘들 살기 바라며 나는 밥을 먹어야 배가 부른데 분량이 적으니 자양(滋養)은 있을지언정 배가 부르지 않아서 걱정입니다. 차차 괜찮아지겠지요. 도선생님에게 너무나 환대를 받았습니다. 그러면 나중에 또 소식 전하기로 하고 이만 줄입니다. 1. 16일에 박길진[42]

하와이에서 도진호의 환대에 특히 감사를 표했고, 역사와 문화, 풍습이 다른 미주지역을 대상으로 원불교를 포교하는 일이 현실적으로 예상보다 더 어려울 것 같다는 현지 실정을 전한 것이다. 덧붙여 식성이 다른 양식단으로 인해 겪는 소박한 고초를 실감나게 토로하고 있는 점도 눈에 띈다.

숭산은 로스앤젤레스에서 미주 한인사회의 실업가 피터현(Peter Smart Hyun, 한국명 현승렴, 1902~1971)과 만났다. 1910년 미국으로 건너간 그는 현지 한인들을 상대로 간장·된장·고추장·국수·콩나물 등 식품을 생산 판매하는 동양식품회사(Jan. U. Wine)를 세워 한인사회에서 상당한 재력가로 알려졌던 인물이다.⁴³ 피터현은 후술하겠지만, 로스앤젤레스시립대학으로부터 1만여 권의 도서를 기증받아 운송료를 자부담하여 원광대학으로 우송한 주역으로, 익산을 두 차례 방문했을 만큼 숭산과 인연이 깊었던 인물이다.⁴⁴

숭산은 언어와 풍토가 낯선 구주여행의 안내자로 피터현의 아들을 데리고 갔다.⁴⁵ 그런데 여정 내내 미국에서 태어나 성장한 피터현의 아들과 문화와 관습의 차이, 특히 여비 지출 문제로 충돌이 생겨 적잖은 정신적 고통을 겪었다. 여정 안내를 맡았던 까닭에 피터현 아들의 여비도 숭산이 부담하는 조건이었기 때문이다.

로스앤젤레스에는 인도, 미국인 승려가 각각 불교 연구와 현지 포교를 하고 있었다. 또 일본계 조동종 사원에도 1백여 명의 신도가 출입하는 중이었다. 숭산은 이곳을 차례로 방문하고 상호 교신을 이어가기로 하였다. 또 피터현의 안내로 남가주대학(USC)과 로스앤젤레스시립대학(LACC, Los Angeles City College) 두 대학을 방문하고 도서 기증을 요청하여 관계자로부터 승낙을 얻었다.

숭산이 로스앤젤레스에 체류하는 동안 특기할 점은 이승만 계열의 인물들과 함께 활동했다는 사실이다. 숭산의 해외순방이 이승만 정권 실세들의 도움으로 성사될 수 있었던 점을 상기해 보면 이러한 활동은 쉽게 수긍이 간다. 그중에서도 특히 하와이 한인사회의 이승만 후원단체인 동지회(同志會) 계열의 이범녕(李範寧, 1892~1982)과 밀착되어 있었다. LA 천문대를 함께 구경했을 뿐만 아니라 만찬에도 같이 참석하였다. 1913년 도미한 이범녕은 이승만을 철저히 추종했

숭산이 로스앤젤레스에서 보낸 소식(「미국단신 제1신」, 논문집 『원대학보』 창간호, 171쪽)

로스앤젤레스에서 피터현(오른쪽)의 식료품회사를 방문한 숭산던 인물이다. 1943년 동지회 기관지『북미시보(北美時報)』의 주필을 지냈고, 1954년 봄에는 이승만 대통령의 반공특사로 최덕신(崔德新)과 함께 동남아를 순방하기도 했다. 로스앤젤레스에 머무는 동안 숭산은 이승만 정부의 여당지인『평화신문』홍찬(洪燦) 사장 등과 함께 동지회에서 주최한 만찬에 참석하기도 하였다.

로스앤젤레스에 이어 숭산은 서울을 떠난 지 11일이 지난 1월 23일 샌프란시스코를 방문하였다. 그곳에서는 일본인 승려 토바세 도시미치(鳥羽瀨 俊道)[46]가 운영하던 사원을 찾았다. 신도는 대부분 일본인이었지만, 40명 가량의 미국인도 있었다고 한다. 그 가운데 조세핀 브리트(Josephine M. Britt)라는 여성이 있었는데, 숭산은 그녀가 운영하는 종교 학교를 방문하기도 하였다.

샌프란시스코에 머무는 동안 숭산은 또 캘리포니아대학교 버클리(U. C. Berkeley)를 방문해 도서관장으로부터 도서기증 승낙을 받았다. 이때 그는 엄청난 캠퍼스 규모와 시설을 보고 놀라움을 금치 못하였다.

숭산은 1월 25일 샌프란시스코를 떠나 시카고를 거쳐 26일 수도 워싱턴 D.C.에 도착하였다. 먼저 한국대사관에 들러 양유찬 대사를 만나 유럽 여러 나라의 비자발급 문제 등을 협의한 뒤, 양 대사의 소개를 받아 국무성에 들러 유관 인사들에게 인사하였다. 워싱턴에서는 스미스소니언재단(Smithsonian Institution)과 의회도서관을 차례로 방문하여 도서 기증을 요청하였고, 메릴랜드대와 워싱턴대, 컬럼비아대를 순방하였으며, 백악관, 워싱턴기념탑 등의 명소도 둘러보았다.

워싱턴에 이어 1월 28일 뉴욕을 방문하였다. 시내 라담(Latham)

피터현(가운데)과 함께 양유찬 주미대사(오른쪽) 예방

호텔[47]에 숙소를 정한 숭산은 카네기재단에 들러 원광대학 원조금 지원을 요청하였다. 그러나 실망스럽게도 한국의 대학은 재단의 규정 범위를 벗어나기 때문에 지원대상이 아니라는 대답만 들었다.

숭산에게 카네기재단을 소개해 준 인물은 유엔주재 임병직(林炳稷, 1893~1976) 대사였다. 충남 부여 출신의 임병직은 이승만의 비서 겸 충실한 조력자였다. 이승만 정권 하에서 외무부장관을 지낸 뒤 6·25전란 와중인 1951년 유엔주재 초대 대사에 임명되어 1960년까지 재임하였다. 숭산의 세계일주를 여러 경로로 도와주었을 것으로 짐작된다. 숭산은 뉴욕의 엠파이어스테이트 빌딩 78층에 입주해 있던 유엔주재 한국대표부[48]를 직접 방문하였다.

숭산은 뉴욕에 머무는 동안 카네기재단 외에도 아시아재단(Asia Foundation), 한미재단(American-Korean Foundation), 포드재단

뉴욕 불교사원의 현재 모습

(The Ford Foundation) 등 여러 후원재단을 두루 방문하고 원광대학에 대한 원조를 다방면으로 요청하였다. 하지만 당초 기대했던 이들 재단으로부터의 지원은 성사되지 못했던 것으로 보인다. 그밖에 컬럼비아대에 들러 도서관장에게 도서 기증을 당부하였다.

숭산은 또 일본인 승려 호젠 세키가 세운 뉴욕불교사원(The New York Buddhist Church)을 방문하여 법당을 비롯하여 기숙사, 강의실 등을 살펴보았다.[49] 이 사원의 프로그램을 주관하던 인물은 컬럼비아대학 객원교수로 있던 저명한 불교학자 스즈키 다이세츠(鈴木大拙, 1870~1966)였다. 숭산은 그의 집을 찾아가 원불교의 장래 해외교화 사업을 상의하고 협조를 구하였다.

숭산이 만났던 스즈키는 당대 일본 최고의 불교학자로 평가되는 인물이다. 특히 그는 서양에 선(禪)을 전파하는 데 크게 공헌하였다. 일본 가나자와(金澤) 출신의 불교학자 스즈키는 산스크리트어, 중국어, 일본어로 된 불교 자료를 연구하는 한편, 영어 외에 독일어, 프랑스어를 능통하게 구사하였고, 서양사상에 대해서도 식견이 탁월하였다. 도쿄전문학교를 거쳐 제국대학에서 공부한 뒤, 1897년 미국에 건너가 동양의 불교를 서구에 널리 알렸다. 특히 1949년 중국의 석학 호적(胡適)과 선의 역사를 중심에 두고 벌인 선학 연구방법 논쟁은 커다란 학문적 반향을 불러일으켰다.[50] 1952년부터 1957년까지 컬럼비아대학 객원교수로 재임하였는데, 이때 숭산이 그를 방문했던 것이다.

스즈키 교수는 영국, 독일 등지의 불교 단체와 인물들에게 숭산의 방문을 예고하고 편의를 도모해주도록 주선하였을 만큼 호의적이었다. 숭산도 귀국 후『불교정전』,『원불교요람』을 비롯하여『한글금강경』등을 뉴욕 불교학원에 우송하였다.[51] 또 1963년 일본을 방문했을 때에도 93세의 스즈키와 반갑게 재회하였고, 스즈키는 자신의 저작 전질을 비롯해 상당수의 도서를 원광대학에 기증하는 선의를 보였다.[52] 현재 일본 이시카와현(石川縣) 가나자와시(金澤市)에는 그를 기리는 스즈키 다이세츠 기념관(鈴木大拙館, D.T.Suzuki Museum)이 건립되어 있다.

영국

숭산은 2월 4일 영국 런던에 도착한 뒤, 불교협회(The Buddhist Society)[53]를 방문하였다. 이 단체는 영국을 대표하는 불교 모임으로 다양한 불교서적을 간행하는 한편, 세계 각국의 유관기관과도 긴밀하게 교류하고 있었다. 숭산이 영국 불교협회를 방문한 대목을 일기에서 인용하면 다음과 같다.

(2월 6일) 오후에는 The Buddhist Society의 Humphrey(Humphreys의 오기-필자주)를 찾아갔더니 그 사람은 12인으로 조직된 회의 회장이며 법률가이고 연구가이지 승려는 아니다. 그런데 목요일날 저녁이면 나오며 전무(專務) 보는 여인 둘이 있었다. 대단히 반가워하며 여러 가지 이야기를 했다. 원불교는 황온순씨에게 듣고 정자선(丁慈善)이라는 사람이 편지를 한다고 했다. 원불교요람을 주고 내가 왔다 갔다는 것과 원불교에 대해서 소개를 하라고 했더니 그리하겠다고 대답했다. 각국 불교회의 주소를 가지고 있는데 한국은 하나도 없었다. 이제 앞으로 서로 연락하기로 했다.[54]

영국 불교협회에서는 숭산의 방문에 앞서 황온순(黃溫順, 1903~2004)과 정자선(丁慈善, 1922~1974) 등 원불교 교단 인물들과 교류하면서 숭산의 방문 사실을 사전에 통보받았고 원불교에 대해서도 알았다는 것이다. 여기에 언급된 정자선은 해방 후 동국대 불교학과와 영문학과에서 공부한 원불교 교단의 재원이었다.[55] 1956년 당시 전북 장수교당의 교무로 재임 중이었고, 그뒤 1973년에는 시카고 교당의 순교감에 부임하여 미주지역 교화사업에 헌신했던 인물이다. 숭산은 런던 불교협회에서 그동안 구축해온 세계 각국의 불교 기관, 단체에 관한 정보와 연락망을 제공받고 귀국 후 이들 기관, 단체와 적극적으로 교류함으로써 원불교 교단이 세계적인 네트워크를 구축하는 데 기여할 수 있었다.

당시 영국 불교협회장은 왕실변호사(QC, Queen's Council)로 명성이 높았던 크리스마스 험프리(Christmas. Humphreys, 1901~1983)라는 법조인이었다. 그런데 그는 법조인 못지않게 불교에 대한 믿음

숭산 방문 당시 런던의 불교협회

런던의 불교협회 현재 모습

과 이해가 깊었던 저명한 불교학자로 명성이 높았던 인물이다. 일찍이 1924년 서구사회에 큰 영향을 미치게 되는 불교협회를 설립하였고, 『영국의 불교발전(The Development of Buddhism in England)』(1937) 등 여러 서적을 저술하여 불교를 널리 전파하는 데 공헌하였다. 특히 스즈키 교수와는 상호 이해와 정리(情理)가 깊어 1966년 스즈키가 서거(7. 12)했다는 소식을 듣고는 즉시 그를 기리는 추모사(7.13)를 쓰기도 했다.[56] 런던의 세인트 존스 우드(St John's Wood)에 있는 그의 고택은 현재 불교사원으로 꾸며져 있다.[57]

불교협회 외에 숭산이 런던에서 들린 곳은 케임브리지대학을 비롯하여 버킹엄궁·대영박물관·국회의사당·웨스트민스트사원 등이다.

북유럽(노르웨이·스웨덴·덴마크)

숭산이 유럽에서 두 번째로 방문한 나라는 노르웨이였다. 2월 7일 저녁 수도 오슬로 시내의 아스토리아 호텔(Hotel Astoria)에 숙소를 정하였다. 이튿날, 그곳에는 한국 교포가 없었기 때문에 과거 한국을 방문한 인연이 있던 '모리네이(Moriney) 목사'[58]의 안내를 받아 오슬로 시내를 둘러보았다. 오슬로대학과 왕궁을 비롯하여 나신상으로 이름난 비겔란 조각공원(Vigeland Sculpture Park), 노르웨이를 대표하는 홀멘콜렌(Holmenkollen) 스키장을 차례로 찾았다.

세계일주 여정에서 숭산은 특히 구미지역의 외설적 표현 문화와 환경을 대하고 도덕적, 윤리적 관점에서 매우 큰 충격을 받았다. 하와이 도착 때부터 구미 여정이 이어지는 동안, 당시 한국의 보편적 정서, 문화와는 너무나도 다른 서구의 외설적 전시물 등을 목도하고 강한 비판의식을 잠재한 가운데 여러 형태로 이를 성토하는 기록을 남겼다. 서양인이 본능에 가까운 원색적 쾌락주의를 지향하게 된 원인에 대해서는 "고기를 많이 먹으니까 사람이 크고 피부가 건강하고 성욕이 강해서 쾌락주의에 떨어진다."[59]고 하여 육식에 기인하는 것으로 분석하기도 하였다.

숭산이 받은 외설문화 충격은 노르웨이 오슬로시청 앞 나체 조각상과 실내 벽화(유화), 그리고 비겔란 조각공원에 즐비한 나체상, 코펜하겐대학 정문의 나체 조각상 등을 보고 남긴 소감, 비평에 잘 나타나 있다.

노르웨이 오슬로의 비겔란 조각공원 나체 조각상
숭산이 직접 촬영한 것이다

> 개인주의이기 때문에 그때그때 좋으면 향락하고 돌아보지도 않고 잊어버리며 자기 마음 나는대로 한다고 한다. 뒤에 책임도 없고 사랑하는 사람이 아니면 다시 쳐다보지도 않는다고 한다. 성도덕은 말할 수 없는 타락이다. 쾌락만을 취하는 동물과 똑같은 행동이다. 자연이라고 하지마는 다니면서는 의복을 입고 다니니 일부러 그리고 조각해서 내걸 필요는 없지 않은가?[60]

인용문의 전반적 분위기를 보면, 숭산은 나체 그림과 조각상 등 외설적 전시물에 대해 분노에 가까운 극한 혐오감을 가졌음을 알 수 있다. 시청과 조각공원에 전시된 작품의 외설적 내용을 사실적으로 언급한 뒤, 이러한 작품의 행위 발현이 이성적 인간으로서 갖추어야 할 도덕, 윤리적 규범성을 벗어난 것으로 규정함으로써 이를 '동물과 똑같은 행동'이라고 경멸한 것이다. 이러한 가운데 숭산이 오슬로에서 마음에 흡족했던 한 가지가 있다. 팁(tip)을 주지 않아도 된다는 사실이었다.

> 하나 좋은 것은 팁을 안 주는 나라다. 함부래('일절'의 의미인 듯-필자주) 비행기에서 내리면 팁은 안 주어도 괜찮다는 말을 한다. 자동차 문만 열어주어도 돈을 주는 미국과 영국에 비하면 참으로 기분이 좋다.[61]

역설적으로 숭산은 여정 내내 서비스로 지불해야 하는 '팁' 때문에 몹시 괴로웠음을 알 수 있다. 정당한 노력의 대가가 아니어서 부당하다고 간주한 팁 제도가 없어서 '참 기분이 좋다'고 표현한 것이다.

숭산이 세계일주를 했던 1956년 당시 한국은 1인당 국민소득이 66달러에 불과한 그야말로 극빈국이었다. 참으로 고단하던 시절, 원불교 교단도 결코 예외일 수 없었다. 실제로 여비에 한 푼이라도 보태기 위해 금반지까지 지니고 갔던 숭산이었다. 호텔 수돗물 한 방울조차 아꼈던, "너무 아끼는 바람에 속상하는 일이 많다."고 뇌까리던 숭산이기에 "보이(에게)도, 자기 밥 팔기 위해서 밥그릇 나르는 여인에(게)나, 운전수에게나" 각자 "자기들 할 일을 하는데" 달라고 하는 팁이 얼마나 야속했을지 공감되고도 남는다.[62] 그러므로 정당한 노동의 댓가로 인정되지 않는 팁을 '강탈' 당할 때마다 불만과 고통이 뒤섞여 감정이 고조되었던 것이다.

오슬로에서 하루를 머문 숭산은 2월 8일 스웨덴의 스톡홀름으로 갔다. 그곳에도 교포가 없었기 때문에 과거 한국을 방문했다고 하는 오크(Oke)라는 현지인의 안내를 받았다. 스웨덴 교육성에 들러 학교와 교육제도에 대한 정보를 얻고 시내 도서관을 방문하여 도서 기증을 협의하였다. 스웨덴 스톡홀름에서도 하루를 머물렀다.

숭산은 스칸디나비아항공(SAS) 편으로 2월 9일 덴마크 코펜하겐에 도착하였다. 이곳에서는 한국 여성과 결혼한 덴마크인 의사의 안내로 코펜하겐대학을 비롯하여 국회의사당·박물관·왕궁 등을 둘러보았다. 숭산이 덴마크에서 특별히 관심을 가졌던 분야는 세계적인 명성을 가진 농업이었다. 그 가운데서도 농민학교의 교육 내용과 제도에 대해 특별한 관심을 보였다.

독일

덴마크 코펜하겐을 떠난 숭산은 독일 함부르크에 도착하여 방문 비자를 발급받았다. 그리고 베를린에 도착한 것은 2월 10일 밤이었다. 이동시간으로 보아 코펜하겐에서 함부르크를 경유하여 베를린에 이르기까지 모두 항공편을 이용했을 것으로 짐작된다.

베를린에서는 뉴욕의 스즈키 교수로부터 미리 연락을 받은 베를린대학 출신의 불교신자 아우스트(Gudio E. Auster)[63]라는 인물이 숭산을 영접하였다. 그에 의하면 독일에는 현재 500여 명의 불교도가 있으며, 천주교·개신교·유대교와 같이 정식 종교로 인정받고 있다고 하였다. 1936년 베를린 올림픽 때 마라톤에서 우승한 손기정 선수가 월계관을 받았던 올림픽 주경기장을 비롯하여 베를린대학, 국회의사당, 대통령 관저, 보-불전쟁 승전기념탑, 동·서독 사이의 '국경 아닌 국경'(베를린 장벽), 히틀러 저택 등을 둘러보았다.

숭산은 2월 11일 밤 프랑크푸르트에 도착하였다. 네덜란드와 프랑스 방문 비자를 발급받기 위해서였다. 세계일주 전 여정을 통해 방문한 여러 국가 가운데 숭산이 가장 긍정적 시각으로 본 나라가 독일이었다. "첫 인상이 국민이 건실하고 사치하지 않으며 호화롭지 않은 것이 나타난다", "미국보다 독일을 가야 배울 것이 있다더니 우리는 독일에서 배울 점이 많겠다", "거리의 광고도 자극적인 것은 하나도 없다", "토요일도 놀지 않고 공부하며 일한다." 등과 같은 독일 방문 단상(斷想)이 종교인, 교육자로서 숭산이 견지했던 경건하고 성실한 삶의 자세와 상부(相符)했음을 보여준다.[64] 곧 자기절제와 근검절약이 몸에 밴 독일 사람들의 생활방식에 교감(交感)하고 이에 감명을 받았던 것이다.

스위스·이집트

숭산은 독일에 이어 네덜란드와 프랑스를 순차로 방문할 예정이었던 것 같다. 프랑크푸르트 다음으로 네덜란드로 향할 것이라고 한 일기 내용을 통해 예정된 루트를 짐작할 수 있다. 이에 프랑크푸르트에서 13일에 네덜란드와 프랑스 두 나라의 방문 비자를 발급받고자 했으나 끝내 실패하였다. 프랑스의 경우, 입국 현장에서 비자를 발급받으라는 회신을 받고 프랑스로 가고자 했으나, 안내를 맡은 피터현의 아들이 "무슨 생각인지 고집을 부리고 못 간다고만 야단이다. 거기에는 이유가 있다. 싸울 수도 없고 섭섭하나 할 수 없이"[65] 포기하고, 대신 비자를 발급받은 스위스로 가게 되었다. 피터현의 아들이 프랑스 방문을 거부했던 '이유'가 무엇인지는 알 수 없지만, 짐작컨대 여행 경비와 관련된 금전 문제로 인한 알력 때문이었던 듯하다. 이 무렵 숭산은 심기가 몹시 불편하였다. 스위스 체류 마지막 날에는 대동한 피터현의 아들로 인해 여정 내도록 불편했던 심기를 아래와 같이 그대로 드러내기도 하였다.

남의 것을 아껴주는 사람이 되어야 한다. 자기 돈이 아니라고 함부로 쓰는 사람은 자기의 돈은 더 아끼는 사람이다. 자기 돈이 아까울 때는 남도 그러할 것이라는 것을 왜 모르는가? 내 마음을 가만히 대조(對照)해 보니 한없이 나오는 외국 사람의 수돗물이지마는 함부로 쓰기가 아까워서 아껴서 쓴다. 너무 아끼는 머리에(바람에-필자주) 속상하는 일이 많다. 여러 번 속상했다. 불란서와 화란 못 간 것을 나는 서운하게 생각하지 않는다. 어서 집으로 돌아가는 것이 목적이니까! 돈이 상상 외로 더 들 테니까.[66]

그동안 숭산이 여비 절약을 위해 얼마나 노심초사했는지 그 절박한 심경이 잘 드러나 있다. 그로 인해 몹시 속이 상하고 불편했던 정황이 읽힌다.

숭산은 2월 13일 밤 스위스 취리히에 도착한 뒤 이튿날 오전에는 다시 기차를 타고 수도 베른으로 이동하였다. 울창한 산림으로 우거진 산과 아름다운 호수가 어우러진 눈 덮인 스위스 풍경을 보았다. 하지만, 숭산은 이를 선망과 경이의 대상으로 보지 않고, 오히려 한국의 산수와 전원 풍경도 결코 이에 못지 않는 만큼 '그리 놀라울 것이 없다'고 담담히 평하였다.

우리나라도 녹화(綠化)만 시켜 놓으면 금수강산이다. 우리나라(는) 산수가 좋아, 이름이 세계에 나지 않아서 그렇지 앞으로 세계에 자꾸 선전하면 어느 나라의 풍치보다 떨어지지 않을 것이다. (스위스) 농촌의 가옥도 작은 판자집 같은 것도 있는데 다 펭기(페인트-필자주)를 칠해 놓으니까 근사하지, 실지는 돈 든 집들이 아니다. 우리나라도 판자만 많으면 농가 전부를 판자로 짓고 펭기를 칠해 놓으면 대단(히) 깨끗하게 보일 것이다. 그리 놀라울 것이 없다.[67]

현하 녹화사업을 통해 전국의 민둥산을 푸른 산으로 만들어 금수강산의 원래 모습을 되찾고, 주택개량사업을 통해 농촌의 주택을 판자 목조가옥으로 바꾸고 유색 페인트로 칠하게 된다면, 한국의 자연, 농촌 풍경은 결코 스위스 못지않게 수려하다고 소신을 피력한 것이다. 이러한 전망과 믿음은 한국의 자연, 인문에 대한 깊은 신뢰와 자존의 소산이라 할 수 있다.

숭산은 2월 15일 제네바를 떠나 그리스 아테네를 잠시 경유한 뒤 16일 이집트 카이로에 안착하였다. 카이로에서는 세계적 유적지 피라미드와 스핑크스를 답사하고 그 실상과 소감을 사실적으로 기술해 놓았다.

숭산은 이집트에 잠시 머물며 유적지를 둘러보는 동안에 몹시 불쾌한 인상을 받았다.

이 나라는 아주 인상이 좋지 못하다. 모두 도적놈 같고 모두가 거지 같으며 길거리서 돈 달라는 놈이 어찌 많은지 나라 체면이 (말이) 아니다. 옆에다 가방을 놓고 앉았으면 와서 들었다 놓고 돈을 달라고 한다. …

이집트 피라미드 앞에 선 숭산

가리(街里, 길거리-필자주)에는 더러운 거지가 많고 노동자가 거리에 누워서 자고 앉아 있는 것이 모두 거지다. 빈부의 차이가 심한가 보다. 머리에 이고 다니며 장사가 에는 소리가 우리나라를 연상한다. 게으른 백성이라 거리에, 공원에 우두커니 앉아 있는 사람이 참 많다.[68]

숭산이 여러 나라를 순방한 가운데 이집트와 후술할 인도에 대해서 유독 불쾌한 감정을 드러내고 혹평하였다. 두 나라 모두 사람들이 나태하여 자립 의지가 없고, 남에 대한 의뢰심이 강하다는 점을 특히 지적하였다. 곧 숭산이 견지했던 성실한 삶의 태도와 정면에서 배치되는 인상에 기인하는 것으로 생각된다.

인도

숭산은 인도항공(Indian Airline) 편으로 2월 17일 인도 봄베이(현 뭄

바이)에 도착하였다. 하지만, 비자 없이 방문한 까닭에 원래 예정했던 목적지 캘커타(현 콜카타)에는 갈 수가 없었다.

봄베이에서 숭산이 찾은 곳은 일본 승려가 운영하는 사원이었다. 이 사원에서는 봄베이 거주 40~50명 가량의 일본인보다 주로 현지 인도인을 상대로 포교를 하는 중이었다. 일본인이 오히려 불교의 종주국 인도에서 포교를 하던 실정이었다. 비록 불교성지 부다가야(Buddha Gaya)를 방문하지는 못했지만, 오랜 역사와 권위를 가진 불교 모임인 대보리회(Maha Bodhi Society)와 향후 지속적으로 교류하기로 약속하였다.

숭산은 인도를 방문하는 동안 힌두교와 이슬람교에 눌려 극도로 쇠잔한 불교의 모습을 보고 크게 실망한 나머지 분노가 치밀었다. 근면하지 못하고 남을 속이고 해치는 인도 국민들의 습성에 가탁하여 인도 불교를 타매(唾罵)하였다.

중들도 게을러서 얻어먹고 중질하는 모양을 생각하니 중이 더욱 싫어진다. 음식을 금하고 대처(帶妻)하지 아니하고 앉아서 무어라고 설교해 보았자 무슨 필요가 있느냐? 보통 세속생활하면서 규칙적 생활을 하며 도덕을 지키고 살며 선도(善道)로 타인을 자비심을 가지고 인도하는 것이 좋지 않은가. 종교와 도덕은 원불교에서 비로소 살게 되었으며 대경대법(大經大法)이 다 누구든지 할 수 있는 것이다. 국민의 의무도 하지 않으며 가정의 도리도 지키지 않고 혼자서 은둔생활을 한다는 것은 폐인이다. 인도를 보니 중이 더욱 싫어진다. <u>원불교라 하지 말고 원법교(圓法敎)라고 했으면 쓰겠다. 부처님이 싫어진다. 법신불(法身佛)이라야 한다.</u>[69](밑줄-필자)

이처럼 숭산은 심지어 중도 싫고 부처도 싫다고 했을 만큼 인도 불교의 참담한 현실을 개탄해 마지않았다. 세상을 구제하는 부처의 온전한 가르침과 정면에서 배치되는 일탈된 행태에 대한 반성적, 역설적 표현이라 할 수 있다. 원불교라는 교명 대신 '원법교(圓法敎)'를 언급한, 그리고 오로지 법신불을 주창한 격정적 표현은 곧 숭산의 종교적 가치 지향성이 철저하게 '제생의세(濟生醫世)'에 있었다는 사실을 생생하게 보여주는 증좌라 할 것이다.

태국·홍콩

숭산이 태국의 수도 방콕에 도착한 것은 2월 20일이었다. 중국인이 경영하는 호텔에 투숙한 뒤 필리핀과 대만 방문을 위해 두 나라 영사관을 찾았으나 여권 내지에 여백이 남아 있지 않아 비자를 발급받지 못하였다.

방콕('盤谷')에 머무는 동안 숭산은 몇 개의 큰 사찰을 구경하였다. 사원 이름을 밝히지 않고 '왕이 다니는 절과 다음 가는 절'이라고 한 정황으로 보아 태국 왕실의 전용 사찰인 왓 프라깨우(에메랄드 사원)와 거대한 와불(臥佛)이 있는 방콕의 대표적인 사원 '왓 포'를 찾았던 것으로 보인다. 특히 왓 프라깨우를 방문했을 때는 주지의 비서로부터 환대를 받기도 하였다.

숭산은 세계여행에서 방문한 사원마다 그 절의 규모와 예식, 시설 등에 대해 비교적 소상히 기록하였다. 왓 프라깨우를 방문해서는 그곳 승려들의 생활 모습을 아래와 같이 기술해 놓았다.

일상생활은 8시에 조반 먹고 11시에 점심 먹고 오후 불식(不食)을 한다.

삼장(三藏)을 공부하고 수시로 좌선을 한다. 술은 먹지 않으나 고기와 담배는 먹는다. 장가(는) 가지 않는다. 여승도 한 사원 안에 딴 집을 가지고 산다.

태국 승려들의 수행과 일상의 관습을 탐구하여 사실적으로 기록한 것이다. '둘째가는 사원'을 방문했을 때는 부처를 모신 불당의 모습을 다음과 같이 묘사해 놓았다.

불당 내부는 우리나라와 똑같다. 단 화단을 많이 올리었다. 종도 범종(梵鍾)이며 북과 두드리는 경쇠도 있다. 절하는 법은 한국 사원식(寺院式)과 같다. 한(쪽) 어깨는 벗은 차('듯'의 의미인 듯-필자주) 내놓고 옷을 입었다. 사방에 검은 불상을 모셨다.

곧 태국의 불당에 대해서도 한국의 불당과 대비시켜 그 시설과 법구(法具)를 하나하나 열거하고 묘사, 설명하였다.

숭산은 2월 23일 방콕을 떠나 홍콩에 도착하였다. 그 이유는 알 수 없지만, 방문 예정이었던 필리핀 마닐라로 향하지 않고 귀국길에 올라 홍콩으로 직행한 것이다. 이튿날 오전, 숭산은 '자동차로 산상까지 가서 구경'했다는 것으로 보아 홍콩의 명소인 빅토리아 피크(Victoria Peak, 일명 太平山頂)에 올랐던 것 같다.

귀국길에 오른 숭산은 24일 CAT 항공편으로 대만을 경유하여 일본 도쿄에 도착하였다. 그곳에서 하루를 묵고 이튿날(25일) 오후 한국에 안착하였다.

〈표〉 숭산의 세계일주 교화여정

날짜		출발지	도착지	주요일정	체류지
1월	12일	여의도 공항	도쿄 하네다 공항	·여의도공항 이륙(오후 2시 반, CAT 항공), 하네다 도착(6시 반), 도쿄 아카사카(赤坂) 프린스 호텔 투숙	출국
	13일	도쿄	호놀룰루	·모교 도요대학 방문, 은사 히로이케(廣池), 바바(馬場) 상봉. ·도쿄 이륙(저녁), 미국 하와이 호놀룰루 도착(팬암항공) ·대한인국민회 하와이지방총회장 정원명의 부인이 영접	도쿄/하와이
	14일			·일본 조동종 사찰과 미국인 Hunt 사찰 방문 ·범태평양불교청년대회 한국대표 도진호(都鎭鎬) 집 1박	하와이
	15일(일)	호놀룰루		·호놀룰루 전몰장병묘지 참배, 하와이대학 구경 ·로스앤젤레스 향발(저녁)	
	16일		로스앤젤레스	·로스앤젤레스 시내 앰버시호텔 투숙 ·동양식료품회사 피터현 사장 조우 ·시청·교육청·법원·헐리우드 구경	로스앤젤레스
	17일			·피터현 공장 거쳐 남가주대학 방문, 도서 기증 요청 ·일본 조동종 사찰 방문 ·이범녕(李範寧)과 함께 그리피스천문대 관람	
	18일			·피터현의 안내로 로스앤젤레스시립대 방문, 도서 기증 요청	
	19일			·구주여행 안내인으로 피터현의 아들을 동반키로 함	
	20일			·국회의원 5명, 평화신문사장 홍찬(洪燦)과 함께 동지회(同志會) 만찬 참석 ·여비 충당을 위해 금반지 매각	
	21일			·피터현 공장 방문, 현씨 아들 동행 계약건 녹음 공증	
	22일(일)			·피터현 자택 방문. 이범녕, 홍찬 등과 만찬	
	23일	로스앤젤레스	샌프란시스코	·로스앤젤레스 이륙(오전), 샌프란시스코 도착 ·일본 사찰 방문, 토바세 도시미치(鳥羽瀨 俊道) 만남 ·미국 여성 불교도 브리트가 운영하는 종교학교 방문	로스앤젤레스/샌프란시스코
	24일			·U.C.버클리대 도서관장 예방, 원광대학과 도서 교환 합의	샌프란시스코

날짜		출발지	도착지	주요일정	체류지
1월	25일	샌프란시스코	워싱턴	·샌프란시스코 이륙(아침), 시카고 경유 워싱턴 도착(밤)	샌프란시스코/워싱턴
	26일			·한국대사관 방문, 양유찬(梁裕燦) 대사 면담 ·미국무성 방문. 스미스재단 들러 도서 기증 요청 ·백악관 관람	워싱턴
	27일			·의회도서관 들러 도서 기증 요청 ·국회의사당 견학	워싱턴
	28일	워싱턴	뉴욕	·메릴랜드대 방문. ·워싱턴 이륙, 뉴욕 도착(오후 2시 40분), 뉴욕시내 라담호텔 투숙 ·한국 유학생, 교환교수 20여명과 만찬(피터현 주선) ·록펠러극장 관람	워싱턴/뉴욕
	29일(일)			·뉴욕시내 견학(투어버스)	
	30일			·유럽 여러 국가 비자발급 협의차 한국영사관 방문 ·카네기재단 방문 ·엠파이어스테이트빌딩 유엔주재 임병직 대사 예방	
2월	1일			·컬럼비아대 도서관장 예방, 도서기증 요청 ·천주교 고아원 방문 ·스즈키 다이세츠(鈴木大拙) 자택과 뉴욕불교사원 방문	뉴욕
	2일			·뉴욕 시내 고교 시찰	
	3일	뉴욕		·뉴욕 이륙(오후), 캐나다 뉴펀들랜드 갠더 국제공항 경유	
	4일		런던	·영국 런던 도착(오전 11시) ·팬암항공사에서 유럽 항공여정 예약 ·한국공사관 연락(유럽방문국 비자발급건)	런던
	5일(일)			·캠브리지대학 방문	
	6일			·오전 시내관람(투어버스); 버킹엄궁·대영박물관·국회의사당·런던교·미니스터사원 등 ·오후 불교연구회·대사관 방문	
	7일	런던	노르웨이 오슬로	·런던공항 이륙, 노르웨이 오슬로 도착(오후 5시 반), 아스토리아 호텔 투숙	런던/오슬로
	8일	오슬로	스웨덴 스톡홀름	·오슬로 시내 견학; 오슬로대학·궁궐·시청·홀멘콜른 스키장 등 ·오슬로공항 이륙(오후 7시), 스웨덴 스톡홀름 도착(9시 반경)	오슬로/스톡홀름

날짜		출발지	도착지	주요일정	체류지
2월	9일	스톡홀름	덴마크 코펜하겐	·스웨덴 교육성 예방. 도서관 방문, 도서기증 요청 ·스톡홀름공항 이륙(오후 8시 20분), 덴마크 코펜하겐 공항 도착(10시)	스톡홀름/ 코펜하겐
	10일	코펜하겐	독일 베를린	·코펜하겐 시내 견학 ; 국회의사당·박물관·왕실·대학 등 ·독일 함부르크 경유 베를린 도착(오후 9시 반)	코펜하겐/ 함부르크/ 베를린
	11일	베를린	프랑크푸르트	·베를린 시내 견학 ; 히틀러 저택, 보불전쟁승전기념비, 베를린대학, 동·서독 국경, 베를린 올림픽 주경기장 등 ·불교도 아우스트 면담. ·베를린 출발(오후 7시), 프랑크푸르트 도착(10시)	베를린/ 프랑크푸르트
	12일 (일)			·프랑크푸르트 시가지 관람 ·휴식	프랑쿠푸르트
	13일	프랑크푸르트	스위스 취리히	·프랑크푸르트 이륙, 스위스 취리히 도착(밤)	프랑크푸르트/ 취리히
	14일	취리히	베른	·취리히 출발, 베른 도착(열차)	취리히/ 베른
	15일	베른	이집트 카이로	·스위스 베른 이륙(오후 3시), 제네바·모나코·아테네 경유 이집트 카이로 도착(오후 6시)	베른/ 카이로
	16일			·피라미드·스핑크스 관람.	카이로
	17일	카이로	인도 봄베이	·이집트 카이로 이륙(오전 3시), 인도 봄베이 도착(오후 4시) ·시내 견학	카이로/ 봄베이
	18일			·대만행(24일) 항공권 예매	봄베이
	19일 (일)	봄베이		·봄베이 시내 일본 일련종 사원 방문 ·대보리회와 상호교류 약속 ·힌두교 사원 방문 ·봄베이 이륙(오후 6시 반)	
	20일		태국 방콕	·태국 방콕 도착(오전 5시 반) ·태국 거주 한국인 무역가(박승관으로 추정) 만남	방콕
	21일			·대사찰('왓 포'인 듯) 방문	
	22일			·방콕 에메랄드사원(왓 프라 깨우) 방문	
	23일	방콕	홍콩	·방콕 이륙(오전 4시), 홍콩 도착(10시) ·사업가 이규일(李揆一) 만남	방콕/ 홍콩
	24일	홍콩	일본 도쿄	·홍콩 이륙(CAT 항공, 오후 2시), 일본 도쿄 기착	홍콩/ 도쿄
	25일	도쿄	서울	·도쿄 이륙(오전 9시), 서울 도착(오후 1시 반)	귀국

교화여행의 결과

해외불교계 교류 네트워크 확보

1956년 숭산의 세계여행은 해외에 원불교와 원광대학을 처음으로 알리는 계기가 되었다. 숭산은 방문한 단체, 기관과 관련 인물들을 만날 때마다 홍보용 두 책자(영문)『원불교요람』과『원광대학약사』를 배부하면서 원불교와 원광대학을 알렸다.[70]

숭산은 귀국 후 순방 때 들렀거나 인연을 맺었던 세계 각국의 불교기관·단체·인물들과 교류를 이어갔다. 당시 내왕 서신의 영문 번역은 영문학자 전팔근(全八根, 1929~2023)이 주로 담당하였다.[71] 그리고 초대 도서관장(과장)으로 재직하면서 숭산의 해외교류 실무를 담당했을 것으로 짐작되는 이종행(李鍾行, 1926~2015)은 1956년 가을 이리방송의 '원불교시간' 코너에서 세계 불교계와 원불교가 상호 유기적으로 긴밀하게 교류하는 실상을 생생히 소개하였다. 대담 형식으로 진행된 방송의 요지는 다음과 같다.

> 박 학장님 세계일주 여행을 계기로 아주 긴밀한 연락을 갖게 되었습니다. 박 학장님 일주 여행 이전에도 영국 불교협회와 우리의 사이에는 상호 긴밀한 연락을 가졌었으며 정간서(定刊書) 등을 상호 교환하였습니다. 박 학장님이 방문하였을 때에 세계불교 명부에 한국불교는 유감스럽게도 정식 기재되지 않아서 그곳에 있는 카드에 우리 한국에도 시대적 혁신불교가 있다는 것을 인식시키고 불교잡지에 원불교의 연혁과 교리제도를 전 세계 불교도에게 소개해주기로 했습니다. 며칠 전에도 그곳에서 편지가 왔는데 마침 홈파리 씨(영국 불교협회장-필자주)

가 어느 시골에 가서 안 돌아왔으니 돌아오면 그곳 상황과 불교에 관한 저서를 많이 보내줄 터이니 원불교에 관한 서적도 많이 보내 달라고 하였습니다. 불란서에서는 불교협회(불교동지회를 지칭함-필자주)에서 전란 중 모든 위험을 무릅쓰고 불교교화에 전력하신 귀교에 감사하며 발간지를 보내드리니 원불교 재료도 많이 보내 달라고 회답이 왔습니다. 서독의 오스트 씨에게는 항로 관계상 약간 지연될 듯합니다. 그리고 미국의 훈트 씨에게서도 신간서적 백여 권과 정간서도 보내주어서 받았습니다. …

(원광대학에서 세계 각국에 보내는 발간물은) 질량의 차이는 있을지언정 거의 다 보내주고 있습니다. 우리측에서 보내준 서적목록은 『원불교요람』과 『교사』(『원광대학약사』-필자주), 그리고 『불교정전』 또는 정기간행물로는 『원광』·『원광문화』·『원대학보』 등 그밖에도 『문집』·『불경』 등 한문서적을 보내고 있는데 특히 본교 기관지인 『원광』은 영국·미국·불란서·서독에 정기적으로 보내주고 있습니다.[72]

위 인용문을 통해 숭산이 귀국한 후 영국·미국·프랑스·독일(서독) 등지와 활발히 교류를 이어간 사실을 확인할 수 있다. 이처럼 구미·동남아 등지와 국제적 교류가 활발하게 되자, 원불교 교단에서는 그 실상을 널리 알려야 할 필요성이 절급히 대두되었다. 이에 교단 기관지 『원광』은 한동안 해외 불교계로부터 도착하는 소식을 '해외 불교계 소식', 또는 그에 준하는 제하(題下)에 그때그때 소개하였다.[73] 『원광』에 '해외 불교계 소식'란을 신설한 목적을 설명한 대목은 이와 관련하여 시사하는 바가 크다.

해외 각처에서 원광대학 도서관에 보내오는 수많은 불교 관계 잡지의 보도와 동 각 불교단체에서 원광대학장에게 보내오는 수많은 통신 중에서 여기 몇 건씩을 발췌 소개코자 하는 바이다.[74]

위 인용문은 숭산 순방 이후 해외 각지로부터 불교 잡지와 서적, 서신이 답지하던 상황을 짐작케 해 준다. 이에 원불교 교단은 "본교가 세계적 발전의 기본무대에 오른 감을 주고 있다."라고 평할 정도로 흥분, 고무되었고, 그러한 분위기를 반영하여 『원광』에 '해외 불교계 소식' 란을 신설했음을 알 수 있다. 이즈음 해외 각지의 불교계로부터 답지한 소식이나 서신 가운데 중요한 내용을 소개하면 다음과 같다.

1956년 여름 무렵, 미국의 인디애나 주립대학교에 재학 중인 태국 학생이 '불교도클럽'을 조직하였는데, 소속 회원들이 여러 '기독교회'의 초청을 받아 내세설·열반·행복 등에 대해 설법 중이라는 소식을 전해왔다. 또 부처 입적 2천 5백 년을 기념하여 열린 세계 각국의 다채로운 행사 소식도 이 시기에 답지하였다. 미국 워싱턴의 제퍼슨기념관(Jefferson Memorial)에서 8개 불교국 대사들의 참석하에 거행된 행사, 캐나다 토론토 대학의 리차드 로빈슨이 주도한 캐나다방송협회(CBC, Canadian Broadcasting Corporation)의 특집방송, 그리고 인도 뉴델리의 불교예술전 개막과 『불교이천오백년사』 발간 등의 소식이 이 무렵 전해졌다.[75]

숭산이 비자문제로 방문하지 못해 아쉬움이 컸던 프랑스와 네덜란드의 불교단체와도 교신이 이루어졌다. 먼저 프랑스의 경우, 파리의 불교동지회(Les Amis du Bouddhisme)[76]에서 6월 14일자로 숭산에게 보내온 서신은 다음과 같다.

원광대학장 귀하

본회는 혜한(惠翰)과 2권의 책 『원불교요람』과 『원광대약사』(『원광대약사』-필자주)를 아주 반가이 받았습니다. 수년간의 고통스러운 전쟁(6·25전쟁-필자주) 후에도 귀교(원불교를 지칭하는 듯-필자주)에서는 성스러운 불교사업을 할 수 있었다는 소식을 듣고 무엇보다도 기뻐하고 있습니다. 본회에서는 귀 도서관에 본회의 평론잡지 『불교사상』(『불교평론』을 지칭함-필자주)을 부송하오며 끊임없이 귀교와 연락하는 것을 무상의 기쁨으로 여기는 바입니다.[77]

위 서신을 통해서 귀국 후 숭산이 그동안 파악한 주소로 파리 불교동지회에 통신을 희망하는 서신과 함께 『원불교요람』과 『원광대약사』 두 책자를 우송했다는 사실을 확인할 수 있다. 그리고 불교동지회에서 보내온 『불교사상』은 당시 동회에서 계간으로 발간하던 잡지 『불교평론(La pensée Bouddhique)』을 가르킨다.

파리 불교동지회와는 그 뒤에도 한동안 교신이 계속되었던 것 같다. 1957년 7월에 발간된 『원광』에서는 "차호에는 원불교 기사를 내겠다는 통지가 왔다."고 기술되어 있으나, 실제로 원불교 소개 기사가 후속 『불교평론』에 실렸는지 여부는 확인하지 못하였다. 프랑스어로 된 이 잡지에 원불교 소개 기사가 게재된 것으로 확인된다면, 후술할 영문잡지 『금련화(The Golden Lotus)』에 실린 기사와 함께 구미지역에 최초로 원불교를 소개한 기사라는 점에서 원불교 교단사에서 상당히 큰 의미를 가질 수 있을 것으로 생각한다.

다음으로 네덜란드의 경우, 그곳 불교계의 거목인 스프루이텐부르크-드바르즈(M. A. Spruitenburg-Dwars, 1882~1976)가 8월 18일자로 숭산에게 다음과 같은 서신을 전해왔다.

> 원광대학장 귀하
>
> 귀하께서 화란 입국 허가를 얻지 못하신 데 대하여 매우 유감으로 생각하는 바입니다. … 본회는 오늘날까지 귀교(원불교를 지칭하는 듯-필자주)에 대해서 들은 바가 없었는데 어떻게 해서 귀교에서는 그와 같은 짧은 기간에 놀랄만하게 발전할 수 있었는지 감탄하고 있습니다. … 본인 자신은 인도에서 살았으며 '세이론'(실론-필자주)국에서 오는 많은 승려들과 접촉하였습니다. … 본인은 『원불교요람』을 (화란어로) 번역하였으며 그것은 본회 회원에게 배부될 것입니다. 그들은 귀교의 사업발전을 보고 경탄할 것이라고 저는 확신합니다. …[78]

여성인 스프루이텐부르크-드바르즈는 숭산이 보낸 영문판 『원불교요람』을 현지인들에게 알리기 위해 네덜란드어로 번역한 사실을 알려오면서, 짧은 역사에도 불구하고 원불교가 이룩한 커다란 발전상에 경탄을 보낸다고 하였다. 그녀는 그뒤 1958년에도 불법의 기초 위에서 위태로운 세상을 극복하고 평화와 행복이 깃들기를 소망한다는 요지의 기원문을 『원광』지에 기고하기도 하였다.[79]

숭산과 교신한 스프루이텐부르크-드바르즈는 1948년 후이젠(Huizen)에서 네덜란드 최초의 불교단체인 '화란불교동호회(Nederlands Buddhistische Vriendenkring)'를 설립하여 네덜란드 불교 포교에 초석을 다진 인물이었다. 이 모임이 토대가 되어 1978년에는 45개 불교단체가 연합한 '화란불교연맹(BUN; Boeddhistische Unie Nederland)'이 탄생하기에 이르렀다.[80]

하와이에서 만났던 미국 승려 훈트(E. K. Hunt)[81]도 지속적인 관계를 유지하면서 교분을 두텁게 쌓았다. 그는 1956년 말 숭산에게 자신의 근황을 알리면서 숭산의 인물사진을 보내줄 것을 요청하는 편지를 보내왔다.[82] 또 개인적으로 100여 권의 불교서적을 원광대학에 기증하기도 하였다.

구미 불교계 인물 가운데도 숭산과 교신한 경우가 더러 있었다. 먼저, 숭산이 독일에서 만났던 아우스트가 보내온 편지의 전문이 1958년 『원광』에 소개되었다. 그는 독일 불교계의 현황을 자세히 소개하면서 "한국의 원불교에 대한 소식이 이곳에 알려졌으면 합니다. 그리고 귀 원불교와 더 밀접한 관계를 가질 것을 바라며 그럼으로써 소승불교와 대승불교에 대한 이해가 커질 것을 또한 바라는 바입니다."[83]라고 하여 원불교와 소통할 것을 희망하였다.

미국 샌프란시스코에서 30명 규모의 작은 불교단체를 이끌던 여성 불교도인 조세핀 브리트도 연락을 취해 왔다. 숭산이 샌프란시스코에 들렀을 때 그녀가 운영하던 종교학교를 직접 찾아갔던 인연이 있었다. 이 단체의 회원들은 종교, 철학적 사변과 실천에 기초하여 불교 및 동양사상의 이해나 연구에 주로 관심을 두고 있었던 것으로 전해진다.[84]

또 미국 미시간주의 '메리 할로우'라는 여성 불교도도 숭산과 교신하고 있었다. 그녀는 다른 외부기관의 도움 없이 독학으로 불교를 공부하여 실천적 불교인이 된 인물이었다. 숭산이 보낸 편지에 대한 장문의 답신이 그녀의 사진과 함께 『원광』에 소개되었다.[85]

미국 뉴욕 소재 미국불교학원(American Buddhist Academy)과도 우호적 관계를 이어갔다. 숭산은 귀국 후 『불교정전』·『원불교요람』·

『한글 금강경』 등을 뉴욕불교학원에 보냈다. 숭산이 귀국한 뒤 원광대학이 세계 각국으로부터 수증한 불교, 종교 계통의 정기 간행물은 총 15개국 발행의 50여 종에 이르렀다.[86] 그 가운데 중요한 잡지를 『원광』에서는 아래와 같이 선별 소개하였다.[87]

『금련화(金蓮花)』 The Golden Lotus, 미국 필라델피아

『중도(中道)』 Middle Way, 영국 런던

『대보리』 Maha Bodhi, 인도 캘커타

『신흥동방』 Young East, 일본 동경

『중국불교』 China Buddhist, 대만 타이페이

『불교평론』 La Pensée Bouddhique, 프랑스 파리

『서양불교』 The Western Buddhist, 영국 런던

『법의 광명』 Light of Dhamma, 버마 랑군

『승가(僧伽)』 Sangha, 영국 런던

『해조음(海潮音)』 Hai Chao Ying, 대만

『불교연합회람지』 Buddhist Union Newsletter, 싱가포르

『불심』 Buddhism, 미국 로스앤젤레스

『원(圓)』 Der Kreis, 독일 브레멘

『미국불교』 American Buddhist, 미국 샌프란시스코

『버클리의 불성』 Berkley Bussei, 미국 버클리

『불성평론』 Bussei Review, 미국 프레스노

『승리』(부처열반2500주년기념특별판) Jayanti, 실론 콜롬보 (현재 단종)

『자비의 소리』(인도 자이나교 종교지) Voice of Ahinsa, 인도

『종교공회』 Forum, 영국 런던

『소리』*The Voice*, 영국 사우스위크

『캐나다 신지학(神智學)』*Canadian Theosophist*, 캐나다 토론토

미국·영국·독일·프랑스·인도·실론(현 스리랑카)·일본·대만·싱가포르·버마(현 미얀마) 등 10여개 국에서 간행한 20여 종의 불교 계통의 종교잡지가 주류를 이루었다. 특히 그 가운데 연륜이 깊고 영향력이 상대적으로 컸던 영국의 *The Middle Way*, 미국의 *The Golden Lotus*, 인도의 *The Maha Bodhi* 등 3종에 대해서는 원광대학 도서관장으로 있던 숭산의 아우 박길연이 『원대학보』에 '해외불교지' 란을 신설하여 비교적 소상하게 소개하였다.[88]

숭산 귀국 후 세계 각지에서 발간되던 불교잡지에 원불교와 원광대학을 소개하는 기사가 연이어 실리고 활발하게 학술, 정보 교류가 이루어지던 상황을 당시 『원대학보』에서는 다음과 같이 보도하였다.

미, 영, 불 각국 불교계에서 비상한 관심에서 심심한 연구대상으로 되고 있는 우리 대학 재단측인 원불교의 교리는 그동안 누차에 걸쳐 각국의 불교 잡지며 불교단체 기관지에 소개된 바 있거니와 금번 영국과 버마로부터는 원불교의 교리, 이념에서 창설을 본 후 일취월장으로 발전을 거듭하고 있는 원광대학을 이해하고 널리 소개할 것을 목적으로 교사 사진과 대학의 연혁을 알려달라는 의뢰를 받은 바 있다고 한다. 그런데 원불교 교단으로부터 알려진 바에 의하면 동 교단의 기관지로 매월 정기 간행되고 있는 『원광』이며 (원불교) 정전, 그리고 기타 출판물들이 쌍방간에 계속 교환되고 있는 것이라고 한다.[89]

이처럼 숭산의 세계일주는 원불교 해외교화를 위한 초석이 되었다. 세계 각국 불교계와의 다양한 소통 루트를 개척함으로써 개인, 단체·기관 등과 부단히 소식, 정보를 주고받고 간행물을 교환하는 등 활발한 교류가 이루어졌다. 전술하였듯이 원불교 기관지 『원광』은 숭산 귀국 직후부터 긴급히 '해외불교소식'이란 고정란을 신설하여 그때 그때 시의(時宜)로 수집되는 세계 각국 불교계의 동향을 전하는 한편, 원불교 교단과 특별히 유관한 인물들의 동향, 그리고 외국 잡지에 소개되는 원불교(원광대학) 소개 기사 등을 상세히 전하면서 해외교화를 향한 교단의 고조된 분위기를 대변하였다.

1956년 숭산의 세계 교화여행의 직접적 영향 하에 이루어진 세계 불교계와의 직접적인 교류는 1960년대 초에 대체로 일단락된 것으로 보인다. 숭산 세계 교화여행의 결실을 수용하여 이를 널리 알리기 위해 특설된 『원광』의 '해외불교소식' 코너도 이 무렵부터 더 이상 보이지 않는 것도 같은 맥락에서 이해할 수 있을 것이다. 또한 그때까지 축적된 각국 불교계의 정보를 종합적으로 정리한 「세계불교현황」 연재물[90]이 이때 나오는 것도 결코 우연이 아닌 듯하다.

구미지역 최초의 원불교 소개

숭산의 해외교화 여행의 결과로 특기할 사실 하나가 원불교와 원광대학이 처음으로 미국과 유럽, 아시아 여러 나라에 소개되기 시작했다는 점이다. 미국 필라델피아에서 발간되던 월간지 *The Golden Lotus* 1956년 9월호(통권 13권 7호)에 실린 원불교 소개 기사가 국역되어 『원광』에 실려 있다.

본사(The Golden Lotus Press-필자주)에 입수된 『원불교요람』과 『원광대약사』(『원광대학약사』-필자주)에 의해서 한국의 원불교를 소개한다. 이 원불교에 있어서 'Won'(원)은 진리, 선, 복, 부처님의 마음을 상징하는 원(圓)을 의미한다. 이 교단은 1916년에 소태산 선생과 9인 제자에 의해서 창립되었다. 그들은 많은 노력과 고난을 겪고 난 뒤에 중앙총부 자리에서 불교단체로서 발족하였다. 이 소책자에 의하면 원불교 교도들은 다음과 같은 목표 아래 발전을 기하고 있는 것 같이 보인다.

1. 신자의 집중지에 교당을 설치함
2. 계·정·혜 3학을 아울러 수행함
3. 각파 종지의 일원화를 기함
4. 경전을 한국말과 한국글로써 편찬함
5. 모든 의식을 시대에 적응하도록 개선

한편, 남한 각 도시에는 선원(禪院)과 지부가 설립되어 있다. 그들은 그들 자신의 출판사[원광사]가 있어 정기적으로 기관지를 발행하고 있으며 4개의 학교를 운영하고 있다. 그 중 원광대학은 1951년에 정식 인가를 얻어 지금은 국민의 교육기관으로서 다대한 역할을 하고 있다. 소책자 『원광대약사』에는 많은 현대식 건물의 사진과 많은 교육방면 기사가 실려 있다.[91]

*The Golden Lotus*에 실렸다는 위 기사가 구미지역에서 최초로 원불교를 소개한 사례라 할 수 있다. 일원상의 의미와 원불교의 간략한 역사를 비롯하여 수행 방식과 교화 형태, 그리고 원광대학 등 교육기관 운영 등 원불교 제반 현황을 간결하게 담고 있는 이 기사의 실물 잡지는 안타깝게도 볼 수 없다. 이 잡지는 원불교 교단사에서 연대기

적 의미를 가지는 중요한 자료이므로 원본 수집이 반드시 필요할 것으로 생각된다.

순수 불교 신도들이 주축이 되어 설립한 금련화 출판사(The Golden Lotus Press)에서 발간하던 불교잡지 *The Golden Lotus*는 1944년 1월 창간호가 나온 이래 발전을 거듭하여 1956년 당시에는 세계 각국에 많은 독자를 가지고 있었다고 한다. 설립 목적이 부처의 가르침을 구미 각국에 전파하는 데 있었던 만큼, 불교 관련 논문·평론·소식 등을 다채롭게 담았던 간행물이다.[92]

영국과 미주본토, 하와이 등지의 불교도들의 연합체적 성격을 지닌 '서양불교교단'(Western Buddhist Order)과도 교류가 이루어졌다. 이 단체에서 발간하던 영문잡지 *Western Buddhist*[93]의 편집인 오스틴(Rev. Jack Austin)이 『원불교요람』과 『원광대학약사』를 보고 다음과 같은 서신을 보내온 것이다.

> 귀교(원불교-필자주)에 대한 기사를 우리 기관지 *Western Buddhist*에 실으려고 합니다. 본인은 귀교가 현대의 정세에 적합한 불교를 만들려는 노력을 하시고 또 오늘의 세계에 우리의 대종교(불교)를 적응시키려는 노력에 감명을 받았습니다. 귀교에서는 우리 서양에서 하려고 노력하고 있는 일을 지금 시행하고 계십니다.[94]

위 서신 내용에서 무엇보다 중요한 것은 원불교 소개 기사를 런던에서 발간하던 영문잡지 *Western Buddhist*에 실을 예정이라는 사실을 알려온 것이다. 그런데 실제로 이 잡지에 원불교가 소개된 것은 오히려 위 기사가 실린 『원광』(1957년 7월호) 발간 시점보다 다소 앞선 1957년 봄이었다. 이로 미루어 편집주간 오스틴이 숭산에게 위의 내용으로 편지를 보낸 것은 *Western Buddhist*에 원불교 기사가 실리기 직전, 곧 1957년 초였을 것으로 짐작된다.

*Western Buddhist*에 실린 원불교 기사 전문을 소개하면 다음과 같다.

한국 사진에 제시한 고 소태산 대종사가 개교한 원불교에 의해 진리에 대한 새로운 접근이 이루어지고 있다. 원(Won)은 원(圓)을 의미하는데, 절대적 지위에서 원불교 신도들에 의해서 원불교의 온전성, 도덕성을 상징한다. 새로운 운동은 명상과 실천을 강조하는, 일반적으로 중국과 한국의 전통적인 선(禪) 유형의 불교에 기반을 두고 있다. 1916년 개교 이후 원불교는, 박길진 교무의 경영하에 불교에 기반한 교육기관 원광대학을 포함하여 여러 기관을 설립하였다. 캠퍼스 확장 청사진이 담긴 대학의 약사가 도착하기도 하였다.

원불교의 교리는 서양의 대승불교와 상당한 친화력을 가지고 있음을 보여준다. 고통은 명상·도덕 및 지혜의 토대가 되고, 계율을 근대적 환경에 적응하도록 권장하고, 목표를 정하여 생활하는 것을 지향하고, 정당한 경제활동을 하고, 지혜와 실천을 기준으로 삼고, 출가, 재가를 구별하지 않아 출가자도 결혼이 허용되고, 남녀 노력자는 모두 교화사업에 종사할 수 있다. 교육과 봉사를 철저히 강조한다. 흥미롭고 유익한 새로운 불교 진전으로, 다른 불교인들이 이와 같은 실용적 노선을 따르도록 북돋울 것 같다.[95]

원불교 개창의 역사성과 원광대학을 중심으로 한 교세 현황, 그리고 현재성, 실천성에 기반한 원불교 교리 등을 간략히 소개한 위 글은 앞서 논급한 1956년 9월의 *The Golden Lotus* 게재 기사에 이어 원불교를 해외에 소개한 초기 기사라는 점에서 교단사적으로 의의가 크다.

그 뒤 1958년에도 편집인 오스틴이 원불교에 지속적인 관심을 갖고 후속기사를 게재하기 위한 자료를 요청해 오기도 하였다. 즉 1958년 7월호 『원광』에는 『원불교요람』을 받아본 오스틴이 '불교혁신 개요 9개 항목'[96]에 깊이 공감하여 *Western Buddhist*에 원불교를 추가로 더 소개하겠다는 연락을 해오면서 사진을 포함한 관계자료를 요청하였다는 기사가 실렸던 것이다.[97]

*Western Buddhist*의 발간 주체인 서양불교 교단을 주관한 인물은 전년 숭산이 하와이에서 만나 교분을 쌓은 미국인 승려 훈트였다고 한다. 그리고 런던의 오스틴은 이 잡지의 발행 실무 책임자였다. 영국 성공회 집안에서 태어난 오스틴은 가톨릭·힌두교·이슬람교·도교·불교 등 여러 종교를 두루 경험하였는데, 그 가운데 불교가 가장 이성적이며 최고로 유용하다는 사실을 알게 되어 이에 심취한 인물이었다고 한다. 많은 부수를 발행하던 이 잡지는 세계 각국에 널리 독자를 가진 불교 전문잡지였다.[98]

*Western Buddhist*에는 원불교에 이어 원광대학을 소개하는 기사도 실렸다. 캠퍼스 전경, 도서관 서고 사진과 함께 1958년 가을호에 실린 원광대학 소개 기사는 다음과 같다.

한국 전라북도[99] 사진은 근대적 계율을 표방한 원불교 교학의 중심인 원광대학 본관의 모습이고, 다음 호에서 더 충실하게 다룰 예정이다. 또 한 사진은 대학 도서관의 일부를 보여준다.[100]

Venerable
So-Tae-San
(left)
and
Venerable
Kil Chin Park
(right).

KOREA.
A new approach is being made to the Dharma by Won Buddhism, founded by the late Venerable So Tae San, pictured here. Won means circle, which is taken as symbolical of perfection and all the virtues, and used by Won Buddhists in their crest. The new movement bases itself on traditional Chinese and Korean Buddhism, largely of the Zen type, laying stress on meditation and effort. In the years since it was founded in 1916, Won Buddhism has established several centres, including the Won Kwang College, where education with a Buddhist basis is given under the direction of Venerable Kil Chin Park. A brief history of the College has been received, illustrations showing the extend of the buildings.
The Manual of Won Buddhism shows that it has considerable affinities with the Mahayana Sangha in the West. Stress is on Meditation, Morals and Wisdom, adaptation of the Dharma to modern conditions is encouraged living on alms is abolished, and a living earned properly, educational and vocational training being sought and provided where possible, ceremonies are reduced to the minimum and simplified, wisdom and conduct are taken as the criterion, and no distinction is made between bonze and layman, bonzes being allowed to marry, and male and female workers being employed in teaching Dharma. Education and social service is emphasised throughout. An interesting and valuable new development in Buddhism, which will encourage other Buddhists to follow the same practical lines.

1957년 영국 불교잡지에 소개된 원불교 기사(*Western Buddhist* 10th., p.8)

CHOLLA NAMDO, KOREA.
Our picture shows the main building of Won Kwang College, which is the principal centre of instruction in Won Buddhism, a modern presentation of the Dharma, which will receive fuller treatment in a coming issue. Also shown is a corner of the College library.

1958년 영국 불교잡지에 소개된 원광대학 기사(*Western Buddhist* 12th., p.16)

원불교의 가르침을 실천하기 위해 설립된 대학이라는 단순한 소개 기사이다. 하지만, 이 단신은 원광대학이 구미에 최초로 소개된 기사라는 점에서 원광대 교사(校史)에서 적지 않은 의의를 지닌다. 속간호에서 더 소상하게 원광대학을 다룰 예정이라고 언급하였으나, 실제로 기사가 실렸는지 여부는 아쉽게도 실물 자료가 없어 확인하기 어렵다. 위 기사와 함께 소개된 캠퍼스, 도서관 사진은 『원불교요람』이나 『원광대학약사』에 실렸던 것으로 짐작된다.

*Western Buddhist*는 또 1957년 겨울호(12호, 8월 발간)부터 30여 종의 세계 불교잡지를 소개한 '저널(Journals)'란에 원불교 기관지 『원광』을 다음과 같은 안내문과 함께 수록해 놓았다.[101]

『원광』. 한국 이리, 원불교 중앙총부와 원광대학 발행(한국어)

이 기록은 숭산이 해외 각지의 유관기관이나 단체, 인물들에게 『원광』 등 원불교 발간물을 우송했던 사실을 알려주는 증좌가 된다. 이 무렵 해외 잡지에 실린 원불교 기사 가운데 가장 소상하게 원불교를 소개한 것은 영국 사우스위크(Southwick)에서 발간되던 종교잡지 *The Voice*이다. 실물 잡지를 확보하지 못해 원문은 알 수 없지만, 아래 국역 기사를 통해 그 내용을 짐작할 수 있다.

불교개혁 Buddhist Reform: 에머슨에 의할 것 같으면 인간은 나면서부터 하나의 개혁자인 것이다. 즉 만물을 품에 안고 일 순간도 낡은 과거에서 잠자지 않으며 시시각각으로 자기 자신을 보수개혁(補修改革)하고 아침마다 새로운 하루를 가져다주는 저 대자연을 본받은 진(眞)

과 선(善)의 보수자(補修者)인 것이다.

원불교는 1916년에 한국에서 소태산 대종사님이 불교의 시대화와 생활화를 목적으로 창립하셨다. 이 불교의 대 스님(소태산-필자주)은 수년간의 영적 수련을 쌓으신 끝에 정신의 개발이 물질문명의 발달과 보조를 맞출 수 있도록 불교의 개혁이 필요하다는 것을 깨달으셨다.

WON이라는 말: 선생의 개혁 중에서 독특한 점 몇 가지를 추려보면 다음과 같다. 교당을 먼 산속에 짓지 않고 신자의 집중지인 도시와 향촌에 지었다. 영혼 구제에만 편중하지 않고 물심양전(物心兩全)을 기하여 완전한 생활을 하도록 법을 제정하였다. 시주에 의한 승려생활을 폐지하고 생산적 사업에 의한 생활로 대치시켰다. 승려의 결혼을 금하지 않는다. 경전을 모든 사람들이 다 볼 수 있도록 한국말로 번역하였다. WON이라는 말은 문자 그대로는 원(圓)을 의미한다. 신도들은 불상(佛像)에 대한 예배 대신에 마음의 본체이며 부처님 마음의 표상인 가[邊]없는 하나의 원의 개념으로 대치시킬 것을 배운다. 원은 완전한 것이어서 모자람도 없고 남음도 없으며[無欠無餘] 또 그것(원의 진리)은 시(始)와 종(終)도 없고 애증(憎愛)도 없는 것이다.

원불교는 개교 이래 꾸준한 발전을 해왔다. 현재는 거의 백만의 교도를 가지고 있으며 세 개의 선원과 5천여 명의 학생을 수용할 수 있는 각종의 학교가 있다. (대학, 남녀중고, 공민학교 및 각 지방 야학원 등 포함) 또 네 개의 고아원과 두 개의 양로원, 두 개의 병원과 기타 의료시설 등을 가지고 있다. 이러한 모든 기관은 그들이 만든 과수원·농장·정미소·인쇄소·극장 등의 수입 및 낡은 미신과 관습을 타파함으로써 얻어지는 저축금에 의하여 유지되고 있다.

신 지도자 정산 스님: 1943년 창시자의 열반 이래 정산 스님이 이 성스러운 대사업을 계속 맡아 수행하고 있다. 장차 인류는 부단히 넓어져 가는 하나의 원[一圓] 속에서 인류 전체를 위한 보다 나은 삶을 생성하기 위하여 정신적, 심적, 육체적 능력을 사용하는 방법을 배울 것이다. 우리는 위에 열거한 원불교의 박애적 업적에 비추어 보아서 한국이 그 '원'의 중심이 될 것을 서슴지 않고 바라는 것이다.[102]

이처럼 개교의 배경과 동기, 교리와 수행, 소태산의 계승자 정산 종법사 등으로 세목을 나누어 비교적 간결하게 그 요지를 소개하였다. 원불교가 구미에 소개된 기사 가운데 가장 자세하고 명료한 것으로 보인다. 원문에는 소태산의 사진도 함께 수록되어 있다고 한다.

해외도서의 수증

숭산의 해외교화 순방의 결과로 또 한 가지 반드시 언급해야 할 것은 원광대학이 세계 각지로부터 다량의 도서를 수증(受贈)했다는 사실이다. 해방과 분단, 그를 이은 6·25전쟁의 상흔이 고스란히 남아 있던 고단한 시절, 신생 원광대학은 기반시설도 부족했지만 장서 또한 빈약한 실정이었다. 이런 상황에서 숭산의 해외순방의 결실로 각국에서 답지한 다량의 기증, 또는 교환 도서는 원광대학 초기 도서관 장서의 근간을 이루었다. 원광대학 창립 10주년을 기념하여 1956년 10월 창간된 『원대학보』에는 이처럼 각국에서 답지하던 수증도서 현황이 그때그때 생생히 실렸다. 우선 『원대학보』 창간호에 실린 「기증도서 만여 권」이라는 제하의 기사가 눈에 띈다.

비록 역사는 천단(淺短)할지라도 현재 1만여 권의 장서를 확보하고 있는 본 대학 도서관은 날로 그 면모를 새롭게 하면서 각 지방 유지들로부터의 고서 3천여 권과 미국 각 대학으로부터 기증도서 1만 5천 권 중 현재 입하된 4천 6백 권의 도서 정리에 분망하고 있다. 한편, 장서와 열람에 가장 이상적인 도서관 신축이 착착 준비중에 있어 가까운 날에 이의 실현이 커다란 복음으로 약속되고 있다.[103]

1956년 당시 원광대학 도서관의 장서 규모는 후술하겠지만, 고작 1만여 권에 불과했음을 알려준다. 1946년 개교 이후 10년이 지났지만, 당시로서는 도서를 확충할 여력이 없었다. 이러한 형편에서 미국 각처로부터 기증이 약속된 도서 1만 5천 권 가운데 4천 6백 권이 도착하였고, 또 독지가로부터 3천여 권의 방대한 고서를 수증[104]함으로써 순식간에 1만여 권의 도서를 확보하게 되었다는 것이다. 1차로 이때 원광대학에 도서를 기증한 미국의 기관과 대학은 스미스소니언재단·의회도서관·버클리대학·남가주대학 등으로, 수증도서는 철학·법학·정치·문학·역사·지리·경제·교육·자연과학·사전류 등 다양한 분야에 걸쳐 있었다.[105]

곧이어 1956년 11월까지 2차분으로 총 565권의 수증도서가 스미스소니언재단과 의회도서관을 비롯하여 아시아재단·프린스턴대학·버클리대학 등 미국 각처로부터 도착하였다.[106] 이듬해인 1957년 초에는 숭산이 미국 방문시 도서 기증을 요청했던 로스앤젤레스시립대학에서 무려 1만 권의 도서를 보내왔다. 이처럼 다량의 도서를 실제로 기증받을 수 있었던 데는 숭산의 해외순방 때 후견인 역할을 했던 피터현의 도움이 컸다고 한다. 그는 숭산 방문 이후 '원광대학 후원을 목적으로 구성된 미 재단후원회 간사'로서 도서 기증을 성사시키기 위해 열성적 노력을 기울였다.[107] 피터현은 전년에 이어 1957년 7월 원광대학을 두 번째로 방문하여 교직원들로부터 성대한 환영을 받기도 하였다.[108] 또 1957, 8년간에는 대만 국립도서관으로부터도 25사(史)를 포함 1천여 권의 도서를 기증받았다.[109]

이상에서 보았듯이 숭산 귀국 후 원광대학이 해외로부터 수증한 도서 수량은 관련 기사에 적기된 숫자만 외관적으로 계량해도 총 15,923권으로 파악된다. 여기에 누락된 도서와 그 이후에 도착하는 도서를 감안하면 2만 권 이내였을 것으로 추정된다.[110] 숭산의 해외 순방 결실로 이루어진 다량의 도서 수증은 2022년 현재 단행본 1백 60만 권을 소장한 거대한 원광대 도서관이 초기에 기틀을 잡게 되는 계기가 되었다고 할 수 있다. 초창기 도서관장을 지낸 이종행(초대)과 박길연(2대)은 숭산의 해외교류 업무와 수증도서 정리로 바쁜 나날을 보내야만 했다. 이러한 토대 위에서 원광대 도서관은 1965년 한국학 연구와 학술교류의 당당한 성원으로 공인받게 되어 한국연구원에 가입할 수 있었고, 이듬해에는 도서과에서 대학도서관으로 정식 승격됨과 동시에 한국십진분류 체계에 따른 장서 재분류작업을 수행할 수 있었던 것이다.[111]

끝으로 한 가지 강조할 점은 당시 한국의 고단한 실정에서 세계 유수의 선진 각국을 순방하는 가운데서도 숭산은 한국의 자연환경, 인문지리에 대해 깊은 애정을 갖고 무한히 신뢰하고 있었다는 사실이다. 귀국시 기내에서 정리했을 것으로 짐작되지만, 긴 여정을 마무리하며 밝힌 아래 소회에도 그러한 애정이 깊게 배어 있다.

내가 외국을 돌아보고 더욱 우리 한국이 좋으며 영원히 떠나지 않을 생각이 난다. 기실(其實)은 좋은 나라를 가히 살아보고 싶은 마음도 있었으나 돌아오는 심경은 외국보다 그래도 내 나라가 나으며 따뜻하다는 생각뿐이다. 그 산천도 아름답고 도덕도 있고 그리 가난한 나라도 아니며 살기 좋은 나라다. 제일 기후도 알맞고 사시(四時)가 분명하며 주야가 확실하고 명랑한 일기(日氣)이며 공기가 좋고 무엇 하나 좋지 않은 것이 없다. 생활양식만 좀 개량하고 주택과 먹는 것을 개량하면 세계의 낙원으로 만들 수 있을 것이다.

숭산은 44일간에 걸친 세계일주의 대단원을 마무리하면서 첫째, 고국을 향한 무한한 애정, 둘째, 구미지역 방문 체험을 바탕으로 인력 파견을 통한 대면 교화보다 서신과 포교책자 반포를 통한 선전교화 방략의 자연한 체득 등 두 가지 소회를 밝혔다. 고국을 향한 무한한 애정은 그동안 방문한 여러 나라와 대비시켜, 곧 수려한 산수, 예의와 도덕의 함양, 알맞은 기후환경과 뚜렷한 사계절 변화 등 다방면에서 한국이 훌륭하다고 전제하고, 생활양식과 주거환경을 개량한다면 '세계의 낙원을 만들 수 있을 것'이라는 전망으로 표출되었다. 우리나라의 자연과 문화에 대해서 남다른 자존과 깊은 신뢰를 가지고 있었음을 알 수 있다.

숭산의 세계일주 교화여행은 한때 세간의 화제가 되었다. 앞서 언급했듯이, 해외여행 자체가 거의 불가했던 시절, 세계여행 그 자체만으로도 세인의 이목을 집중시키기에 충분한 관심사였다. 세계일주를 기념하는 사진 전시회가 두 차례나 열렸던 사실이 이러한 분위기를 잘 대변해 준다. 첫 번째 전시회는 그해 6월 27일부터 3일간 원불교

중앙총부 대각전에서 열렸다.[112] 이어 10월에 두 번째로 원광대학 개교 10주년 기념행사의 일환으로 전시회가 다시 열려 숭산의 해외교화 여정을 널리 알렸다.

국제종교회의 참가

세계불교도우의회

숭산은 1956년 해외교화사업의 일환으로 동서양 여러 나라를 순방하면서 해외 각국의 불교 단체, 기관과 네트워크를 구축한 이후 지속적으로 학술정보를 교환하고 있었다. 그 뒤 숭산이 불교를 중심으로 한 국제종교회의에 참석한 것은 1956년 해외순방을 이은 또 다른 후속 해외교화사업의 일환이었다. 그동안 구축한 국제 불교계와의 네트워크, 순방 체험을 통해서 터득한 해외교화사업에 대한 안목과 자신감이 숭산이 원불교 교단을 대표하여 국제회의에 참석할 수 있게 한 바탕이 되었을 것이라는 점은 쉽게 짐작된다.

숭산은 아시아, 나아가 세계의 여러 종교 협의체가 주최하는 각종 대회와 활동에 한국 또는 원불교 교단 대표로 참가하고 해외 네트워크를 구축함으로써 향후 원불교 교단의 본격적인 국제교류의 서막을 열게 하였다. 숭산이 참가했던 대표적인 국제단체나 대회로는 세계불교도우의회(World Fellowship of Buddhists, WFB), 세계종교인평화회의(WCRP), 아시아종교인평화회의(ACRP), 세계연방평화촉진종교인대회, 중화민국종교협의회, 한일종교인협의회, 한일불교교류협

의회 등을 꼽을 수 있다.[113]

　숭산이 참석한 국제 종교회의 가운데 가장 먼저 언급할 것은 세계적으로 커다란 영향력을 행사했던 국제불교단체인 세계불교도우의회의 정례 총회이다. WFB는 스리랑카의 저명한 불교학자로 소련 주재 대사를 지낸 외교가 출신의 말라라세케라(Gunapala Malalasekera, 1899~1973)가 1950년 5월에 27개국의 불교계 수장들을 모아 종파를 초월하여 범불교 세력을 규합하고 불교를 진흥하기 위해 창설한 국제기구이다. 구체적으로 이 단체는 부처의 가르침에 따라 인류의 화합과 단결을 도모하고 사회·교육·문화 등 제반 영역에서 상호 협력하며 인류 평화와 공영에 기여하는 데 그 목적을 두었으며 일체의 정치활동을 배격하였다. 오늘날에는 전 세계 41개국에서 원불교를 포함하여 211개 불교단체가 이 기구에 참여하고 있다. WFB의 본부는 회장이 주재한 나라에 두기로 한 원칙에 따라 스리랑카, 미얀마를 거쳐 2024년 현재는 태국에 있다. 말라라세케라 초대회장(재임기간 1950~1958)의 뒤를 이어 미얀마의 대법원장을 지낸 우찬툰(U. Chan Htoon, 1958~1961), 태국의 푼 피스마이 디스쿨(Poon Pismai Diskul, 1963~1984) 공주, 태국 수상 산야 다르마삭티(Sanya Dharmasakti, 1985~1998), 동남아국가연합(ASEAN) 사무총장 태국의 판 와나메티(Phan Wannamethee, 1999~2022)가 회장을 연이어 맡아왔다. WFB 본부는 1963년부터 현재에 이르기까지 태국 방콕에 있다.[114]

　1967년 당시 72세였던 WFB 회장 태국의 푼 공주가 내한했을 때는 숭산이 원불교 교단 간부들과 함께 직접 김포공항까지 가서 영접하였고, 방한 기간에 푼 공주는 원불교 서울지부에서 열린 환영 좌담회에 참석하여 원불교에 대한 이해를 증진하였다.[115]

원불교 교단은 1958년 5차 방콕 총회 때 숭산이 처음으로 옵저버 자격으로 참석하여 인연을 맺었고, 1980년 13차 총회에 이르러 비로소 정식 자격을 부여받았다. 1990년에는 한국에서 처음으로 총회(17차)를 개최하여 원불교 중앙총부를 세계 불교계에 소개한 이래 제26회(2012년), 제28회(2016년) 총회를 연이어 한국에서 개최하였다.

숭산은 45세 때인 1958년 11월 24~30일 태국의 방콕에서 개최된 제5차 총회 때 처음으로 참석하였다. 종정 하동산(河東山), 총무원장 이청담(李靑潭) 등의 조계종 대표, 그리고 저명한 학승(學僧) 서경보(徐京保) 등과 동행하였다.[116] 출국에 앞서 중앙총부 대각전에서 교무, 교도들이 모인 가운데 공식 환송회가 열리기도 하였다.[117]

숭산은 총회 개최 이틀 전 여의도 공항에서 출국하였다. 하지만, 태국 입국 수속문제로 인해 경유지 일본에서 3일을 체류한 까닭에 이미 총회가 시작된 이튿날 밤에야 방콕에 도착할 수 있었다. 그러므로 숭산은 총회 사흘째 되던 날(26일)부터 식장에 참석하게 되었다.

숭산은 국제연합 아시아경제위원회 사무소 건물에서 개최되던 회의장 입구에서 리차드 가드(Richard A. Gard, 당시 45세) 박사를 만났다. 방콕 총회 직전 익산을 방문하여 원불교계 현황을 둘러보고 숭산과 교분을 쌓았던 가드는 숭산의 도착을 고대하고 있던 중이었다. 이에 숭산은 가드의 안내와 조력에 힘입어 21개국 대표 250여 명이 참석한 총회 단상에서 원불교를 소개 홍보함으로써 각국 대표들에게 깊은 인상과 감응을 줄 수 있었다. 정식 회원이 아닌 옵저버 자격으로 참가하였음에도, 숭산은 총회 마지막 날 본회의 석상에서 원불교를 소개할 기회를 가졌다. 그때의 광경을 숭산은 다음과 같이 기술하였다.

나와 가드 박사가 원불교요람과 종법사님의 메시지 및 사업보고서를 가지고 앞에 나갔습니다. 그래서 내가 앞 의자에 자리잡고 앉고 가드 박사가 요람과 메시지와 사업보고서 등을 들고 내 대신 유창하고 우렁찬 목소리로 우리 원불교를 열렬히 소개해 주었습니다. 이 분은 전번에 우리 총부를 내방해서 자기 눈으로 실지로 보았고 해서 한국에 이처럼 활발한 활동을 하고 있는 불교 단체가 있다는 것을 열렬히 선전하는 것이었습니다. 이번 대회에는 하여간 가드 박사의 힘이 컸었습니다. … 우리 교도 일동은 충심으로 박사께 감사를 드려야 하겠습니다. 아무튼 본교의 사업보고서와 요람 낭독 및 종법사님의 메시지를 가드 박사가 유창한 영어로 낭독하자 대표들은 기대었던 의자에서 일어나 앉아 눈을 동그랗게 뜨고 열심히 긴장해서 경청하는 것이었습니다. 각 대표들의 말이 한국에 그렇게 훌륭한 단체가 있다는 것은 실로 놀라운 일이라는 것입니다. 그날로 즉시 각 대표들에게 영문으로 된 우리 원불교요람이 배부되었습니다. 마치 원불교를 위한 대회 같았습니다.[118]

숭산이 총회에 홍보할 자료로 가져간 것은 영문 『원불교요람』과 사업보고서를 비롯하여 정산 종법사의 메시지 등 세 가지였다. 이때 숭산이 홍보용으로 지니고 갔던 『원불교요람』은 방콕 총회 참석 직전에 나온 수첩 크기의 23쪽 분량의 소책자이며, 백색 표지 상단에 일원상을 새기고 하단에는 '*MANUAL OF WON BUDDHISM KOREA*'라고 인쇄되어 있었다고 한다.[119] 아마도 1956년 해외교화여행 당시에 발간했던 홍보 책자를 증보했을 것으로 짐작된다.

가드는 이처럼 본회의 석상에서 배석한 숭산을 대신하여 유창한 영어로 세 가지 자료에 의거하여 원불교를 자세히 소개했던 것이다.

더욱이 가드는 중앙총부를 방문한 경험이 있었기 때문에 원불교의 교리와 교세, 교화 현황 등 교단의 실상을 더 구체적으로 설명할 수 있었다. 가드의 연설은 '원불교를 위한 대회' 같았다고 할 만큼 각국 대표들에게 큰 감명을 주고 원불교에 대한 선명한 인상을 각인시켰다는 것이다.

총회가 끝난 뒤 숭산은 대표단의 일원으로 푸미폰 아둔야뎃(1927~2016) 태국 왕을 배알하였다. 방콕 체류 중에는 왓 포 사원의 거대 와불(臥佛)을 참배하였고 역사가 오랜 라콤파템 사원, 그리고 대리석 사원(The Marble Temple) 등도 탐방하였다. 또 대회 기간 중 마하쿨라 대학에서 열린 각국 대표들의 강연회에도 참석하여 참석자들과 우의를 돈독히 하였다. 일정을 모두 마치고 숭산이 귀국한 것은 12월 3일이었다.

원불교 교단 대표였던 숭산은 정식 회원이던 조계종 대표들과 달리 옵저버 자격으로 방콕 총회에 참석하였다. 그럼에도 불구하고 당시 세계 불교계에 상당한 영향력을 갖고 있던 미국의 불교학자 리차드 가드(Richard A. Gard)의 도움으로 원불교의 존재를 세계불교도대회에 널리 알릴 수 있었다.

원래 캐나다 출신으로 워싱턴대학에서 정치학을 전공했던 리차드 가드 박사는 하와이대학에서 중국철학으로 석사학위를, 그리고 클레어먼트대학에서 불교철학으로 박사학위를 취득하여 미국 불교학계의 태두가 되었다. 미국의 명사들이 모여 아시아 개발을 목적으로 1954년에 창설한 아시아재단의 특별고문이기도 하였다. 그리고 불교학자로서 일본의 오타니(大谷), 류고쿠(龍谷) 두 대학을 비롯하여 태국의 방콕대학, 버마의 랑군대학 등 유수한 불교계 대학에도 출강

대종사성탑 앞의 리차드 가드 박사(중앙)와 숭산(1965)

하고 있었다.[120]

일본 도쿄대학에서 불교의 한 종파인 삼론종(三論宗)을 연구하고 있으면서 제5차 세계불교도대회 방콕 총회를 앞두고 한국을 방문한 가드는 익산에 내려와 원불교 중앙총부와 원광대학을 예방하였다. 익산 방문 목적은 신흥 원불교의 교리를 탐구하고 교화현장을 살펴보는 한편, 당대 최고의 불교학자로 원광대에 재직하고 있던 김영수 교수 등과 교분을 가지고 자신이 연구하던 삼론종 관련 자료를 수집하기 위해서였다. 당시 원불교 교단에서는 가드 박사의 방문 사실을 다음과 같이 기록하였다.

아세아재단의 특별고문이며 미국의 저명한 불교학자인 가-드 박사가 (1958년) 10월 19일 본교에 내방하여 원광대학장 박광전씨의 안내로 종법사님께 뵈인 다음 원광대학을 비롯한 각 기관을 시찰하고 20일 오전에는 약 2시간 동안 총부 대각전에서 '한국 불교의 전망'이라는 제목의 강연회를 열고 오후에는 원광대학 교수와의 대담에 이어 원광대학 교학과 본교(원불교-필자주) 장학생들과의 토론 등을 마친 후 21일 오후에 서울로 향발하였다.[121]

가드는 익산에 2박 3일 머무는 동안 숭산의 안내로 종법사 송규를 찾았으며, 중앙총부 대각전에서 '한국 불교의 전망'을 주제로 특강을 하고, 원광대학의 교수 및 학생들과 대담, 토론 모임을 연이어 가졌다는 것이다. 원광대학 교수, 학생과의 대담 후 가드는 김영수 교수를 만나 불교학 토론을 하였으며, 미륵사지 석탑과 왕궁리 탑을 비롯하여 이리 시내 동산선원과 원광중고교를 둘러본 뒤 상경하였다.[122] 이처럼 가드는 방콕 총회 직전에 익산을 방문하여 숭산과 교분을 두텁게 하고 원불교에 대한 이해를 증진할 수 있었다. 숭산이 방콕 총회에 참가할 수 있는 환경은 가드를 통해 사전에 조성되었던 것이다.

가드는 그 뒤 미국으로 돌아가 예일대학에서 1962년까지 불교학을 강의하였다. 이 무렵 그는 자신이 소장하고 있던 음악과 불교 관계 서적 상당량을 원광대학에 기증하는 선의를 보였다.[123] 또 1961년에는 미국사회에 불교를 알리는 데 크게 기여한 *Buddhism*[124]을 간행하여 학자로서 명성을 날렸다. 이에 앞서 1959년에는 불교교육의 근본적 문제점을 진단하고 새로운 교육방향을 모색하는 가드의 논문 「현대 불교교육의 이념」을 교학연구회에서 국역하여 『원대학보』에 게재하기도 하였다.[125] 이 논문은 불교의 실용성과 실천성을 강조하고 있다는 점에는 원불교 교리와 상통하고 있어 주목을 끈다. 가드는 그 뒤 1965년 홍콩에 주재하면서 익산을 재차 방문하여 원불교 교단, 원광대학 인사들과 재회하였다.[126] 원불교의 해외교화와 선양에 커다란 공적을 남긴 가드는 1971년 원불교반백년기념대회에도 초청되어 세 번째 익산을 방문하게 된다.[127]

이상에서 보았듯이, 숭산은 1956년 세계교화에 이어 1958년 세계불교도우의회 방콕 총회를 통해 처음으로 국제회의에 참가한 경험을 갖게 되었다. 이로써 세계 불교현황을 직접 견문해 파악할 수 있게 되어 원불교 교화 방면에 커다란 자각과 교훈을 얻었다. 방콕 총회에 참석한 소감에 그러한 정황이 잘 드러나 있다.

> 일주일 동안 회의를 통해 내가 느낀 바는 많았다. 우리 불교의 가장 당면과제 중에 중요한 문제는 중세기 불교의 단기적 수도의 소극적 신앙생활을 지양하고 불교의 대중화, 시대화, 생활화가 급선무라고 생각했다. 그리고 현재 행하고 있는 낡은 선교방법을 깨끗이 청산하고 합리적이고 시대에 맞는 선교방법을 연구하여야 할 것이며, 이러기 위해서는 승려의 재교육 문제도 중요함을 절실하게 느꼈다. 도인은 가만히 앉아 수양만 하는 사람이 아니다. 불법을 실사회에 응용해서 우리의 생활을 보다 향상시키고 또 마음을 바로 쓸 줄 아는 사람을 말한다. 만일 부동자세로 가만히 있는 사람이 참 도인이라면 천년이 가도 움직이지 않는 바위가 참 도인일 것이다. 우리는 안으로 실력을 쌓아 변화하는 시대사조에 발맞추어 우리의 법을 만방에 펼 만반의 준비가 있어야겠다고 절실히 느꼈다.[128]

위 인용문의 요지는 전통 불교의 소극적 수도생활에서 벗어나 원불교가 지향하는 불교의 대중화, 시대화, 생활화를 모토로 삼아야 할 필요성을 절실하게 깨달았으며, 나아가 이는 또한 실천적 수양을 전제로 한 능동적 신앙생활과도 서로 통하고, 이러한 토대 위에서 원불교의 교화활동이 이루어져야 한다는 사실을 교훈으로 얻었다는 데 있다. 더 압축적으로 표현하자면, 일상의 실천과 하나가 되는 수행과 교화가 이루어져야 한다는 것이다. 숭산은 이 대회를 통해 원불교 교화의 방향성을 일찍이 통찰했다고 할 수 있다.

원불교의 해외교화 방략과 관련되어 또 한 가지 깨달은 사실은 교리를 담은 원불교 경전을 외국어로 번역하는 사업의 중요성이었다. 2차에 걸친 해외교화여행에서 숭산은 교화의 도구라 할 외국어 경전이 절급히 필요하다는 사실을 절감했던 것이다. 귀국 직후 "본교의 교리를 하루속히 영어로 번역해서 어서 그들에게 알려야 한다."[129]고 역설한 대목이 그러한 심중을 대변해 준다.

그 뒤 숭산이 다시 세계불교도우의회 총회에 참석한 것은 1978년 제12차 일본 총회 때였다. 26개국 600명의 불교 지도자들이 참석한 일본 총회는 '불교도가 사고하는 미래사회상'이라는 대주제로 그해 10월 1일부터 6일까지 도쿄의 츠키지 혼간지(築地本願寺)와 조조지(增上寺), 그리고 교토(京都)의 국제회의장에서 열렸다. 숭산은 전팔근을 대동하고 9월 29일 출국하여 일본에 체류 중이던 류병덕(柳炳德, 1930~2007)과 합류해 총회에 참석하였다. 회의가 끝난 뒤 숭산은 오카야마(岡山)현의 원불교당을 둘러보고 10월 13일 귀국하였다.[130]

숭산은 70세 때인 1984년 스리랑카 콜롬보에서 열린 제14차 총회(8. 2~8. 7)에 마지막으로 참석하였다. 전팔근·이공전·이광정·김인철 등이 숭산과 동행하여 대회에 참가하였다.[131] '세계 평화와 문화에 대한 불교의 기여'라는 대주제 하에 개최된 콜롬보 총회에는 34개국 350명의 대표들이 모였다. 숭산 일행은 원불교 종법사 김대거의 메시지와 원불교 교단사업 현황을 각국 대표들에게 알렸고, 스리랑카 국무총리와 대회장에게 태극선 부채 등을 선물하기도 했다. 폐회식 당일에는 대회장이 특별히 원불교에 대해 언급하여 "원불교의 활동은 매우 모범적이고 착실하게 발전하고 있으며 효과적이고도 능률적인 단체"라고 소개하면서 그 교화활동에 대해서도 "교화와 교육, 자선 사업 등 각 방면에 걸쳐 이렇게 골고루 활동하고 있는 것은 전 세계 불교계의 유례가 드문 장한 일"이라고 극찬했다고 한다. 체류 중에 숭산 일행은 또 스리랑카 대통령과 법무성 장관 등을 예방하고 양국의 우의를 다지는 환담을 나누었다.[132]

세계종교인평화회의

1968년 인도 뉴델리에서 열린 '평화에 대한 국제종교회의'에 참석한 종교인들이 종교간 국제적 유대를 강화하고 상호협력을 통해 세계평화를 실현하기 위한 조직의 필요성에 따라 결성된 국제기구가 세계종교인평화회의(World Conference on Religion and Peace, WCRP)이다. 기독교·불교·이슬람교·힌두교·유대교 등 세계의 주요 종교 대부분이 참가하고 있다. 곧 전 인류의 평화와 번영을 이룩하는 데 종교가 기여할 방안을 모색하기 위해 만든 단체라 할 수 있다. 숭산을 보필하여 이 회의에 수차 참석했던 전팔근은 세계종교인평화회의의 결성 배경과 이유에 대해 다음과 같이 언급하였다.

인류의 평화와 행복을 물질과 과학의 힘으로 해결해 보려던 선진국들은 그것이 불가능함을 점차 깨닫게 되었다. 즉 인간에게는 물질 이전의 것이 있다는 것을 느끼게 되었다. 인간의 내면생활, 정신 면에도 눈을 돌리고 평화의 본질에 대해서도 추구하기에 이르렀다. 세계종교자평화대회가 금년까지 3차로 마련된 그 궁극적 목적은 세계 각국의 종교인이 모여 참다운 평화의 본질이 무엇인가? 추구하는 것이다. 이러한 사고의 일단으로 특히 주목할 만한 것은, 서양의 전통 종교의 안간힘을 다한 활동에도 불구하고, 선진국들이 안고 있는 많은 문제들을 해결하는데 동양의 사상에 의지하려는 경향이 깊어졌다고 하는 점이다.[133]

전팔근은 곧 인류의 평화와 행복의 조건으로서 서양의 과학, 물질문명이 갖는 한계가 명백히 노정되고 또 서양의 전통종교로서도 한계를 절감하게 되면서 그 대안으로 동양 사상과 종교를 탐구하게 된 것이 세계종교인평화회의를 결성하게 된 배경이라는 것이다. 그리하여 동, 서양을 아우르는 전 세계 종교인들이 상호 유대와 협력을 통해 인류 평화와 행복의 증진을 도모하는 데 그 목적을 두었다. 이와 아울러 여러 종교간의 교류, 협력은 종교적 갈등 해소와 화합 도모에도 기여할 수 있다는 것이다. WCRP 본부는 미국 뉴욕의 UN 빌딩에 있으며, 명예회장 60여 명, 회장 40여 명에 이르는 방대한 회장단을 구성하고 있다.

숭산은 원불교 대표로서 1970년 일본 교토에서 개최된 제1차 총회에 참가하였다. 10월 16일부터 21일까지 6일 동안 열린 이 대회에서는 세계평화에 종교가 기여할 수 있는 역할을 대주제로 삼고 비무장, 인권, 사회개발 등 세 가지 문제를 각론으로 다루었다. 숭산과

일본 교토에서 열린 WCRP 1차 총회에 참석중인 숭산(세번째, 1970. 10)

함께 이 대회에 참가한 원불교 교단의 인물은 김정용·전팔근·이공전 등이다.[134] 이 대회에서 숭산은 국제기구로서 '종교연합'(United Religions, UR) 창설을 비롯하여 공동시장 개척, 심전계발 훈련 등을 요목으로 하는 원불교 교단의 '세계평화 3대 제언'을 발표하였다. 종교연합이란 국제연합(United Nations, UN)에 대비되는 용어로서, 정치를 중심으로 국제간의 문제를 다루는 것이 국제연합이라면, 인도(人道)를 중심으로 국제적 문제를 다루는 국제기구라 할 수 있다. 곧 종교연합과 국제연합은 마치 수레의 두 바퀴처럼 서로를 보완하면서 하나의 인류공동체를 이룩하는 데 기여하자는 것이다.[135]

원불교 교단 자료에는 일본 대회에 숭산 일행이 참가한 사실이 다음과 같이 기술되어 있다.

(원기) 55년 10월 16일부터 21일까지 일본 경도에서 세계 40여개 국의 종교지도자 평화회의가 열렸는데, 본 교단에서는 박광전 원광대학

1970년 WCRP에 참석 후 귀환한 숭산을 환영하는 모습

장을 단장으로 김정용·이공전·전팔근 제씨가 참가하게 되었다. 여기에 대산 종법사의 메시지를 전하고 이 회의를 통해서 세계 종교자들에게 한국의 발전상과 본교(원불교-필자주)를 알리는데 최선을 다하는 한편 훼르난데스 의장, 잭 사무총장 등과 환담했으며 일본 포교의 기틀을 닦는 등 큰 성과를 거두었다.[136]

40여 개국에서 불교·기독교·유교·이슬람교·힌두교 등 10여 개 종교 대표 3백여 명이 참가한 이 대회에 한국에서는 원불교 교단이 유일하게 참석하였다. 이에 숭산은 "앞으로 종교자회의에서 한국을 푸대접하는 일이 없도록 촉구하고, 종교인들이 지나치게 정치적인 배려를 하는 것"을 비판하면서 세계종교인평화회의가 정치적 편향성을 띠지 않도록 경계하였다.[137] 대회 일정을 마친 숭산은 일본의 원불교 교화현장을 둘러보고 10월 26일 귀국하였다.[138]

숭산은 1971년 일본 요코하마(橫濱)에서 열린 제3회 '세계연방평화촉진종교인대회'에도 참가하였다. 그해 5월 29~30일 양일간 요코하마 츠루미(鶴見)에 있는 조동종 대본산인 소지지(總持寺)에서 열렸으며, 김정용과 모상준이 숭산과 동행하였다.[139] '세계연방'이란 일본에서 일어난 운동으로 인간성 상실의 위기시대에 세계 종교인들이 단합하여 인간의 존엄성을 되찾고 평화로운 세상을 건설하자는 것이다. 따라서 절대주권을 가진 나라들 사이에는 분쟁이 계속되므로 국가 차원을 벗어나 세계연방을 수립하여 평화의 길을 모색하는 것이 이 운동의 목적이었다. 앞선 2회 대회는 '우주시대의 지표'를 화두로 1970년 8월 히로시마(廣島)에서 개최되었다.[140]

숭산은 6월 24일 귀국 후 원불교 중앙총부에서 열린 보고대회(27일)에서 "일 없이 가만히 앉아서 기도나 하고 신앙하는 것은 종교가 아니다. 신이나 불(부처-필자주)에게는 감사를 드리지 않아도 좋은 것이며, 사람에게 감사를 드려야 한다. 사람끼리 서로 신뢰하고 의지하고 상통하면서 살아야 한다."고 인간 중심의 실천적 신앙생활을 통해 인류평화를 구현할 수 있을 것이라는 견해를 대회 참가 소감으로 밝혔다.[141]

세계종교인평화회의 2차 총회는 1974년 8월 벨기에의 루벤대학(University of Louvain)에서 '종교와 인간생활의 질'을 대주제로 내걸고 개최되었다. 이 대회에서는 세계의 위기를 해결하기 위해 종교인들이 협력할 것과, 검소한 생활방식으로 인간의 물질적 의존을 줄이고 정신적 행복을 추구하자고 하는 '루벤선언'이 채택되었다. 이 대회에서 특기할 점은 한국의 인권문제를 거론하여 박정희 유신독재정권의 부당한 인권유린 행위에 항의하는 결의를 통과시키고 인권침

해 실태조사를 위해 일본위원회에서 조사단을 파견키로 결정했다는 사실이다.[142]

숭산은 1979년 미국에서 열린 제3차 총회에도 참석하였다. 이 대회는 뉴저지주 프린스턴(Princeton)의 가톨릭대성당에서 8월 29일부터 9월 3일까지 열렸다. 8월 20일 출국한 숭산은 앞서 도미해 체류 중이던 전팔근과 함께 대회에 참가하였고, 대회가 끝난 뒤에는 뉴욕과 로스앤젤레스 등지의 원불교 교화현장을 살펴보고 캐나다를 경유해 9월 5일 귀국하였다.[143]

1982년에는 세계종교인평화회의 일본위원회 주최로 평화 연구 집회가 열렸다. 일본 교토에서 그해 3월 14일부터 17일까지 한국과 일본 양국의 종교계 대표 4백여 명이 모인 가운데 열린 이 대회에 숭산은 원불교 대표로 참석하였다. 일본 대회에서는 '폭력 없는 새로운 인류공동체의 모색'을 대주제로 내걸고 세계와 국가, 그리고 사회와 가정에서의 폭력문제를 각론으로 다루었다. 개회식에서 숭산은 한국 종교계를 대표하여 세계평화를 위해서는 종교 지도자들의 역할이 중요하다고 전제하고, 평화의 원리로서 인류는 한 가족, 한 형제인 동시에 같은 지구촌에 사는 공동운명체라는 사실을 깊이 인식해야 한다고 강조하였다.[144]

1984년, 고희를 맞은 숭산은 8월 21일부터 9월 1일까지 케냐의 수도 나이로비에서 열린 제4회 세계종교인평화회의 총회에 참석하였다.[145] 65개국의 종교계 지도자 8백 명이 참가한 가운데 개최된 총회였다. 그 직전 스리랑카 콜롬보에서 열렸던 세계불교도우의회 제14차 총회에 이어 참석한 국제회의였다.

4차 총회를 케냐에서 개최하게 된 것은 아프리카 대륙이 처한 고단한 현실문제 때문이었다. 아프리카 대륙에는 세계 36개 최빈국 가운데 27개국이 집중되어 있었고, 빈곤·질병·무지·차별 등 전 인류가 처한 여러 가지 어려움이 공존해 있었다. 따라서 아프리카 현지인들이 많이 참가한 가운데 인류가 안고 있는 고난을 해결하기 위한 현실적 방안을 더 구체적으로 모색하기 위한 목적에서 케냐에서 총회를 열었던 것이다. '인간의 존엄과 세계평화 탐구'라는 대주제 아래 세계평화를 위한 근본 문제들을 다룬 대회의 개회식에서, '(원불교의) 일원상이 바로 평화의 가교'라고 언급했다는 세계종교인평화회의 회장 페르난데스 인도 대주교는 개회사를 통해 전 세계 소외계층에 대한 관심, 그리고 종교와 과학의 조화, 종교간 소통 등의 중요성을 특히 역설하였다.[146]

숭산 사후에도 원불교 교단은 숭산의 유지를 계승해 세계불교도우의회와 더불어 세계종교인평화회의와 긴밀한 유대관계를 갖고 종교연합, 인류평화 구현에 적극적으로 참여하였다. 이러한 토대 위에서 1999년 WCRP 제7차 대회에서는 미국 (뉴욕의) 맨하탄교당 이오은 교무가 세계불교대표로 선출되어 회장단의 일원이 되기도 하였다.[147] 이어 2000년 정산종사 탄생 100주년 기념대회 때는 윌리엄 벤들리(William Vendley) WCRP 사무총장이 직접 익산을 방문하여 인류 공동의 번영과 평화를 위해 정산 송규가 1961년 주창한 이 세상이 '한 울안, 한 집안, 한 일터'라는 '삼동윤리(三同倫理)'의 중요성을 인식하고 이를 실천할 것을 요지로 하는 축사를 하였다.[148]

아시아종교인평화회의

1968년 세계종교인평화회의가 결성되고 1970년 1차 총회가 일본에서 개최된 뒤 국가별로 위원회가 설치되고 지역별로도 연합체가 결성되었다. 1974년 벨기에에서 열린 2차 총회를 계기로 아시아지역에서도 아시아종교인평화회의(Asia Conference on Religion for Peace, ACRP)가 설립되어 1976년 싱가포르에서 1차 총회를 개최하기에 이르렀다. 싱가포르 총회에서는 아시아 여러 나라의 종교 상호간에, 그리고 문화 상호간에 협력과 조화를 촉구하고, 이를 바탕으로 세계평화에 기여하기 위해 국제기구, 단체들과 협력할 것을 결의하였다. 결국 종교가 인류평화에 기여할 방안을 모색한다는 세계종교인평화회의의 보편적 지향성을 아시아권에서 각론으로 접근한 것이다.

한편, 원불교 교단은 일원주의(一圓主義)와 삼동윤리 정신에 바탕을 두고 아시아종교인평화회의 활동에도 적극적으로 참여하였다. 우선 교단 대표로 숭산은 1981년 3월 처음으로 태국 방콕에서 열린 아시아종교인평화회의 2차 운영위원회(3.26~3.31)에 참석하였다.[149] 우리나라를 비롯해 태국·일본·방글라데시·인도·네팔·홍콩 등 7개국 40여 명의 종교 대표들이 모인 운영위원회에서 의장을 맡게 된 숭산은 1970년 세계종교인평화회의 1차 총회에서 '세계평화 3대 제언' 가운데 하나로 처음 발표했던 종교연합(UR) 국제기구 창설을 거듭 제안하였다.

본 교단 대표인 박광전 법사는 본 운영위원회의 의장으로, 전팔근 교무는 커뮤니케이션 기초위원 겸 운영위원으로 각각 선임되었으며, 본회의 의장인 박광전 법사는 국제종교협력기구(대산 종법사 제창)의 필요성을 주지시키는 한편, 세계평화의 실현을 위해서는 종교 유엔(UR) 창설이 시급함을 제의하였는데, 만장일치로 본안이 채택되어 명년 1, 2월에 방글라데시 다카에서 있을 예정인 제3차 운영위원회에서 이를 구체적으로 성안, 논의하기로 하였다.[150]

원불교 교단에서 종교연합 창설을 제안한 궁극적 목적은 인류평화의 구현에 있었다.[151] 이러한 평화 구상안이 1981년 방콕 회의에서 거듭 제안되었고, 참석자들의 지지를 받아서 차기 회의에서 구체적 실행방안을 강구하기로 하였다는 것이다.

방콕 회의에 이어 숭산은 1981년 11월 6일부터 12일까지 인도 뉴델리에서 열린 ACRP 2차 총회에 참가해서도 국제기구로서 종교연합(UR)을 설립할 것을 구체적으로 제안하였다.[152] 숭산은 당시 상황을 아래와 같이 밝혔다.

회의(6~12일)에 참석하여 세계종교연합 한국추진위원회가 마련한 「세계종교연합 설립취지문」과 「세계종교연합 설립선언문」이 인쇄된 홍보책자 300여 부를 배부하는 등 홍보활동을 적극 전개하여 참석자들로부터 좋은 반응을 받았다. 회의 규정상 1년 전에 의제를 상정해야 본회의 정식 안건으로 채택되는데, 시간사정상 늦어졌다. 그러나 소위원회로부터 의제로 다루어져서 좋은 호응을 얻었으므로, 차기 회의에 정식 안건으로 채택될 좋은 기틀을 마련한 셈이다.[153]

숭산이 뉴델리 총회에 제출한 세계종교연합 설립 취지문과 선언문 가운데 종교연합 설립의 취지와 목적을 명확히 천명한 '선언문'의 요지를 소개하면 아래와 같다.

이 우주의 진리는 하나다. 따라서 모든 종교의 근본 원리는 하나일 수밖에 없다. 또한 모든 종교의 교화 방편은 다를지라도 지향하는 목표는 같지 않을 수 없다. 모든 인류는 한 가족이다. 인종과 국가는 다를지라도 우주 내의 한 기운으로 연결된 지구의 한 가족이다. 이 세상은 한 일터이다. 모든 일이 주장과 그 방법이 다를지라도 이 세상을 위하고 깨우치는 데는 일치한다. 이제 모든 종교와 종족과 사상이 문을 활짝 열고 한 자리에 모여 상호이해와 대동화합을 위한 대화와 훈련, 그리고 공동활동이 절실히 필요하다. 또한 정치와 과학의 궁극적인 목표도 이 지상에 행복하고 평화로운 세계 건설이라는 점에서는 일치한다. 그러나 참다운 행복과 평화는 정치와 과학문명만으로 이룩될 수 없다. … 현대 문명의 위기는 물질적 빈곤보다 오히려 도덕적 타락과 정신적 빈곤, 무지, 질병에 있다. 그러므로 종교와 도덕에 의하여 인류의 정신을 밝히고, 선한 의지를 기르고, 가치 질서를 제시해 주지 않으면 안 된다. 정치는 한 가정의 아버지와 같다면, 종교는 어머니와 같다. 아버지만 있고 어머니가 없는 가정은 복되고 원만한 가정이 될 수 없다. 정치적 국제연합이 필요한 이상, 이와 아울러 종교적 국제연합 기구도 반드시 있어야 한다. 앞으로의 세계는 정치와 종교, 과학과 도덕, 정신과 물질이 수레의 두 바퀴와 같이 어울려 나가고 협력해 나가는 참 문명세계가 요구된다. 우리는 종교인의 대동화합과 내외가 겸전(兼全)한 참된 세계평화, 그리고 하나의 세계 건설을 위하여 종교연합 기구 창설의 횃불을 높이 드는 바이다.[154]

진정한 인류 평화와 번영을 위해서는 도덕적, 정신적으로 인류 공동의 성숙한 이해와 공감이 선행되어야 한다는 사실을 전제하고, 이를 구현하기 위해서는 종교연합 국제기구가 결성되어야 한다는 당위성을 역설한 것이다. 정치와 종교 양자의 병진을 통한 인류 평화와 번영을 목표로 한 것이다.

한편, 원불교 교단 차원에서 과제로 제시한 '종교연합'에 대해 숭산은, 그 시기는 특정할 수 없지만, 개인적으로 크게 찬동하지 않았던 듯하다. 아래 숭산의 언급에 그러한 정황이 드러난다.

> 교단의 과제로 안고 있는 UR(종교연합) 운동에 대해서 나는 의문을 갖고 있다. 정치적 기구인 UN도 창설 당시의 이념을 실현하고 있는가도 회의적이다. 더구나 종교에서는 운영경비를 부담하면서 연합하려고 하지 않는다. 기독교 계통에서는 더욱 필요성을 느끼지도 않고 주도권을 쥐고 있기 때문에 생각지도 않는다. 그러므로 내가 생각하는 것은 몇 년에 한 번씩 대회 형식으로 만나 서로 대화하면서 문제를 제기하고 해결할 수 있는 공통점을 찾는 방향으로 나가야 실현성 있는 모임이 되지 않을까 한다. 그래서 일 있을 때는 모임을 가져 공동과제를 해결하는 그런 기구가 되어야 할 것이다.[155]

요컨대, 숭산은 '종교연합'체 결성이 현실적이지 않다고 본 것이다. 전 세계의 정치연합체인 국제연합(UN)도 원래의 취지와 목적에 맞게 운영되지 못하는 현실에 비추어 볼 때, 종교연합은 유지, 운영 면에서도 소요경비 분담문제 등 현실적 난관이 있을 뿐만 아니라, 세계적으로 가장 큰 영향력을 갖는 기독교계가 참여할 의사가 없기 때문에 실현 가능성과 실효성을 기대하기 어렵다는 것을 그 이유로 들었다. 숭산은 대신에 전 종교인이 정기적으로 모임을 갖고 종교 상호간 이해를 증진하고 과제를 공유하는 것이 현실적이라고 본 것이다.

한국 대표단은 뉴델리 총회에 이어 1986년에 개최할 제3차 총회를 서울에 유치하는 데 성공하였다.[156] 그리고 각국 대표들의 적극적인 호응으로 뉴델리에서 제의한 종교연합기구 설치 안건은 차기 회의에서 다룰 공식 의제로 채택되기도 하였다.

그 뒤 숭산은 서울 총회 개최를 앞두고 제반 사업들을 점검하고 준비하기 위해 1984년 홍콩에서 열린 아시아종교인평화회의 집행위원회의(4. 2~4. 7)에도 참가하였다. ACRP 총회는 1986년 서울 개최 이후 28년만인 2014년 8월 인천 송도에서 다시 한번 열렸다.[157]

일본과의 학술·종교 교류

1963년 일본 교화여행

원불교 교단을 대표하여 숭산은 1963년 말에 한 달여 동안 일본을 방문하였다. 1956년 세계일주와 1958년 세계불교도우의회 방콕 총회 참석에 이어 세 번째 해외교화 여정에 오른 것이다. 그동안 숭산은 세계일주 여정에서 특히 일본불교가 전 세계에 널리 전파되어 있던 사실을 확인하고, 과거 일본 유학생활의 경험을 토대로 일본 불교계와 교류하고 원불교 교화사업을 펼치기 위해 관련 인사들과 끊임없이 접촉해 왔다. 그러던 중 재일교포 두 사람이 1963년 5월 원불교 교단에 두 명의 대표를 초청하였다.[158] 이에 숭산은 송영봉(宋靈鳳, 송규의 딸) 교무와 전팔근 교수를 대동하고 11월 25일부터 12월 27일까지 일본을 방문하였다. 일행은 이때 도쿄를 비롯하여 오사카·교토·나라 등지를 두루 다녔다.[159] 숭산은 당시의 방일 목적을 다음과 같이 밝혔다.

> 저희가 이번에 교단 동지 여러분의 열열한 환송을 받으며 일본에 가게 된 것은 가까운 일본의 불교단체·사찰·대학, 그리고 많은 신흥종교의 교단을 돌아보아 그들의 포교방식, 운영방법 등을 조사하여 발전일로에 있는 우리 원불교 교단의 운영에 참고하고, 재일교포의 교화를 위하여 지부를 설치하고 일본 불교계에 우리 원불교를 이해시키며, 유학생을 파견하거나 앞으로 계속해서 우리 교단에서 단체로 일본을 시찰할 수 있는 길을 열고, 또는 부유한 우리 교포들이 많이 살고 있는 이 나라에서 뜻있는 사업가를 만나 점차 규모가 커가는 우리 원불교 포교에 힘을 얻자는데 그 목적이 있습니다.[160]

곧 일본 불교 등 종교계 시찰과 유대강화, 그리고 원불교 현지 교화방안 모색 등이 구체적 방일목적이었다. 일본 교단 설립과 교화에 재일교포 재력가의 원조를 고대하는 위 숭산의 어중(語中)에서도 고단했던 당시 교단의 재정형편을 짐작할 수 있다.

한편, 원불교 교단자료에도 숭산 일행의 방일 사실을 다음과 같이 간략히 정리해 놓았다.

교단대표 박광전·송영봉·전팔근 제씨 일행은 일본 불교계를 방문차 지난 11월 25일 출발하여 1개월여인 12월 27일에 돌아오게 되었다. 동 대표단은 이번 방문에서 재일교포 및 일본불교계에 본교(本敎, 원불교-필자주)를 소개하였고 앞으로 일본 포교에 좋은 기연(機緣)을 얻게 되었으며 동단(同團)은 일본 불교계와 신흥종교 교단의 교화상황을 시찰하였고, 한편 동경의 불교타임즈사는 많은 불교서적을 수집 기증하겠다고 동 대표단에게 확약한 바도 있다."161

숭산은 방일기간에 원광대학과 일본의 여러 대학간의 학술교류를 위한 행보도 가졌다. 모교인 도요대학을 비롯해 도쿄대학, 오타니대학(大谷大學) 등 여러 대학을 방문하여 유학생과 교환교수 수용문제를 협의하여 긍정적 결과를 얻어낸 것이 그러한 예이다. 도요대학을 방문해서는 불교의 해외포교에 필요한 외국어 실력 증진을 도모하기 위해 여러 대학에서 매년 윤번으로 주최하던 '교수·학생불교영어변론대회'를 참관하였을 뿐만 아니라 후속 좌담회에도 초청을 받아 참석하였다. 또 이때 도요대학에서는 은사 히로이케 교수와 동문들의 주선으로 숭산에게 명예박사학위 수여를 추진했으나 알 수 없는 사정으로 그 결실을 보지는 못했던 것 같다.162

숭산은 또 1956년 세계일주 당시 뉴욕에서 만났던 불교학자 스즈키 다이세츠의 자택을 방문하기도 하였다. 도쿄에서 다시 만난 93세 고령의 스즈키 교수는 숭산에게 자신의 저작집 한 질을 선물하며 반갑게 맞이하였다.163

방일기간 중에 또 하나 특기할 것은 숭산 일행을 위해 12월 19일에는 불교타임즈사에서 좌담회를 개최했다는 사실이다. 숭산과 교

분이 있던 쓰네미츠(常光活然) 불교타임즈사 사장, 그리고 야마나카 (山中龍淵) 편집장의 호의로 마련된 환영 좌담회에는 일본 불교계를 중심으로 언론계, 정치계 중진 30여 명이 참석하였다. 한일간 종교, 문화의 돈독한 관계를 도모하는 이 모임에서 숭산은 특별히 한국 종교계의 현황과 함께 신생 원불교의 교리와 사업현황, 그리고 생활양식 등을 소개하는 뜻깊은 시간도 가졌다.『불교타임즈(佛敎タイムス)』에는 원불교와 숭산을 소개하는 기사가 2회(제553호, 제555호)에 걸쳐 실리기도 했고, 불교타임즈사가 전개한 도서수집 캠페인으로 모은 다량의 불교서적이 이듬해 7월 원광대학에 도착하기도 하였다.[164]

귀국 후 숭산은 일본 방문에서 얻은 교훈과 소감에 대해 언급하였다. 첫째 생활불교, 실천불교를 지향하는 원불교의 취지와 교리에 대해 일본인들이 적극적으로 공감하여 예상 밖으로 호의적인 반응을 보였다는 점을 강조하였다.

> 앞으로는 승려불교로 그쳐서는 안 되며 일반대중이 불교의 진리로 생활하고 부처님의 자비의 정신으로 활동하는 그러한 실천인이 되도록 하는 불교의 생활화운동이 목표가 되어야 한다고 하며 그것을 선각(先覺)하여 주창하는 원불교의 활동을 대찬성하고 있는 것이다.[165]

일본인, 나아가 전 인류를 대상으로 하는 교화에 자신감을 가진 숭산은 장차 이러한 원대한 교화사업을 구현하기 위해 원불교 교단이 장차 해결해야 할 과제를 다음과 같이 제시하였다.

일본사람에게 대해서 자신을 가지고 포교할 신념을 얻었고 나아가서는 전 세계 사람의 생각하는 바에 맞으니 우리 원불교를 전 세계를 향해서 자랑하고 포교할 자신도 생겼습니다. 그러자면 첫째, 가사(家事)를 불고하고 전적으로 포교사업에 투신할 수 있는 교단의 인재를 대대적으로 양성하는 일이 긴요한 일인데 교육자금은 물론이요 때에 따라서는 이들의 개인생활까지 보장해 주어야 하겠으며 그러자면 둘째로 교단적 경제기반 확립이 절실한 일이 되어 있다고 봅니다. … 일본 불교계와 신흥종교들의 경제체제를 많이 참고하여 우리도 앞으로 교단적 총역량을 동원하여 경제기반을 확고히 해야 할 것이라고 생각됩니다.[166]

숭산은 곧 원불교의 세계교화를 위해서는 전문인력을 많이 육성해야 한다는 점을 전제하고, 이를 위해서는 교단의 튼튼한 경제기반을 구축해야만 한다는 사실을 결론적 과제로 제시하였다. 일본의 불교계, 신흥종교 교단에서 벌이는 다양한 수익사업으로 창출되는 풍족한 재정이 포교, 교세의 바탕이 되고 있는 현장을 시찰한 경험의 소산이라 할 수 있다. 숭산이 이처럼 원불교 교단의 경제력 향상을 강조한 이면에는 당시 교단이 처한 열악한 재정상황을 타개하려는 심적 고충이 도사리고 있었던 것이다.

일본 붓쿄대학과의 학술교류

1973년 5월 일본 교토에 있는 붓쿄대학(佛敎大學)의 에타니 류카이(惠谷隆戒, 1902~1979) 학장이 한일불교학학술회의 참가를 위해 원광대학교를 방문한 것을 계기로 양교간 학술교류 협의가 이루어졌다. 그때부터 시작된 붓쿄대학과 원광대학 양교가 매년 또는 격년 간격으로 서로 번갈아 가며 개최해 온 학술회의는 지금까지도 이어지고 있다. 제1회 대회 이후 1990년 제12회 대회까지는 한일불교학학술회의라는 명칭을 사용하다가 이후에는 국제불교문화학술회의라는 이름으로 바꾸어 부르게 되었다.[167] 이 학술회의를 주관한 원광대 측 기관은 류병덕 교수를 소장으로 1967년에 창립한 종교문제연구소였다.

숭산은 학술교류 협의에 따른 후속사업을 구체적으로 논의하기 위해 붓쿄대학 초청으로 1974년 2월에 일주일 동안 일본을 방문하였다. 방일 동안 숭산은 자매결연 체결, 학생과 교수 등 인적 교류, 도서 교환, 그리고 학술교류 정례 세미나 개최 등 양교간의 구체적인 교류협력 방안에 대해 합의하였다.[168]

숭산은 이처럼 한일간 문화교류와 학술진흥에 기여한 공로로 1981년 붓쿄대학으로부터 명예박사 칭호를 받기도 하였다.[169]

그밖에도 1975년 1월에는 자유중국종교인협의회 초청으로 원불교 교단의 종교 교류에 앞장섰던 운산(雲山) 문동현(文東賢, 1909~2000)과 함께 대만을 방문하였고,[170] 1976년 2월에는 한일종교협의회에 참석하기 위해 일본을 방문하였다. 일본 방문 기간에는 재일교포들의 요청으로 도쿄·오사카·교토 등지에서 강연회를 개최하기도 하였다.[171]

연구소와 연구원의 개설

해외포교문제연구소

1956년 세계일주 교화여행에 이어 1958년 태국 방콕에서 열린 세계불교도우의회 총회에 참석한 뒤 숭산은 두 가지 사실을 확인하였다. 첫째는 원불교의 교리와 취지가 전 인류를 대상으로 하는 해외교화에 보편적 적합성을 가지고 있다는 점이다. 생활불교, 실천불교를 표방한 원불교의 혁신적 교리가 전 인류의 보편적 가치 추구에 적합한 장점을 가지고 있다는 사실을 동서양 다수의 종교인, 학자들과 접촉하는 가운데 확인할 수 있었던 것이다. 두 번째는 해외교화의 현실적 가능성을 구현하기 위해서는 외국어 학습과 외국어 경전의 발간이 반드시 선행되어야만 한다는 사실이다. 해외교화를 구현하기 위해서는 외국어에 능통한 전문 교역자가 있어야 할 뿐만 아니라, 외국인들을 교화하기 위해서는 현지 외국어로 된 원불교 경전이 반드시 필요하다는 점을 확신했던 것이다.

이에 숭산은 해외교화의 비전과 가능성을 확인하고 이를 구현하기 위한 실천적, 구체적 방안을 마련하였다. 먼저 숭산은 해외일주 직후인 1956년 6월에 발족한 원광대학 '교학연구회(教學研究會)' 안에 특별히 해외포교반을 두었다. 다음으로 1960년에는 '해외포교연구회'를 창립하였고, 그를 이어 1962년에는 '해외포교문제연구소'를 설립하였으며, 나아가 원불교 중앙총부에는 국제부를 신설하기에 이르렀다. 또 이러한 노력을 통해 원불교 영문잡지 *Won Buddhism*(원부디즘) 발간이 이루어졌고, 또 원불교 경전집인 『원불교교전』이 영역될 수 있었다. 원광대학과 원불교 교단의 이러한 일련의 해외포교 사업은 숭산의 해외일주 교화여정의 연장선상에서 이루어졌기 때문에 그 결실인 동시에 확대라 할 수 있다.

1956년 세계일주 교화여행 당시 간단한 홍보책자로 짐작되는 영문 *Manual of Won Buddhism* 외에 원불교를 해외에 소개할 외국어 교재나 홍보물이 전무했던 실정으로 해외교화의 현장에서 커다란 장애에 부딪히면서 그 필요성을 누구보다 실감할 수 있었다. 그 뒤 1958년 방콕 총회 참석 때 다시 한 번 외국어 학습, 간행물 발간의 중요성을 절감하였다.[172]

숭산이 이처럼 두 차례에 걸친 해외여행의 경험을 바탕으로 해외교화의 구체적인 방략을 연구하기 위한 모임인 해외포교연구회를 결성하게 된 사실은 다음 인용문에도 잘 드러나 있다.

> 본 대학 학장인 박길진 교수는 4289년(1956년-필자주) 원불교 해외포교의 첫 일로서 구미를 일주한 바 있고 (단기) 4291년(1958년-필자주)에는 제5차 세계불교도대회에 참석차 태국을 위시하여 남방불교도 시찰하고 돌아온 바가 있다. 남다른 품위(稟位)와 지견(智見)을 가진 박 학장은 이러한 세계적 견문을 계기로 최근에 와서는 원불교의 해외포교에 지대한 관심을 가지고 이미 누년간(累年間) 외국 30여 개소의 종교단체와 연락하여 오던 중 드디어 뜻있는 몇몇 동지를 규합함으로써 대대적으로 해외포교연구회라는 기관을 특설하기에 이르렀다.[173]

숭산은 두 차례 해외순방을 통해 교분을 쌓은 세계 각국의 여러 종교 단체나 인물들과 지속적으로 연락을 취하고 있었으며, 이를 토대로 원불교 해외교화사업을 제도화, 조직화하기 위해 해외포교연구회를 설립하기에 이르렀다는 것이다. 원불교 교단에서도 해당 사실을 다음과 같이 기술해 놓았다.

특히 1960년에 발족한 해외포교연구회는 숭산 해외순방을 계기로 원불교단 차원에서 해외교화사업을 체계적으로 펼치기 위해 준비, 연구를 하기 위해 만든 것이다. 원광대학을 주축으로 정화사와 각 교육기관이 합력하여 발족되었으며, 당면한 사업목표로 우선 영어·일어·중국어 등 3개 부문의 기구를 두고 일차로 해외불교의 이해와 소개에 주력한 다음 원불교 경전 번역에 착수하기로 하였다. 숭산이 회장을 맡고 부회장은 이운권, 박장식이 선임되었으며, 모두 24명의 회원으로 구성되었다.[174]

숭산은 해외포교연구회를 결성할 때 원광대학을 주축으로 하면서도 원불교 교서편찬기관 정화사(正化社) 등 유관기관이 함께 참여토록 한 것은 해외교화 사업을 향후 범교단 차원에서 펼쳐야 할 과제로 인식한 결과라 할 수 있다. 출범 당시에는 위에서 보듯이 전 세계 공용어인 영어를 비롯해 이웃 일본과 대만의 교화를 목적으로 한 일본어와 중국어 등 세 가지 외국어 부문을 두었지만, 실제로는 영어 중심으로 운용되었던 것 같다.

숭산은 해외교화사업을 체계적, 효율적으로 수행하기 위해서는 모임 결성이 필요하다는 생각으로 1960년 11월 14일 해외포교연구회 출범을 위한 '준비회'를 소집하였다. 숭산 이하 이공전·김윤중(金允中)·이중정·류병덕·송천은 등 여섯 명이 참석한 이 날 모임에서 숭산은 그 취지를 다음과 같이 설명하였다.

> (원불교) 교세가 일취월장함에 따라 이제는 국내 포교에만 주력할 것이 아니라 좀 더 시야를 넓혀서 해외 각국을 상대로 힘을 기울여야 할 터인데 아직 우리의 형편이 직접 해외로 포교를 할 단계에 이르지 못하였으니 해외포교문제연구회를 구성하여 각 부문으로 나누어 전문연구를 촉진시켜야 된다.[175]

위의 인용문에는 회명이 '해외포교문제연구회'로 나타나 있다. 이를 통해 해외포교연구회가 처음 결성될 때 아래에서 보듯이 회명에 대한 논의가 있었음을 짐작할 수 있고, 2년 뒤에 이 회가 확대 발전되어 기구로 탄생한 해외포교문제연구소 명칭과도 연관되어 있음을 알 수 있다. 이와 같은 예비모임을 가지고 관련 규약을 마련하는 등 준비를 한 뒤 1960년 11월 24일 창립총회를 개최하였다. 학장 부속실에서 개최한 창립행사에 참석한 인물은 숭산을 비롯하여 이중정·김정용·이공전·김윤중·박길연(광진)·류병덕·정성숙(鄭盛熟)·전팔근·송천은·정봉길(鄭奉吉)·이선경(李善慶) 등 모두 12명이었다. 이날 결정된 각 부서와 그 담당자는 다음과 같다.

회장　박길진
부회장　박장식·이운권
간사장　이중정
영역부문
　영역주간　박광진

연구원　　박광진·류병덕·전팔근·정자선·송천은·정봉길·송수은
일역부문
　　일역주간　김정용
　　연구원　　김정용·박길진·박장식·김윤중·송은석·이공전·이중정·
　　　　　　　　정성숙·오희원·박제현
중역부문
　　중역주간　이선경
　　연구원　　이선경·이운권·윤정운[176]

　해외포교연구회는 출범 이후 매월 한 차례씩 정례 모임을 가지고 외국어로 된 불교 논문이나 해외 종교소식을 소개하는 등의 활동을 지속하면서 『원불교교전』의 번역과 원불교 소개 외국어 잡지 발간을 위한 준비를 갖추어 갔다. 그리고 2년 뒤인 1962년에는 문교부의 정식 인가를 받아 해외포교문제연구소를 설립하기에 이르렀다. 당시 해외포교문제연구소 명판에는 '해외포교문제연구소(RESEARCH INSTITUTE for OVERSEAS MISSION)'과 '원부디슴사(WON BUDDHISST PUBLISHING SOCIETY)' 두 단체의 한글, 영문이 병기되어 있었다.

　이러한 준비과정을 거쳐 원불교를 해외에 소개하기 위한 영문잡지 *Won Buddhism*이 드디어 1962년 봄에 창간되기에 이르렀다. 처음 계간으로 기획되었으나 주로 겨울과 여름 연 2회 발간한 이 잡지는 전 세계 50여 곳에 보급되어 원불교를 해외에 알리는 데 크게 기여하였다. 전팔근의 편집, 번역으로 창간 이래 24년 동안 총 34권을 발행하였다.[177]

해외포교문제연구소 명판과 Won Buddhism 발간 주역 전팔근

해외포교연구회는 *Won Buddhism* 창간에 이어 그 이듬해인 1963년에는 일어판 소책자 『원불교요람』(8쪽)을 간행하였다. 일본어 요람은 그해 말 숭산과 송영봉, 전팔근이 일본 교화의 전진기지 물색차 1개월 동안 불교를 비롯한 일본 종교계를 시찰하며 원불교를 홍보할 때 매우 요긴하게 쓰였다. 일본어 요람에 이어 1965년에는 중국어판 『원불교요람』(20쪽)을 간행하였다. 이후 외국어 요람의 수정 개정판이 계속 이어졌을 뿐만 아니라 다른 외국어본 책자까지 연속적으로 간행함으로써 해외교화의 교재로 소중하게 활용되기에 이르렀다. 이와 같은 토대 위에 원불교 반백 년 기념 해인 1971년에는 교단의 숙원사업 가운데 하나였던 『원불교교전』 영역본이 간행될 수 있었다.[178]

원불교사상연구원

숭산은 원불교학의 연구와 정립을 위해 오래도록 다양한 노력을 기울여왔다. 일찍이 1956년에 원광대학 교학과 학생과 교수를 주축으

로 교학연구회를 창립한 것을 시작으로 1965년 종교문제연구소를 개소한 것도 원불교학의 연구와 정립을 위한 노력의 일환이었다. 교학연구회는 정기적으로 학술발표회를 개최하였고, 아울러 수시로 공개강좌와 토론회도 열었다. 원불교학 연구의 성과물을 발표하기 위해 1965년에는 학술지『교학연구(敎學硏究)』를 프린트본으로 창간한 뒤 1970년 제4집부터 인쇄본으로 발간하였다.

이러한 토대 위에서 숭산은 원불교의 사상과 교화, 역사와 제도 등을 체계적으로 연구하기 위해 새롭게 종합대학으로 출범한 원광대학교 내에 1974년 7월 4일 원불교사상연구원을 창립하였다. 원불교 건학 이념에 따른 원광대학교의 교책연구기관으로서의 위상을 가진 원불교사상연구원의 원장은 총장인 숭산이 맡았고, 그 아래 부원장 김정용, 사무장 한기두 등의 간부를 두었다.

원불교사상연구원은 설립 이래 월례연구발표회를 비롯하여 학술회의, 총발표회, 그리고 학술강연회 등 다양한 형태로 정기, 또는 부정기적으로 학술행사를 활발하게 가졌다. 기관지로는『원보(院報)』를 간행하였고, 출범 이듬해(1975)부터는 원불교학 발전의 토대가 된 학술지『원불교사상(圓佛敎思想)』(2004년『원불교사상과 종교문화』로 개칭)을 간행하기에 이르렀다.

장차 원불교학 연구의 본산으로 기대와 열망을 안고 출범한 원불교사상연구원 창립 행사를 당시『원불교신보』에서는 다음과 같이 상세히 보도하였다.

원불교의 사상을 바르고 넓게 연구함으로써 교단과 인류사회의 발전에 기여함을 목적으로 한 '원불교상연구원'이 7월 4일 발족되었다. 원

원불교사상연구원 제1회 학술회의(1977. 6)

광대학교 내에 설치된 동 연구원은 … 원불교 교리를 중심으로 한 제반 사상을 연구하는 제1분과 연구실, 원불교 교화의 방향과 그에 부응하는 제반 사회문제를 연구하는 제2분과 연구실, 그리고 원불교 사관의 확립과 그에 부응하는 제반 역사문제를 연구하는 제3분과 연구실을 두고 있다. 또한 연구 활동을 원활히 하기 위해 상임연구위원과 연구위원(비상임), 명예위원을 두고 있다. 재가출가를 망라 모두 42명으로 구성된 창립위원 가운데 27명이 참석한 이날 총회에서는 전문 23조로 된 '원불교사상연구원규정'을 심의 통과시키고 규정에 따라 발기위원회에서 선임한 원장 박길진 총장을 인준했다. 부원장에는 김삼룡 교수, 사무장엔 한기두 교수(제1분과 연구실장 겸), 제2분과 연구실장 송천은, 제3분과 연구실장 한종만 교수가 각각 선임되었다. 상임연구위원엔 김도융(팔곤), 하재창(이상 제1분과), 서창열(제2분과), 김홍철(제3분과) 교수. 한편 박길진 총장은 이날 개식사에서 활발한 연구활동을 위해 경제적 뒷받침을 튼튼히 해줄 것임을 밝혔다. 창립총회에 앞서 동 연구원 개원 기념강연회도 가졌는데 전원배 교수(원대 대학원장)의「내가 본 원불교」와 박길진 총장의「불교와 원불교의 차이」라는 제목의 강연이 있었다. 강연회에는 창립위원과 원광대 교직원 등 1백 50여 명이 참석했다.[179]

원불교사상연구원 출범 당시 당대 최고의 원불교학 연구자들이 모두 참여한 가운데 의욕이 넘치는 왕성한 연구 분위기를 짐작할 수 있다. 또, 창립 당시에 설치한 교학(教學, 교리사상), 교화(教化, 교화현실), 교사(教史, 원불교역사) 등 세 가지 연구 분과는 원불교사상연구원이 지향하려 한 방향성이 어디에 있었는지 명확하게 알려준다. 이날 전원배 교수에 이어 숭산이 행한「불교와 원불교의 차이」라는 기념강연의 요지는 "종교에서 물질적 기원이나 요행이 성취 가능한 것이라면 그 종교는 부패케 되는 것"이라면서 "종교와 생활은 둘이 아니라 하나로 될 때 종교와 생활은 바르게 된다."라는 것으로, 도덕적 정신수양의 가치를 강조하면서 실천불교, 생활불교로서 원불교가 갖는 고유한 위상을 역설하였음을 알 수 있다.[180]

한편, 이듬해 처음 나온 학술지『원불교사상』의「창간사」에서 숭산은 원불교사상연구원을 설립한 궁극적, 본원적 의의에 대해 다음과 같이 기술하였다.

본원의 사명은 세계의 모든 지성층이 다 모여들어 교단의 독자적인 사

원불교사상연구원 현판

상을 드러내고 사통오달로 트인 본교(원불교-필자주)의 사상을 더욱 밝혀서 현대인들에게 막혀 있는 어려운 문제들을 해결하고 잊었던 인간의 가치를 되찾아 나가며 메마른 인류에게 생명력을 불어넣는 작업을 진작하는 데 의의가 있다.[181]

숭산은 원불교의 일원적 세계관을 통해 인류의 보편적 가치를 확인하고 현대사회의 당면한 난제들을 극복함으로써 건전한 새 생명을 인류사회에 불어넣을 수 있도록 기반을 다지는 데 그 본원적 의의를 둔다고 하였다. 곧 원불교사상연구원을 설립하고 운영하는 궁극적 목적은 인류사회에 기여할 원불교의 고유한 사상 탐구와 가치 창출에 있다는 것이다.

초대 부원장 김정용도 원불교사상연구원의 설립 목적, 그리고 그 연구 방향성에 대해 같은 『원불교사상』 창간호 「서문」에서 다음과 같이 언급하였다.

원불교의 사상·역사·문화·제도·교화 등 전반에 걸친 광범한 연구를 통하여 교단을 새롭게 가꾸어가는 방법을 모색하고 나아가서 이웃과 사회에 건전하고도 참신한 사상으로 향한 생활지표를 설정하는 데 기여하자는 의미가 개원하게 된 주목적이었습니다. 그러한 목적을 수행해 가려는 구체적인 사업추진 내용은 원불교학과 아울러 원불교사관 수립을 근간으로 한 진지한 연구활동을 전개하는 것이었습니다. 그것은 곧 교리를 중심한 사상연구, 사회문제를 통한 교화방향 연구, 원불교사관 확립을 도웁는 모든 역사문제의 연구 등 세 가지 중심 연구분과 과제로서 그동안도 수차 각 분과별로 연구발표회를 성실하게 이끌어 오면서 흩어진 사상을 정립하기 위해 노력도 해 왔습니다.[182]

앞의 창립행사 보도 기사에서도 언급되었지만, 위의 김정용「서문」에도 원불교사상연구원의 연구 방향성과 관련하여 세 가지 연구 분야(과제)가 명확히 기술되어 있다. 교리를 중심한 사상, 사회문제를 통한 교화, 원불교사관 확립을 위한 역사 연구가 그것으로, 곧 교학·교화·교사 세 분야로 연구가 수렴되었음을 알 수 있다.

그런데, 이와 같이 원불교사상연구원이 설정한 교학·교화·교사 세 연구 분야(과제)의 역사적 연고, 그 가운데서도 특히 교학 연구의 연원에 대해 원장 숭산을 보필하여 실무 책임을 맡았던 초대 사무장 한기두(韓基斗, 1933~2016)는 매우 중요한 사실을 아래와 같이 언급하였다.

우리 원불교에서 교학의 연구가 시작된 시초를 상기하여 보면 1956년에 '교의사상강좌(教義思想講座)'를 위하여 처음으로 시도되었던 '교학개설(教學槪說)'을 비롯으로 하였음을 찾아볼 수 있습니다. 이 논의는 이미 유일학림 때부터 싹텄거니와 그 출신인 김정용(金正勇)·이은석(李恩錫)·이중정(李中正) 제씨에 의하여 시도되었으며, 이러한 원불교학은 그

후 교학과 교수들을 중심으로 연구되어 오다가 이듬해인 1957년[183]에 원불교학연구회가 발족되어 교학과 학생들도 이에 참여하여 연구를 하게 되었으니, 원불교학의 본격적인 연구는 이때부터라고도 말할 수 있겠습니다. 이러한 교학연구회는 예비교역자인 본 대학 재학생들의 연구회로서 이른바 교리·교화·교사의 3개 연구반에 의하여 연구가 진행되었습니다.[184]

한기두는 원불교사상연구원에서 학문적으로 주로 다룰 연구 대상인 원불교학의 역사적 연원이 1956년 원광대학에 '교의사상 강좌'를 개설할 때 교재로 정리한 『교학개설(敎學槪說)』로부터 비롯된 것으로 이해하였다. 그리고 이와 같은 『교학개설』이 정리될 수 있었던 배경에는 김정용·이은석·이중정 등이 유일학림 시절부터 일찍이 관심을 두어왔던 교학 공부가 그 바탕이 되었다는 사실을 언급하였다. 이러한 토대 위에 원불교학과 재학생을 주축으로 교학연구회가 결성되어 교학·교화·교사 등 3개 연구반을 두었던 사실을 특기하였다. 이처럼 한기두가 1956년 저간의 『교학개설』 정리와 교학연구회 설립에 교학 연구의 역사적 연원을 두었다는 사실은 주목되는 대목이다. 나아가 교학연구회의 교학·교화·교사 세 가지 연구 분야는 원불교사상연구원의 연구 방향성과 정확히 일치한다는 점에서 내적 연속성이 확인된다고 할 수 있다.

한편, 한기두가 최초의 교학연구서 성격을 가진 것으로 언급한 강의교재 『교학개설』과 관련해서는 1957년 9월 대학신문에 『교학개론』이라는 서명으로 집필을 완료했다는 다음 기사가 주목된다.

待望中의 敎學槪論 드디어 執筆完了

이번 교학연구회에서 알려진 바에 의하면 다년간 구상하던 교학개론의 서론 및 개념 정의 영역과 제1편 교리론 제1장 제1절 제1관 원불교란 무엇인가 다년간 구상중이던 교학체계 수립의 第一次年度 계획으로서 本敎의 第一部 敎學槪論 朴中觀敎授 第一章 敎相(圓佛敎相)을 지난 夏期에 敎學研究實(敎團의 源泉敎相의 大宗源)으로 瑜伽思되는 四百餘페지로 出版刊行되리라 이와 같은 所謂 現代의 科學的 方法論에 依據한 새로운 佛敎學의 試圖는 다못 斯界의 期待가 큰 바 있다고 하겠다

그런데 이번에 脫稿된 「敎學槪論」의 目次 內容과 執筆分擔은 大略 다음과 같은바 序說(敎學의 定義

최초의 원불교학 연구서 『교학개론』
의 탈고 사실을 알리는 기사
(『원대학보』 1957년 9월 15일자)

이번 교학연구회에서 알려진 바에 의하면 다년간 구상 중이던 교학체계 수립의 제1차년도 계획으로서 제1부 교학개론(원불교학)을 지난 하기휴학을 기(期)하여 교학연구실에서 교학과 주임 박중관(朴中觀) 교수 주관 아래 이은석·김정용·이중정 전임강사님들의 공동연구에 의하여 집필이 완료되었다고 한다. … 동 교학개론의 서문을 박길진 학장님께서 손수 써주셨다고 하는데 양장 국판 400여 페이지로 예상되는 동 텍스트는 늦어도 연내로 출판 간행되리라 하며 이와 같은 소위 현대의 과학적 방법론의 시도는 다못 사계의 기대가 큰 바 있다고 하겠다.[185]

위 기사에 의하면 1957년 9월 시점에서 4백여 쪽 분량의 『교학개설』(또는 『교학개론』) 집필을 완료했으며, 숭산이 그 서문을 썼고, 연

내 발간 예정이라고 하였다. 그리고 그 필진으로 언급한 이은석·김정용·이중정 세 사람은 앞에서 한기두가 언급한 사실과 부합하고 있다. 하지만, 원불교학을 다룬 최초의 학술서라 할『교학개설』(또는 『교학개론』)의 실체는 유감스럽게도 더 이상 확인할 수 없다.

끝으로, 숭산은 원불교사상연구원 학술행사 가운데 가장 크게 관심을 둔 것이 1982년 시작한 '총발표회'였던 것 같다. 그런데 총발표회는 숭산이 과거 일본 도요대학에서 공부하던 시절 참관했던 학술발표회에서 큰 영감을 얻었던 것으로 짐작된다. 1985년 2월 개최된 제4회 총발표회 때 숭산이 들려준 다음 이야기에서 그러한 정황을 짐작할 수 있다.

> 지금부터 한 50년 전에 내가 일본에서 공부할 때 인도학, 불교학회 총발표회를 하면 한 300명이 모이곤 했습니다. 거기에는 연구를 많이 한 분들도 있고 학계에 처음 나오는 사람도 있었습니다. 그 총발표회는 새로 학계로 진출하여 학자로 인증받을 수 있는 등용문 구실을 하였고 발표시간은 10분 내지 15분 정도 인도철학 부문, 불교학 부문, 불교역사 부문으로 나누어 이틀간 발표하였습니다. 행사가 끝난 뒤 연구 발표한 것은 총합하여 한 권의 책자로 발간하였습니다. … 이 논문집을 보면 인도철학과 불교학에 대해 폭넓은 주제에서부터 아주 미세한 부분까지 다루고 있어 감탄을 금치 못하곤 합니다. 원불교사상 총발표회도 앞으로 계속해서 그 지경까지 가게 된다면 훌륭한 책이 나올 것으로 기대됩니다. 이 총발표회로 인해 여러분은 많이 연구할 계기와 발표할 계기가 될 줄로 생각됩니다.[186]

곧 숭산은 기성, 신진 불문하고 원불교학 연구의 모든 학자들이 총 발표회라는 한 자리에 모여 주제와 범위에 제약을 두지 않고 자유롭게 발표, 토론할 수 있게 함으로써 원불교학의 새로운 연구성과 소개뿐만 아니라 신진학자들이 등단할 수 있는 기회가 될 수 있기를 기대하였음을 알 수 있다. 총발표회에 큰 의미를 두었던 숭산의 의중이 어디에 있었는지 짐작케 해준다.

사회활동

사회봉사 활동과 상훈

해방 후 숭산이 최초로 언론에 보도된 것은 1946년 민주주의민족전선(세칭 '민전') 관련 활동 기사이다. 곧 민전 참여가 원불교 교단 밖에서 활동한 숭산의 최초 사회활동 이력으로 확인되는 것이다. 그해 2월 서울에서 사회주의 정당·사회단체의 총결집체 민전이 결성되고, 한 달 뒤에는 익산군위원회가 결성되었다. 이렇게 민전 익산군위원회가 결성될 때 숭산이 그 간부진용에 올라 부위원장에 선임되었던 것이다. 그 사실을 당시 신문에서는 다음과 같이 보도하였다.

> 민전 익산군위원회에서는 지난 (3월) 14일 결선대회를 본 이후 활발한 실천운동을 전개시키고 있는 바 임시사무소를 이리읍 앵정 2정목 기자동맹사무소에 두었으며 간부진용은 다음과 같다. 위원장 조해영(趙

海英), 부위원장 이서호(李西鎬)·박길진, 서기부(書記部) 박용익(朴用翼)·김태석(金太石)[187]

사회주의 계열 인사들이 주축이 되었지만, 명망 있던 인사들이 대거 합류했던 민전에 숭산이 참여했던 사실은 익산 지역사회 내에서 해방 직후부터 이미 명망가로 부상되어 있던 사실을 알려주는 증좌가 된다. 참고로 당시 위원장을 맡았던 조해영은 함라 출신의 부호로 일제 강점기에 전북도회의원을 지낸 이력을 가진 유력자였다.[188]

숭산이 해방 직후부터 익산지역에서 유력한 인물로 부상되어 활동한 사실을 알려주는 또 하나가 1948년 5월 10일 거행된 역사적인 제헌의회 선거였다. 이 선거에서 34세의 숭산이 익산 '갑' 선거구의 선거위원장으로 활동했던 사실이 확인되는 것이다. 위원장 숭산 명의로 공포된 입후보자[한민당 후보 소선규(蘇宣奎)] 등록 고지문을 통해 그러한 사실을 알 수 있다.[189] 이처럼 해방공간 때부터 익산지역 정치, 사회계 유력자로 부상했던 숭산은 이후 더 이상 정치 성향의 활동을 보이지 않고 이와 관련된 일체의 활동을 중단하였다.

그 뒤, 역경사업을 위한 동국역경원이 동국대학교에서 1964년 7월 처음 출범할 때 숭산은 60명의 역경위원 가운데 한 사람으로 선임되었다. 불교 조계종과 동국대가 주축이 되어 합천 해인사 소장 팔만대장경 전체를 30년 기한으로 완역하는 사업을 주력으로 삼고 출범한 이 기관에는 불교계 인사들이 총동원되다시피 하였다.[190] 숭산은 이때 번역·윤문·증의(證義)·기획·운영·기획 등 6개의 분과위원회 가운데 운영위원회에 소속되었다.[191]

52세 되던 해인 1966년 1월, 숭산은 동국대학교에서 명예문학박사 학위를 받았다. 동국역경원의 역경위원 공적과 원불교 교화 공덕을 기려 도요대학 선배인 조명기 총장으로부터 학위를 수증한 것이다. 당시 그 사실을 보도한 기사를 보면 다음과 같다.

> 박길진 박사는 또한 원불교의 유능한 지도자이며 불교사상가로서 다년간 한국불교 현대화, 대중화와 건실한 청년 지도자 육성에 공헌이 크므로 지난 1월 15일 문교부의 승인을 얻어 동 대학교(동국대학교-필자주)로부터 명예문학박사 학위가 수여된 것이다.[192]

그 뒤 1972년에 숭산은 대만 중국문화학원(中國文化學院)에서 두 번째 명예박사 학위를 수증하였다. 타이페이(臺北)에 소재한 이 학교는 대만 교육부장관을 지낸 저명한 역사지리학자 장치윈(張其昀, 1901~1985)이 1962년 설립한 사립대학이다. 설립 당시 장치윈은 장제스 총통의 의견에 따라 중국문화학원을 교명으로 정하였다. 그 뒤 1980년 중국문화대학으로 교명을 바꾸어 오늘에 이르고 있다.[193]

1972년 12월 대만을 방문한 숭산은 원광대학교와 중국문화학원 양자 간에 자매결연을 맺고 동시에 명예철학박사 학위를 받았다. 당시 『원대신문』은 숭산의 학위 수증과 자매결연 소식을 다음과 같이 전하고 있다.

> 박길진 총장은 이번 12월 6일 도중(渡中), 중국문화학원대학과의 자매결연 및 박사학위 수득 등 일정을 마치고 12일 공로(空路)로 귀국했다. 박 총장은 이번 "본교와 중국문화학원과의 자매결연은 국제문화교류에 있어서 뿐 아니라 국가 선양에 큰 의의가 있다."고 밝히고 "앞으로

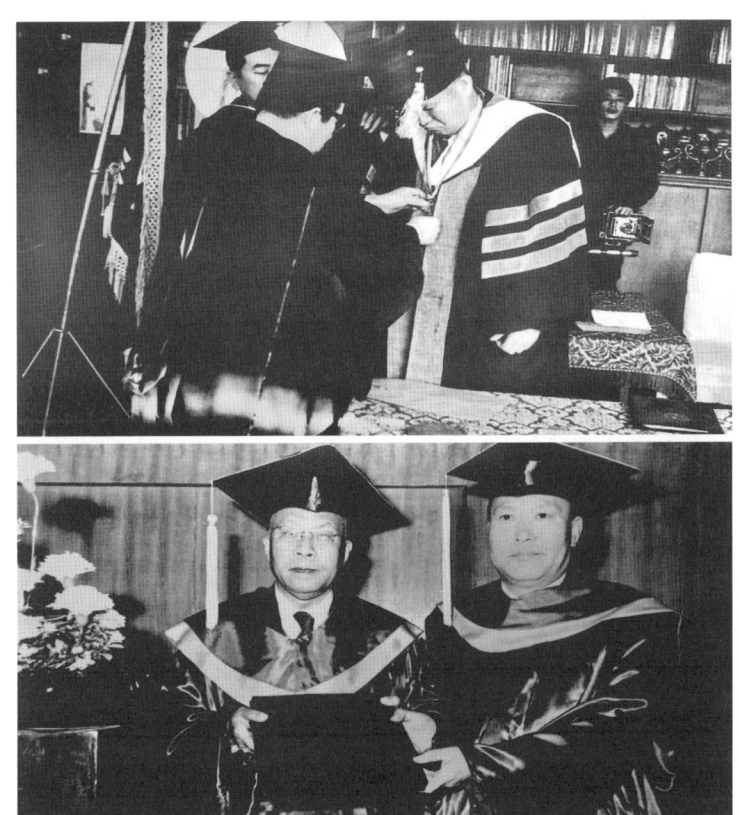

명예문학박사(위, 동국대, 1966)와 명예철학박사(아래, 중국문화학원, 1972) 학위 수증

외국 여러 대학과 더 많은 결연을 맺어 폭넓게 문화활동 및 대학발전을 꾀하겠다."고 말했다. … 박 총장은 11일 오전 동 대학 대인관(大仁館)에서 중화학술원장 장기윤(張其昀) 박사(중국문화대학원 이사장)로부터 명예철학박사 학위를 받았다.[194]

숭산은 12월 6일 출국하여 11일 중국문화학원 대인관(大仁館)에서 설립자이자 이사장인 장치원 박사로부터 명예철학박사 학위를 받고

자매결연을 맺은 뒤 12일 귀국하였다는 것이다. 자매결연의 주된 내용은 양교 학생과 교수의 교류, 그리고 간행물 교환, 음악·미술·학술 행사 교류 등이다. 또 숭산이 명예철학박사 학위를 받게 된 것은 '인재육성에 성심성의로 노력하고 있는 정신을 감안'한 결과라고 하였다.[195] 이후 원광대학교와 중국문화학원은 서로 긴밀한 관계를 갖고 숭산이 타계하는 1980년대 중반까지 교수·학생 교환을 비롯한 상호교류가 활발히 지속되었다.[196]

1975년 회갑을 맞이한 숭산은 처음으로 전국적 규모의 공공단체 임원을 맡았다. 그해에 한국문화재보호협회 이사에 선임되었던 것이다. 당시 동국대 총장으로 있던 이선근(李瑄根, 1905~1983)이 주도하여 조직한 한국문화재보호협회는 우리나라 문화재 보호업무와 관련하여 가장 권위 있는 단체로 성장하였다. 숭산은 그해 5월에 개최된 총회에서 이선근 회장의 추천으로 곽종원(건국대 총장), 주영하(수도 여사대학장) 등과 함께 이사에 선출되었던 것이다.[197] 민간이 주도하고 정부가 지원하던 이 단체는 당시 전국적으로 전개되던 '문화재보호범국민운동'의 추진 모체로서 우리 고유 문화재의 영구 보전을 목적으로 1972년 출범한 뒤, 전국 각 시도에 지부를 두기도 하였다.[198]

한국문화재보호협회 이사에 위촉된 지 두 달 뒤인 1975년 7월, 숭산은 또 대한적십자사 조직위원에도 피선되었다.[199]

그 이듬해인 1976년 9월에는 제14회 '이리 시민의 날'을 맞아 문화사업에 이바지한 공로로 백남수 이리시장으로부터 문화장(文化章)을 받았다. 당시 숭산은 이리 시민의 날 행사를 주관하던 추진위원회의 고문이기도 하였다.[200] 그 뒤 1984년에는 국제라이온스클럽에서 시상하는 이리 향토사회 발전 공로로 옥야대상(沃野大賞, 師道 부문)을 수상하기도 하였다.[201] '옥야'는 익산의 옛 지명이다.

  1977년 11월, 숭산은 세계침술학회 회장으로 있던 이창빈(李昌彬, 1920~1994) 원광대 한의대학장과 함께 필리핀 마닐라에서 개최되던 세계침술학술회에 참가하였다. 이 대회에 숭산이 참석한 것은 필리핀의 산토 토마스대(University of Santo Tomas)와의 학술교류를 위한 결연식을 맺고, 나아가 중국(구 중공), 구 소련 등 공산권 국가들과의 학술교류를 추진하기 위해서였다. 세계 4, 50개국으로부터 5백여 명이 모인 학술회의 개막식에서 숭산은 질병 퇴치에 공헌할 것을 주창하는 요지의 축사를 하였다.[202]

  1980년에 들어와 숭산은 한국현대사에서 중요한 의미를 갖는 두 가지 범국민적 사업에 명단을 올렸다. 1987년 독립기념관 건립과 1988년 서울올림픽 개최가 그것이다. 비록 1986년 급작스런 서거로 인해 두 역사(役事)가 마무리되는 역사적 현장에는 참석할 수 없었지만, 이 사업을 준비하고 추진하는 데는 일조하였던 것이다.

  먼저 숭산은 1982년 3월 23일 전주상공회의소에서 열린 '88서울올림픽대회 범국민추진 전북위원회'에서 위원장에 피선되었다.[203] 시도별로 민간 중심으로 구성되어 질서의식 함양을 비롯한 국민의식 개혁운동 등을 벌였던 범국민추진위원회는 86아시안게임과 88올림픽의 성공적 개최를 대비한 전국적인 총력지원과 참여를 독려하기 위하여 출범한 것으로, 그 전년에 정부에서 결성한 서울올림픽조직위원회와는 별도로 조직된 기구였다.[204]

  1982년 8월에는 독립기념관의 건립주체인 건립추진위원회가 출범하였다. 1980년 촉발된 일본의 역사교과서 왜곡사건을 계기로 독립자존의 국민정신을 드높이는 역사교육의 도량을 세워야 한다는 범국민적 여망에 따라 독립기념관을 건립하기 위해 조직된 기구가 '독립기념관 건립추진위원회'(위원장 안춘생)였다. 먼저 8월에 중앙조직이 출범하여 골격을 갖춘 데 이어 그해 10월 5일에는 지방조직인 시도 추진위원회가 결성되었다. 이때 숭산은 언론, 행정 등 각 분야의 대표들과 함께 학계 대표로 전북지역 추진위원에 선임되었다.[205]

그 뒤 1983년 2월에는 한국청소년연맹 전북운영위원회 위원장에 피선되었고, 70세가 되던 1984년에는 '호남한국화300년전(展)' 지도위원에 피촉되기도 하였다. 국립광주박물관 주최로 그해 말 광주와 전주에서 열린 이 전시회는 호남화를 정착시킨 공재(恭齋) 윤두서(尹斗緖)로부터 소치(小痴) 허련(許鍊), 남농(南農) 허건(許楗) 등 70여 호남 출신 화가들의 작품을 한 자리에 모아 호남한국화 3백년사를 총정리한다는 취지에서 열린 것으로, 한국 화단의 한 획을 그은 사업이었다. 숭산은 호남 학계의 대표로 전남대, 전북대, 조선대 총장과 함께 지도위원에 선임되어 뜻깊은 전시회 개최에 일조하였던 것이다.[206]

한국대학교육협의회 초대회장

1982년 숭산은 '한국대학교육협의회'(약칭 '대교협') 초대 회장에 피선되었다. 전국 대학 총, 학장 모임체인 대교협은 그동안 문교부에서 각 대학의 자율성을 무시한 채 획일적, 일방적으로 하달되던 업무, 행정 관행을 개선하기 위해 여러 대학의 다양한 의견을 수렴하는 일과, 이를 문교부에 전달하여 정책에 효과적으로 반영하는 데 그 설립 목적을 두었다. 1979년 박정희 대통령 서거 이후 정권을 찬탈한 전두환 신군부는 이른바 개혁이라는 미명 아래 정치·사회·문화 등 여러 방면에서 변혁을 일방적으로 강제하면서 대학교육과 관련해서도 무모한 조치들을 강행하기에 이르렀다. 대학입시를 위한 과외금지, 졸업정원제 실시, 대학별 본고사 폐지, 사학법인 탄압 등이 그러한 범주에 들어가는 대표적인 사례들이다. 이러한 조치들은 근원적인 교육의 본질이나 대학교육의 기본적인 속성을 무시한 채 강요된 시책으로 이후 끊임없는 비판과 규탄의 대상이 되었고, 불과 5, 6년이 지나 원상으로 되돌아가기까지 숱한 물의와 혼란을 야기시켰다.[207]

이처럼 전두환 신군부의 상명하달식 일방적 대학교육 시책이 자행되던 상황에서 전국의 대학들이 하나로 통합된 단일기구를 만들어 대학의 다양한 입장과 의견을 수렴하여 이를 교육정책에 반영함으로써 대학의 원활한 운영과 대학교육의 증진을 도모하고자 한 것이 대교협의 출범 취지였다. 하지만, 서슬푸른 신군부 독재정권의 억압과 간섭으로부터 완전히 자유로울 수 없었던 시대적 한계, 현실적 딜레마를 벗어날 수는 없었다.[208] 이러한 한계와 딜레마는 곧 초대 회장 숭산에게 주어진 피할 수 없는 숙명적 고난이 되었다. 대교협의 기관지인 『대학교육』의 「창간사」에서 숭산이 '민주주의의 토착화와 교육혁신을 지향하는 새 시대를 맞이하여, 대학의 자율성을 신장시켜 교육의 민주화를 성취하려는 의지가 대학교육협의회의 창설로 발현'되었다고 하면서도 자율과 타율, 그리고 책임과 의무를 아울러 언급한 것이 그러한 시대적 환경을 반영한 언사라 할 수 있을 것이다.[209]

한국대학교육협의회 창립총회(세종문화회관, 1982. 4. 2)
숭산이 초대회장에 선출되었다.

숭산은 1982년 4월 2일 전국 97개 대학 총, 학장이 참석한 가운데 열린 창립총회에서 초대 회장에 선출되었다. 숭산 아래 부회장은 장충식 단국대 총장, 정수봉 동아대 총장, 박재규 공주사대 학장 등 세 사람이 공동으로 맡았고, 사무총장에는 장인숙 전 문교부차관이 선임되었다.[210] 숭산은 이후 1984년까지 2년 동안 회장을 맡아 대교협을 이끌었다.

『조선일보』,『동아일보』등 중앙일간지와 『전북일보』같은 지방신문에는 대교협 출범을 알리는 기사와 함께 초대 회장 숭산을 인터뷰한 기사가 실렸다.[211] 당시 지면에 소개된 인터뷰 기사 몇 가지를 소개하면 다음과 같다.

오늘의 대학은 많은 문제로 고민하고 있습니다. 이런 고민들을 서로 머리를 맞대고 털어놓고 협의할 때 문제의 해결방안은 제시될 수 있을 것입니다. … 종래에는 일선 대학의 실정을 도외시한 문교부의 시책이나 지시가 많았던 것이 사실입니다. 그러나 앞으로는 협의회를 통해 독선 요소가 걸리지는 일선 운영자의 공통된 의견을 건의하여 관철하게 될 것입니다.[212]

대학이 자율성과 창의성을 길러나가기 위해서는 대학간의 공동 관심사를 토론하여 이를 자율적으로 조정해 나가야 합니다. 지금까지는 하찮은 일까지도 문교부에서 일일이 지시하거나 간섭을 하는 점이 없지 않았어요. 이러다 보니 대학에서도 문교부 눈치만 보는 습성이 붙어버린 것 같고요. 이런 풍토는 개선이 돼야지요.[213]

"전국 총, 학장님들의 탁견을 모아 정책에 반영하는 중개역할을 충실히 해나갈 생각"이라고 취임포부를 밝혔다. 대학교육협의회가 이날 정관에서 밝힌 업무내용은 학생 선발 및 지도, 공납급 정책, 대학간 시설 공동활용, 교수 풀(pool-필자주)제와 학생교류, 대학교육제도 개선 등 그동안 문교부가 맡아온 가장 까다로운 일들이다.[214]

위 인터뷰에서 숭산은 대교협 회장으로서 대학과 행정 당국간에 의사소통을 원활하게 함으로써 대학의 창의성과 자율성을 최대한 확보하겠다는 포부를 밝혔다. 대교협의 설립 목적과 수행 업무, 그리고 숭산 회장의 포부 등은 위의 기사들을 통해 충분히 짐작할 수 있다. 위 내용은 숭산이 대교협의 역할과 기능에 대해 '대학인의 중지(衆智)를 모아 대학간의 공동 관심사와 당면한 과제들을 상호 협의하고 조정하며 또 필요한 건의를 해서 해결'하는 협의기관이라고 언급한

대목과도 일맥상통한다.[215]

　실제로 대교협이 맡았던 업무 범위는 대입제도, 교육제도, 대학재정, 교수와 학생 교류 등 대학의 교육과 운영 전반에 걸쳐 있었다. 하지만, 신군부 독재정권의 제약 때문에 숭산 재임 동안 대교협이 이룩한 성과는 두드러지게 드러날 수 없었다.

　출범 당시 대교협이 다루어야 할 가장 시급한 현안은 당시 혼란스러웠던 대학입시제도를 개선하는 일이었다. 1980년 신군부가 과외 전면 금지를 골자로 하는 이른바 7·30교육개혁 조치 이후 1981년부터 대학 본고사가 폐지되고 복수지원이 허용됨에 따라 대학지원 기준에 큰 혼란이 일어났고, 지원 후 면접 때 상상을 초월하는 '눈치작전'이 생기는 결과를 초래하였다. 이로 인해 대학진학 방식이 크게 바뀌고 주요 대학에서 정원미달사태가 대거 발생하였다. 이러한 혼란으로 인해 정부와 대학 간에는 마찰이 일어나고, 대학마다 불만이 크게 고조되던 상황이었다. 대교협 출범 당시는 대입제도를 둘러싸고 이처럼 혼란이 극심하던 때였다.[216]

　신군부 정권은 이러한 혼란을 수습하는 방안으로 대교협을 전면에 내세우려 하였다. 출범 이듬해인 1983년에는 한때 대교협을 법인화시켜 대학입시와 졸업정원 문제를 전담하는 기구로 만들려는 구상까지 나오기도 하였다. "대학교육협의회에 법인자격을 부여할 경우 대학의 학사업무에 대한 문교부의 간여 소지를 법적으로 배제, 대학교육협의회가 명실상부하게 자율적으로 대학의 학사업무를 협의, 결정할 수 있도록 하는 효과가 있을 것"이라는 것이 그 명분이었다.[217] 곧 그동안 문교부가 주관해 오면서 사회적으로 커다란 혼란과 물의를 일으킨 대입 업무를 대교협으로 이관하겠다는 것이었다. 하지만,

이것은 정부를 향한 세간의 비난을 피할 구실을 찾는 데 불과하였고, 대학교육을 관장하려던 문교부의 압력은 내실 조금도 줄어들지 않았다.

이러한 분위기에서 출범한 대교협이 가장 중요한 이슈로 떠안은 과제가 대학간에 이해관계가 얽혀 있으면서 대입 안정화 방안과도 직결되던 전·후기 대학 조정 문제였다. 대교협은 문교부와 대입전형 개선 방안을 협의하는 가운데 이 문제를 해결해야 하는 과제를 맡게 되었던 것이다.

1983년 봄, 대교협은 그동안 마련한 대학운영 개선안을 정책에 반영토록 문교부에 제출하면서 세간의 큰 주목을 받았다. 그 건의안이 기존 입시질서와 학사운영 방식을 흐트러뜨리지 않은 범위 내에서 비교적 신선한 개선 방안을 제시하였기 때문이다. 당시 개선안의 골자는 첫째, 계절학기 신설, 둘째, 동일대학 전·후기 분할 모집, 셋째, 지망(전공) 관련 과목 가중치 부여 등 세 가지로, 대학 학사운영의 자율성을 제고하려는 뜻을 담고 있었다. 이러한 개선방안은 그동안 각종 시책이 문교부의 일방적 지시나 조치에 의해 추진되어 왔던 점을 고려할 때, 대학운영 주체가 스스로 논의하고 결정함으로써 자율의 폭을 넓혀 가려 했다는 점에서 상당한 의미를 가진 것으로 평가되었다.[218] 특히 이 무렵 전, 후기 대학 조정 문제가 대학간 첨예한 대립으로 난항에 부딪힌 현실에서 같은 대학 내에서도 전, 후기로 나누어 모집하는 방안을 제시함으로써 새로운 돌파구를 마련하고자 했다는 점에서 비교적 좋은 반응을 얻었다.

대학교육의 현안 가운데 중요한 또 한 가지는 신군부 정권이 1980년부터 강행한 졸업정원제의 폐단을 개선하는 문제였다. 졸업

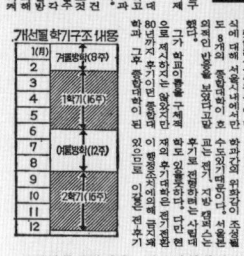

대학교육협의회에서 입안한 '3대 건의안' 내용을 분석적으로 소개한 기사
(『조선일보』 1983년 4월 10일자).

정원의 130%까지 신입생을 선발했던 당시 대학들은 학업이수 학생 가운데 졸업정원 외에는 강제탈락 대상이 될 수밖에 없는 폐단이 현실로 다가왔다. 이에 당시 행정당국에서는 이러한 졸업정원제의 문제점과 개선방안을 대교협으로 하여금 부담케 함으로써 책임을 전가하거나 회피하려 했던 것이다.

이상과 같은 입시, 학사 행정 문제와 더불어 또 당시 신군부 독재 정권에 맞서 일어난 학생들의 민주화투쟁으로 인한 '학원안정화' 문제도 대교협이 안아야 할 난제였다. 그 가운데 하나가 제적생 재입학, 곧 복교생 처리 문제였다. 전두환 정권은 민심 무마 차원에서 1983년 12월 21일자로 '학원사태와 관련된 제적자의 복교 허용조치'를 전격 발표하였다.[219] 이에 대교협은 이듬해 2월 8일 개최한 정기이사회에서 정부의 시책에 거슬리지 않는 범위 내에서 이들 복교생을 구제하기 위한 방안을 공동으로 마련하였다. 그리하여 몇 가지 부대조항을 덧붙여 '면학의사가 있는 모든 대상자들을 복교시키고자 노력'한다는 원칙을 제시함으로써 여러 대학이 합력하여 공동으로 제적생들의 복교를 추진할 수 있도록 안내자 역할을 하였다.[220] 대교협은 출범 당시 이처럼 신군부 독재정권의 압력과 간섭으로 인해 여러 가지 어려움에 봉착한 가운데 활동을 이어가고 있었다.

이러한 형편에서 숭산은 대교협 출범 이후 대학교육과 관련된 여러 현안을 논의하기 위해 1983년 12월에 학술회의를 개최하였다. 유네스코와 공동으로 춘천 세종호텔에서 개최한 '대학교육발전을 위한 학술세미나'(14~15일)에서는 특히 1970년대 이후 대학 등 고등교육기관의 양적 팽창만 거듭한 결과 학문적 수준과 교육여건은 악화일로에 있어 이를 개선하는 일이 시급한 것으로 지적되었다.[221] 별다른 대안을 마련하지 못한 채 나온 이러한 지적은 당시 대학교육이 처한 현실을 그대로 반영했다는 점에서 숭산에게도 고스란히 부담으로 가중되었을 것으로 짐작된다.

초대회장 숭산이 이끌 당시 대교협의 상근 임직원은 고작 5명에 불과하였다. 40여년에 이르는 오랜 연륜이 쌓이는 동안 현재의 대교협은 1백여 명에 가까운 임직원이 상근하는 건실한 기관으로 성장하였다. 2013년, 대교협은 30년 자사(自史)를 정리하면서 1982년 출범 이후 1986년 6·29민주화선언 때까지 4년간을 '타율적 자율의 시대'로 규정하였다. 주어진 역사적 조건과 환경이 그만큼 고단했음을 단적으로 드러낸 표현이라 할 수 있다. 이 시기 숭산에게 주어진 역사적 책무로 인한 고통스런 현실을 생생하게 드러낸 대목이 되기도 하기에 '운영기반 구축' 시절에 대한 기술내용을 아래에 제시해 본다.

대교협이 발족된 1980년대 초는 1970년대에 이어 강력한 군사 독재 정부가 들어서면서 권위주의적 행정체제나 분위기가 사회 각계에 만연하던 시기였다고 할 수 있다. 따라서 대학 운영의 자주성이나 공공성을 설립목적으로 하는 대교협의 태동은 당시에 다소 생소한 기관으로 치부된 면도 있다. 당시 대교협에 대한 시각은 정부와 대학 간에 상당히 차이가 있었던 것도 사실이다. 정부는 이 기관을 통해 대학행정을 효율적으로 추진하고, 또한 정부정책의 지지자 또는 방벽이 되는 기능을 기대했으며, 반면에 대학사회는 명실상부하게 대학의 이익과 권익을 옹호하는 기관이자 자율적 의사 결정체로서 역할을 기대했다고 할 수 있다. 그러나 당시는 대교협의 역할과 기능에 대한 각계의 합의가 결여되어 있었고, 대학운영의 모든 부문이 정부의 통제를 받고 있던 환경 속에서 대학간 협의체를 수용할 만한 정치사회적 환경이나 주변 풍토가 성숙하지 못하였던 시기라고 할 수 있다. 특히 협의체의 역할과 기능에 관련된 경험을 지닌 전문가나 회원 대학이 그다지 많지 않았던 시기였다. 따라서 이 시기의 대교협의 기관적 성격은 일정한 타율성에 의존하지 않을 수 없는 자율화의 모색기라고 할 수 있다.[222]

이처럼 숭산 당대의 대교협은 대학사회 공동의 견해와 권익을 대변하는 자율적 기관을 표방하고 출범하였지만, 신군부 독재정권의 권위적, 일방적 통제와 압박이 작용하던 시대적 조건하에서 그 기능과 활동에 일정한 제약이 가해지지 않을 수 없었다. 참으로 어렵고 고단한 시절에 초대 회장을 맡아 대교협을 이끌었던 숭산의 심적 고통과 부담도 그만큼 클 수밖에 없었을 것으로 짐작된다. 숭산은 1984년 2월 부회장으로 있던 장충식 단국대 총장에게 회장직을 넘

기고 임기를 마무리하였다.[223]

대교협 회장에 이어 숭산은 서거 전년인 1985년 교외(校外)에서 또 한 단체의 중책을 맡았다. 원불교 교단의 대표로서 그해 10월 '한국종교인협의회'(현 '한국종교협의회'의 전신) 제12대 회장에 선임되었던 것이다.[224] 1965년 원불교를 비롯하여 불교·유교·천도교·가톨릭·개신교 등 6개 종단이 참여하여 결성한 '한국종교연구협회'에서 출범한 한국종교인협의회는 한국 종교인들의 공동의 관심사를 논의하고 실천함으로써 사회와 국가의 발전, 나아가 인류평화에 이바지할 목적으로 결성한 종교연합체였다. 하지만, 각 종교간의 이질성으로 인해 상호 단결과 협력이 잘 이루어지지 않았고, 특히 숭산 이후에는 본래의 목적과 취지에서 벗어나 소기의 성과를 거두기는 어려웠다.

숭산이 회장으로 한국종교인협의회를 이끌 당시 어떤 활동을 벌였는지 그 실상은 잘 드러나지 않는다. 다만 1986년 4월 30일 서울 코리아나호텔에서 '산업사회와 종교'라는 대주제로 세미나를 개최한 사실만 확인된다.[225] 숭산이 1986년 12월 서거함으로써 미처 임기를 다 채우지 못하였고, 잔여임기는 문동현 교령이 승계하였다. 숭산 서거 때 한국종교인협의회의회에서도 회장(會長) 부고를 언론에 함께 낸 사실은 특기할 만하다.[226]

주석

1　박길진,「일제하의 원불교 상황」,『원보』17, 1983. 5. 11; 박길진,『일원상과 인간의 관계』, 원광대학교출판국, 1985, 185쪽.
2　박길진,「일제하의 원불교 상황」; 박길진,『일원상과 인간의 관계』, 185쪽.
3　『원불교72년총람』I의 역대 교정원장 명단(238쪽)에는 숭산의 재임 사실이 누락되어 있다. 이에 비해 숭산 기념 저작물(화갑 및 고희 논총, 문집『봉황과 더불어』등의 연보)에는 숭산이 1950년에 교정원장을 지낸 사실이 명기되었다. 다만, 2006년 원광대 개교 60주년 기념으로 간행한 숭산문집『한 떨기의 꽃이 성실하게 피어 있다』(연보)에는 숭산이 1948년 4월 교정원장에 취임한 것으로 잘못되어 있다.
4　교정원장 박광전,「취임에 際하여-無我奉公을 실현」,『원광』5, 1950년 7월호, 36~37쪽; 박길진,『일원상과 인간의 관계』, 389~390쪽.
5　소태산은 이미 1918년 10월에 불법연구회의 대수를 매대(每代) 36년으로 하는 창립 한도를 발표하였고, 제1대 36년 동안 교단 창립의 기틀을 확립한다는 계획을 구상해 놓았다. 곧 1952년 4월 26일이 원불교 창립 제36주년 제1대 기념일이었다. 하지만 교단에서는 전쟁 발발로 인해 행사를 1년 연기하여 1953년 4월에 제1대 성업봉찬기념대회를 열었다.
6　박장식,『평화의 염원』, 원불교출판사, 2005, 115~116쪽.
7　「구도역정기(115); 숭산박광전법사편 ⑧」,『원불교신보』1985년 11월 26일자.
8　원불교정화사 편,『원불교교고총간』5, 205쪽.
9　원불교정화사 편,『원불교교고총간』5, 193~194쪽.
10　「원기36년도 사업보고서」(원불교정화사 편,『원불교교고총간』5, 203쪽)에 "금년(1951) 4월 26일 교정원장 박광전씨의 일신상 형편에 의한 사표제출"이라고 하여 숭산의 교정원장 사직 사실이 명기되어 있다.
11　「구도역정기(115); 숭산박광전법사편 ⑧」,『원불교신보』1985년 11월 26일자.
12　교정원장 겸임 시기를 '원기 33년'(1948)이라 한 것은 오기이다. 2기생이 입학한 해는 1949년이고, 숭산이 교정원장을 재임한 것은 1950년이었다.
13　「구도역정기(115); 숭산박광전법사편 ⑧」,『원불교신보』1985년 11월 26일자.
14　한길량,『나의 스승 나의 인연』, 도서출판 흐맘, 2014, 119~120쪽.
15　원불교정화사 편,『원불교교고총간』5, 211·221쪽.
16　원불교72년총람편집위원회 편,『원불교72년총람』, 140~141쪽; 원불교정화사 편,『원불교교고총간』5, 297쪽.
17　원불교정화사 편,『원불교교고총간』5, 296쪽.
18　원불교정화사 편,『원불교교고총간』5, 297쪽.
19　1965년 2월에 발간된『원광』47호는 '개교50년대의 史的 의의와 개교55주년기념

사업' 특집호로 발간되었다. 여기에는 "재가, 출가 교도 여러분은 다같이 정성을 합하여 소기의 목적이 달성되도록 함께 힘써주시기를 간절히 바라는 바입니다"라는 개교55주년기념사업회장 숭산의 호소문(「정성을 다합시다」)이 실려 있다.

20 박장식, 『평화의 염원』, 122~123쪽.
21 「開敎半百年紀念大會開式辭; 하나의 세계 건설의 지상과업 수행」, 『원광』 71, 1971년 10월호, 11쪽.
22 서경전, 「십타원 대사모님의 생애」, 『원광』 76, 1973년 1월호, 108쪽.
23 황정신행, 「遺志 받들어 더욱 精進」, 『원광』 76, 88~89쪽.
24 박광전, 「이 會上 만난 기쁨으로 樂道」, 『원광』 76, 90~91쪽.
25 「제2대 성업봉찬사업」, 『원불교신보』 1983년 3월 16일자.
26 성업봉찬휘보편찬위원회 편, 『성업봉찬휘보』, 소태산대종사탄생백주년성업봉찬회, 1992, 1047~1048쪽.
27 정현인, 「숭산 박광전의 생애와 사상」, 『원불교의 인물과 사상』, 원광대 원불교사상연구원, 1999, 75~76쪽.
28 원불교정화사 편, 『원불교고총간』 5, 244쪽.
29 「숭산선생 환송의 밤」, 『원광』 13, 1956년 1월호, 46쪽.
30 「숭산선생 환송의 밤」, 『원광』 13, 46쪽.
31 숭산의 해외일주 기간에 외무부장관은 공석이었다. 제3대 변영태 장관이 1955년 7월 퇴임한 뒤 무려 1년 5개월이 지난 1956년 말 비로소 조정환이 제4대 외무부장관에 취임하였던 것이다.
32 「구도역정기(117); 숭산박광전법사편 ⑩」, 『원불교신보』 1985년 12월 16일자.
33 이 일기의 원본에는 표제가 없으나 그 내용과 성격을 고려하여 편의상 『숭산 세계일주 일기』로 명명하였다. 숭산이 자필로 일기용 공책에 쓴 이 일기의 전체 분량은 220면(110장)으로, 마지막 16면에는 순방 때 방문했거나 관계된 인물 60여 명의 주소록이 첨록되어 있다. 여정과 방문지(단체·기관·장소), 상면한 인물, 그리고 그때그때의 단상(斷想)이 총총히 기록되어 있어 전 여정을 복원할 수 있게 해 주는 귀중한 자료가 된다. 한편, 여행 당시의 모습을 생생하게 담고 있는 세계일주 사진첩도 현전하고 있다. 여기에는 순방 나라별 개황 설명문과 함께 180컷 정도의 사진이 들어 있다. 현재 일기와 사진첩 모두 원광대학교 숭산기념관에 소장되어 있다.
34 「숭산선생 환송의 밤」, 『원광』 13, 47쪽.
35 세계일주 사진첩에 첨록된 설명문에 의거하였다.
36 이 호텔은 원래 1907년 일본에 볼모로 끌려갔던 영친왕(고종의 아들)의 개인 저택이었다.
37 안창호에게 제출한 정원명의 흥사단 입단 청원서(1815년 12월 13일자)(김도형 박사 제공)에 의거하였다. 1915년 현재 21세였으므로 1895년생으로 추정되

며, 1956년 당시에는 60세 노인이었다. 숭산 일기에는 문월라의 주소가 '1163 Lunddlo S.T. Honolulu'로 되어 있다.

38 숭산 일기에는 그의 주소가 '1506 Piikoi ST. International Buddhist Institute of Hawaii in Honolulu'로 되어 있다.

39 숭산 일기에는 도진호의 주소가 '6440 Kalanianaole Highway Honolulu 16 Hawaii'로 되어 있다. 도진호는 1930년 범태평양불교청년회의에서 최남선이 한국불교의 담론으로 '通佛敎論'을 주창하여 지은 논고「조선불교-그 東方文化史上에서의 지위-」를 발표한 인물이다. 한국불교의 독자성과 위대성을 드러낸 그 논고의 핵심은 인도와 서역의 緖論的 불교, 중국의 各論的 불교에 대하여 한국의 불교는 최후의 結論的 불교라고 본 논지에 있다. 결국 최남선의 '통불교론'은 일본의 식민지 불교사학의 역사인식에 대항하여 아시아 불교사에서 한국불교의 위치를 새롭게 정립시키려는 논거를 제시했다는 점에서 그 역사적 의의가 크다고 할 수 있다.(최병헌,「한국 불교의 역사적 성격론」,『법보신문』 2017년 6월 27일자)

40 마성,「현대한국의 불교학자; 서경보-한국불교 세계화에 앞장선 '박사' 스님」,『불교평론』 70, 2017년 여름호.

41 엠버시 호텔 건물은 현재 Trinity Auditorium Building으로 현존하고 시내 중심가인 '855 S. Grand Ave'(Grand Ave. at Ninth)에 소재한다. 현재의 엠버시 스위츠 힐튼 호텔과는 무관하다.

42 「美國短信 第1信」,『圓大學報』(논문집) 창간호, 원광대학 문화부, 1956년 2월 8일, 171쪽.

43 「동양식품공사 간장 광고」,『신한민보』 1941년 11월 15일자. 공장 주소는 'South Broudway 4100'으로 확인된다.

44 「후원에 최선 다하겠다; 재미재단후원회 간사 현씨 來校」,『원대학보』 6, 1957년 9월 15일자.

45 두 살 터울인 피터현의 두 아들 가운데 누구를 대동했는지는 확실치 않다. 미국 이민국의 1930년도 조사자료(김도형 박사 제공)에 의하면 피터현은 한 살 아래인 미국인 부인과의 사이에 큰 아들 피터현 주니어(Peter Hyun Jr, 1923년생), 작은 아들 피터현 제이슨(Peter Hyun Jaisohn, 1925년생), 그리고 딸(1929년생) 하나를 두었다. 숭산 일기에는 피터현의 주소가 로스앤젤레스 '2426 Moreno Drive'로 명기되어 있다.

46 이 인물은 이력이 잘 확인되지 않는다. 숭산 일기 주소록에는 그 주소가 'Sokoji Sato Mission 1881 Bash ST. San Francisco'로 되었다.

47 뉴욕 라담 호텔의 현주소는 '4 EAST 28TH STREET'이다.

48 임병직 대사가 집무하던 유엔 한국대표부 사무실은 엠파이어스테이트 빌딩 78층 7811호에 입주해 있었다.(『대한민국사자료집 33; 이승만관계서한자료집 6』, 국사편찬위원회, 1997 所收 '임병직이 이승만에게 보낸 1954년 3월 29일자 서한';『임병직

회고록』, 女苑社, 1964, 471쪽)
49 숭산은 개교 직전의 '불교대학'을 방문했다고 하였다. 그곳은 일본 승려 호젠 세키에 의해 1938년에 건립된 뉴욕불교사원이었다. 그뒤 1951년에는 미국불교연구센터(American Buddhist Study Center)의 전신인 미국불교학원(American Buddhist Academy)이 병설되었다. 그곳 주소는 '331 Riverside Drive'로 허드슨강변에 자리잡고 있으며, 현재도 불교사원 그대로 건재해 있다.
50 심재룡 역, 『아홉 마당으로 풀어쓴 선』, 현음사, 1986,
51 「해외불교소식」, 『원광』 23, 1958년 7월호, 68~69쪽.
52 「기증받은 도서; 동경대학 鈴木大拙로부터; 93세의 鈴木박사와 환담」, 『원대학보』 30호, 1964년 1월 20일자.
53 숭산은 이 단체를 불교연구회, 불교도회로도 불렀으나 본래의 語義를 감안하여 본고에서는 '불교협회'로 표기한다. 현재도 당시 지번 '58 Eccleston Square, London'(「해외불교지소개」, 『원대학보』 15, 1960년 12월 15일자) 건물에는 불교협회가 건재해 있다.
54 『숭산 세계일주 일기』 2월 6일자.
55 교사편찬위원회 편, 『원광대학교40년사』, 1987, 53쪽.
56 심재룡 역, 『아홉 마당으로 풀어쓴 선』, 현음사, 1986,
57 런던 불교협회(The Buddhist Society) 홈페이지(https://www.thebuddhistsociety.org) 참조,
58 이 인물의 이력은 확인되지 않는다.
59 『숭산 세계일주 일기』 2월 9일자.
60 『숭산 세계일주 일기』 2월 8일자.
61 『숭산 세계일주 일기』 2월 8일자.
62 『숭산 세계일주 일기』 1월 25일자.
63 그의 이력은 알려져 있지 않다.
64 『숭산 세계일주 일기』 2월 11일자.
65 『숭산 세계일주 일기』 2월 13일자.
66 『숭산 세계일주 일기』 2월 14일자.
67 『숭산 세계일주 일기』 2월 14일자.
68 『숭산 세계일주 일기』 2월 16일자.
69 『숭산 세계일주 일기』 2월 17일자.
70 숭산이 지니고 갔던 원불교와 원광대 홍보책자 2종 실물은 확인하지 못하였다. 다만 『원불교요람』의 영문 서명만 *Manual of Won Buddhism*으로 확인된다.(전팔근, 『세상은 한 일터』, 원불교출판사, 2010, 203쪽). 또 원광대 교사에 의하면 1956년 2월에 최초의 대학 홍보지 『안내말씀(원광대학약사)』를 발간했다고 하는데, 숭산의 1월 發程과 약간의 시차는 있으나 이 홍보지를 지니고 갔었던 것으로

짐작된다.
71 전팔근,『세상은 한 일터』, 원불교출판사, 2010, 195쪽.
72 「세계불교상황」,『원광』 18, 1957년 3월호.
73 제16호(1956년 9월호)부터 제24호(1958년 8월호)까지 거의 매호 빠짐없이 소개되었다.
74 「해외불교소식」,『원광』 16, 1956년 9월호, 60쪽.
75 「해외불교소식」,『원광』 16, 60쪽.
76 이 단체의 불어 원명은『원광』 19호(59쪽)에서 확인하였다.
77 「해외불교소식」,『원광』 16, 61쪽.
78 「해외불교소식」,『원광』 16, 61쪽.
79 「해외불교소식; '인류 평화를 기원함'」,『원광』 21, 1958년 1월호, 63~65쪽.
80 Boeddhistische Unie Nederland 홈페이지(https://nl.linkedin.com/in/boeddhisme).
81 숭산과 특히 교분이 두터웠던 이 인물의 이력은 잘 드러나지 않는다.
82 「하와이 불교소식」,『원광』 17, 1956년 12월호, 76쪽.
83 「해외불교소식」,『원광』 21, 1958년 1월호, 62쪽.
84 「해외불교소식」,『원광』 21, 62쪽.
85 「해외불교소식; 메리하알로우 여사의 서한」,『원광』 34, 1960년 12월호, 66~68쪽.
86 당시 원광대학에서 수증하던 50여 종의 해외잡지 목록은 1962년 발행된『원대학보』 21호(5월 2일자)와 22호(7월 1일자) 2회에 걸쳐 연재(「종교, 불교 해외잡지」)되어 있다. 이들 잡지가 모두 수증된 사실은 당시 도서관장이던 박광진이 "현재 본 대학 도서관에는 약 50종의 불교 定刊書와 20여 종의 기타 종교지가 비치되어 있는데 이것들은 세계 각국의 불교 또는 기타 종교단체에서 증여, 또는 교환의 방식으로 정기적으로 보내오는 것"이라고 밝힌 대목을 통해 짐작할 수 있다.(박광진,「해외불교지; Middle Way」,『원대학보』 24, 1962년 11월 25일자)
87 「해외불교소식」,『원광』 24, 70~72쪽.
88 박광진,「해외불교지 1; 中道 Middle Way」·「해외불교지 2; 금련화 The Golden Lotus」·「해외불교지 3; 대보리 The Maha Bodhi」,『원대학보』 24호(1962년 11월 25일자)·25호(1963년 4월 15일자)·26호(1963년 6월 1일자)
89 「해외에 소개될 우리 대학; 영, 버마서 사진과 연혁 요구」,『원대학보』 7, 1958년 6월 20일자.
90 박광진,「세계불교현황 1-3」,『원광』 41·43·44, 1962~1964. 숭산의 아우 박광진은 초대관장 이종행에 이어 1962년 5월 제2대 원광대학 도서관장에 임명되어(「학생, 도서 양 과장 경질」,『원대학보』 21, 1962년 5월 2일자) 1964년 3월 원광고등학교 교감으로 전입될 때까지(「대학인사」,『원대학보』 31, 1964년 3월 1일자) 2년

간 숭산의 해외 학술교류사업을 뒷받침했을 것으로 짐작된다.
91 「해외(미국) 불교지에 소개된 우리 원불교」, 『원광』 17, 1956년 12월호.
92 박광진, 「금련화; The Golden Lotus」, 『원대학보』 25, 1963년 4월 15일자. 발간처 주소는 1960년 현재 '537, Arbutus Street, Philadelphia'로 확인된다.(『원대학보』 13, 1960년 7월 1일자)
93 이 잡지의 발행처 주소는 'BM/Dharma, London, W.C.1'로 되어 있는데, 숭산일기 주소록에도 'W.C.1'가 동일하게 부기되어 있다. 원광대 도서관에는 Western Buddhist 제8호(1956년 가을호)부터 제14호(1959년 봄호)까지 한 책으로 합철 소장되어 있다.
94 「해외불교소식」, 『원광』 19, 1957년 7월호, 60~61쪽. 여기에는 승복 차림의 오스틴 사진도 게재되었다.
95 Rev. Jack Austin Edit, Western Buddhist 10th., spring 1957, p. 8.
96 혁신 9개 항목이 무엇인지 명확하지 않다.
97 「해외불교소식; 불교혁신의 개요에 共鳴」, 『원광』 23, 1958년 7월호, 70쪽.
98 「해외불교소식」, 『원광』 19, 61쪽.
99 아래에서 보듯이 원문에는 '전라남도(CHOLLA NAMDO)'로 오기되어 있다. 이는 아마도 영문판 『원광대약사』의 오류에 기인했을 것으로 짐작된다.
100 Rev. Jack Austin Edit, Western Buddhist 13th., spring 1958, p.16.
101 Western Buddhist 12th, winter, 1957/8, p.15.
102 「해외불교소식; 영국의 종교지 The Voice에 본교 기사」, 『원광』 32, 1960년 4월호, 59~60쪽. 이 기사는 그 전년(1959)에 발간된 The Voice에 소태산 사진과 함께 실렸다고 한다.
103 「기증도서 만여 권」, 『원대학보』 창간호, 1956년 10월 20일자.
104 이때 수증한 고서류는 원불교 교단 발전에 공적이 큰 남원 수지의 정와(靜窩) 박해창(朴海昌) 가문에서 비장해 오던 전적을 일괄 기증한 것이다. 기증자 박제중(朴濟衆)은 정와의 장자 영산 박영식의 아들로, 차자인 상산 박장식에게는 조카가 된다(김봉곤, 「남원 박주현 가문의 항일운동과 원불교」, 『원불교와 독립운동』, 원광대학교 원불교사상연구원·독립기념관 한국독립운동사연구소 공동학술대회 발표자료집, 2019. 2. 19, 117쪽).
105 「기증도서 만여 권」, 『원대학보』 창간호, 1956년 10월 20일자.
106 「도서 6백 권 기증; 미국 각 대학에서」, 『원대학보』 2, 1956년 12월 1일자.
107 「거듭되는 수증도서; 로스안젤스대학서 1만 권」, 『원대학보』 3, 1957년 2월 24일자. 이 기사에 따르면 당시 1만 권의 우송료는 피터현 개인이 자담했다고 한다.
108 「후원에 최선 다하겠다; 재미재단후원회간사 현씨來校」, 『원대학보』 6, 1957년 9월 15일자.
109 「거듭되는 수증도서; 로스안젤스대학서 1만 권」, 『원대학보』 3, 1957년 2월 24일

자; 원광대학교60년사편찬위원회 편,『원광대학교60년사』, 원광대학교, 2006, 106~107쪽.
110 위에서 제시하였듯이 1956년 10월 현재 원광대학이 실제로 수증한 해외 도서의 총계는 15,923권으로 파악된다; 기수령분 4,600권, 1956년 11월 현재 도착분 565권, 1957년 초 L.A.시립대 기증분 10,000권, 대만 기증분 758권이다. 그런데, 사서 정성덕이 제시한 통계에 의하면 1965년 10월 현재 원광대학 도서관의 장서 수는 고서 4,453권을 포함하여 모두 29,393권(동양서 15,432권, 서양서 13,961권)이다(「도서관현황」,『원대학보』45, 1965년 10월 25일자). 이 장서(서양서) 수는 위에서 언급한 원광대학 실제 수증 수량보다도 약 2천 권이 모자란다. 그 이유는 알 수 없다.
111 원광대학교60년사편찬위원회 편,『원광대학교60년사』, 108쪽.
112 원불교정화사 편,『원불교교고총간』5, 253쪽.
113 유지원,「숭산 박길진의 국제 활동과 그 의의」,『원불교사상과 종교문화』91, 원광대 원불교사상연구원, 2022, 92~93쪽.
114 WFB 홈페이지(https://www.wfbhq.org) 참조.
115 「WFB 푼 총재 내한; 원불교 서울지부서 환영좌담회」,『원대학보』71, 1967년 10월 16일자.
116 『조선일보』1958년 11월 21일자,「세계승려대회 파견대표 결정」;『경향신문』1958년 11월 21일자,「한국대표 不遠出發, 세계불교대회에」
117 「원광대학장 박광전씨 한국불교대표로 파견－제5차 국제불교대회에－」,『원광』25, 1958년 11월호, 79쪽. 환영대회 날짜가 17일이라는 기록도 보인다.(『원광』26, 1959년 1월호, 10쪽)
118 숭산 박광전,「제5차 세계불교도대회에 다녀와서」,『원광』26, 14쪽.
119 전팔근「해외교화사」,『원불교70년정신사』, 원불교출판사, 1989.
120 「Gard박사 연구차 視察來校」,『원대학보』8, 1958년 10월 25일자.
121 원불교정화사 편,『원불교교고총간』5, 269~270쪽.
122 「가드박사 연구차 視察來校」,『원대학보』8, 1958년 10월 25일자;「미국불교학자 라차드 가드 R.A.Gard 박사 本敎來訪」,『원광』25, 1958년 11월호, 79쪽.
123 「美人佛敎學者 가-드박사 소식」,『원대학보』18, 1961년 9월 30일자.
124 LIBRARY OF WORLD RELIGIONS 의 세계종교 기획물 가운데 불교편으로 발간한 것이다.
125 「현대불교교육의 이념」(리차드 가드, 敎學硏究會 譯),『원대학보』10, 1959년 7월 1일자.
126 「미불교전문가 Richard A. Gard 박사 7년만에 다시 내방」,『원대학보』40, 1965년 4월 26일자.
127 『원광』제71호(1971년 10월)에는 가드 박사의 축사(「원불교의 역사적 발전을 축

원」)와 「세계종교의 방향과 원불교」라는 논설문이 함께 실렸다.
128 숭산 박광전, 「제5차 세계불교도대회에 다녀와서」, 『원광』 26, 1959년 1월호, 17쪽.
129 숭산 박광전, 「제5차 세계불교도대회에 다녀와서」, 『원광』 26, 17쪽.
130 「박길진총장 일행 도일; 세계불교대회 참석차」, 『원광대학신문』 300, 1978년 10월 1일자; 「박총장 일행 귀국; 세계불교도회의 마치고」, 『원광대학신문』 304, 1978년 10월 21일자.
131 「박총장 불교대회 참가; 전팔근 김철 교수도」, 『원광대신문』 463, 1984년 8월 1일자.
132 「세계불교도우의회 성황」, 『원불교신보』 1984년 8월 26일자.
133 전팔근, 「해외교화의 방향」, 『원광』 101, 1979년 12월호, 47쪽.
134 「세계종교자평화회의에 박길진학장 등 참가」, 『원대학보』 120, 1970년 10월 15일자.
135 신광철, 「대산 김대거종사 대화 정신의 테오리아와 프락시스-'세계평화 3대 제언'의 논리와 실천을 중심으로-」, 『대산 김대거종사 탄생 100주년 기념논문집; 원불교와 평화의 세계』, 2014, 원불교출판사, 791쪽 인용문.
136 원불교정화사 편, 『원불교교고총간』 5, 373쪽.
137 숭산의 회고록에는 총회를 주도했던 WCRP 사무총장 잭 호머(Hormer A. Jack) 목사가 독재권력에 의한 언론탄압 등 한국의 정치상황을 문제삼아 한국 대표단에는 정회원 자격을 부여하지 않은 것으로 기술되었다(『원불교신보』 1986년 1월 26일자).
138 「박학장 세계종교평화회의 참가코 귀국」, 『원대학보』 121, 1970년 11월 7일자.
139 원불교정화사 편, 『원불교교고총간』 5, 385쪽; 「박길진학장 등 도일; 세계평화촉진종교자대회 참가차」, 『원대신문』 131, 1971년 6월 3일자.
140 류병덕, 「평화운동의 계보와 전망」, 『원광』 68, 1970년 12월호, 117~118쪽.
141 「평화의 창조와 인간성의 회복」, 『원불교신보』 1972년 7월 15일자.
142 「韓國人權侵害抗議」, 『讀賣新聞』 1974년(소화 49) 9월 4일자 석간.
143 「세계평화종교자대회에 참가」, 『원불교신보』 1979년 8월 25일자; 「박길진총장 세계종교회의 참석차 도미」, 『원광대학신문』 328, 1979년 8월 21일자; 「박길진총장 귀국; 세계평화 종교자대회 마치고」·「전팔근학장 5일 귀국」, 『원광대학신문』 330, 1979년 9월 11일자.
144 「제10차 평화연구 집회; 한, 일종교계 대표 참석」, 『원불교신보』 1982년 4월 6일자.
145 「박길진총장 세계종교자평화회의 참가」, 『원광대신문』 464, 1984년 9월 5일자; 「교수동정」, 『원광대신문』 465, 1984년 9월 19일자.
146 「인간존엄과 세계평화 추구」, 『원불교신보』 1984년 9월 16일자.
147 「이오은 교무, 세계불교대표로 상임회장 피선; 세계종교인평화회의 제7차 세계

대회서」,『원불교신문』1999년 12월 31일자.
148 윌리엄 벤들리,「인류의 미래 개척하는 삼동윤리」,『원불교신문』2000년 9월 29일자.
149 「세계종교회의 참석 박길진총장 출국」,『원광대학신문』366, 1981년 4월 1일자. 숭산이 참석한 방콕 회의는 총회 개최 준비를 위한 예비 모임의 성격을 띤 '아시아 종교인평화회의 제2차 운영위원회'로 인정된다. 그런데,『원광대학신문』과『원불교신보』에는 방콕 회의의 명칭이 '아시아 종교연합 제2차 운영위원회'로 명기되어 있어 혼란스럽다. 그 당시 '아시아종교연합'이라는 단체명이 확인되지 않는 점으로 미루어 아시아종교인평화회의를 일반화시켜 표기한 것으로 인정된다.
150 「아시아 종교연합 운영위원회의」,『원불교신보』1981년 4월 16일자.
151 류병덕,「종교연합의 문제; 박길진총장 종교연합 창설 제의에 즈음하여」,『원광대학신문』389, 1981년 11월 26일자.
152 「박길진총장 종교회의 참석」,『원광대학신문』387, 1981년 11월 12일자.
153 「아시아세계종교회의 서울개최 확정」,『원광대학신문』389, 1981년 11월 26일자.
154 『원불교70년정신사』, 원불교출판사, 1989, 347~348쪽; 김팔곤,「원불교의 '종교연합'운동」,『종교연합운동의 어제, 오늘, 그리고 내일』, 묘산김팔곤박사화갑기념논총간행위원회, 1993, 64쪽 재인용.
155 「구도역정기(122); 숭산박광전법사편⑮」,『원불교신보』1986년 2월 16일자.
156 「아시아세계종교회의 서울개최 확정」,『원광대학신문』389, 1981년 11월 26일자.
157 「아시아종교인평화회의 25일부터 인천에서 열려」,『경향신문』2014년 8월 21일자.
158 「일본 불교계 시찰; 재일교포 신도 주선으로」,『원대학보』26, 1963년 6월 1일자. 숭산 일행을 초청한 사람은 재일교포 불교계의 중진인 평화사 주지 成智信과 한국은행 오사카지점 張壽鎭 차장이었다고 한다.(「교계소식」,『원광』43, 1963년 7월호, 84쪽)
159 전팔근,「일본의 情景」(상, 하),『원대학보』30~31, 1964년 1월 20일 및 3월 20일자.
160 박광전,「세계적 원불교에의 토대를 더욱 굳게」,『원광』44, 1964년 2월호, 73쪽.
161 원불교정화사 편,『원불교교고총간』5, 318쪽.
162 「모교에서 명예박사학위」,『원대학보』30, 1964년 1월 20일자. "박 학장에게 도요대학으로부터 명예박사학위를 수여할 것이라고 전한다. 따라서 同校로부터 일체 수속이 완료되는 대로 연락될 것인데 늦어도 3월경에는 다시 도일하리라고 한다."
163 「기증받은 도서; 93세의 鈴木박사와 환담」,『원대학보』30, 1964년 1월 20일자.
164 「환영회 및 좌담회」,『원대학보』30, 1964년 1월 20일자;「일본 불교타임스사서 佛書 337권 기증」,『원대학보』43, 1965년 8월 23일자.
165 박길진,「전후 일본의 종교계; 불교학계의 활동상황」,『원대학보』30, 1964년 1월 20일자.

166 박광전,「세계적 원불교에의 토대를 더욱 굳게」,『원광』44, 1964년 2월호, 77쪽.
167 양은용,「국제불교문화학술회의 40년의 회고와 전망」,『원불교사상과 종교문화』50, 원광대학교 원불교사상연구원, 2011, 407~408쪽.
168 「박총장 渡日; 京都 불교대학과 문화교류」,『원광대학신문』178, 1974년 3월 1일자. 이 기사에 따르면 숭산은 귀국시 일본에도 3본밖에 없는 진귀한 다카마츠총(高松塚) 벽화를 선물로 기증받았다고 한다.
169 당시 붓쿄대학장이 숭산에게 수여한 명예박사 '칭호기(稱號記)'가 현전한다.
170 「박광전, 문동현씨 귀국」,『원불교신보』135, 1975년 2월 10일자.
171 「박총장 渡日; 한일종교협의회 참석차」,『원광대학신문』220, 1976년 2월 15일자.
172 「제5차 세계불교도대회에 다녀와서」,『원광』26, 1959년 1월호, 17쪽. 해외포교문제연구소 개소 직후 일본을 방문했을 때 일본인들이 해외포교를 위해 영어를 열심히 학습하던 상황을 다음과 같이 인상적으로 기술해 놓았다. "각 대학에는 세계불교를 지향해서 외국인에게 불교를 이해시키고 세계 각국에 진출하기 위해서 연구하고 純 영어로 쓰고 말하는 연구학회가 조직되어 있는데, 매년 각 대학이 교대로 주최해서 영어로 불교변론대회를 개최한다. 이제는 국내 상대가 아니라 세계를 상대로 진출하고 있는 것이다."(박길진,「전후 일본의 종교계; 불교학계의 활동상황」,『원대학보』30, 1964년 1월 20일자)
173 「해외포교연구회 구성; 자료수집과 번역사업이 급무」,『원대학보』15, 1960년 12월 15일자.
174 원불교정화사 편,『원불교교고총간』5, 289쪽.
175 「해외포교연구회 구성; 자료수집과 번역사업이 급무」,『원대학보』15, 1960년 12월 15일자.
176 「해외포교연구회 구성; 자료수집과 번역사업이 급무」,『원대학보』15, 1960년 12월 15일자.
177 전팔근,「해외교화사」,『원불교70년정신사』, 원불교출판사, 1989, 749쪽.
178 전팔근,「해외교화사」, 752~753쪽.
179 「원불교사상연구원 발족」,『원불교신보』1974년 7월 10일자.
180 「원불교사상연구원 개원」,『원광대학신문』187, 1974년 8월 1일자.
181 박길진,「창간사」,『원불교사상』창간호, 원불교사상연구원, 1975, 1쪽.
182 김삼룡,「서문」,『원불교사상』창간호, 3쪽.
183 1956년의 착오이다.『원불교학연구』5집(1972)「간행사」에도 1957년 발족한 것으로 잘못되어 있다.
184 한기두,「원불교사상연구원 설립 의의」,『원광』84, 1975년 2월, 63~64쪽.
185 『원대학보』1957년 9월 15일자,「待望中의 敎學槪論 드디어 집필완료」.
186 박길진,『일원상과 인간의 관계』, 원광대학교출판국, 1985, 415쪽.
187 「民戰 益山 진용 결정」,『자유신문』1946년 4월 14일자. '이리실업자동맹회관'에서

3월 14일 익산 민전 결성대회가 열릴 때는 李西鎬가 개회사를 하였고, 임시 집행부 의장에 李鍾和가 선임되었다(「익산민전을 결성」, 『자유신문』 1946년 3월 25일자).
188 「청년정치가인 전북도회의원 趙海英」, 『조선일보』 1937년 8월 1일자.
189 「국회의원후보자등록고시」, 『군산신문』 225호, 1948년 5월 5일자.
190 「우리말로 옮겨질 팔만대장경」, 『동아일보』 1964년 7월 21일자; 「모든 불경 우리말로 번역」, 『조선일보』 1964년 8월 2일자. 그 뒤 한글대장경이 완간된 것은 사업에 착수한 지 37년만인 2001년이다.
191 「해방50년 불교50년-역경 3」, 『법보신문』 2004년 8월 10일자.
192 「박학장에 名譽文博」, 『원대학보』 48, 1966년 3월 15일자.
193 중국문화대학 홈페이지(https://www.pccu.edu.tw) '學校沿革' 참조.
194 「박총장 문화학원과 結緣코 귀국; 국제진출 계기 마련」, 『원대신문』 157, 1972년 12월 22일자.
195 「중국문화학원과 자매결연」, 『원대신문』 156, 1972년 12월 1일자.
196 교사편찬위원회 편, 『원광대학교40년사』, 1042~1043쪽.
197 「이선근회장 유임; 문화재보호협회」, 『경향신문』 1975년 5월 29일자. 한국문화재보호협회는 그뒤 1980년 유관단체와 통합되어 명칭을 달리하다가 2014년 한국문화재재단으로 정착되어 오늘에 이르고 있다.
198 「문화재보호협회 발족」, 『조선일보』 1972년 5월 19일자.
199 「한국철학자대회」, 『원광대학신문』 1975년 11월 1일자; 『한국불교사상』(화갑기념) 및 『한국근대종교사상사』(칠순기념) 所收 숭산 연보.
200 「박총장 시민의 章 수여」, 『원광대학신문』 1976년 9월 21일자.
201 「박총장, 옥야대상. 국제라이온즈클럽서」, 『원광대신문』 460, 1984년 5월 23일자.
202 「박총장, 이학장 向比; 세계침구학술회의 참석차」, 『원광대학신문』 1977년 11월 1일자; 「필리핀 세계침구학술회의」, 『원광대학신문』 1977년 11월 15일자; 「박광전법사 세계침술학술회의 다녀와 본사 기자와 대담」, 『원불교신보』 1977년 11월 25일자.
203 「88서울올림픽」, 『원불교신보』 1982년 4월 6일자; 「88서울올림픽 박총장 전북위장 피선」, 『원광대학신문』 1982년 3월 24일자.
204 「올림픽推委 시도별 구성」, 『동아일보』 1982년 2월 19일자.
205 독립기념관건립추진위원회 편, 『독립기념관건립사』, 1988, 134·140쪽.
206 「호남한국화300년전 열린다」, 『경향신문』 1984년 2월 13일자.
207 『한국대학교육협회의회10년사』, 한국대학교육협의회, 1992, 8쪽.
208 대교협의 출범에 즈음하여 나온 「대학의 자율」이라는 제하의 『동아일보』(1982. 3. 19) 사설에서도 이러한 우려를 제기하였다.
209 『대학교육』 창간호, 대학교육협의회, 1983년 7월호, 5쪽.
210 『한국대학교육협회의회10년사』, 10·524쪽. 출범 당시 대교협은 여의도 대한교

원공제회 건물 708호실에 사무실을 두고 있었다.
211 이러한 기사 외에도 「대학에 새로운 기풍 불어넣겠다」(『서울신문』 1982년 4월 3일자), 「대학간 정보교환; 자율조정의 폭 넓히겠다」(『중앙일보』 1982년 4월 5일자), 「자율적 대학교육 힘써야」(『전북일보』 1982년 4월 13일자) 등의 제목으로 각 신문마다 숭산의 인터뷰 내용을 널리 보도하였다.
212 「대학의 고민 함께 해결; 대학교육협의회 박길진 초대회장」, 『조선일보』 1982년 4월 3일자.
213 「잠깐 5분 인터뷰, 박길진 대학교육협 초대회장」, 『동아일보』 1982년 4월 3일자.
214 「대학교육협의회 회장 박길진 총장 "좋은 학풍, 전통 본받도록 돕겠다"」, 『경향신문』 1982년 4월 3일자.
215 『대학교육』 창간호, 대학교육협의회, 1983년 7월호, 5쪽.
216 『한국대학교육협의회30년사』, 한국대학교육협의회, 2013, 22쪽.
217 「'대학교육협' 법인화 추진」, 『동아일보』 1983년 1월 7일자.
218 「동일대학 전, 후기 모집허용」· 「대학운영의 개선책」· 「대학교육협의회 '3개 건의안' 전망」, 『조선일보』 1983년 4월 10일자.
219 「학원사태 제적생 복교허용」, 『동아일보』 1983년 12월 21일자.
220 「복교생문제 공동보조」, 『동아일보』 1984년 2월 8일자; 「復校는 大學 일임」, 『조선일보』 1984년 2월 9일자.
221 「대학 팽창에 질은 저하」, 『동아일보』 1983년 12월 15일자.
222 『한국대학교육협의회30년사』, 38쪽.
223 「새 회장에 장충식 총장」, 『조선일보』 1984년 3월 1일자.
224 「박길진 원광대총장 종교인협의회 회장에」, 『경향신문』 1985년 10월 28일자.
225 「알림」, 『조선일보』 1986년 4월 27일자. 이 날 세미나에서 발표한 최동희의 논문 「산업사회와 종교」는 원광대 종교문제연구소 논문집 『한국종교』 제14집(1989)에 수록되었다.
226 『동아일보』 1986년 12월 4일자.

제2부

저술과 사상

저작과 언론

저서류

숭산의 저서로는 모두 5종이 있다. 『대종경강의(大宗經講義)』를 1980년 처음 출간하였고, 뒤이어 1984년 『숭산법사 예화집(例話集)』, 1985년 『일원상과 인간의 관계』를 간행하였다. 1986년 숭산 사후에는 그의 유지를 계승하려는 후학들에 의해 추모의 정과 함께 숭산이 남긴 글을 모아 유저(遺著)로 간행한 것이 2종이다. 1994년 원광대학교 의전과에서 간행한 『봉황(鳳凰)과 더불어』, 그리고 서거 10주년을 맞아 1996년에 원불교사상연구원에서 간행한 『숭산논집(崇山論集)』이 그것이다.

　가장 먼저 출간된 『대종경강의』는 숭산이 원장으로 재임하던 원불교사상연구원이 중심이 되어 그의 강의노트를 정리하여 간행한 것이다.[1] 숭산은 한때 원불교학과에서 소태산의 언행록인 『대종경』을 강의하였는데, 그때 준비한 노트를 틈틈이 보완하여 정리한 것이 그 저본이 되었다. 숭산은 『대종경』의 가치와 의미에 대해 「자서(自序)」

에서 아래와 같이 밝혔다.

정전(正典)은 원경(元經)이요 대종경은 대종사님의 언행록(言行錄)이다. 그러므로 이 대종경을 통하여 대종사님의 심법(心法)과 행적, 그리고 경륜과 심오한 사상을 찾아볼 수가 있으며, 또한 심법의 기본정신과 개교(開敎)의 취지 등을 간파할 수가 있다. 또한 이 대종경을 공부함으로써 정전을 더욱 폭넓고 바르게 이해할 수도 있게 된다.[2]

소태산의 언행록인 『대종경』은 원불교 『정전』을 더 바르고 폭넓게 이해하는 데 특히 유용한 만큼, 독자들의 편의를 위해 숭산이 각 품의 장마다 원문을 제시한 다음 그에 대한 주석을 붙였다. 『대종경강의』에는 선을 공부하는 사람들에게 도움을 주기 위해 24가지 공안(公案)을 선정하여 상세히 해설한 「공안해의(公案解義)」가 부록되어 있다. 이해가 쉽지 않은 이 글은 선불교에 대한 숭산의 공부 심도를 알려주고 있다는 점에서 귀중한 가치가 있다.

『숭산법사 예화집』은 제목에서 예시하는 바와 같이 숭산이 강의 중에 인용한 여러 예화를 기록한 노트를 정리한 것으로, 주로 교역자들이 교화현장에서 활용할 수 있게 할 목적으로 간행하였다. 불도와 심법을 깨치는 데 유용한 196종의 단편적 예화들을 아래와 같이 5개 장으로 묶어 놓았다.

   제1장 깨끗한 마음은 불종자(佛種子)(38종)
   제2장 도는 마음으로 체득하는 것(46종)
   제3장 부처님을 싣고 가는 노새(49종)

제4장 보물도 활용해야(28종)

제5장 말 한 마디의 가치(35종)

여기에 소개된 예화들은 동서양의 전래 고전과 우화를 비롯하여 세계 위인들이 남긴 일화에 이르기까지 동서고금을 넘나들고 있다. 이 책에는 숭산의 박식과 뛰어난 유머감각, 재기(才器)가 함께 담겨 있다.

『일원상과 인간의 관계』는 숭산의 첫 제자들인 유일학림 1기생들이 그동안 지면에 발표한 숭산의 글을 모아 간행한 것이다. 숭산 글이 수록된 원 지면은 원불교 교단에서 발행한『회보(會報)』·『원광』·『원불교신보』,[3] 원광대에서 발행한『원광대신문』·『원보(院報)』(원불교사상연구원 기관지)를 비롯하여『조선일보』·『한국일보』·『전북일보』등 중앙과 지방의 일간지 등이다.[4] 일간지에 실렸던 글은 숭산이 쓴 칼럼류와 숭산의 대담, 인터뷰 기사가 주류이다.

이 도서는 여러 저술 가운데서도 특히 종교인이자 교육자로서 숭산이 지녔던 학문적, 실천적 역량을 가장 잘 보여주는 저작물이다. 모두 7개 장으로 구성된 이 책에는 원불교학의 체계화를 이룩한 숭산의 대표적 저술인「일원상 연구」를 비롯하여 그의 종교관과 수양론, 교화활동과 관련된 다양한 담론을 비롯하여 교육가, 사회운동가로서 숭산이 활동한 여러 영역에 걸친 글들이 수록되어 있다. 심지어는 숭산이 청년기에 지은 시까지 수록되었다. 이 책에 수록된 글들은 넓은 분야에 걸쳐 있을 뿐만 아니라, 그 발표 시기도 불법연구회 시절인 1932년부터 작고 전년인 1985년까지 무려 53년에 걸쳐 있어 숭산의 전 생애를 망라했다고 해도 과언이 아니다.

각 장의 개요를 소개하면 다음과 같다.

제1장 '일원상 연구'에는 원불교학의 이론적 토대를 정립한 논고인 「일원상 연구」를 비롯하여 주로 (원)불교와 관련된 숭산의 종교관을 담고 있는 12편의 글이 들어 있다.

제2장 '종교와 원불교'는 (원)불교의 수양, 실천론과 관련된 여러 형태의 단문들을 수록하였다. 숭산 사상과 학문의 요체는 이상 논급한 제1장과 제2장에 실린 글에 집약되어 있다.

제3장 '교육방향의 재고'에는 주로 학생과 시민사회를 대상으로 한 숭산의 계도성(啓導性) 칼럼이 수록되었다.

제4장 '나의 원(願)'에는 청년시절 창작시와 시조, 그리고 숭산이 번역한 외국시 두 편이 실려 있어 숭산의 문학적 소양을 짐작케 한다.

제5장 '국제사회와 원불교'에는 숭산이 원불교 교단 대표로 국제종교회의에 참석하는 등 세계 각국을 여행한 견문기와 관련 인터뷰 기사가 수록되었다. 특히 여기에는 1956년 세계일주 관련 기록인 「숭산선생 환송의 밤」, 「구미별견초(歐美瞥見抄)」,[5] 「구미 각국의 불교상황」 등이 포함되어 있어 여정을 파악하는 데 도움을 준다. 그리고 숭산이 1958년 최초로 참석한 국제종교회의인 제5차 세계불교도대회 참관기[6]도 함께 수록되어 있다.

제6장 '무아봉공(無我奉公)의 실현'[7]에는 원불교 교단과 원광대의 여러 행사 때 발표한 취임사·격려사·개식사 등 의전용 문사(文辭)를 비롯하여 논문집 발간사, 영결사(永訣辭) 등이 실렸다. 그 가운데 교정원장 취임 인사말(1950)과 원광대 총장 취임사(1972), 원불교개교 반백년기념대회 개식사(1971) 등은 숭산의 일생 역정(歷程)에서 큰

의미를 갖는 문사라 할 수 있으며, 정산종사 장례식-교회전체장- 개회사(1962)와 모친인 대사모 영결사(1973) 등은 숭산의 절절한 상심(喪心)을 생생하게 보여주는 글이다.

제7장 '지육(知育)보다 덕육(德育)을'에는 숭산이 교단, 대학 신문뿐만 아니라 중앙과 지방에서 발간되던 일간지 등에 기고한 여러 칼럼과 인터뷰 기사들을 담았다. 숭산의 기고문과 대담기사가 실린, 교단과 대학 밖의 간행물을 보면『동아일보』·『조선일보』·『한국일보』·『중앙일보』 등 중앙의 유력 일간지, 그리고『전북일보』와『전북매일신문』등 지방지들이다. 그 가운데 종합대학 출범에 즈음한 1972년 2월의『전북일보』인터뷰 기사인「지덕(知德) 겸한 학풍을」과, 1978년『조선일보』주필 선우휘(鮮于輝, 1921~1986)와의 인터뷰 기사「지육보다 덕육을」두 건은 숭산의 교육관이 잘 투영되어 있는 글이라는 점에서 주목을 끈다. 특히 당대 저명한 언론인이던 선우휘와의 대담에서 숭산은 원불교가 추구하는 기본원리와 원광대의 교육철학을 아래와 같이 함축적으로 표현하였다.

(원불교는) 혁신적인 불교라 할 수 있는데 불교혁신이라기보다는 종교혁신이라고 할까요. 많은 종교가 자신을 위해 기구(祈求)하고 위안받으려 합니다만, 원불교는 자신이 실천하면서 뜻을 이루려는 것입니다. … 원불교는 자기반성하면서 게을리하지 않으며 소원성취하려는 것입니다. 모름지기 연단에서 하는 말과 실천이 같아야 하는데 흔히 그렇지 못하다는 것은 서글픈 일이지요. 모든 사람이 마음부터 바꿔야 합니다.[8]

우리는 지육보다 덕육에 더 중점을 두고 있으니까요. 제가 보기에 우리 교육 일반에 부족한 것이 덕육이 아닌가 합니다. 지식의 주입에 기울어서 인격교육이 부족합니다. … 사람이 자아완성의 길에서 가장 중요한 기본이 되는 것은 예의입니다. 간단한 인사가 별것 아닌 것 같지만 인사는 바로 예의심의 발로이기 때문에 중요하지요. 그래서 우리는 학생들에게 인사하는 것부터 가르칩니다. 그런데 인사란 할 줄 알아야 하는 동시에 받을 줄 알아야 합니다.[9]

숭산이 학생교육에 임할 때 지식공부에 우선해서 주창한 것이 도덕공부였음을 위 대목을 통해 충분히 감지할 수 있다. 그리고 그 덕육의 출발은 인간관계에서의 예의이고, 예의의 시작은 곧 사람에 대한 인사라는 것이다. 이 또한 숭산이 덕성을 함양하는 인간교육의 실천성을 특별히 강조하고 있음을 짐작케 한다.

숭산 생전에 기념논총이 두 차례 간행된 적이 있다. 회갑을 맞아 1975년에 나온 『한국불교사상사(韓國佛敎思想史)』와 1984년 고희 기념으로 간행한 『한국근대종교사상사(韓國近代宗敎思想史)』가 그것이다. 『한국불교사상사』에는 삼국시대부터 근대에 이르기까지 불교사상 관련 논고 47편이 수록되어 있다. 당대 최고의 석학이라 할 불교학자 조명기의 「서사(序辭)」와 철학자 박종홍의 「서문」이 있고, 책의 말미에는 화갑기념사업회 김정용(삼룡) 회장 명의의 「발문」과 편집위원 명의의 「후기」가 있어 간행 경위를 알려준다. 또 책의 서두에는 숭산의 연보와 논저목록이 수록되었다.

1984년에 간행된 고희 기념 『한국근대종교사상사』는 앞서 발간한 회갑 논총의 편집 체제를 대체로 충실히 따랐다. 무려 60편에 이르는 방대한 논고가 실린 이 논총의 서두에는 역사학계의 거두 이병도(李丙燾)의「하서(賀序)」와 동국대 황수영(黃壽永) 총장의「서문」이 실렸고, 책의 말미에는 고희기념사업회 김정용(삼룡) 회장 이하 여러 위원 명의의「후기」가 실렸다. 회갑 논총에 이어 고희 논총의 서두에도 숭산의 연보와 논저목록이 수록되었다.

회갑, 고희 기념 두 논총은 한국의 종교(불교), 그 가운데서도 특히 사상사 분야에서 당대 최고의 학자들이 거의 모두 참여하여 학술적으로 큰 성과를 거두었다. 이들 논총은 1970~1980년대에 융성했던 원광대의 인문학적 분위기와 함께 당시 한국의 불교학, 종교학, 사상사 분야의 연구 수준을 가늠케 해준다는 점에서 연구사적 의의가 큰 저작물이라 할 수 있다.

1986년 숭산 작고 후 제자와 후학들에 의해『봉황과 더불어』(1994)와『숭산논집』(1996)이 유저로 발간되었다. 원광대 의전과에서 발간한『봉황과 더불어』는 총장 재임기간(1972~1986)에 교내 중요행사 때 발표한 연설문을 모은 것이다. 여기에는 초대총장 취임사(1972)를 비롯하여 개교기념사 11편, 입학식과 졸업식 훈사 30편, 그리고 중등교육세미나를 비롯한 각종 행사에서 낭독한 축사와 격려사 등이 들어 있다. 책의 목차는 별도의 장절 구별 없이 행사의 유형에 따라 취임사, 개교기념식사, 입학식사, 졸업식사 등의 편명만 붙여 제시하였다.

이 책에서 특기할 점은 말미에 별도로 '원불교사상연구'라는 편명을 붙여 원불교사상연구원 기관지『원보』에 실렸던 숭산의 글을 수록했다는 사실이다. 1979년 5월에 나온 창간호부터 작고하기 전년인 1985년 12월 간행한 제24호까지 한 호도 빠짐없이 실렸던 숭산의 글을 여기에 모아 놓았다.[10] 이는 원불교 교화와 연구에 쏟은 숭산의 정성과 노력을 드러내어 알려주는 단적인 사례가 된다는 점에서 그 시사하는 바가 크다.

『숭산논집』(652쪽)은 1996년 원광대 개교 50주년 기념사업의 일환으로 원불교사상연구원 주관 하에 육필 원고를 모아 서거 10주기(1996. 12. 3)에 출간한 유고집이다. 「편집후기」에 따르면, 유고집 간행을 위해 수개월 동안 관련 자료를 수집하였는데, 그 대부분은 연대미상의 육필원고로, 초기 원광대 시절의 강의안과 강연원고, 그리고 수상(隨想)에 따라 작성된 법문(法門)이 그 주종을 이루었다. 이를 분류하여 수록하면서 윤문과정을 거쳤고 중복되는 내용은 적절히 조정하면서 다듬었다고 한다.[11] 그리고 이 책이 지닌 의미에 대해서는 다음과 같이 언급하였다.

『숭산논집』은 숭산님의 학덕과 인품이 구구절절이 풍기고 아울러 그분의 인생 경륜과 체취가 물씬 풍기는 숭산님 심신의 일부라고 할 수 있다. 특히 본 『숭산논집』은 소태산 대종사의 교법정신이 그대로 하나의 아름다운 선어(禪語)로 화하고 생활 속의 활어(活語)가 되어, 인간 제반사의 수도와 생활, 처세와 도덕 및 염불과 정토 등이 묘합이통(妙合而通)하는 불이(不二)의 대동철학(大同哲學)이 되고 있다.[12]

이 유저는 숭산의 인간적 체취를 비롯하여 그의 학문과 인생의 경륜이 가장 짙게 배어있는 저작이라는 것이다.

『숭산논집』의 구성은 제1편 『불교정전』 주해, 제2편 동서철학론, 제3편 선(禪)·염불론, 제4편 수시법문(隨時法文) 등 모두 4편으로 이루어졌다. 제1편은 말 그대로 1943년에 나온 『불교정전』에 대한 숭산의 주해를 모은 것이며, 제2편은 숭산이 강의교재로 활용하기 위해 정리한 친필의 동양윤리학과 서양철학사 개요, 그리고 이기론(理氣論)을 담았다. 제3편에는 숭산 철학과 사상의 원형이 된 논설류의 선론(禪論)과 염불론(念佛論)이 들어 있다. 그리고 이 책 분량의 과반을 차지하는 제4편은 숭산이 행한 법문과 법설을 위주로 하고 여기에다 강연·사설과 법어를 더한 것이다. 『숭산논집』은 곧 종교인, 교육자로서 숭산이 지닌 학문과 사상을 세상에 전파하고 교양하는 과정에서 생산된 다양한 논고들을 모은 것임을 알 수 있다. 이러한 점이 특히 학술적 지향성을 가진 『일원상과 인간의 관계』와 대비되고 또 상호 보완적 관계에 있음을 알 수 있다.

제4편에는 방대한 양에 달하는 법문·설법·예화 등 다양한 형태의 단문들이 들어 있어 특히 주목된다. 제2장(사설) 이외의 나머지 장에 수록된 글의 대부분은 일정 형식을 갖추지 않고 교내외 행사나 회의, 강의에 활용하기 위해 특별한 격식 없이 자유롭게 기록한 메모식 단문들이다. 이 책에 실린 숭산의 수고(手稿) 처리에 대해「편집후기」에서 "편집과정에서 숭산님의 원래 문장과 내용을 되도록 살리려 노력하였으나 시의에 적절치 않은 부분이나 옛 문투 등은 수정"[13]했다고 밝힌 점을 통해서도 대부분의 육필 자료가 활자화를 염두에 두지 않고 강의, 강연이나 훈화 등에 사용하기 위해 특정 주제나 사실에 대해 단편적으로 관련 내용을 정리한 것임을 짐작할 수 있다. 예컨대 '원불교의 특징'이라 하여 아래와 같이 네 가지로 나누어 메모식으로 기록한 것이 있다.[14]

1. 신앙대상이 일원상이다.
2. 기도의 방식이 다르다.
3. 각 종교의 공통점을 소유하고 있다.
4. 생활화 되어 있다.

위 메모는 학생·대중을 대상으로 한 강연을 위해 원불교의 특징을 담론으로 풀어낼 수 있는 키워드를 네 가지로 간단히 기록한 것으로 짐작된다.

또 하나의 사례를 보자. 어느 시기인지 특정할 수 없으나, 교수회의에서 행한 훈화의 요지인 듯하다.

교수회의에 1

코미디언 이주일이가 "훠이훠이 신이 내리신다. 왜 이러느냐? 사람이란 우스운 물건이다. 어째서 남의 일에만 신경을 쓰느냐? 남의 자식이 어떻고, 남의 행실이 어떻고, 남의 땅값이 어떻고, 남의 나라, 달나라 별나라까지 신경을 쓰면서 자기에게는 신경을 안 쓰느냐?" 하는 내용의 코미디를 하는 것을 보았다.

　우리는 자기 자신에게 신경 좀 썼으면 좋겠다. 학자는 이론가이기 때문에 실천을 잘 않는다. 학자들에게는 몸의 학문, 즉 몸을 가르쳐야 한다. 앞으로는 실천가를 더 존경한다. 예의·고상·겸손·명랑을 우리의 생활목표로 삼아야 한다.

　교수도 스승의 할 일을 다해야지 주장할 수 있다. 월급만큼 가르친다는 정신 가지고는 교권을 주장할 수 없다. 늘 연구하며 실천하는 자세가 필요하다.[15]

숭산이 교수들을 향해 특정 코미디의 예화까지 소개하면서 실천적 의지와 행동으로 학생지도에 임하기를 호소하는 장면이 눈앞에 생생히 그려진다. 전달하려는 내용만 간결히 담았을 뿐 활자화를 염두에 두지 않아 문장의 완성도나 체제, 형식 등에서 자유로운 글임을 알 수 있다.

여기에 비해 제4편 2장(사설)에 실린 글은 대체로 일정한 체제와 형식을 갖추고 완성도가 비교적 높아 그 글의 대부분은 칼럼·수필 등 여러 형태로 지면에 실린 글의 초고일 것으로 짐작된다.[16] 하지만, 사설에 실린 글의 양이 너무 방대하여 지면에 발표된 숭산의 글과 하나하나 대조하며 확인하기는 어려운 실정이다.

이상에서 보았듯이, 숭산의 학문·종교·교육과 관련되어 가장 핵심이 되는 저작을 담고 있는 책은 숭산 생전에 나온『일원상과 인간의 관계』, 그리고 사후 유저로 간행된『숭산논집』등 두 책이라 할 수 있다.

문류

논문

숭산이 1941년 3월 일본 도요대학 철학과 졸업 당시 제출한 논문이 수필(手筆)로 작성한 「실재의 연구―쇼펜하우어를 중심으로」이다. 독일의 철학자 쇼펜하우어는 생의 의지를 철학적 사유의 핵심으로 삼았으며, 서양에서 최초로 동양철학의 탁월한 실상을 확인하고 이를 알린 인물이었다. 나아가 서양철학이 동양철학과 긴밀한 유사성을 갖고 있다는 사실도 알았다. 숭산은 곧 한국 철학자 가운데 가장 먼저 쇼펜하우어의 진가를 간파한 인물이었다.[17] 쇼펜하우어 철학을 졸업논문의 주제로 선정한 이유는 원불교학의 토대가 되는 일원사상의 이론적 틀을 정립하기 위한 시도에 있었다. 학위논문 「실재의 연구」는 숭산 철학의 원형으로서, 후일 그의 교육이념이나 도덕론, 종교론 등이 발전적으로 가미되어 숭산 사상을 이루었다.[18] 이런 관점에서 본다면, 원불교학 연구의 기점은 숭산이 학위논문을 제출한 1941년으로 거슬러 올라가야 할 것이다.

다음으로 숭산 원불교학의 정수를 담고 있는 논문이 1967년에 발표된 「일원상(一圓相) 연구」이다. 장문의 이 글은 원불교학 관련 학술논문의 효시로 알려져 있다. 숭산은 일원상의 원리 탐구에 대해 인간계와 자연계의 근본이 되는 참된 실재(實在)를 포착하고 우주 속에는 공통적인 진리가 있다는 사실을 깨달아 견성(見性)의 경지에 이른 것이라고 밝히고 있다. 이 경지가 곧 원불교의 근본 교리인 것으로, 그 형태를 일원상으로 표현하여 신앙의 대상과 수행의 표본으로 삼고 있다는 것이다.[19] 이후 이 논문은 『원광』과 『원대학보』 등 독자층을 달리하는 여러 지면에 널리 실려 교단의 교화사업에 큰 기여를 하게 된다.[20] 이상 개관한 두 논고에 대해서는 후술할 숭산의 사상 부분에서 상론하고자 한다.

시와 시조

숭산은 현재 자작시 12수, 시조 5수, 번역시 2수, 그리고 한시 3수를 남긴 것으로 확인된다. 만년에 자신의 일생을 회고하는 짧은 글 속에서 젊은 시절에 "교양서적·교육·철학·명 저소설·시 등 동서양의 고대·현대의 것을 모조리 읽었다."며, 시와 소설 등 동서양 문학작품을 널리 섭렵했다고 밝혔다. 그가 남긴 시 등 운문류의 작품은 청년시절 그가 배양한 문학적 소양의 소산이었다.

숭산 시(시조 포함)는 『일원상과 인간의 관계』(제4장 '나의 원')와 추모문집 『한 떨기의 꽃이 성실하게 피어 있다』(2006)에 수록되어 있다. 자작 시 12수 가운데 9수가 일제 강점기에 나온 불법연구회 『회보(會報)』에 실렸다. 나머지 3수는 일본 유학 시절에 지었다고 알려진 「희망」, 해방 후 『원광』에 실린 「본래면목(本來面目)」과 「무(無)」이다.

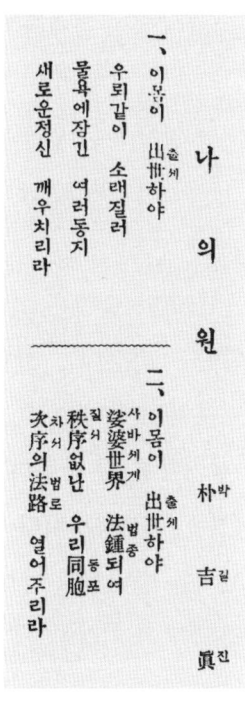

숭산이 지은 시 「나의 원」
(『회보』 14, 1935)

시의 대부분은 젊은 시절 숭산의 구도자세와 자아존중, 그리고 세상 구원을 향한 강렬한 실천의지를 담고 있다. 1935년 21세 때 발표한 시 「나의 원(願)」에는 이 세상의 '법종(法鍾)'이 되기를 자임했을 만큼 젊은 구도자의 강렬한 제세(濟世) 의지가 넘쳐난다.

(1) 이 몸이 출세하여
　　우뢰같이 소리 질러
　　물욕에 잠긴 여러 동지
　　새로운 정신 깨우치리라

(2) 이 몸이 출세하여

사바세계 법종(法鍾)되어

질서 없는 우리 동포

차서(次序)의 법로(法路) 열어 주리라[21]

1968년 숭산은 설악산을 탐승하고 그 감상을 시조로 읊었다.「설악산」,「비선대」,「비룡폭」 등 세 수를 묶어「설악산 기행」이라는 제목으로 발표한 것이 그것이다. 그 뒤 1975년에 다시 설악산을 찾아 시조「설악 2수」를 남겼다. 5수의 시조는 모두 설악산 명승을 소재로 하고 있는 점이 특징이다. 설악산의 자연과 절경에 감탄하고, 인간세상의 고뇌를 대비시켜 탄식 겸 희망을 담았던 것이다. 이 또한 숭산의 고고하고 맑은 기상을 느끼게 한다.「설악 2수」가운데 첫수를 보자.

자동차 비행기 먼지를 쓰고 와서

설악 깊은 골짜기 맑은 물에 씻고 나니

상쾌한 이 맛 이대로 한 평생 살고 싶네[22]

이후 더 이상 문학적 소양을 담은 숭산의 작품은 보이지 않는다. 그에게 주어진 중대한 소임이 그러한 감상을 드러낼 여유를 허락하지 않은 것 같아 안타깝다. 또 젊은 시절 독보(獨步)라는 필명으로 번역 시 2수를 발표하기도 하였다. 브라우닝 원작의「예지(叡智)」와 실베스터 원작의「일(一)」이 그것으로, 모두 인간과 만유의 참된 진리를 궁구하는 철학적 사유를 담고 있다는 점이 특기할 만하다.[23]

숭산이 남긴 한시는「미즈타니 선생에게(寄水谷先生)」,「에타니 선생의 회춘 소식을 듣고 기뻐하며(聞惠谷先生回春欣然寄意)」,[24]「창을 열고 히라오카 선생을 추억하며(開窓遙憶平岡先生)」 등 현재 3수가 확인된다. 모두 유저『숭산논집』에 들어 있다.[25] 이 한시는 모두 일본인 지인에게 보낸 헌시(獻詩)이다.[26]

그의 한시는 예외없이 심성과 도덕을 소재로 삼아 상대에 대한 존숭의 마음을 담았다. 그 가운데 「창을 열고 히라오카 선생을 추억하며」 한 수를 소개한다.

수와 덕 모두 높으니 반드시 이웃이 있고	齒德俱高必有隣
마음 맑고 기운 빼어나 진실을 이루었도다	心淸氣粹却成眞
나라의 문사라 말할 수 있고	能言國有知文士
어른처럼 도를 깨친 자 세상에 드물다네	悟道如翁世罕人

회고록

숭산은 세 건의 회고록을 남겼다. 「내가 걸어온 길」(1983), 「구도역정기: 숭산 박광전 법사편」(1985~1986), 「나의 일생」(1985)이 그것으로 모두 만년에 정리된 것이다. 그 가운데 「나의 삶 나의 꿈」은 삶 전체를 회고하는 장문으로 되어 있고, 나머지 두 건은 내용상 대동소이하며, 생애를 압축적으로 회고한 간결한 글들이다. 「나의 일생」은 「내가 걸어온 길」을 더 축약한 것으로, 전자의 내용은 후자에 전부 들어 있다.

가장 먼저 나온 「내가 걸어온 길」은 1983년 『원광대학신문』에 실렸다. 서거하기 3년 전으로 69세 때였다. 간결하게 정리된 이 글은 숭

숭산의 회고「내가 걸어온 길」(『원광대학신문』 438, 1983년 8월 31일자)

산이 일생을 돌아보고 그 궤적을 압축적으로 기술하면서 특히 젊은 이들에게 교훈을 주고자 한 것으로, 그가 지켜온 생활과 처신의 신조, 좌우명도 소개되어 있다. 서술의 시간적 범위는 어린 시절에 배양된 자연과 인간에 대한 사색, 탐구로부터 수학시절의 인생의 목표 정립, 그리고 대학을 설립해 운영하는 데 이르기까지 전 생애에 걸쳐 있으며, 철학자·종교인·교육자의 입장에서 정리한 것이다. 간결한 단문이지만, 이 글은 만년의 숭산이 자신의 일생을 관조하면서 돌아본 회고록이기 때문에 그 자료의 중량감은 매우 크다. 여기서 집에 온 거지에게까지 절을 한 일화라든지, 일본 유학시절에 얻을 수 있는 문헌을 모조리 섭렵했다고 하여 폭넓은 공부 분야와 다독 사실을 알려주는 등 한 구절 한 구절이 숭산 이해의 중요한 키워드를 담고 있고 시사하는 바가 적지 않다.

숭산은 일생을 관조하면서 평생 일관되게 지켜온 신조와 원칙에 대해 다음과 같이 언급하였다.

백 가지 이론보다 한 가지 실천이 우리에게는 중요하다고 여기고 우선 학교를 세워서 사람들을 교육하면 차츰차츰 이 세계의 어둠이 없어질 것이 아니냐, 조금씩 조금씩 진리 생활을 권장하여 가면 나중에는 전 인류가 행복하게 사는 세상이 올 것이 아니냐 하는 생각으로 교육사업을 한 지 35년이란 세월이 흘렀다.

다른 이들이 보면 학교사업을 하면서 다른 분야에도 관여하는 이들이 많았다. 나는 학교 이외의 다른 분야에는 눈을 돌린 적이 없었고 오직 이 일을 위해서만 평생을 살아오고 있다. 항상 마음먹기를 사리사욕을 떠나야겠다고 했고 사실로서 떠난 생활을 해왔고 지금까지 대학을 경영하면서 인사를 하는데 있어 내 친척이나 원근, 친소를 특별히 생각한 일이 없었다. 언제든지 공평무사하게 처결하고 학생 본위로 어떻게 하면 학생들을 위해서 좋을까를 생각하여 일을 해왔다.

지금도 나는 항시 기쁜 마음으로 살며 다른 사람이 싫다는 일은 안 하기로 하고 공무상 할 수 없이 어떤 이에게 불이익이 가게 될 일이 있어서도 본인이 자성하여 공도에 순응하기를 기다려서 결행을 하여 왔다.

내가 이 날을 살아오면서 반드시 지켰던 것은, 내가 잘못한 일에 대해서는 엄격히 꾸짖되 그래서 되겠느냐고 스스로 따지고 다른 사람들이 잘못을 저지를 때에는 살아가다 보면 그럴 수도 있겠지 하고 용서해 주는 데 노력하는 마음이었다.[27]

이론보다 실천을 앞세워 교육사업에 종사하는 동안, 숭산은 사리사욕에 치우침이 없이 공평무사하게, 그리고 학생 본위로만 일관되게 처신해온 사실을 소개하고 있다. 그의 고결한 삶뿐만 아니라 대학에 쏟은 지극한 정성과 노력의 정도를 짐작케 해주는 대목이다. 또, 본인에게는 엄격하게 하고, 남에게는 관대하게 대하는 좌우명도 언급되어 있다. 이 글의 말미에서 젊은이들에게 독서와 사색을 특히 강조하고, 발심(發心)한 삶의 목표를 향하여 일관되게 실천하기를 아래와 같이 권유하였다.

회고하여 보면 인생 과정에서 중요한 것은 많은 책을 읽는 일이고 읽고 나서는 반드시 깊이 생각하여 보는 습관이 있으면 좋겠다. 그래야만 넓고 공정한 사고를 하게 되는 것이 아니냐 하는 생각이 들고, 우리가 살아가는데 있어 중요한 것은 한 가지 발심(發心)한 일을 착수했으면 평생을 통하여 밀고 가야 되지 않느냐 하는 생각이다. 그래야만 남보다 조금은 열심히 살았노라고 스스로 느껴지겠기 때문이다.[28]

일생 살아온 삶을 돌이키면서 당대 학생들에게 주는 간곡한 당부이기도 하였다. 이러한 당부는 자신의 일생에서 중요하게 자리잡았던 독서와 사색, 그리고 일관되게 살아온 자신의 삶을 산 교훈으로 제시했다는 점에서 특별한 의미가 있다.

숭산이 만년에 자신의 일생을 관조하며 차분하게 정리한 장문의 회고록이 『원불교신보』에 연재물(1985. 9. 16~1986. 2. 16)로 실렸다. 원불교 교단 지도자들의 일생을 소개한 장기 기획물인 '구도역정기(求道歷程記)' 가운데 「숭산 박광전 법사편」이 그것으로 모두 15회에 걸쳐 연재되었다.[29] 숭산 연구의 기초자료라 할 이 회고록은 작고 후인 1988년에 단행본 『구도역정기』가 간행될 때 「창조적 지성, 인간교육에 심혈을」이라는 제목으로 전재(轉載)되었다. 그 뒤 2006년에 발간된 숭산 추모문집 『한 떨기의 꽃이 성실하게 피어 있다』에도 「나의 삶 나의 꿈; 창조적 지성, 인간교육에 심혈을」이라는 제목으로 다시 수록되었다. 이 회고록은 숭산 연구나 이해의 기초자료가 되고 있다는 점에서 매우 중요한 의미를 가지고 있지만, 한편에서는 만년에 자료보다 주로 기억에 의존해 정리한 만큼 구체적인 사실에서는 오류가 산견되기도 한다.

회고록 가운데 또 하나가 1985년에 직접 수필(手筆)로 남겼다는 단문 「나의 일생」이다. 이 글은 숭산을 향한 '보은과 추모의 심정'을 담았다는 김영두(성택)의 숭산 추모글 「숭산종사의 경륜과 중심사상」

에 전재되어 있다.[30] 김영두에 따르면, 숭산은 서거 전년인 1985년 여름 당시 원광대 국문과 이상비 교수에게 일생을 간결하게 압축해서 친필로 기술한 회고록을 작성하여 주었고, 이상비 교수는 이 회고록을 10년 뒤인 1995년에 공개했다고 한다. 이 글의 말미에는 '1985년 8월 22일'로 집필 날짜가 기록되어 있다. 이 회고록은 앞서 소개한 「내가 걸어온 길」을 더 축약한 이본의 성격을 가지고 있다.[31]

기고문

일생 동안 발표된 글의 대부분은 신문과 잡지에 실렸다. 먼저 교단과 원광대학에서 발간한 신문, 잡지로는 해방 전 불법연구회의 『회보(會報)』, 해방 후 교단 기관지 『원광』, 원불교사상연구원의 『원보』, 그리고 원광대학 신문인 『원대학보』 등이 그 주된 게재 지면이었다. 초창기 『원광』에 실린 글 가운데는 교학, 믿음과 실천, 수행과 교화 등 원불교 교리, 신앙과 관련하여 숭산의 철학, 종교 사상을 담은 다수의 논고가 들어있어 주목된다. 1949년 7월의 『원광』 창간호에 실린 「서양의 원상사상(圓相思想)」을 비롯하여 「불교의 세계관」(『원광』 4), 「유교의 중사상(中思想)」(『원광』 6), 「인격수양과 선(禪)」(『원광』 9), 「선악표준의 전도(轉倒)」(『원광』 11), 「일원상을 신앙하는 이유」(『원광』 16), 「원불교 명칭과 특색」(『원광』 20), 「유락(愉樂)한 생활」(『원광』 25), 「불법시생활(佛法是生活)」(『원광』 40), 「염불의 원리」(『원광』 46), 「공부하는 교단이 됩시다」(『원광』 51), 「선(禪)의 생활화」(『원광』 56), 「일원상 연구」(『원광』 59~65), 「원불교와 일원상」(『원광』 98) 등이 그러한 범주에 들어간다고 할 수 있다. 교단과 대학에서 발간한 지면에 실린 숭산 글의 대부분은 숭산 저서에 실려 있고, 비교적 그동안 잘 알려진 자료라 할 수 있다.

원불교 교단 및 원광대 간행물 외에 중앙과 지방의 여러 일간지에도 글이 실렸다. 칼럼류의 기사는 모두 1970년대에 발표된 것으로, 현재 총 14건(『조선일보』생활에세이 기고문 1건 포함)이 확인된다. 그 가운데 『조선일보』의 고정 칼럼인 '일사일언(一事一言)'에 9건을 실었고, 그 다음으로 『한국일보』의 '천자춘추(千字春秋)' 코너와 『전북일보』의 '전북광장'에 각각 2건씩 게재하였다. 역시 『조선일보』의 '생활 에세이; 오늘을 사는 지혜' 코너에도 「바꾸어 생각해 보자」한 건이 실렸다.[32] 이렇게 확인되는 숭산 글은 현재 수집 가능한 한도 내에서 거칠게 파악한 것이라는 점을 감안할 때, 앞으로 중앙과 지방의 여러 지면을 더 세밀하게 조사한다면 더 많은 저작물이 확인될 개연성이 크다.

일간지에 실린 글들은 평소 그가 견지했던 종교, 철학, 교육관을 여실하게 담고 있다는 점에서 귀중한 자료라 할 수 있다. 숭산의 칼럼 글을 지면별로 구분하여 일람하면 다음과 같다.

『조선일보』

「마음의 평정」(1972. 8. 17)　　　「심전계발(心田啓發)」(1972. 8. 26)
「평범한 진리」(1972. 9. 9)　　　「민족의 긍지」(1972. 9. 19)
「바꾸어 생각해 보자」(1976. 8. 7)　「친절」(1977. 12. 3)
「유통활동의 과제」(1977. 12. 10)　「정좌(靜坐)」(1977. 12. 17)
「이리 참극의 교훈」(1977. 12. 24)　「세모(歲暮)의 의미」(1977. 12. 31)

『한국일보』

「교육의 방향」(1975. 12. 5)   「인성과 감각」(1975. 12. 13)
「보람있는 생활」(1975. 12. 18)   「새마을정신」(1975. 12. 27)

『전북일보』

「도의실천(道義實踐)」(1975. 12. 15) 「농촌과 새마을운동」(1977. 1. 22)

중앙의 일간지 가운데 숭산 관련 기사를 가장 많이 게재한 신문은 『조선일보』이다. 『조선일보』는 숭산의 기고문도 상당수 게재했을 뿐 아니라, 1950년대부터 서거 때까지 70여 건에 이르는 기사를 통해 숭산의 일거일동을 가장 상세히 보도하였다.[33]

숭산의 기고문은 물질문명의 혼란한 시대에 인간과 사회를 건전하고 새롭게 선도하려는 희망의 메시지를 담았다. 종교인으로서 숭산을 이해하는 데 소중한 자료라 할 수 있다.

한 시대가 그의 인류에게 희망도 이상도 품을 수 없게 하고 인간 개인이건 집단이건 저들의 뜨거운 노력과 성실로도 어찌할 수 없이 시대가 절망의 구렁텅이로 빠져들어간다고 할 때, 우리들은 그 시대를 살아가는 사람들, 특히 젊은 세대의 허탈 상태에 있는 심정을 얼마쯤 이해하게 되는 것이다. 그러나 중요한 것은 이러한 시대에 대한 책임감이다. 절망적인 시대를 희망적인 시대로 바꾸는 것은 오늘을 사는 현대인의 의무이며 사명이 아닐 수 없다. 좌절되어 버리거나 포기하지 말고 꾸준하고 성실하게 시대개조에 앞장서야 한다. 나는 이것을 '주인노릇'이라고 부른다. 이 세계가 남의 것이 아니고 내 것이라 할 때 거기서 책임과 사명감이 우러나온다.[34]

1970년대에 들어와 그동안의 농촌사회 중심에서 경제개발을 표방한 도시화, 산업화 사회로 이행되는 초기 단계에 드러나기 시작하는 사회적 모순과 시대적 폐단을 일찌감치 간파하고 이를 경계한 것이다. 도덕공부와 마음의 평정을 통해 세상과 시대의 주인의식을 배양하자고 호소하였다. 칼럼 「심전계발」에서도 "우리의 마음 밭은 본래 옥토였다. 그러나 세속의 이욕(利慾)에 물들어 버린 밭이 되었다. 그러니 쓸모없는 잡초를 뽑고 인간을 위하여 극히 필요한 곡식을 가꾸어야 한다. 이것이 심전계발 수양이다."[35]라고 하면서 바른 마음을 길러 세상을 계도할 것을 주창하였다. 실생활에서의 도덕적 실천성을 강조한 것이다. 「평범한 진리」와 「민족의 긍지」는 우리 강토와 민족의 우수성을 주체적으로 자각하고 자긍심 함양을 촉구한 것으로, 동시대 사조(思潮)의 경향성을 보여주는 글이기도 하다.

　1972년에 이어서 『조선일보』 칼럼에 글을 게재하던 1977년은 한국에서 산업화가 본궤도에 올라 농경사회에 기반한 전통제도가 이완되어 가던 시기였다. 이러한 시대적 분위기를 반영하듯이 숭산은 전통적 윤리와 도덕의 함양(「친절」, 12. 3), 건전한 생활자세 배양(「정좌(靜坐)」, 12. 17) 등을 비롯하여 이리역 폭발 참사(11. 11)가 가져다준 교훈(「이리 참극의 교훈」, 12. 24) 등을 주제로 다루었다.

　『조선일보』에 실린 숭산의 글 가운데 가장 돋보이는 것은 1976년에 발표한 「바꾸어 생각해 보자」이다. 평소 숭산이 견지하던 생활철학의 단면이 잘 드러나 있기 때문이다. 여기서 숭산은 현대 물질문명의 각박함 속에서 인간이 저마다 타고난 바른 마음을 지닐 여유와 환경이 되지 못하는 점을 깊이 통찰하였다. 이런 까닭에 그는 오늘을 살아가는 사람들이 자신에게는 한없이 관대하고 남에게는 몹시 야박

제2부 저술과 사상　353

숭산의 칼럼기사
「바꾸어 생각해 보자」
(『조선일보』 1976년
8월 7일자)

함으로써 늘 타인을 비난하고 원망하게 된다는 것이다. 이러한 진단 끝에 숭산은 역지사지(易地思之)의 정신과 자세를 강조하는 한편, 생활 속에 있는 도(道)가 곧 살아 있는 도라고 역설하였다.

현대생활은 고도의 물질문명 혜택을 자랑할 만큼 단순하지는 않다. 세파의 각박함이 심화되는 만큼의 정신공해가 사회를 짙게 물들이고 있다. 이에서 벗어나려는 대중의 도를 찾는 소리 또한 한결 높다. 도는 멀리 떠나 심산유곡에서만 구하여지는 것만은 아니다. 실사회(實社會)의 대중 속에 묻힌다는, 또 다른 차원의 실감나는 고행 속에서 참 도는 얼마든지 터득될 수 있고, 그렇게 얻은 도는 바로 그 당장에서 주변사회로 펴나가져야 한다. 생활 속에서 닦아 얻고, 생활 안에서 전하는 도야말로 살아서 움직이는 도인 것이다. … 지나친 냉엄으로 남의 일을 캐 헤치고 터무니없는 관용으로 내 일을 감싸고들 지낸다. 정신문명의 근대화 외침이 무색하다. 지기추상(持己秋霜)하고 대인춘풍(待人春風)하는 심경, 저 속으로 더 깊숙이 젖어 들어야겠다. 서로의 생명부터를 외경(畏敬)하는 공생 논리를 무르익혀 보자.[36]

숭산은 현대 물질문명의 폐해와 심성의 퇴락을 극복하기 위해 삶 속에서 실천하는 도를 역설하였고, 나아가 모든 생명이 공존하는 세상을 위해 자신에게는 추상같이 엄하게 하고 상대에게는 춘풍처럼 온화하게 대할 것을 역설한 것이다.

『한국일보』에 게재한 글에서도 숭산은 바른 마음을 바탕으로 하는 인간교육, 교육의 사회화를 주장하였고, 일상에서 긍정적 사고를 통해 보람 있는 생활을 영위함으로써 행복한 삶을 살 수 있다고 하였다.

우리 교육의 방향은 권리의 선취(先取)를 요구하는 시민적 성격에서 의무를 앞세우는 공민적 성격에로 전환되어져야 마땅하다고 본다. 개인의 권리 그것이 스스로 도덕적인 선(善)일 때, 비로소 교육은 사회에 기여하게 되고 개인의 생명은 사회정화를 위하여 안심하고 바쳐질 것이다. 이러할 때에 시민적 성격과 공민적 성격의 조화가 가능하리라. 이 조화의 종점을 나는 교육과 종교의 상보(相補) 관계에서 찾고 있다.[37]

위 글은 민주시민으로서의 권리와 의무를 병진하는 바람직한 교육을 위해서는 종교적 영성의 역할과 기능을 강조하고 있다. 결국 교육과 종교가 서로 보완적 기능을 발휘할 때, 비로소 바람직한 시민(권리)과 공민(의무)이 조화롭게 병진할 수 있다는 것이다. 종교인이자 교육자로서 숭산이 견지한 교육철학의 일단을 잘 보여주는 대목이다.

언론에 비친 숭산

원광대 학장(총장), 원불교 교단 지도자로서 공적 직위를 가졌던 숭산에 대해서는 중앙과 지방(전북) 언론에서 해방 직후부터 지속적인 관심을 가지고 그 동향을 보도하였다. 지면에 실린 숭산 기사는 해외출입 사실을 비롯하여 원불교 교단과 대학 업무, 종교·교육·사회단체활동, 학술활동 등 다방면에 걸쳐 있고, 그 형식도 알림 형태의 단신부터 사실보도, 특집기사에 이르기까지 다양하였다. 일간지 기사의 대부분은 사실성과 구체성을 담보하고 있다는 점에서 숭산의 생애를 복원하고 동정을 살피는 데 귀중한 자료가 된다.

해방 후 숭산이 언론에 등장하는 것은 1946년부터이다. 그해 2월 서울에서 사회주의 정당, 사회단체의 총결집체로 민주주의민족전선(세칭 민전)이 결성되고 두 달 뒤에 출범하는 민전 익산군위원회에서 부위원장에 선임된 사실이 보도되었다. 이는 숭산이 익산지역에서 해방 직후부터 이미 유지급 인물로 부상되어 있었다는 사실을 알려준다는 점에서 의미가 있다. 해방 직후부터 이리, 익산의 명사로 활동한 사실을 알려주는 또 하나의 기사가 1948년 5월 10일 거행된 제헌의회 선거 때 익산 갑선거구의 위원장으로 활약한 사실을 보도한 것이다.[38]

그 뒤 1957년 미주 한인사회에서 발간하던 『국민보』에 아래와 같은 숭산 기사가 실렸다.

> 오늘 미주 하인스회사 소식란 발포(發布-필자주)에 미주 로스앤젤레스에서 째뉴와인(Jan-U-Wine; 필자주) 식물제조사장 현피터(피터현-필자주)씨는 세계를 순항하는 중에 남한(한국) 전라도 원광대학을 시찰할 때에 대학장 박길진 박사는 현피터씨께 명예 법학박사위를 증정하였다. 현박사는 영어만 한숙(嫺熟-필자주)할 뿐이라(뿐 아니라의 오류인 듯-필자주) 한어(한국어-필자주)와 한국사정을 잘 앎으로 박길진 박사의 통역관으로 책정되었고 또 이승만 대통령이 현박사를 택하여 한국 총영사관 고문으로 시무케 하고 현박사는 남한(한국)에서 계속 오는 정치가와 실업가들을 항상 접대한다더라. 9월 20일.[39]

위 기사는 숭산의 세계일주 다음 해인 1957년 9월에 피터현이 원광대학을 방문했다는 사실을 보도한 것이다.[40] 숭산이 피터현에게 명예법학박사 학위를 수여했다는 내용은 오류이지만, 이승만과의 관계, 식품회사 경영 등 피터현과 관련된 여러 정황을 알려주고 있다는 점에서 유의미한 기사라 할 수 있다.

다음으로 숭산의 동정이 보도된 것은 1958년이었다. 『조선일보』와 『경향신문』 등에서 이청담, 서경보 등과 함께 숭산이 태국의 방콕에서 열리는 세계불교도우의회에 참가할 대표로 선발되었다는 사실을 보도한 것이 그것이다.[41] 그 뒤 숭산 기사가 일간지에 실린 것은 1966년 1월 그가 동국대학교에서 명예문학박사 학위를 수증할 때였다.[42] 이어 1967~1968년에는 원불교 교단의 대표로 활동한 내용이 기사화되었다.[43] 이와 같이 1960년대까지는 숭산의 동정이 간헐적으로 지면에 실렸다.

1970년대에 들어오면서부터 언론에 빈번하게 등장하게 된다. 1970년대 전반기에 나타나는 숭산 기사는 주로 종교 분야의 국제교류, 철학·종교와 관련된 학술활동이 주를 이루고 있다. 국제교류 기사로는 먼저 1970년 10월 일본에서 개최된 세계종교인평화회의 관련 보도가 있다. 『조선일보』에 숭산의 출국 사실을 알려주는 기사가 실렸으며,[44] 인류 공존을 위한 종교의 역할과 강대국의 비무장을 촉구하는 회의 내용이 『동아일보』와 『경향신문』에 비교적 소상하게 소개되었다.[45] 그뒤 1972년 말 원광대가 대만 중국문화학원과 자매결연을 맺고 동 학원에서 명예철학박사 학위를 수증했을 때 그 사실을 보도한 기사도 산견된다.[46]

1975년은 숭산이 회갑을 맞은 해였다. 이를 기념하여 1975년 11월 원광대에서 대규모의 한국철학자대회가 열렸고, 당대 석학들이 망라되어 집필한 기념 논총 『한국불교사상사』를 발간하여 원광대 인문학의 발흥기를 맞았다. 『조선일보』·『동아일보』·『경향신문』 등 중앙의 일간지에는 그 사실을 널리 소개, 홍보하는 기사가 집중적으로 실렸다.[47] 그 가운데 『조선일보』에서 보도한 한국철학자대회 기사를 소개하면 아래와 같다.

'새 가치체계의 정립'을 주제로 한 한국철학자대회가 11월 1일, 2일 전북 이리 원광대에서 있었다. 원광대 총장 숭산 박길진 박사 회갑기념사업회(회장 김삼룡, 원광대 교무처장)가 주최한 이번 대회에는 국내 철학교수 100여 명이 참석했다. 서울과 지방의 철학자들이 대거 자리를 함께 하여, 철학계의 연구를 살피고 앞으로의 방향을 모색한 것은 처음이다. 대회는 현대의 위기가 가치의식의 혼란으로 빚어지는 것이라고 진단했다. 가치의 타당성을 받아들일 수 있는 인간정신의 보편성을 실현하는 것이 시대적 요청이라고 했는데 가치들을 한 데 묶는 질서―체계를 조직하는 불변의 원리를 찾는 작업이 깊어져야 한다고 참석자들은 입을 모았다.[48]

숭산의 회갑 기념사업의 일환으로 원광대에서 역사상 처음으로 전국에서 100여 명의 학자들이 모여 이틀에 걸쳐 대규모의 한국철학자대회를 개최한 사실을 보도한 기사이다. 그 대회에서 표방한 '새 가치체계 정립의 문제'는 급격한 산업화사회의 이행에 따라 한국사회 발전의 올바른 방향성을 모색하기 위한 목적에서 내세웠다는 것이다. 이와 같은 대회 개요를 언급한 데 이어 이 기사에서는 김태길·이상은·전원배·하기락 등 당대 학자들의 발표 요지를 하나하나 소개하였다. 이로써 보건대, 숭산은 산업화 이행에 따른 동시대에 내재된 근원적인 병폐를 깊이 통찰하고 이를 해결하기 위한 노력의 일환

숭산 회갑 기념 '한국철학자대회' 개막식(1975. 11)

으로 철학적 담론들을 한 자리에 모아 새로운 가치관을 정립하려 했던 사실을 새롭게 확인하게 된다. 아울러 당시 원광대는 이러한 담론을 이끌 수 있는 인문학적 소양이 충만했던 점도 상기하고 싶다. 숭산이 주도한 한국철학자대회는 1979년 제2회 대회가 다시 한번 원광대에서 열려 한국 현대철학사에 큰 이정표를 마련하였다.

언론에 의거하여 숭산의 생애와 업적을 살필 때, 1970년대 후반기에 가장 특기할 사실은 원불교학, 철학 분야에 걸쳐 학술연구사업을 열성적으로 추진한 일이다. 이러한 학술사업은 1970년대 전반기 활동의 연속선상에 있었다고 할 수 있다. 1970년대 후반기에 숭산이 추진한 학술사업 가운데 가장 중요한 부문을 들면, 1974년에 설립한 원불교사상연구원을 거점 연구기관으로 삼아 원불교학의 체계적 정립과 연구 심화를 도모한 것, 그리고 급격한 산업화·도시화·서구화 이행에 따른 시대적 혼란을 극복하기 위해 한국 철학의 방향성을 모색코자 했던 것 등이다.

1976년 9월 '소태산의 종교'를 비롯하여 1977년 7월 '한국의 인본사상', 같은 해 10월 '소태산의 인간상' 등을 주제로 원불교사상연구원에서 개최한 학술대회 관련 기사는 꾸준히 실렸다.[49] 원불교사상연구원이 출범 직후부터 원불교학 정립과 발전에 중추적 역할을 담당해 왔다는 사실이 이러한 언론 보도를 통해서도 정황적으로 충분히 짐작된다.

『조선일보』 주필 선우휘가 숭산과 대담한 「지육(知育)보다는 덕육(德育)을」이라는 기사가 나온 것도 이 무렵이었다.[50] 이리역 폭발 참사가 일어난 이듬해에 선우휘가 직접 원광대를 방문하여 숭산과 대담했던 것이다. 이때 숭산은 원불교의 원리를 묻는 선우휘의 질문에 아래와 같이 간결히 답하였다.

혁신적인 불교라 할 수 있는데 불교혁신이라기보다는 종교혁신이라고 할까요. 많은 종교가 자신을 위해 기구(祈求)하고 위안받으려고 합니다만, 원불교는 자신이 실천하면서 뜻을 이루려는 것입니다.

원불교 가르침의 바탕에 깔려 있는 실천을 강조한 말이다.

이 날 대담에서 숭산은 또 교육의 지론으로 일생 견지했던 덕육(德育)의 요체에 대해서도 다음과 같이 설명하였다.

사람이 자아 완성의 길에서 가장 중요한 기본이 되는 것은 예의입니다. 간단한 인사가 별것 아닌 것 같지만 인사는 바로 예의심의 발효

숭산 인터뷰 기사
(『조선일보』 1978년 9월 21일자)

이기 때문에 중요하지요. 그래서 우리는 학생들에게 인사하는 것부터 가르칩니다. 그런데 인사란 할 줄 알아야 하는 동시에, 받을 줄 알아야 합니다. … 우리 대학에서는 학생들은 인사를 잘하고 교수-직원들은 인사를 잘 받는다고 자부하고 있습니다.

교육과정에서 인사예절의 중요성을 새삼 강조한 대목이다. 덕육의 기본이 공경심·예절심의 발로인 인사에 있으므로 인사예절을 통해 덕육에 이를 수 있다는 논리인 것이다. 이러한 교육관은 숭산이 어린 시절 부친 소태산으로부터 전수한 것으로 일생 일관되게 견지했던 신념이었다.

숭산은 1975년에 이어 1979년 5월 원광대에서 '한국철학 정립의 문제'를 대주제로 2회차로 한국철학자대회를 또 한 번 개최하였다. 당시 『조선일보』는 120여 명의 학자들이 참가한 이 대회의 성격과 목적, 발표내용 등을 다룬 특집기사를 실었다. 그 가운데 대회의 성격과 목적을 언급한 대목을 소개하면 아래와 같다.

원광대는 (1979년 5월) 27일 '한국철학 정립의 문제'를 주제로 한 한국철학자대회를 열었다. … 이번 학술회의는 오늘의 우리 학계가 함께 당면하고 있는 과제를 폭넓게 다루었다는 점에서 관심을 모았고, 서울과 지방의 철학 교수들이 소속된 학회의 울타리를 벗어나 얼굴을 맞대고 문제를 토론했다는 점에서도 크게 평가되고 있다. … 인문·사회·예술 분야의 사상도 그렇지만, 특히 철학사상에 있어서도 세계적 보편성과 전통적 특수성이 어떻게 조화될 수 있느냐 하는 문제는 늘 제기되고 있다. 이런 시각에서 학술회의는 서구사상을 우리의 현실에 맞도록 어떻게 정착시키느냐 하는 것과, 한국의 전통사상을 오늘의 입장에서 어떻게 재인식하느냐 하는 문제를 중점적으로 다루었다.[51]

위 대목을 통해 2회 대회에서 내건 '한국철학 정립의 문제'이라는 주제는 철학계에서 당면한 시대적 해결과제로 부상한 두 가지 문제, 곧 서구사상과의 조화와 균형, 그리고 전통사상의 바람직한 계승발전 등을 담고 있음을 알 수 있다. 이처럼 2회 대회가 표방한 주제는 다른 한편에서 볼 때, 한국의 전통사회가 급격한 서구화·도시화·산업화 사회로 이행되는 과정을 지켜보면서 철학자로서 숭산이 가졌을 깊은 고뇌의 소산이 아니었을까 싶기도 하다.

1980년대는 박정희 군사정권을 이어 새롭게 등장한 전두환을 정점으로 한 신군부의 서슬 퍼런 군사독재로 인해 학생·시민·종교 단체가 연대한 민주세력과 반민주 군사정권 사이에 첨예한 대립이 상존하던 고단한 시기였다. 이 시기에 종교, 교육계의 지도자, 지식인들이 지녔을 과중한 심적 고통과 처신의 부담은 충분히 짐작되고도 남음이 있다. 이처럼 고단한 시기에 원불교 교단의 지도자이자 대학 총장이란 직함을 지녔던 숭산이 숙명적으로 감내해야 할 고통 또한 컸을 것이다. 그의 급작스런 서거도 이러한 시대적 고통을 온몸으로 자임한 데서 온 비극이라는 데 생각이 미치는 것은 자연스러운 귀결일 것이다. 원광대 총장 외에 신군부독재 시절 그가 맡았던 대학교육협의회와 한국종교인협의회 두 기구의 회장을 비롯하여 여러 협의체, 단체의 직함 하나하나가 사회, 종교 방면에서 숭산이 가졌던 지위와 역할을 그대로 보여준다.

이와 같은 시대적 배경을 두고 1980년대 당시 언론에 나타난 숭산의 활동을 정리하면, 먼저 원불교학의 체계적 연구에 여전히 심혈을 기울였다는 사실을 특기할 수 있다. 이 시기에 개최된 원불교학 연구 학술발표회 가운데 대표적인 사례를 예거하면 '한국의 전통사상과 원불교사상'[52] '미래의 과학과 종교'[53] 등이 있고, 1982~1983년에는 각 부로 나뉘어 20여 명의 학자가 참여하는 대규모 세미나 '원불교 사상연구 총발표회' 개최 기사가 실렸다. 1982년에 개최한 제1회 총발표회에서는 원불교학의 일반화와 교학 수립을 모토로 내걸었고,[54] 그 이듬해에는 원불교 사상과 교리를 비롯하여 신앙예법, (일제하의) 교화 등을 폭넓게 다루었다.[55] 무릇 1980년대 전반기는 숭산이 오랫동안 심혈을 기울여온 원불교학의 체계적 정립을 위해 총력을 기울인 시기로 특정할 수 있을 것 같다.

숭산은 서거 2년 전인 1984년에 고희를 맞았다. 1975년 회갑 기념으로 한국철학자대회를 열었던 전례에 준하여 고희 때는 대규모의 한국종교학자대회를 개최하였다. 대한철학회·동양철학회·불교학회·종교학회 등 철학·종교학 관련 전국 주요 학회를 원광대로 초청하여 11월 9~10일 양일간 '한국종교의 근대화방향'이라는 대주제를 걸고 급변하는 현시대에 맞게 종교관을 재정립시키는 방안들을 논의하였던 것이다. 당시 『조선일보』는 그 대회의 요지를 아래와 같이 소개하였다.

원광대(총장 박길진)는 대한철학회·동양철학회·불교학회·종교학회의 가을학술발표회(9일)를 유치, 유학사상·퇴계철학·불교문화·기독교문화·종교생태학 등 각 분야별로 재조명하고 '한국불교의 근대화방향'이라는 학술강연회(10일)를 열어 종교-철학자들을 한 자리에 모아 토론하는 광장을 만들었다.

숭산 칠순 기념 한국종교학자대회 소개
기사(『조선일보』 1984년 11월 11일자)

　　불교·유교·기독교·원불교 학자들이 참여한 종교강연에서는 '종교를 갖지 않은 사람들보다 종교를 신앙하는 사람들이 타 종교를 더 미워하고 배척한다'는 현실이 지적되어 공감을 얻었다. 역사는 종교전쟁이 인류의 비극을 초래하고 타 종교 배척이 곧 종교 자체를 위축시켰음을 가르치고 있으나 근대화된 오늘날에도 종교의 이같은 폐습은 단절되지 않고 있다는 개탄인 것이다.[56]

숭산이 개최한 한국종교학자대회는 한국사회 내에서 종교간의 대립과 갈등이 점차 고조되던 상황에서 새로운 종교관 정립이 요구되던 시대적 과제 해결을 모색하기 위한 것이었다. 더불어 숭산의 고희기념논문집『한국근대종교사상사』가 간행되어 이때 봉정식을 가졌다.[57] 1970년대 중반 이후 10여 년 동안 세 차례에 걸쳐 철학, 종교 분야의 대규모 학술대회를 개최한 것은 급격한 경제개발에 따른 사회적, 사상적, 종교적 혼란이 야기되던 모순과 혼돈의 시대를 맞아 철학·종교 방면에서 거대 담론을 일으켜 바람직한 한국사회의 발전 방향을 모색하려던 통찰의 소산이었다는 점에서 역사적으로 큰 의의가 있다.

1980년대 숭산 관련 기사 가운데 또 두드러진 것이 대학교육협의회 활동이다. 1984년 4월 전국 대학 총, 학장 모임체인 대학교육협의회 창립총회에서 회장에 추대된 숭산은 1986년까지 2년 임기의 직무를 수행하였다. 이때『조선일보』·『서울신문』·『동아일보』·『전북일보』·『경향신문』등 중앙과 지방의 여러 신문에는 대교협 출범을 알리는 기사와 함께 초대 회장 숭산을 인터뷰한 기사가 실렸다.[58]

학술·교육 외에 원불교 교단을 대표하는 숭산의 종교활동도 당시 언론에서는 다루었다. 1982년 3월 일본 교토에서 열린 제10회 세계종교인평화회의(WCRP)를 비롯하여 1984년 7월 스리랑카 콜롬보에서 개최된 세계불교도우의회(WFB), 그리고 같은 해 8월 케냐 나이로비에서 개최된 제4회 세계종교인평화회의 등 국제종교회의 참가 사실을 알리는 기사 등이 그것이다.[59]

주석

1 「自序」,『일원상과 인간의 관계』, 원광대학교출판국, 1985.
2 「自序」,『대종경강의』, 원광대학교출판국, 1980.
3 원불교 교단 기관지『원불교신문』은 1969년 6월 1일「원불교신보」라는 제호로 창간되었다가 1989년 7월 7일자 제559호부터 현재의 제호로 변경하였다. 그러므로 숭산 당대의 제호는『원불교신보』였다.
4 숭산이 기고한 칼럼 가운데 현재 확인되는 것으로는 후술하겠지만『조선일보』의 '一事一言',『한국일보』의 '千字春秋',『전북일보』의 '전북광장' 등이 있다.
5 숭산과 전혀 무관한 여행기가「歐美瞥見記」(柳永根)라는 유사한 제목으로『원광』 71집(1971)에 실렸다.
6 『원광』 26집(1959년 1월호)에 실린 이 글의 원제목은「제5차 세계불교도대회에 다녀와서」이다.
7 이 장의 제목은 1950년『원광』창간호에 실린 교정원장 취임 인사말 제목에서 취한 것이다.
8 박길진,『일원상과 인간의 관계』, 481쪽;『조선일보』 1978년 9월 21일자,「知育보다는 德育을」.
9 박길진,『일원상과 인간의 관계』, 481~482쪽;『조선일보』 1978년 9월 21일자,「知育보다는 德育을」.
10 1982년 10월 간행된『원보』제18호부터는 '崇山法語'라는 고정란에 게재되었다.
11 원불교사상연구원 편,『숭산논집』, 원광대학교출판국, 1996, 651쪽.
12 원불교사상연구원 편,『숭산논집』, 652쪽.
13 원불교사상연구원 편,『숭산논집』, 651쪽.
14 원불교사상연구원 편,『숭산논집』, 383쪽.
15 원불교사상연구원 편,『숭산논집』, 322~323쪽.
16 그 가운데「人性과 修養」(『원불교신보』 5, 1969.8.1; 원불교사상연구원 편,『숭산논집』, 389쪽),「서양의 圓相思想」(『원광』 1;『숭산논집』, 430~431쪽),「一圓相을 신앙하는 이유」(『원광』 16;『숭산논집』, 452~455쪽) 등은 게재 지면이 확인되는 사례에 속한다.
17 박맹수,「원광대학교 초대총장 숭산 박길진 박사 관련 자료해제-『조선일보』 게재 숭산 관련기사를 중심으로-」,『원불교사상과 종교문화』 89, 원광대 원불교사상연구원, 2021, 544~547쪽. 이 글에는 숭산 졸업논문의 의미, 가치가 비교적 소상하게 논급되어 있다.
18 조성환,「쇼펜하우어와 원불교의 대화」,『원불교사상과 종교문화』 90, 2021, 71~72쪽.

19 양은용,「숭산 박길진 박사 논저해제」,『원불교사상과 종교문화』 90, 529~530쪽.
20 『원광』(59~65·67호, 1968~1969)에는 발표 논문과 같은 제목으로 8회에 걸쳐 연재하였고,『원대학보』(76~77호, 1968)에는 「동서양 사상에 있어 唯一者」,「일원상의 진리」 등의 제목으로 그 요지를 연재하였다.
21 「나의 원」,『회보』 14, 1935, 32쪽;『일원상과 인간의 관계』, 310쪽;『한 떨기의 꽃이 성실하게 피어 있다』, 344쪽.
22 「설악 2수」,『원광』 60, 1968년 7월호, 101쪽;『일원상과 인간의 관계』, 320쪽;『한 떨기의 꽃이 성실하게 피어 있다』, 354쪽.
23 「一」,『원광』 4, 1950년 4월호, 54쪽;「叡智」,『원광』 11, 1955년 9월호, 47쪽;『일원상과 인간의 관계』, 322~324쪽. 그 가운데「一」은 그 이유는 알 수 없지만『일원상과 인간의 관계』에 「父」로 제목이 바뀌어 실렸다. 현재 번역시의 원작자와 원제목은 확인되지 않는다. 다만 브라우닝은 인간의 강렬한 내면적 정열과 의지를 읊은 영국 빅토리아왕조의 저명한 시인 로버트 브라우닝(Robert Browning, 1812~1889)으로, 그리고 실베스터는 중세 말기의 영국시인 조슈아 실베스터(Josuah Sylvester, 1563~1618)로 짐작될 따름이다. 두 시 모두 일역시를 다시 국역했을 것으로 생각된다.
24 숭산기념관에 表裝 전시 중인 이 시는 1978년 여름('己未夏日')에 지었다.
25 원불교사상연구원 편,『숭산논집』, 399~400쪽.
26 위 시제에 언급된 일본인 세 사람은 모두 숭산과 교분이 두터웠던 일본 불교대학 관계 인사들이다. '水谷'은 불교대학 학장 미즈타니 코쇼(水谷幸正, 1928~2014)를, '惠谷' 역시 불교대학 학장을 지낸 에타니 류카이(惠谷隆戒, 1902~1979) 교수를 지칭한다. 그리고 '平岡'은 히라오카 도호(平岡岩峯, 1896~1994) 박사를 가리킨다. 불교대학을 나온 히라오카는 일본 오사카의 세이푸학원(清風學園), 시아푸난카이학원(清風南海學園)의 창립자로서 원광대에서 명예철학박사 학위를 받았다. 백제문화에 특히 관심이 지대했던 그는 1973년 원광대에 마한·백제문화연구소가 설립되자 거금의 연구기금을 제공하였다(「원대 마백연구소에 일본 청풍학원에서 3천만 원」,『원불교신보』 1974년 6월 25일자).
27 박길진,「뒤안길; 내가 걸어온 길」,『원광대학신문』 438, 1983년 8월 31일자,
28 박길진,「뒤안길; 내가 걸어온 길」.
29 「구도역정기 108~122; 숭산박광전법사편 ①~⑮」,『원불교신보』 1985년 9월 16일~1986년 2월 16일자.
30 『한 떨기 꽃이 성실하게 피어 있습니다』, 286~287쪽.
31 시차를 두고 나온「내가 걸어온 길」(1983년)과「나의 일생」(1985)에서 숭산은 교육사업에 종사한 기간을 똑같이 35년이라고 밝히고 있다.
32 「바꾸어 생각해 보자」,『조선일보』 1976년 8월 7일자.
33 박맹수,「원광대학교 초대총장 숭산 박길진 박사 관련 자료해제;『조선일보』게

34 「마음의 평정」,『조선일보』1972년 8월 17일자.
35 「심전계발」,『조선일보』1972년 8월 26일자.
36 「바꾸어 생각해 보자」,『조선일보』1976년 8월 7일자.
37 「교육의 방향」,『한국일보』1975년 12월 5일자; 박길진,『일원상과 인간의 관계』, 288~289쪽.
38 이상 민전 익산지부, 제헌의회 선거 관련 활동은 앞서 제1부의 '숭산의 사회활동'에서 자세히 언급하였다.
39 「동포소식」,『국민보』1957년 9월 25일자.
40 「후원에 최선 다하겠다; 재미재단후원회간사 현씨來校」,『원대학보』6, 1957년 9월 15일자.
41 「세계승려대회 파견대표 결정」,『조선일보』1958년 11월 21일자;「한국대표 不遠出發, 세계불교대회에」,『경향신문』1958년 11월 21일자.
42 「名譽法博學位, 東大서 김갑수씨에」,『경향신문』1966년 1월 21일자;「김갑수씨 등에 名博, 東國大서」,『조선일보』1966년 1월 21일자.
43 「서로의 문을 열고; 한 자리에 모인 종교계 영도자들」,『동아일보』1967년 10월 5일자;『조선일보』1968년 12월 26일자. 이때 각 종단의 대표들이 모여 논의한 '종교헌장' 제정 건은 그 뒤 제반 사정으로 인해 무산된 것으로 보인다.
44 「공항메모」,『조선일보』1970년 10월 15일자.
45 「강대국은 비무장하라; 京都 세계종교자평화회의」,『동아일보』1970년 10월 30일자;「세계는 하나 인류는 하나, 세계종교자평화회의」,『경향신문』1970년 10월 31일자.
46 「공항일기」,『동아일보』1972년 12월 7일자;「자유중국 다녀온 朴원광대총장」,『조선일보』1972년 12월 27일자.
47 「한국철학자대회; 1~2일 원광대」,『조선일보』1975년 10월 30일자;「박길진박사 화갑기념 철학대회」,『동아일보』1975년 10월 31일자;「새 가치체계의 정립; 원광대 주최 한국철학자대회」,『조선일보』1975년 11월 4일자;「『한국불교사상사』출간」,『경향신문』1975년 11월 25일자;「한국불교사상사, 圓光大編」,『조선일보』1975년 12월 9일자,
48 「새 가치체계의 정립; 원광대 주최 한국철학자대회」,『조선일보』1975년 11월 4일자.
49 「원불교 연구발표」,『경향신문』1976년 9월 24일자;「원불교사상연구 제1회 학술회의」,『동아일보』1977년 6월 1일자;「한국의 人本사상; 원광대 원불교사상연구원 학술회의」,『조선일보』1977년 6월 7일자;「원불교사상 발표회」,『조선일보』1977년 10월 8일자.
50 『조선일보』1978년 9월 21일자.

51 「한국 철학의 정립; 국내 100여 학자 학술회의」,『조선일보』1979년 5월 29일자.
52 「전통사상에 원불교 큰 기여; 원광대 학술회의 종교계서 관심」,『동아일보』1980년 10월 13일자;「원불교는 전통사상 계승」,『조선일보』1980년 10월 14일자.
53 「원불교는 현대 물리학과 상통; 圓佛敎思想硏 학술회의」,『동아일보』1981년 7월 20일자;「물질과 정신 균형 안잡히면 위기, 체계 못세운 종교는 영향력 못줘; 원불교사상 세미나」,『조선일보』1981년 7월 24일자.
54 「圓佛敎사상 발표회」,『조선일보』1982년 2월 4일자;「원불교사상연구 발표」,『경향신문』1982년 2월 4일자.
55 「원불교思想발표회, 원광대 思想硏」,『동아일보』1983년 2월 3일자;「원불교사상발표회」,『조선일보』1983년 2월 3일자;「원불교사상연구 발표」,『경향신문』1983년 2월 4일자.
56 「종교인의 종교관 재정립을; 원광대서 '종교분쟁방지' 학술강연」,『조선일보』1984년 11월 11일자.
57 「원광대 박길진총장 고희 기념 종교논문집」,『조선일보』1984년 11월 8일자
58 본서 제1부의 '숭산의 사회활동'에서 기사 내용을 소개하였다.
59 「박길진 원광대총장, 세계종교인회의 참석」,『경향신문』1982년 3월 12일자;「박길진 원광대총장, 스리랑카 불교대회에 참석」,『경향신문』1984년 7월 20일자;「세계 종교회의 떠나」,『조선일보』1984년 8월 18일자;「박길진 원광대총장, 나이로비 종교지도자회의 참석」,『경향신문』1984년 8월 20일자.

철학과 사상

종교철학

실재의 연구

소태산이 창건한 원불교의 교리와 사상을 학문적으로 체계화한 최초의 인물이 숭산이었다. 곧 숭산은 원불교학 연구를 시작하고 개척한 태두였다. 1941년 도요대학 졸업논문 「실재(實在)의 연구─쇼펜하우어를 중심으로」[1]가 그 원형이라 할 수 있고, 이를 토대로 1967년 최초의 원불교학 논문으로 발표한 것이 「일원상(一圓相) 연구」이다. 「실재의 연구」가 서양철학, 그 중에서도 쇼펜하우어를 중심으로 궁극적 진리를 논한 것이라면, 해방 후 발표한 「일원상 연구」는 일원상을 중심으로 동서양의 실재와의 비교를 통해 일원상을 분석한 것이다. 우주와 인간의 근본인 진실재(眞實在)는 곧 원불교에서 신앙의 대상과 수행의 표본인 일원상의 진리이기에, 두 연구는 하나의 궁극적 진리에 대한 서로 다른 각도에서의 연구라고도 볼 수 있다.[2]

숭산이 필생 궁구대상으로 삼은 '일원상'은 소태산의 궁극적 깨달음인 대각(大覺)을 상징하는 언어적 표상으로서 원불교의 핵심 개념이다. 이러한 일원상을 숭산은 원리의 해석과 함께 유·불·도 3교를 비롯한 서구사상까지 포함하여 궁극적 실재로 다루었다. 그 궁극적 실재는 이름은 각기 다르지만 근원은 하나이며, 따라서 모든 종교는 이치상 근원을 같이 하는 '동원도리(同源道理)'라는 것이다.[3] 무릇 숭산의 일원상 연구는 종교적, 철학적 관점에서 교리·신앙·수행을 대상으로 한 원불교학의 학문적 정립에 실로 커다란 기여를 하였고, 이후 그만큼 폭넓은 영향을 미치게 된다.

숭산이 일원상을 주제로 하여 발표한 논고는 「일원상을 신앙하는 이유」(1956), 「일원상에 대하여」(1967·1971), 「동서사상의 유일자」, 「일원상의 진리」(이상 1968) 등으로, 1967년의 「일원상 연구」를 전후로 하여 다양한 제목으로 독자의 수준과 성향에 따라 글의 형태를 달리하면서 여러 지면에다 그 주된 내용과 논지를 소개하였다.

숭산은 소태산이 창교한 원불교의 교리·사상을 학문적으로 체계화할 생각을 일찍부터 가지고 있었다. 그러한 학문적 책무에 대해 일종의 소명감을 가졌던 것 같다. 일원상은 불법연구회 시절 초기 교서의 하나로 1935년에 나온 『조선불교혁신론(朝鮮佛敎革新論)』의 '불성일원상 조성법'에 "불성의 형상을 그려 말하자면 곧 일원상이요, 일원상의 내역을 말하자면 곧 사은(四恩)이니"라고 하여 처음으로 등장하였다. 이를 계기로 교단 인물들에 의해 일원상에 대한 해설 담론이 잇따라 발표되었다. 1937년에 송규가 발표한 「일원상에 대하여」, 그 뒤 1939년 서대원이 쓴 「일원상의 유래와 법문」 등이 그것이다.[4] 그 시기는 숭산이 배재고보를 거쳐 도요대학에 유학하던 무렵이다. 그러므로 숭산은 일원상을 둘러싸고 불법연구회에서 일어나던 담론에 직접적으로 영향을 받았고, 그 내용이 졸업논문에도 어느 정도 수용되었음을 짐작할 수 있다.[5]

특히 초기 교단의 중심인물이자 숭산의 고종인 서대원도 공부의 결론이자 귀결점을 일원상에 두었다.「일원상의 유래와 법문」은 서대원이 남긴 여러 저술 중 그의 사상이 집약되어 있는 글이다. 불교의 전통적 해석과는 차원을 달리해 보았던, 일원상에 대한 서대원의 해석과 관점은 일찍이 숭산에게 영향을 미쳐 그의 일원상 연구로 계승 발전될 수 있었다.[6] 이렇게 볼 때, 숭산은 유학기간에 한편으로는 대학에서 철학과 종교를 공부하면서, 다른 한편으로는 교단 내의 원불교학을 체득한 것으로 요약할 수 있다. 그리고 그 결실이「실재의 연구-쇼펜하우어를 중심으로」라는 졸업논문이었던 셈이다.

또, 숭산이 원불교학 초기 정립 단계에서 서양 철학자 쇼펜하우어를 매개체로 가탁할 발상을 할 수 있었던 것은 배재고보 시절부터 공부한 철학 덕분이었다. 숭산은 배재고보 재학중 사고(思考)의 커다란 전환을 이룩하였는데, 독립운동 투신 결심에서 철학 공부로의 전회(轉回)가 그것이다. 곧 숭산은 그러한 사고의 전환을 통해 장차 '일원철학'을 형성하여 원불교학이 보편적 학문으로 정립될 수 있는 토대를 마련하게 되었다. 이에 '인간 이성'보다 '생의 의지'를 강조했던 쇼펜하우어 철학의 본질이 체험적 입장에 있던 숭산의 시야에 포착되었고, 그에 가탁하여 원불교 일원상을 논술하기에 이르렀던 것이다.[7]

졸업논문의 서언에 언급된 집필 배경과 목적의 핵심내용을 요약하면 다음과 같다.

實在の研究
――三つのペンシパルを主として――

一、緒言
二、形而上學的要求
三、實在問題の哲學史的變遷及び其の短評
四、認識論に就いて
五、ショーペンハウエルの實在觀と其の略評
六、實在の性質
七、宗敎・道德への試み
八、結語

以上

緒言

숭산의 도요대학 졸업논문 목차(위)와 제1면(아래)

인간에게는 누구나 우주의 궁극적 실재를 알고자 하는 형이상학적 요구가 있다. 이 형이상학이야말로 철학의 본령이다. 나 또한 어려서부터 우주의 궁극적 실재를 알고 싶어 했는데, 어느 날 문득 어떤 깨달음이 왔다. 그것은 바로 우주에는 만물을 연결해 주는 어떤 궁극적인 토대, 즉 진실재(眞實在)가 있다는 사실이다. 역대의 철학자와 종교가들도 그 실재에 대해 저마다 다른 이름으로 언급을 했는데, 그것은 어디까지나 도덕적 측면을 강조한 것으로 진실재의 전모를 파악한 것은 아니었다. 그러다가 19세기의 철학자 쇼펜하우어가 인간계와 자연계를 아우르는 진실재의 전모를 드러냈고, 그것을 '의지'로 명명했음을 알게 되었다. '생명의 철학'은 쇼펜하우어 철학 그 자체이다. 이 논문에서는 먼저 쇼펜하우어의 실재관을 해석한 뒤에, 실재에 대한 나의 관점을 서술하고, 그 실재에 입각한 도덕과 종교에 대한 설명을 시도한 뒤에, 마지막으로 궁극적 실재를 체득하여 원만한 인격을 양성하고, 자기와 타자를 구제함으로써 보람 있는 인생을 살자는 주장으로 마무리하고자 한다.[8]

숭산은 오래전부터 궁극적 실재에 대한 깨달음이 있었고, 역대의 철학자와 종교가들의 설명에서는 어딘가 부족함을 느꼈음을 알 수 있다. 그러다가 우연히 쇼펜하우어 철학을 접하고서 그야말로 궁극적 실재를 제대로 규명했다고 판단하고, 그것이 쇼펜하우어를 주제로 졸업논문을 쓰게 된 계기가 된 것이다. 여기서 특히 주목되는 사실은 숭산이 쇼펜하우어 철학을 '생명의 철학'으로 규정하고 있다는 점이다. 흔히 쇼펜하우어 철학은 '염세주의 철학'으로 알려져 있고, 그가 말하는 의지도 삶에 대한 맹목적 의지를 말하기 때문에, 결코 긍정적인 뉘앙스만 있는 것은 아니다. 그런데 숭산은 쇼펜하우어를 당당하게 '생명철학자'로 평가했던 것이다.⁹

하지만, 숭산은 쇼펜하우어가 "의지의 본성이 형이상학적 투쟁을 하는 것이라고 하면서 욕정(欲情)으로 생각하기 때문에 도덕의 해석에 잘못을 저질렀다."고 하여 그 철학적 결함을 지적하였다. 즉 쇼펜하우어는 의지와 도덕을 분리해서 인식하였는데, 의지는 본성(자연)에서 나오는 욕정으로, 도덕은 의지와 다른 차원으로 각각 보았다는 것이다. 숭산은 그 결과 도덕을 이루기 위해서는 만물의 궁극적 실재인 의지를 소멸시켜야 한다는 모순된 결론에 도달하게 되었다고 주장하였다. 실재론의 측면에서는 원불교와 쇼펜하우어가 다르지 않지만, 도덕론의 차원에서는 차이가 있기 때문에 숭산은 원불교의 '은(恩) 사상'을 가지고 쇼펜하우어 철학의 결함을 보완하였다.¹⁰

숭산은 종교를 다음과 같이 '은'의 관점에서 생의 의지라 할 실재에 대한 사모·숭념이라고 정의하였다.

> 종교는 다른 것이 아니다. 우주의 진실재를 아는 것으로 안심입명(安心立命)을 얻는 것이다. 즉 실재에 대한 사모(思慕)·숭념(崇念)이 신앙이다. 이 우주로 하여금 생성발달하게 하고, 우리로 하여금 살려주고 있는 실재는 고마운 것이며, 우리는 이것에 고개가 숙여지고 필연적으로 귀의하지 않을 수 없지 않는가? 고개를 숙이는 것이 아니라 고개가 숙여지는 것이다.¹¹

숭산이 졸업논문을 제출하던 1941년 시점에서는 아직 원불교라는 명칭이 등장하지 않아 불법연구회로 불리고 있었다. 이 논문에는 '불법연구회'라는 단어가 직접 등장하지는 않지만, 그 핵심되는 용어와 교리가 '생의 의지'-'진실재'와 연결지어 소개되어 있다. 일원상과 사은, 그리고 삼대력(三大力)이 그것이다. 쇼펜하우어의 철학에 가탁하여 원불교의 교리를 철학적 관점에서 학문적으로 체계화하려 했던 것이다. 즉 숭산은 원불교 교리에 대한 철학적 해석을 했다고 할 수 있다. 먼저 숭산은 일원상에 대해 다음과 같이 설명하였다.

> 초월적이면서 내재적인 유일한 실재와 관계를 맺는 것이 종교이지만, 종교라는 것은 일반대중에게 포교하고 그들을 구제하는 것이 그 역할이기도 하다. 그런데 일반대중은 항상 모두가 철학적 사색에 의해 그 실재를 잡고 자기 혼자서 구원받는 것은 어려운 일이다. 그래서 나는 그들에게 그 진리를 가르쳐주고 빨리 구원받는 하나의 길로서 방편(方便)을 생각했다. 그것은 우리가 탐구해온 실재를 하나의 모양으로 나타내고 표본으로 걸어놓도록 했다. 그 표본을 나는 일원상(一圓相) ○ 으로 삼는다.[12]

이처럼 일원상이 우주의 원리, 곧 절대적 생의 의지로 존재하는 (진)실재의 형상으로서 가장 이상적으로 제시되었음을 밝히고 있다. 이것을 제시한 것은 곧 철학적 사색과 실재를 탐구하기 어려운 일반대중이 더 쉽게 진리를 터득하고 구원받을 수 있게 하는 방편이라는 것이었다.

나아가 숭산은 이러한 일원상이 우리에게 '사은(四恩)'으로 발현된다고 하면서 일원상을 신앙해야 하는 이유와 조건에 대해 다음과 같이 설명하였다.

이 일원조차도 언어도단(言語道斷)의 경지이고 유무초월(有無超越)의 생사문(生死門)이다. 이것은 우리에게는 사은(四恩)으로 나타나는 본현(本現)이며 제불중생(諸佛衆生)의 불성(佛性)이다. 청정성신비로자나불(淸淨性身毘盧遮那佛)이자 대일여래(大日如來)이다. 유교에서는 태극(太極)이라 하고 혹은 무극(無極)이라고 한다. 도가에서는 자연 혹은 도라고 말한다. 다만 그 이름은 다르지만 원리에 있어서는 같은 경지를 말하고 있다. 이것을 표본으로 우리가 직접 눈으로 볼 수 있게 그려두고 우주 만물의 실재를 알게끔 힘쓰고 일원상과 같은 원만한 마음을 가지게끔 사욕을 끊고 탐착 또는 애증에 기울이는 일이 없도록 항상 주의해야 한다. … 그것은 비유컨대 저 달을 가리키는 손가락과 같은 것이며 표본으로 놓아둔 것이다. 달을 가리킨 손가락이 결코 달이 아닌 것처럼 그 일원은 결코 실재 그 자체가 아니기 때문에 그것에 집착해서는 안 된다. 즉 우리는 그 일원의 진리를 알기 위해 노력하고 그러한 본성을 지키고, 나아가서는 그와 같은 마음가짐으로 실천에 노력해야 한다고 생각한다. 이래서야 참으로 정당한 신앙임과 동시에 종교적 사명도 충분히 다할 수 있다고 생각된다.[13]

일원(상)은 실재, 즉 실제로 존재하는 것이 아니고 표본으로 놓아둔 것이기 때문에 그 자체에 집착해서는 안 된다고 하면서, 마치 달(진실재)을 가르키는 손가락(일원상)과 같다고 비유하고 있다. 그리하여 일원의 진리를 깨닫기 위해 노력하고 본성을 지키기 위해 실천해야 한다는 덕목을 강조하였다. 종교적 수행과 실천을 일생 역설했던 숭산 특유의 사상적 특질이 일찍이 일본 유학시절부터 형성되었음을 알 수 있게 해준다. "구경적(究竟的) 실재가 우리에게 나타날 경

교정에서의 숭산

우에 사은(四恩)으로 나타난다."고 언급되었듯이, 우주의 운행 원리라 할 진실재, 곧 생의 의지로서의 일원상이 우리 인간에게 발현되어 나타난 '(사)은'에 대해 구체적으로 자세하게 설명하였다.

사은은 원불교 교리에서 빠져서 안 될 뿐 아니라, 종교적 속성을 제외하더라도 지금의 세상을 개선하고 광정하며 조화하는 미래지향적 윤리로도 새롭게 조명될 수 있다. 세상의 모든 것이 '없어서는 살 수 없는 은혜'로 얽혀 있으므로 이 은혜에 보은하자는 원불교의 사은 사상은 상대적 은혜의 범주가 아니라 만유에 두루 미치는 절대적 원리로서의 은혜에 관한 것이다. 즉 사은 보은은 내가 은혜를 받았기 때문에 갚는다는 개념이 아닌, 원래 우주만유가 은혜로 이루어져 있으므로 이 본질에 순응하고 그에 따라 살아가는 삶을 구현하기 위하여 보은과 불공이라는 실천을 한다는 개념이다.[14]

숭산이 사은을 기술한 요체를 소개하면 다음과 같다.

나는 우주의 진실재가 '은(恩)'이라고 말한다. 불교에서는 은을 말하지만 그것은 2차적인 것이지 불교의 실재인 불성(佛性)이 바로 은이라고는 말하지 않는 듯하다. 나는 바로 진실재라는 것은 우리에게 은으로 나타난다고 말하는 것이다. … 이 진실재가 인간계에 은혜로 나타나는 경우, 네 가지 방향을 바꿀 수 있다고 생각한다. 불교에서는 오륜(五倫)이라 하고 다섯 가지 사이의 관계를 생각했지만, 나는 우주만상과 인간 각자와의 관계를 네 가지로 나누어 보았다. 그리고 이 네 가지 바깥에 또 있을 수 없다고 생각한다. 그 네 가지란 천지와의 관계, 부모, 동포, 법률 이것의 관계를 세어 보았다. …

우선 천지에서 우리는 어떠한 은을 입어왔는가. 간명하게 말하자면 이 천지가 없어도 이 생명을 유지할 수 있는가라는 것이다. 우리가 만약 이 세상을 버릴 생각이었다면 모르지만 살기를 원한 이상 천지 없이 살아갈 수 없다. …

부모의 은에 대해서는 말할 나위도 없이 누구나 느끼겠지만, 다시 한번 새삼스럽게 생각하기 위해 은을 입었음을 일일이 들어보면, 우선 살기를 원하는 사람이라면 이 몸을 낳아주신 것에 감사하고 무자력(無自力)한 우리를 여기까지 길러주신 것에 대해 은혜를 느낄 것이다. …

동포의 은이라고 하면 그리 강하게 느끼지 않을지 모르지만 먼저 우리는 초목도 없고 금수도 없이 나 혼자만 있었다고 한다면 이 목숨을 유지할 수 있을까? 우리는 동포에 의지하는 것으로, 동포의 공급에 의해 서로 도우면서 살아 있기 때문에 쉽게 서로의 은을 알 수 있다고 생각한다. 각자 직업은 다르고 사람됨도 다르다고 하더라도 여러 가지 방식으로 서로 의지하고 모여서 인간사회를 이루고 있는 것이다. …

법률의 은이라고 하면 먼저 육법전서(六法全書) 말인가 생각할지 모르지만 단지 그것만을 말하는 것은 아니다. 물론 그것도 들어가는 것은 말할 나위도 없다. 우리가 몸을 닦고 지방을 다스리고 나라를 다스리는 법, 사회에서 혹은 국가에서 모든 안녕질서를 보존하게 하는 것을 총칭해서 이른 말이다. 인간이 이러한 법 없이 인간답게 살 수 있을까? 법이 없는 세계는 금수의 세계이고 질서 없는 아수라장이 될 것이라고 생각한다. 법률이라는 것은 인도정의(人道正義)의 공정한 규칙을 말하는 것이고, 이것이 잘 행해지는 곳에는 광명이 나타나고 태평천하가 되는 것이다.[15]

숭산은 우주의 진실재가 '은'으로 발현된다고 보았다. 여기서 언급되는 진실재는 의당 '생의 의지'이므로, 그 생의 의지가 우리에게 은혜의 형태로 나타난다는 주장이었다.

이처럼 숭산에게 '진실재로서의 은'은 만물을 통해 발현되는 것이었다. 도요대학 유학시절에 지었다는 시「신춘」에서 "저 한 풀잎까지라도 화(和)할 만한 / 봄 기운과 같은 따뜻한 사랑이 있느냐"[16]라고 읊은 구절에 나타나 있듯이, 숭산은 진실재가 현실적으로 발현되었을 때의 상태로서의 '은'에 대한 정서를 달리 '사랑'으로 표현했다고 보인다. 이 즈음 불법연구회에서도 "우주만생은 사랑으로써 반겨하고 고해중생은 불쌍함으로써 제도하자"[17]라고 하여 숭산과 마찬가지로 모든 존재에 대한 '사랑'을 강조한 점도 주목할 만하다. 이로써 궁극적 진실재로서의 일원, 그리고 그 일원의 현현(顯現)인 '은'은 숭산의 사유의 큰 폭을 차지했던 것으로 보이며, 한편으로는 만물을 향한 '사랑'으로도 표현된 셈이다.[18]

또 한 가지는 '은'으로 원불교와 불교의 차이를 설명하고 있다는 것이다. 불교에서 말하는 '은'은 윤리적 차원에서만 언급되는 개념으로, 숭산(원불교)이 '진실재'의 발현으로 언급한 '은'과 차이가 있다. 숭산의 '은'에 대한 설명은 당시는 물론 오늘날에도 찾아보기 어렵다. 대개는 불교 경전에 나오는 '은'의 용례를 원불교 '사은(四恩)' 개념의 유례로 설명하기 때문이다. 숭산에게 이러한 설명이 가능했던 것은 일찍부터 비교철학적 훈련을 받은 철학도였기 때문이었다.[19]

그의 졸업논문에서 가장 중추적인 내용과 논지는 '도덕종교에의 시도'에 있고, 사은을 설명하는 위 인용문이 그 가운데서도 가장 핵심을 이루고 있다. 천지은·부모은·동포은·법률은 등 사은에 대해서는 매우 구체적으로 소개되어 있다. 우주의 진실재가 우리에게 발현되는 은혜의 분야가 이 네 가지로 모두 포괄된다고 하고, 결론적으로 인간이 이 사은 모두에 대해 감사히 여기고 보답하도록 노력하게 된다면 '세상은 원망이 없는 낙원이 건설'될 것으로 전망하였다.

우리는 이상에 들은 네 가지 은을 알고, 즉 자각하고 그것을 위배하는 일은 하나도 하지 않고 그 은에 보답하게끔 힘쓰고 서로 감사하면서 대한다면 세상은 원망이 없는 낙원이 건설될 것이다. 세상에 원성이 많은 것은 그 감사라는 것을 모르기 때문이다.[20]

숭산은 원불교의 또 다른 중요한 개념인 연구력·수양력·취사력 등 삼대력(三大力)에 대해서도 언급하였다.

철학자는 연구력을 얻은 사람이다. 이것만으로는 나는 원만한 사람, 즉 원인(圓人)이 아니라고 하겠다. 우주의 실재를 탐구하고 설명하더라도 그것에 머문다면 그 나름대로 가치는 있으나 이상인은 아니다. 그 실재를 발견한 사람은 더 하나의 힘도 가져야 한다. 그것은 수양력이다. 즉 수양에 수양을 거듭하고 그 힘을 얻어야 된다. 자기 마음을 자기 마음대로 할 수 있는 확고한 힘을 가져야 한다고 생각한다. 즉 우주의 실재와 자기 성(性)이 둘이 아님을 알게 된 자는 그 성을 기른즉 양성(養性)에 힘써야 한다. 불교에서는 우주의 실재를 알게 된 자를 견성(見性)한 사람이라고 말하는데 견성한 자는 철학자이다. 견성한 후에는 양성도 해야 한다. 왜냐하면 그 수양력이 있어야만 또한 참되고 위대한 연구력도 생기기 때문이다. 잡연(雜然)한 머리를 가지고서는 몸에 닥친 문제도 해결하지 못하고 멍청한 실수를 범하게 되고, 진리는 알고 있어도 마음이 부당한 동요에 의해 그것이 아무런 빛도 내지 못한 채 쓸데없는 호기심에 쫓겨서 한 것과 다름없게 되기 때문이다. 우리가 탐구해서 얻은 진리는 이 수양력에 의해 더욱 그 광휘(光輝)를 발하고 그 위에 입각한 다양한 인생문제가 잇따라 해결되어 가는 지혜가 생겨난다. 불교에서는 이러한 힘을 정력(定力)이라고 한다. 이것을 얻은 사람은 귀신조차 놀랄 지혜를 발휘할 수 있다고 한다. 어떤 의미에서 스토아학파는 수양에 힘쓴 학파이다. 이것만으로는 불충분하다. 아직 원인이 아니다. 또 하나의 중요한 것이 취사력을 얻는 것이다. 이것은 현실에 처해가는 데 필요한 확실한 취사선택의 힘을 말한다. 문헌의 심장의 고동을 듣고 있는 사람은 자칫하면 세상사에 서투르다. 그리고 그것으로 만족하고 있다. 우리 인간은 일상의 각종 문제가 있다. 그런데 고원(高遠)한 신에 대해서는 알고 있으나 눈앞의 일에 서툰 경우가 있다. 이래서는 인간생활이 어떻게 될 것인가. 취사력은 또한 실행력이라고도 할 수 있을 것이다. 체득한 심원한 진리가 우리 생활에 나타나고 그 이치를 체득한 것으로 무언가 유용한 일이 없었더라면 진리를 체득한 가치가 없는 것이다. 이것을 변성(變性)이라고 할 수 있을 것이다. 견성(見性)한 자는 양성을 해야 하고, 또 변성에도 뛰어나야 된다. 나는 이상 말한 삼력(三力)이 갖추어지지 않으면 '원인'이라고 말하지 않는다. 대개 삼력이 한 몸에 갖추어진 사람이라야 이상적 인물이라고 생각한다.[21]

숭산은 우주의 진리, 곧 실재를 탐구하는 힘-연구력, 우주의 실재를 자기 본성과 체인화(體認化)하는 힘-수양력, 그리고 우주의 진리를 실제에 적용하고 실행하는 힘-취사력, 이 세 가지 '삼(대)력'을 모두 갖춘 이상적 인간형을 '원인(圓人)'으로 정의하였다. 곧 원불교의 중심 교리인 절대 진리, 일원상을 표상으로 두고 탐구(사리연구), 수양(정신수양), 실천(작업취사) 세 가지 삼학(三學) 공부에 힘써야 한다는 점을 강조하였다. 나아가 이 삼대력이 추구해야 할 각각의 핵심 용어를 견성(연구력)과 양성(수양력), 그리고 변성(취사력)으로 부르고, "견성한 자는 양성을 하고, 또 변성에도 뛰어나야 된다."고 역설한 점도 특기할 만하다. 이처럼 삼대력을 두루 갖춘 '원인'을 설정한 배경에는 불법연구회가 내세운 종지의 탁월성을 부각하려 한 의중이 담겨 있다.

일원상 연구

만년에 숭산은 교단 밖의 세상을 향해 원불교를 다음과 같이 소개하였다.

원불교는 과학문명의 급속한 발달로 인한 세계의 일대 전환기를 맞이하여, 진리적 종교의 신앙과 사실적 도덕의 훈련으로써 쇠퇴되어 가는 인류의 정신을 다시 일으키고 새 도덕의 기초를 세워 인류를 광대무량한 낙원의 길로 인도하기 위하여 우리나라에서 창설된 새로운 종교이다.[22]

숭산의 이러한 표현은 실용성과 효용성의 면에서 원불교에 대한 사전적 정의를 내린 것이라 해도 과언이 아닐 것이다. 현대 과학, 물질문명으로 야기된 위기의 시대에 인류를 구제하기 위해 창설된 종교라는 것이 그 본령이다. 그리고 이러한 사명을 구현하는 수단과 방편으로 진리신앙과 도덕훈련의 병진을 제시하고, 이를 통해 인류의 낙원에 도달할 수 있도록 인도한다고 함으로써 종교적 실천성을 강조, 부각한 것이 그 특징이다.

숭산은 원불교 경전인 『대종경』의 교의품(敎義品) 제3~6장에 등장한다. 그 법문은 1938년(원기 23년)에 나온 불법연구회『회보(會報)』 46호(6~9쪽)에 수록되었던 것으로, 소태산과 숭산 부자 상호간에 주고받은 문답식의 법설을 김대거가 기록한 것이다. 당시 숭산은 일본 도요대학에 재학 중이었는데, 여름방학 때 일시 귀국하여 평소 의심해 오던 바를 소태산에게 묻자, 소태산이 아들의 대견스러운 질문에 내심 기뻐하며 일원상의 진리·신앙·수행 등의 부문에서 원불교 종지에 관련된 법문을 내려주었다는 것이다.[23]

광전이 여쭙기를 "일원상과 인간과의 관계가 어떠하오니까?" 대종사 말씀하시기를 "네가 큰 진리를 물었도다. 우리 회상에서 일원상을 모시는 것은 과거 불가에서 불상을 모시는 것과 같으나, 불상은 부처님의 형체를 나타낸 것이요 일원상은 부처님의 심체(心體)를 나타낸 것이므로, 형체라 하는 것은 한 인형에 불과한 것이요 심체라 하는 것은 광대무량하여 능히 유와 무를 총섭하고 삼세를 관통하였나니, 곧 천지만물의 본원이며 언어도단의 입정처(入定處)라, 유가(儒家)에서는 이를 일러 태극(太極) 혹은 무극(無極)이라 하고, 선가(仙家)에서는 이를 일러 자연 혹은 도(道)라 하고, 불가에서는 이를 일러 청정법신불이라 하였으나, 원리에 있어서는 모두 같은 바로서 비록 어떠한 방면 어떠한 길을 통한다 할지라도 최후 구경에 들어가서는 다 이 일원의 진리에 돌아가나니, 만일 종교라 이름하여 이러한 진리에 근원을 세운 바가 없다면 그것은 곧 사도(邪道)라, 그러므로 우리 회상에서는 이 일원상의 진리로써 우리의 현실 생활과 연락시키는 표준을 삼았으며, 또는 신앙과 수행의 두 문을 밝히었나니라."[24]

숭산이 이에 일원상의 신앙에 대해 묻자, 소태산은 다음과 같이 답하였다.

일원상을 신앙의 대상으로 하고 그 진리를 믿어 복락을 구하나니, 일원상의 내역을 말하자면 곧 사은이요, 사은의 내역을 말하자면 곧 우주 만유로서 천지 만물 허공 법계가 다 부처 아님이 없나니, 우리는 어느 때 어느 곳이든지 항상 경외심을 놓지 말고 존엄하신 부처님을 대하는 청정한 마음과 경건한 태도로 천만 사물에 응할 것이며, 천만 사물의 당처에 직접 불공하기를 힘써서 현실적으로 복락을 장만할지니, 이를 몰아 말하자면 편협한 신앙을 돌려 원만한 신앙을 만들며, 미신적 신앙을 돌려 사실적 신앙을 하게 한 것이니라.[25]

숭산이 다시 일원상의 수행에 대해 질문하자, 소태산은 다음과 같이 설명하였다.

일원상을 수행의 표본으로 하고 그 진리를 체받아서 자기의 인격을 양성하나니 일원상의 진리를 깨달아 천지 만물의 시종 본말과 인간의 생로병사와 인과 보응의 이치를 걸림 없이 알자는 것이며, 또는 일원과 같이 마음 가운데에 아무 사심(私心)이 없고 애욕과 탐착에 기울고 굽히는 바가 없이 항상 두렷한 성품 자리를 양성하자는 것이며, 또는 일원과 같이 모든 경계를 대하여 마음을 쓸 때 희로애락과 원근친소에 끌리지 아니하고 모든 일을 오직 바르고 공변되게 처리하자는 것이니, 일원의 원리를 깨닫는 것은 견성(見性)이요, 일원의 체성을 지키는 것은 양성(養性)이요, 일원과 같이 원만한 실행을 하는 것은 솔성(率性)인 바, 우리 공부의 요도인 정신 수양, 사리 연구, 작업 취사도 이것이요, 옛날 부처님의 말씀하신 계(戒)·정(定)·혜(慧) 삼학도 이것으로서, 수양은 정이며 양성이요, 연구는 혜며 견성이요, 취사는 계며 솔성이라, 이 공부를 지성으로 하면 학식 있고 없는 데에도 관계가 없으며 총명 있고 없는 데에도 관계가 없으며 남녀 노소를 막론하고 다 성불함을 얻으리라.[26]

소태산의 법문을 경청한 숭산은 "도형으로 그려진 저 일원상 자체에 그러한 진리와 위력과 공부법이 그대로 갊아 있다는 것이오니까?"라고 물었다. 이에 소태산은 다음과 같이 답하였다.

저 원상은 참 일원을 알리기 위한 한 표본이라, 비하건대 손가락으로 달을 가리킴에 손가락이 참 달은 아닌 것과 같나니라. 그런즉 공부하

교정을 거니는 숭산

는 사람은 마땅히 저 표본의 일원상으로 인하여 참 일원을 발견하여야 할 것이며, 일원의 참된 성품을 지키고, 일원의 원만한 마음을 실행하여야 일원상의 진리와 우리의 생활이 완전히 합치되리라.27

소태산은 일원상의 참 진리에 대해 명확한 해설을 내려주었다. 이상과 같은 문답은 원불교인 숭산의 일생을 관통하는 핵심 법문이었다. 숭산이 지녔던 사상적, 종교적 근기가 소태산의 일원상 법문을 촉발시켰다는 점에서, 나아가 그 법문을 일생동안 마음 속에 품고서 활용하고 철학화했다는 점에서 일원상 법문의 체현자(體現者)로서의 역할을 유감없이 발휘하였다고 할 수 있다.28

숭산은 1967년 원불교학 연구의 효시로 평가되는「일원상 연구」를 발표하였다. 장문으로 된 이 논문은 숭산이 그동안 경험하고 수행하고 신앙해 온 성과를 모두 망라한 역작이다. 일원상을 바탕으로 그가 가졌던 원불교 교리에 대한 기본적인 연구의 틀은 앞서 논급한 1941년의 도요대학 졸업논문 「실재의 연구」에 그 뿌리를 두고 있다. 일원상 진리는 일생토록 일관되게 연구와 신앙의 대상으로 삼았던 주제이기도 하다. 「일원상 연구」의 서언에서 우주의 근본 원리로서 '진실된 실재'-일원상을 포착하였던 사실에 대해 다음과 같이 밝혔다.

나는 어린 시절부터 우주의 근본 원리를 알아보려고 회의를 자주 품어 보았다. 이 정신은 점점 자라나면서 소위 견성(見性)하지 않으면 안 된다고 마음 속으로 집념하게 되었던 것이다. … 내가 철학을 공부하던 시대는 인식론이 성행하던 사상적 조류였기 때문에 나는 이에 대하여 항상 불만족스러웠다. 인간에게는 형이상학적인 요구가 있는 것이라고 쇼펜하우에르(쇼펜하우어-필자주)는 말하고 있거니와 나는 형이상학적 방면에 더욱 탐구하는 자세를 기울였던 것이다. 그리하여 동서의 제(諸) 철학서를 병행해서 공부하던 끝에 나에게는 하나의 얻음이 있었다. 우주의 근본이 되는 원리는 완전하며 영원한 전체이고 또한 그 전체를 지배하는 어떠한 존재에 의해서 우주는 성립되는 것이라고 긍정적인 하나의 파악을 가져왔던 것이다. 다시 말하면 인간계와 자연계의 기본이 되고 있는 진실된 실재를 포착한 것이다. 이 진실재는 언어도단의 이법(理法)이므로 그 진체(眞體)에 자아가 통달했을 때 다만 자기 스스로 명료해진 것 뿐이요 언표(言表)할 수 없는 그 무엇임을 안타깝게 생각했다. 사람들은 이 진체를 말로써 표현하려 함에 제가만설(諸家萬說)이 된 것이다. 그 표현의 상위 때문에 혹은 일면을 강하게 주장하는 것이 되기도 하지만 결국에 있어서 우주 속에는 공통적인 진리가 있는 것이라고 나는 생각하게 되었다. 소위 견성의 경지를 맛보게 된 것이다. 이 경지는 바로 원불교의 기본교리인 것이며 원불교에서는 이 경지를 일원상으로 표현해서 신앙의 대상과 수행의 표본으로 하고 있다.[29]

원불교에서 신앙의 대상과 수행의 표본으로 삼은 일원상을 연구하기에 이른 배경과 과정에 대해서 밝힌 서문은 26년 전인 1941년에 작성한 졸업논문 「실재의 연구」에서 언급한 연구 배경, 목적과 기본적으로 틀을 같이 하고 있다. 쇼펜하우어가 우주 원리로 제시한 형이상학적 관점을 언급하고, 우주 원리로 존재하는 '참 실재-진실재'를 언급한 점, 그리고 그 진실재는 원불교에서 핵심 개념이 되는 일원상으로 제시되고 있다는 점 등이 두 논문을 연결시켜 주는 고리 역할을 하고 있다. 숭산은 어려서부터 우주의 운행 원리의 실재를 경험적으로 체인하였고, 이를 통해 철학적으로 원불교의 일원상까지 이르렀던 것이다.

숭산은 우주의 진리를 표현하는 데 일원상이 가장 적합한 이유를 자세하게 설명하였는데, 그 요지를 소개하면 아래와 같다.

우주에는 하나의 진리가 존재하고 있는 것이다. 이 진리가 있음으로서 우주가 성립된 것이며, 또한 무한히 생성변화해 마지 않는 것이다. 이와 같은 진리는 언어도단하며 심행처(心行處)가 멸(滅)한 경지이므로 능히 표현할 수 없는 것이지만 가자(假藉)해서 어떠한 상(相)으로 나타낸다 하면 그것은 일원상으로밖에 표현할 수 없는 것이다. 왜냐하면

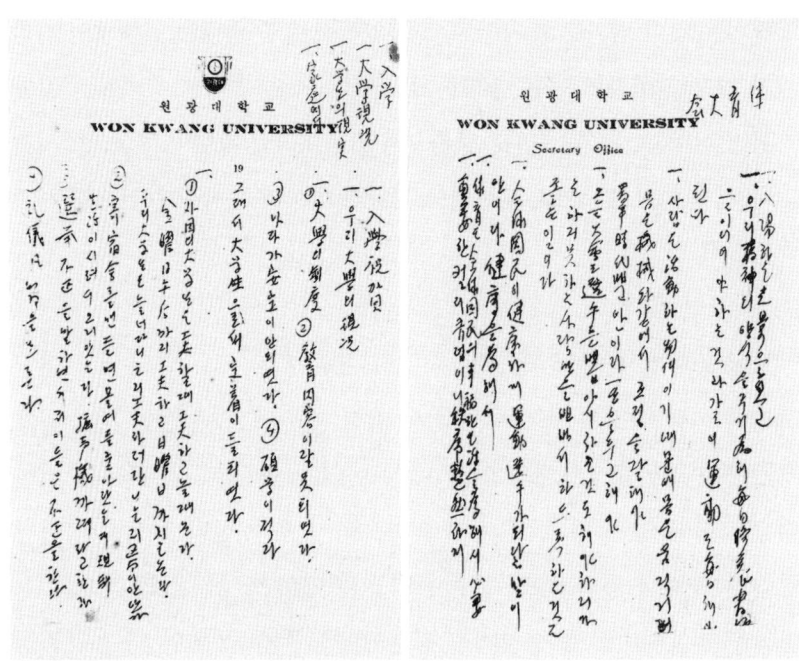

숭산의 육필

인간들이 하나로밖에 표현할 수 없는 절대적 진리는 그 성격에 있어서 다음 다섯 가지의 원리를 인정하지 않으면 아니 되기 때문이다.

첫째로 진리는 돌고 도는 것이다. … 우주의 본체는 돌고 돌아 끊임이 없는 것이다. 이와 같은 진리의 성격을 상징적으로 표현한다면 그것은 하나의 원(圓)일 수밖에 없다.

둘째로 진리는 무시무종(無始無終)한 것이다. … 실로 우주만물은 어느 때 시작했는지, 또는 어느 때 없어질 것인지 아무도 모른다. 이와 같은 진리의 성격을 상징적으로 잘 표현한다면 그것 또한 하나의 원일 수밖에 없다.

셋째로 진리는 그 자체에 부족함이 없는 자족원만(自足圓滿)한 것이어야 한다. 우주 안에 참으로 있는 것은 우주를 창조하고 지배하고 그리고 운행하고 있는 원만한 능력의 소유자이어야 한다. 하나도 결핍된 것이 없는 것으로서 지극히 공정하고 구족(具足)해야 하며 원만해야 한다. 그러므로 절대적인 하나의 진리는 그 성격에 있어서 역시 원(圓)으로 상징할 수밖에 없다.

넷째로 진리는 일체가 공(空)한 성격을 가져야 한다. 희로애락의 감정이 끊어진 자리, 미워하고 해치려는 사기(邪氣)된 생각이 없는 텅 빈 자리이어야 한다. … 그러므로 이와 같은 진리의 성격을 궁극적으로 표현한다면 그것은 하나의 원일 수밖에 없다.

다섯째 우주의 근원적 진리는 한 기운(氣運)에 뭉쳐있는 것이다. 사람이나 동물이나 식물 지어(至於) 삼라만상은 그 근본에 있어서 하나인 것이다. 즉 만물동근(萬物同根)이다. 따라서 이 하나로 뭉친 진리 속에는 생사가 없다. 이를 불교에서는 진여(眞如), 일여(一如), 여여(如如)라고도 표현한다. 이와 같이 만유가 한 체성(體性)이며 만법이 한 근원인 진리를 표현한다면 그것 역시 원으로 상징되는 것이라고 본다.[30]

숭산은 순환무궁, 무시무종, 자족원만, 일체공허, 만물동근 등 5가지 특징과 이유로 말미암아 우주의 진리는 일원상으로 체현할 수밖에 없다고 설명하였다. 이는 또 일원상으로 표현하는 것이 우주 진리의 속성에 비추어 가장 효율적이고 합리적이라는 주장을 편 것이다. 이처럼 우주의 진리를 일원이라 하고 둥글게 상을 그려 보인 것은 마치 달을 가리키는 손가락에 비유할 수 있다는 것이다. 이를 일컬어 불교에서는 법(法), 도교에서는 도(道), 기독교에서는 신(神), 유교에서는 태극, 주자학에서는 이(理)로 각각 다르게 표현하고 있으나 진리의 근원은 하나일 수밖에 없다고 역설하였다.

이러한 일원철학에 대해 김정용은 숭산이 일원상의 진리를 무한히 돌고 도는 순환무구성, 시작과 끝이 없는 영원성, 모든 상대적 차별을 넘어서는 절대성, 무엇 하나 부족함이 없는 원만성, 모든 존재를 하나로 연결시키는 유일성 등으로 파악한 것으로 이해하였다. 그는 숭산이 일원상을 상징하는 영역을 이처럼 광범위하게 밝힌 것을 두고, "사람의 세계의 모든 영역을 통해 일원상의 진리를 구현하려는 문화적 전반의 일원화라는 경륜을 시사한 것으로 풀이된다."[31]고 해석함으로써 숭산의 일원상의 진리를 관통하였다. 이러한 토대 위에 김정용은 또 숭산의 종교관을 다음 세 가지로 요약해 제시하였다. 첫째, 인간생활에 도움을 주는 산 종교일 것, 둘째, 가르침이 간결명료할 것, 셋째, 성리의 세계를 바탕에 둘 것 등이 그것이다. 그는 숭산의 교육철학에 대해서도 "그의 교육이념은 인간 본성에 대한 종교적 확신에 바탕해서 일원세계 건설이라는 궁극적 목표를 설정함을 축으로 하고 그 목표를 학문과 도덕의 겸전(兼全)이라는 방법을 통해 달성하려는 것"[32]이라고 언급하여 '지덕겸수 도의실천'이라는 원광대 교훈을 구현하는 데 그 본령을 두었다고 규정하였다.

숭산은 현실생활에서 일원상의 이치를 깨달을 수 있도록 끊임없이 수행해야 한다고 하였다.

우리가 현재와 같이 온갖 부정·투쟁·분노·이욕(利慾)·해심(害心) 가운데서 살아가고 있는 것은 모두가 다 본래에 부처의 성품이 있는 '하나'라는 것을 모르는 까닭입니다. 만일 우리 모두가 다 불성을 가진 아름다운 인간이며 한 형제인 줄을 안다면 서로 미워하고, 해하려 하고,

자기만 잘 살려 하는 마음은 없어질 것이며 세상은 평화로운 이상의 세계가 될 것입니다.[33]

일원의 진리가 만유에 내재한다고 보았기 때문에 만유 사이에 시간적 선후관계는 중시되지 않으며 불가분의 상즉관계(相卽關係)로 오직 순환과 반복만이 있을 뿐이라는 주장을 펼쳐 매우 동양적인 진리관을 견지하고 있었다. '색즉시공 공즉시색'과 같은 논리는 숭산의 이러한 입장을 극명하게 대변하고 있는 것이라 볼 수 있을 것이다. 본체와 현상의 상즉관계에 대한 이러한 인식은 곳마다 부처님이 있고 하는 일마다 불공이라는 처처불상(處處佛像) 사사불공(事事佛供) 교리의 근거로서 파악된다.[34]

「일원상 연구」의 결론에서는 일원상의 진리 신앙과 수행이 실생활과 밀착되어 이루어져야 한다는 당위성을 다음과 같이 역설하였다.

원만한 법이란 전 인류가 다 같이 행할 수 있는 도리를 말한 것이다. 따라서 불법을 공부하는 사람은 누구나 행복이 오도록 가르쳐 주어야 된다. 불법을 가지고 생활을 하며 생활을 불법으로서 하게 된다면 그것이 불교의 생활화요 대중화요 시대화다. 도는 반드시 초인간적 또는 비인간적인 것이 아니다. 도가 도인 소이는 천지와 더불어 번영함에 있는 것이니 거기에는 생생한 발전과 활동이 있어야 할 것이다. 그럼에도 불구하고 인생을 도피하려는 소극적인 도는 아무리 고상하게 보이더라도 칭찬할 수 없는 것이다. 현실을 부정하는 종교는 무의미한 것이며, 또한 현실을 초월하지 못한 종교인은 진정한 종교인이라고 말할 수 없다. 종교인은 세속인과 생활양식을 같이 할지라도 그 마음 작용하는 것과 행동하는 면에서 물욕을 초탈한 심경으로 임해야 되기 때문이다. 진정한 종교운동은 자기 생활에 행복이 오도록 하며, 인류사회에 이익을 끼쳐주도록 하며, 또한 누구나가 다 올바른 신념을 지니고 공정한 취사(取捨)를 하도록 하는 기풍을 진작시키는 데 그 의미가 있다.[35]

숭산은 결론부의 제목을 '불법시생활(佛法是生活) 생활시불법(生活是佛法)'이라고 하였다. 일원상 연구의 궁극적 목적과 그 가치의 지향성을 이러한 제목을 통해서도 단적으로 짐작할 수 있을 것이다. 숭산이 평소 주창한 사상과 철학이 합리적이고 현실적인, 종국에서는 실천성을 가미한 강한 의지를 내재한 사실을 염두에 둔다면 위에서 제시한 결론은 지극히 당연한 것으로 자연스럽게 이해가 된다. 요컨대, 원불교인으로서 숭산은 현실과 밀착된, 나아가 현실 속에서 신앙과 수행이 이루어지는, 그리하여 유위한 작용을 기대하는 일원상 진리를 역설하였던 것이다.

일찍이 일원철학을 체인한 숭산은 젊은 시절 '독보(獨步)'라는 필명으로 '실베스타'의 시를 번역하여 「일(一)」이라는 장시(長詩)를 발표한 적이 있다.

1이여!
1만이 최초이며 최후
외로이 네의('너의'로 추정-필자주) 1!
성스러운 이여!
그 힘이야말로 전능 그 존재야말로 일체의 지상(至上)한 복지
그 1이야말로 완전한 충실

譯詩

一

原著 실베스라
譯者 獨步

一이여!
一만이 最初이며 最後
외로히 네의 一!
聖스러운이여!
그 힘이야말로 全能 그 存在야말로 一切의 至上한 福祉

萬有의 밑에 있으나 밑에 묻치지 않고
萬有의 위에 있으나 위에 놓여지지 않으며
萬有의 內에 있어도 쌓여버리지 않고
萬有의 外에 있으나 除外되지 않는다
一切를 超越하여 萬物을 統御하며
一切에 降臨하여 恒時 萬物을 支持하며

숭산이 '독보(獨步)'
라는 필명으로 발표한
번역시 「일(一)」
(『원광』 4, 1950년 4월호)

만유의 밑에 있으나 밑에 묻히지 않고
만유의 위에 있으나 위에 놓여지지 않으며
만유의 내에 있어도 쌓여버리지 않고
만유의 외에 있으나 제외되지 않는다.
일체를 초월하여 만물을 통어(統御)하며
일체에 강림하여 항시 만물을 지지하며
일체의 외에 있어 일체를 함유하고 일체의 내에 있어 전부를 충족시킨다.
일체의 내에 있다고 해서 어디 있는 것도 아니고
일체의 외에 있다고 해서 어디를 점령하고 있지도 않는다.
하에 있으나 위로 넘어가는 자 하나도 없고
상에 있으나 하에서 지지하는 자 하나도 없다.

…

1이여! 그대는 이 위대한 천체를 만들고 무에서 일체를 창조하시었다.
그대의 관념으로 전부의 물건에 형태를 주었다.
그대는 그 전에도 계시고 지금도 계시고 또 영겁에 계실 것이며
그대가 선(選)하신 자는 결코 버리지 않을 것이다.[36]

1950년 『원광』에 실린 이 시는 원불교 일원상의 진리와 매우 근접한 내용을 담고 있다는 점에서 주목된다. 이 시에서 작자가 '하나(一)'에 가탁하여 시공의 초월자, 상하내외의 초월자, 우주의 창조자 등으로 언급한 절대 진리는 곧 자연스럽게 일원상의 진리를 연상하게 된다. 숭산은 이러한 사실에 착목하여 이 시를 소개하였던 것이다.

숭산은 불교의 가르침을 한마디로 '편벽되지 않는 마음, 즉 집착하지 않는 마음을 가지라는 것'으로 요약하고 있다. 이는 그의 실용적 종교관과도 통한다. 종교는 실제의 생활에 적용되어야만 가치를 가질 수 있다는 것이다. 신앙과 수행을 통하여 실제의 생활이 향상되고 인격이 고양되어야만 그 가치가 발양될 수 있다는 믿음이 숭산의 일관된 생각이었다.

숭산은 종교로서 불교가 갖는 궁극적 의의, 가치를 다음과 같이 설명하였다.

일체행무상(제행무상-필자주), 일체법무아(제법무아-필자주), 열반적멸(열반적정-필자주)의 삼법인이 교리의 중심이 된다. 불교는 석존을 교조로 하고 그 설법에 의해서 인류의 전미개오(轉迷開悟)를 시도한다. 형식으로는 불(Buddha)을 각증의 체현자(體現者)로 하고 법(Dharma)을

소설(所說)의 정법으로 하고 승(Sangha)을 수행실천의 화합교단으로 삼는다. 그리하여 불(佛)이 설한 교[依佛之敎]는 종교적 본의를 삼고 불(佛)이 되는 교[成佛之敎]는 도덕실천적 가르침을 삼고 불(佛, 覺)에 관한 교[佛陀卽敎]는 철학 학문적 가르침을 삼아 철학과 종교를 완전 융합시켰다.[37]

숭산은 곧 불교가 삼법인을 교리의 중심에 두고 부처의 가르침을 따라 도덕실천을 바탕으로 철학과 종교를 완전히 융합시켰다고 하여 극찬하였다. 인류가 추구해야 할 지선극미(至善極美)한 경지의 가치를 지닌 종교라는 것이다. 이 생각은 그가 일생토록 견지했던 실천적, 현실적 종교관과도 연결되어 있다. 종교는 실제의 생활에 적용되어야만 가치가 있는 것이며, 종교로 인하여 실제의 생활이 향상되고 인격이 고양되어야만 한다는 것이 그의 평소 생각이었기 때문이다.

숭산이 불교에 대하여 견지한 태도는 자신의 신앙체계이며 사상의 바탕인 원불교와 때로는 일치되는 면으로 정리되기도 하고, 때로는 불교를 개혁과 비판의 대상으로 삼고 있기도 하다. 이처럼 숭산이 불교를 바라보는 시각은 당시 원불교의 대표적인 지성으로서 불교를 대하는 전형적인 태도를 보여주고 있다. 그는 불교의 근본 진리를 설파한 핵심 교리라 할 수 있는 연기(緣機)와 인과(因果), 그리고 자비(慈悲) 등을 원불교 신앙과 수행에 원용하였다.[38]

일원상 수행의 방안으로 제시한 내용들이 그러한 범주에 들어간다고 할 수 있다. 일원상의 진리를 돌고 도는 면으로 보아 인과응보의 모습으로 해석하고 있는 점, 진리의 원만한 면을 무집착의 수행으로 표현하고 있는 점, 무심(無心)·공심(空心)·허심(虛心)으로 요약되는 무집착과 공의 체현을 강조하고 있는 점, 자비와 생명의 윤리를 역설하고 있는 점, 그리하여 결국은 우리가 살고 있는 현실의 정토를 중시하고 있는 점 등에서 그러하다.³⁹

    숭산은 염불의 효용성과 가치도 특히 중시하였다. 염불을 통해 "일심을 만들고 각자의 아미타불을 발견하여 무위안락의 경지에 이르게 하자는 것"이다. 아미타불의 명호(名號)를 부를 때 거기에서 마술적 효과를 구하는 것이 아니라 명호를 반복하는 데서 생기는 심리적 효과를 구할 수 있다는 것이다.⁴⁰ 따라서 왕생한다는 것도 '견성'하는 데 불과하다는 것이 숭산의 입장이다. 숭산은 염불을 수양의 중요한 과목으로 제시하면서 그 가치를 첫째, 일심 견지, 둘째, 본성지혜 회복, 셋째, 본래심 회복 등 세 방면에서 제시하였다.⁴¹ 또 염불의 공덕으로는 첫째, 편안한 생활, 둘째, 극락 실현, 셋째, 왕생 등을 언급하였다. 이러한 내용은 원불교 『정전』의 「염불법」에서 "염불을 오래하면 자연히 염불 삼매를 얻어 능히 목적하는 바 극락을 수용할 수 있나니, 그 공덕의 조항은 좌선의 공덕과 서로 같나니라."⁴²고 언급한 내용과 상통하는 바, 그 의미를 더욱 풍부하게 설명한 것이라 할 수 있다. 그리하여 숭산은 일상생활에서 늘 염불에 유념할 것을 주문하고 있다. "나무아미타불을 무엇하러 부르는가? 그것은 일심을 얻기 위해서인데 이를 위해서는 어린아이가 어머니라고 부르는 심정으로 해야 한다."고 언급한 대목에서 간절한 수행자로서 숭산의 모습을 발견할 수 있다.⁴³

교육사상

숭산은 1946년 유일학림 학감 이래 1986년 서거 때까지 40년간 교육현장에서 자신의 교육이념을 구현하기 위해 노력한 교육자였다. 일찍이 이 세상에 태어난 보람으로 인류에게 좋은 영향을 끼쳐주어야 한다는 일종의 사명감을 가진 숭산은 그 올바른 길이 교육에 있음을 확신하였다.

물론 숭산의 일생 삶의 무게를 온통 교육에 경도된 모습으로 국한 지을 수는 없다. 교육자로서뿐만 아니라 종교인으로서 삶이 큰 비중으로 자리하고 있기 때문이다. 그런데, 교육과 종교는 거의 일체화되어 상호 긴밀한 관계를 가졌기에, 양자를 분리시켜 이해하는 것은 바람직하지 않다. 곧 대학을 경영하고 후학을 가르칠 때 일반 세속과는 다른 가치 척도, 곧 '지덕겸수 도의실천'이라는 교훈을 전면에 내걸었던 것은 그의 종교적 열정이 교육으로 승화되었던 동시에 교단의 또 다른 교화 염원을 구현하는 길이었다. 그러므로 숭산의 교육철학은 개인의 교육에 관한 신념체계이지만, 결코 개인의 교육관으로만 국한할 수 없는 것이다. 원불교의 교육관이 숭산을 통해 표출된 것으로 이해하는 것이 더 적절하다.[44]

숭산은 1956년 42세 때 원광대 최초의 학술논문집 『원대학보(圓大學報)』에 「교육방향의 재고」라는 글을 '권두언'으로 실었다. 여기서 그는 자신의 뚜렷한 교육철학 소신과 그에 따른 교육방침을 다음과 같이 언급하였다. 숭산의 교육철학을 관통하는 요체를 담고 있고 있기에 다소 긴 글이지만 그 전문을 소개하고자 한다.

현금 사회상을 볼 때 정치계나 관공리나 그 외 소위 지도층에서부터 일반 사회인, 학생·청년·남녀 할 것 없이 각자의 직책과 근본정신을 이탈하고 자기의 이익과 지위만을 생각하려 하고 상하좌우의 질서가 문란하여지며 도덕성은 나날이 땅에 떨어져 가는 감이 더욱 더해간다고 앉으면 서로가 말을 하고 있습니다. 그래서 혹자는 경제적 조건이 불리해서 그리된 것이니 경제적 안정을 보아야 한다고 하고, 혹자는 갑자기 민주주의 사상으로 전환하는 머리에('바람에'의 뜻을 가진 방언-필자주) 그 과도기적 현상이니 얼마 지나면 그렇지 않을 것이라고도 하고, 정치를 잘못해서 그러니 정치를 잘해야 된다고도 하여 실로 여러 가지로 말하는 듯합니다. 또 종교로 인도하고 도덕교육을 시켜야 된다고도 합니다. 물론 여러 가지 방법이 있겠지마는 여기에서는 교육방향을 바꿈으로써 이 사회상이 교정(校正)된다는 교육자적 입장에서 간단히 말씀하려고 합니다. 독일의 유명한 시인 괴테가 그 작품 파우스트 첫 구절에 "철학도, 의학도, 법률학도, 그 외 신학까지도 열심히, 철저히 공부하였다. 그런데 나는 이제 여기에 이렇게 되어 있다. 실로 불쌍한 바보이다. 그리고 전보다 더 영리해지지도 안 했다."(인용부호-필자) 이렇게 파우스트 박사가 혼자서 자기 서재에서 고민하며 절망의 비명을 올린 말이 있습니다. 이것은 지식의 추구에만 반 평생을 보낸 노력을 생각하고 아무 것도 자기에게는 소득이 없었다는 것을 한탄하는 말인 것입니다.

<u>학리(學理)·학술(學術)·지식(知識)이 아무리 도저(到底)해도 각자 심성을 단련해서 실지(實地) 체험의 인(人)이 되어 언행일치의 것이 되지</u> 않으면 그 학문이 아무 소용이 없으며 도리어 혼란을 일으키는 도구 밖에는 안 될 것입니다. 여하한 기술과 지식이 있다 해도 원자탄을 만

드는 기술, 기차·비행기를 창안해 낸 사람이라 할지라도 심신 수양만큼은 해야 되는 것입니다. 알고 마는 사람이 될 것이 아니라 그대로 되는 사람이 되어야 합니다. 우리는 교육을 시킬 때 아는 사람도 되도록 하겠지마는 되는 사람이 되도록 지도를 게을리해서는 안 될 것입니다. 이 세상이 타락된다는 것은 기술과 학문이 부족해서 그런 것도 아니고 또 종교와 철학이 없어서 그런 것도 아닌 것이 아닙니까? 칸트가 철학은 배울 수가 없는 것이니 배운다는 것은 철학사(哲學史)이며 참 철학은 철학 하는 법을 배울 따름이라고 했는데, 우리가 철학의 지식을 배워서 헤겔과 칸트를 논해 보더라도 자기에게는 별 필요가 없는 것이며 오직 철학 하는 그런 심정으로 일상생활을 하는 데 의미가 있는 것입니다. 어떠한 기술과 지식이라도 그를 이용하는 자주력 있는 사람이 되어야 합니다. 옛날 중국에 왕태(王駘)라는 사람이 있었는데 생긴 것이 불구가 되어 눈도 하나요 입도 째지고 이마는 뾰죽하고 코는 납작해서 참으로 보기 흉한 사람이었습니다. 그러나 천하의 사람이 그 사람이 있는 방에 들어가 앉았다가 나오기만 해도 공자님의 대연설을 들음보다 감화력이 많았다는 이야기가 장자에 있는데, 그는 마음에 력(力)을 얻어 자기 마음의 평화를 유지하고 있기 때문이라고 하였습니다. 자기 스스로 수양이 되어 마음의 안정을 얻은 생활을 하게 되어야만 세상은 안정이 될 것입니다. 우리의 마음이란 본래 선하다고 할 수도 없고 악하다 할 수도 없는 생생 약동하는 원기(元氣)를 받은 것입니다. 이 원기를 만물도 다 가지고 살고 있으며 우리 인간도 그 원기를 가지고 활동하고 있는 것입니다. 그 원기를 발하는 데 우리 심리활동도 생기는 것입니다. 이것은 죽지 않고 산 것이기 때문에 하려고 하는 경향이 많습니다. 그래 소위 욕심이라는 것이 생(生)하는 것이며 이 욕

야외 강의중인 숭산

심 때문에 근본 심리활동에 길을 잃고 잘못된 행위를 해서 사회질서가 문란해지는 것입니다. 그러니 우리는 근본 <u>심리활동 하는 주체에 참된 힘을 얻어서 자기의 마음을 자기 마음대로 할 수 있는 인간이 되도록 심성 단련</u>을 하는 방향으로 인도하는 교육을 시켜야 될 것입니다. 이 교육이 철저하게 될 때 비로소 현 사회상은 바꾸어지게 될 것입니다.[45]
(밑줄-필자)

여기서 시종일관 역설한 것은 심성교육이다. 숭산이 역점을 두었던 심성교육이란 바람직한 인성을 갖출 수 있도록 스스로 힘을 가지게 하는 그런 실천성을 겸비한 교육을 말한다. '심성을 단련해서 실지(實地) 체험'을 할 수 있는 능력을 배양하고, 심신을 수양하여 참된 사람이 되도록 하고, '철학 하는 심정으로 생활'을 영위케 하고, 기술과 지식을 통제할 수 있는 '자주력 있는 사람'으로 만들어 마침내 '심리활동 하는 주체에 참된 힘을 얻어서 자기의 마음을 자기 마음대로 할 수 있는 인간이 되도록 심성 단련'을 하는 데 교육의 목적이 있다고 한 것이 그 요지이다. 이 모든 것을 한 마디로 요약하면 '참된 인간'을 기르는 것이라 할 수 있다.

숭산이 일찍부터 견지하고 있었던 올바른 심성과 도덕성 배양을 통한 참된 인간교육의 정신은 두말할 것도 없이 원불교의 가르침에서 비롯되었다. 원광대의 모체 유일학림 개교 때 그 설립정신에 대해 송규가 "유일한 목적이란 곧 제생의세요, 유일한 행동이란 곧 무아봉공이요, 유일한 성과란 곧 일원세계 건설"[46]이라고 밝힌 바와 마찬가지로 숭산도 일원세계 건설에 이바지하기 위해 지덕을 겸비하고 도의를 실천하는 그러한 참된 인성을 가진 인재를 양성하는 데 교육의 본령을 두었던 것이다.[47]

이처럼 원불교정신에 기반한 숭산의 인간 중심의 교육철학은 원광대의 교훈 '지덕겸수 도의실천'에 농축되어 있다. 여기서 '지'는 학문의 연찬, '덕'은 인간적 품성의 함양, '도의실천'은 정의로운 기상의 배양 등으로 풀이할 수 있는 수양·연구·취사의 세 가지 병행의 공부를 통해 원만한 인격을 기른다는 원불교 교화이념과 매우 상통함이 드러난다.[48]

숭산은 당시 대학교육의 현장에서 이루어지고 있던 교훈에 따른 교육 내용을 다음과 같이 설명하였다.

지금까지 교육이라는 것이 지성에 대한 교육만을 시켰지, 덕성에 대한 교육이 거의 없다시피 했거든요. 그래서 사람을 만드는 그런 교육을 해야 되겠다, 지성과 덕성을 겸해서 교육을 시키고 도의를 우리 인류사회에 실천할 수 있는 그런 인간을 만들자, 그렇게 지금 제가 목표를 하고 교육을 시키고 있습니다.[49]

당시 지식에 편중하여 교육하는 폐단을 바로잡아 덕성을 아울러 배양하는, 곧 '지덕'을 겸수하는 교육을 시키는 동시에, 인류사회에 도의를 실천하는 참된 인간을 육성하는 데 역점을 두고 있다는 설명이다.

숭산은 이처럼 덕성을 배양하는 인성교육을 '인간교육'이라고도 불렀다. 아래 설명에서 그 내용을 더 구체적으로 확인할 수 있다.

학문 이전에 인간이 되어야죠. 인간의 탈을 쓰고 인간의 구실을 못해준다면 참인간이라 할 수 없는 거죠. 인간은 본래 선한 마음으로 태어났지만 어두운 욕심이 선을 가리는 겁니다. (그러므로) 본연의 선을 복구해서 선을 생활화하는 인간이 참인간의 길입니다. 그리고 남을 위해 봉사하는 생각으로 생에 임하는 자가 곧 최선의 인간이라 정의되죠.[50]

숭산은 인간 본성에 대한 절대적 신뢰를 바탕으로 선의 복구작업을 통해서 인간성을 회복하는 것을 교육의 본질이라 믿었고, 이를 참된 인간교육이라고 하였다. 그가 실례를 들어 "과일나무를 키우는데 비료만 주면 된다는 지육(知育) 편중이 문제가 됩니다. 과일나무를 제대로 가꾸려면 비료도 줘야지 제초도 해주고 가지도 쳐주고 때로는 접도 붙여줘야 합니다. 그래야 좋은 수확을 얻을 수 있지요. 그러니 덕육(德育)에 더 힘써야 합니다."[51]라고 지적한 대목도 지육에 편중되지 않은 교육, 즉 지와 덕을 고루 겸비하는 교육을 추구한 숭산의 교육철학을 단적으로 드러낸 대목이기도 하다.

『한국일보』에 게재한 글에서도 숭산은 바른 마음을 바탕으로 하는 인간교육, 교육의 사회화를 주장하였고, 일상에서 긍정적 사고를 통해 보람 있는 생활을 영위함으로써 행복한 삶을 살 수 있다고 하였다. 특기할 점은 바람직한 교육의 방향에 대해 아래와 같이 종교적 영성(靈性) 함양의 중요성을 언급하고 있다는 사실이다.

나는 교육에 종사하면서 아울러 종교에 헌신하고 있다. 교육이나 종교의 목표가 모두 '사람됨' '인간의 사회화'며 가르치고[敎] 길들이는[育] 일이 그 근본이다. … 내가 주장하는 인간교육, 교육의 사회화란 단순한 형이상학적인 인간상을 만들자는 것이 아니다. 인재의 개발, 인간 능력의 계발을 이념으로 하자는 것이다. 왜냐하면 우리 인간에게는 사회에 적응할 수 있는 능력과 사회를 초월할 수 있는 능력이 함께 있기 때문이다. … 우리 교육의 방향은 권리의 선취(先取)를 요구하는 시민적 성격에서 의무를 앞세우는 공민적 성격에로 전환되어져야 마땅하다고 본다. 개인의 권리 그것이 스스로 도덕적인 선(善)일 때, 비로소 교육은 사회에 기여하게 되고 개인의 생명은 사회정화를 위하여 안심하고 바쳐질 것이다. 이러할 때에 시민적 성격과 공민적 성격의 조화가 가능하리라. 이 조화의 종점을 나는 교육과 종교의 상보(相補) 관계에서 찾고 있다.[52]

위 인용문은 민주시민으로서의 권리와 의무를 병진하는 바람직한 교육을 위한 종교적 영성의 역할과 기능이 더해져서 상보적 관계가 되어야 함을 강조하고 있다. 결국 교육과 종교가 서로 보완적 기능을 발휘할 때, 비로소 바람직한 시민(권리)과 공민(의무)이 조화롭게 병진할 수 있다는 것이다. 종교인이자 교육자로서 숭산이 견지한 교육철학의 일단을 잘 보여주는 대목이라 할 수 있다.

그렇다고 숭산이 역점을 둔 인성 중심의 교육관이 현대 산업사회가 지향하는 성취지향적인 가치관을 폄하하거나 무시하는 것은 아니다. 숭산 역시 고등교육의 기능은 일차적으로 학문과 기술교육을 통한 집단지성과 인류문명의 발전에 기여하는 데 있다는 사실을 명확하게 인식하고 있었다. 오히려 그는 인간교육이 전제될 때, 고등교육이 집단지성을 이끌어내는 목적을 수행할 수 있으며, 사회규범과 가치관을 비판할 줄 알고 개선할 수 있는 조화로운 인간이 될 수 있다고 보았다. 지나치게 지식 위주의 교육에 매몰되어 있는 고등교육은 공공의 이익을 위해 선한 영향력을 발휘할 수 없다는 인식을 가졌던 것이다.[53]

한편, 숭산은 자신의 교육관을 실천하는 방법론에 대해 구체적으로 언급하기도 하였다. 남녀노소 모두를 아우르는 교육을 지향하고, 나아가 마음 수양(修養)을 하고 주체성을 견지할 것 등을 주장하였다. 이는 맹목적인 자국 중심의 문화교육이 아닌 외국의 교육제도 및 교육활동은 수용하되 사대주의 교육의 편협성 극복을 통해 당시 한국교육의 문제점을 진단하고, 나아가서 교육개혁의 방향을 제시한 것이다.[54]

이상에서 언급한 숭산의 교육철학은 원광대 교육목표의 기초가 되었다. 1983년, 그는 원광대가 표방하는 교육목표를 언급한 적이 있다. 이는 교육현장에서 구현하려 한 교육철학을 그대로 담고 있다는 점에서 중요한 의미가 있다.

본교의 건학이념과 교육목표가 다같이 도덕정신에 바탕을 두고 있거니와, 우리나라는 예로부터 동방의 도덕국으로 인정되어 왔으며 우리 국민은 동양의 위대한 유·불·선 3교를 사상적 배경으로 훌륭한 윤리도덕을 간직해 왔다. 현대사회가 고도의 산업사회로 발전할수록 새로운 도덕정신을 요청하고 있다. 지금이야말로 우리의 역사 속에 간직해 온 도덕정신을 새롭게 발양하여 범람하는 물질문명의 와중에서 방황하는 현대 인류에게 올바른 길을 제시해야 할 때이다. 그러기 위해서는 우리나라가 먼저 모범된 모습을 갖추어야 할 것이다. 따라서 원광대학교는 오늘의 세계와 국가가 절실히 요구하는 새로운 도덕정신을 선양하는 데 앞장서는 도덕대학의 기틀을 갖추기 위하여 차분히 그 초석을 다져가고 있다.[55]

원광대의 교육목표를 세부적으로 나누어 언급하면, 첫째, 탁월한 문화적 전통을 가진 한민족의 주체성의 토대 위에서 긍지와 자부심을 갖고 개척정신과 창조적 기풍을 진작시키고, 둘째, '물질이 개벽되니 정신을 개벽하자'는 원불교 개교 표어를 바탕에 두고 물질문명에 억눌린 정신문화를 발양함으로써 건전한 인간성을 함양하고, 셋째, 올바른 가치관과 민주시민의 자질을 갖추어 사회정의를 구현하고 국가사회에 봉사하는 인재를 기른다는 것이다. 곧 이러한 내용을 통해서도 원광대학교가 지향하는 교육목표가 원불교정신에 기반한 숭산의 교육철학과 밀접한 연관을 갖고 있다는 사실을 확인할 수 있다.

숭산은 참된 인간을 모토로 하는 '실천교육' 이념을 제시하고 이를 대학교육에서 구현하고자 하였다. 그가 생각하는 교육은 전문 분야의 지식이나 기능만을 가르치는 것이 아니라, 지와 덕이 균형을 이루는 인간교육을 의미하는 것이었다. 요컨대, 숭산의 교육철학은 실천 지향의 참된 인간교육이 그 요체였다고 할 수 있다.

주석

1   논문의 일본어 원제목은 「実在の研究: ショーペンハウアーを中心に」이다.
2   허석, 「숭산 박길진 박사의 일원사상 고찰」, 『원불교사상과 종교문화』 85, 2020, 126쪽.
3   송천은, 「숭산 박광전종사의 종교관-일원상을 중심으로-」, 『원불교학』 10, 한국원불교학회, 2018, 179쪽.
4   황명희·허석, 「원산 서대원의 생애와 사상 재조명」, 『원불교사상과 종교문화』 87, 2021, 70~71쪽.
5   조성환, 「쇼펜하우어와 원불교의 대화-숭산 박길진의 '실재의 연구'를 중심으로」, 『원불교사상과 종교문화』 90, 2021, 49쪽.
6   황명희·허석, 「원산 서대원의 생애와 사상 재조명」, 70쪽.
7   박윤철, 「숭산 박길진 종사의 일원철학의 연원-아르투르 쇼펜하우어」, 『원광』 547, 2020년 3월호, 47~48쪽.
8   조성환, 「쇼펜하우어와 원불교의 대화-숭산 박길진의 '실재의 연구'를 중심으로-」, 53쪽 인용문 재인용.
9   조성환, 「쇼펜하우어와 원불교의 대화-숭산 박길진의 '실재의 연구'를 중심으로-」, 54쪽.
10 조성환, 「쇼펜하우어와 원불교의 대화-숭산 박길진의 '실재의 연구'를 중심으로-」, 62쪽.
11 박길진, 「실재의 연구」, '도덕종교에 대한 시도'.
12 박길진, 「실재의 연구」, '도덕종교에 대한 시도'.
13 박길진, 「실재의 연구」, '眞理信仰과 釋尊 숭배'.
14 이주연, 『은혜철학의 발견』, 모시는사람들, 2023, 42~43쪽.
15 박길진, 「실재의 연구」, '도덕종교에 대한 시도'.
16 박길진, 「新春」, 『회보』 56, 불법연구회, 1939, 67쪽.
17 『회보』 54, 불법연구회, 1939, 권두 '요언'
18 이주연, 「숭산 박길진의 은사상이 지닌 현대적 의미」, 『원불교사상과 종교문화』 92, 47~48쪽.
19 조성환, 「쇼펜하우어와 원불교의 대화-숭산 박길진의 '실재의 연구'를 중심으로-」, 63쪽.
20 박길진, 「실재의 연구」, '도덕종교에 대한 시도'
21 박길진, 「실재의 연구」, '도덕종교에 대한 시도'
22 박길진, 「원광대학교의 건학이념과 발전방향」, 『대학교육』 4, 한국대학교육협의회, 1983년 7월호, 126쪽.

23 송인걸, 『대종경 속의 사람들』, 월간원광사, 1996, 71쪽.
24 『대종경』 제2 교의품(敎義品) 3장.
25 『대종경』 제2 교의품 4장.
26 『대종경』 제2 교의품 5장.
27 『대종경』 제2 교의품 6장.
28 정현인, 「숭산 박광전의 생애와 사상」, 『원불교의 인물과 사상』, 원불교사상연구원, 1999, 79쪽.
29 박길진, 「일원상 연구」, 『원광대학 논문집』 3, 1967, 7~8쪽.
30 박길진, 「일원상 연구」, 1967, 13~14쪽.
31 김정용, 「숭산종사의 생애와 사상」, 『한 떨기의 꽃이 성실하게 피어 있다』, 2006, 114~115쪽.
32 김정용, 「숭산종사의 생애와 사상」, 119쪽.
33 박길진, 『일원상과 인간의 관계』, 원광대학교출판국, 1985, 171~172쪽.
34 정현인, 「숭산 박광전의 생애와 사상」, 84~85쪽.
35 박길진, 「일원상 연구」, 41쪽.
36 『원광』 4, 1950년 4월호, 54~55쪽.
37 원불교사상연구원 편, 『숭산논집』, 원광대학교출판국, 1996, 108쪽.
38 정순일, 「숭산의 불교사상」, 『원불교학』 4, 원광대 원불교사상연구원, 1999, 260쪽.
39 정순일, 「숭산의 불교사상」, 264~266쪽.
40 박광전, 「염불의 원리」, 『원광』 46, 1964년 8월호, 10쪽.
41 박광전, 「염불의 원리」, 10~13쪽.
42 『정전』 제3 수행편(修行編) 제3장 염불법 3.염불의 공덕.
43 정순일, 「숭산의 불교사상」, 271~273쪽.
44 김혜광, 「숭산의 교육사상」, 『한 떨기의 꽃이 성실하게 피어 있다』, 217~218쪽.
45 학장 박길진, 「권두언: 교육방향의 재고」, 논문집 『원대학보』 창간호, 원광대학문화부, 1956년 1월, 10~11쪽.
46 『정산종사법어』 제2부 법어 제4 경륜편(經綸編) 4장.
47 김정용, 「숭산종사의 생애와 사상」, 118~119쪽; 김혜광, 「숭산의 교육사상」, 225~226쪽.
48 김정용, 「숭산종사의 생애와 사상」, 118쪽.
49 「덕성교육을 실천한 청백리」(KBS TV 1985년 11월 3일 일요방담 출연시 어록), 『원광』 1987년 2월호, 76쪽.
50 「나의 인간수업」, 『전북일보』 1970년 8월 21일자; 박길진, 『일원상과 인간의 관계』, 447쪽.
51 「知育보다는 德育을; 박길진 원광대 총장, 주필 선우휘 對談」, 『조선일보』 1978년 9월 21일자.

52 「교육의 방향」,『한국일보』 1975년 12월 5일자; 박길진,『일원상과 인간의 관계』, 288~289쪽.
53 안관수,「숭산의 교육철학」,『원불교사상과 종교문화』 91, 원광대 원불교사상연구원, 2022, 17쪽.
54 안관수,「숭산의 교육철학」, 2022, 16쪽.
55 박길진,「원광대학교의 건학이념과 발전방향」,『대학교육』 4, 한국대학교육협의회, 1983년 7월, 126쪽.

제3부

원광의 빛

신룡벌에 저물다

좌우명

숭산은 당대에 드물게 보는 장신의 거구였다. 장년기 숭산의 용모에 대해 가장 구체적으로 묘사한 기록이 『원대학보』의 다음 기사이다.

벗겨진 머리와 슬기롭고 온화한 눈은 인자하고 총명하며 정중하게 다문 입 언저리엔 굳은 의지가 감도는 듯 언제나 화기애애한 표정이 가시지 않는 그 얼굴은 그대로다가 고매한 인격자로서의 지닌 바 품위라 할 것이다. 평이한 가운데 더욱 의지(意旨)가 명료히 드러나는 철학 강의는 학생들을 삼매경으로 온전히 끌어가고 있다. 학자로서는 좀 어울리지 않는 24관(90kg-필자주)의 거물급의 체구는 5척 9촌(약 179cm-필자주)의 훤출한 키와 잘 조화되어 있다. 여유 있는 몸가짐은 학장으로서의 위엄을 보여주며 호호(浩浩) 망망한 대해장강(大海長江)을 엿보는 듯한 늠름한 품성(稟性)과 잘 결부되어 누가 보든지 지도적 인물이라고 할 수 있으리라.[1]

이 인용문은 '지와 덕을 함께 갖춘 교육가'라는 제하에 숭산의 프로필을 소개하는 기사 가운데 나오는 내용이다. 당시로서는 매우 드문 장신에다 거구로, 주위를 압도하는 위엄과 함께 고매한 인격에서 우러나는 온화한 표정을 늘 띠고 있었다는 표현이다. 오랜 종교적 수양을 통해 고매한 인격을 갖추었던 숭산은 일상에서의 집착과, 집착에서 비롯된 욕망이 마음의 평정을 깨트려 사람을 불행하게 만드는 원인이라고 인식하였다. 말하자면, 사람이 일상의 집착과 욕망에서 벗어나 마음의 평정을 유지하면 즐겁고 유쾌한 생활을 할 수 있다는 것이다. '불유쾌'를 소재로 한「불유쾌를 초월한 생활」이라는 다음 글이 그러한 주장을 잘 담고 있다.

> 불유쾌는 집착에서 온다. 집착이란 사랑하는 것을 의미한다. 지위를 사랑하고 권리를 사랑하고 돈을 사랑하고 이성을 사랑함으로써 그대로 안 되면 불유쾌가 된다. 불타가 욕심을 없애라는 것은 그저 빈약한 무기력한 사람이 되라는 것이 아니다. 그 미혹한 분별을 버리고 진심을 얻으라는 말이다. 이 진심을 알면 자타평등이 되어 저 사람의 즐거움이 나의 즐거움이 되고, 저 사람의 부가 나의 부가 되고, 저 사람의 유쾌함이 나의 유쾌함이 된다.[2]

'불유쾌'는 불행, 그리고 '유쾌'는 행복에 각각 근접하는 의미로 쓰였다. 인간이 일상에서 편안하고 만족하고 행복하기 위해서는 욕망을 채우고자 하는 집착으로부터 벗어나 자유로워져야 한다는 것이다. 이것은 그가 견지했던 바람직한 일상의 자세를 언급한 동시에, 그 자신이 일상에서 실천한 규범이기도 하다. 이와 같은 맥락에서 '생활을 유쾌하게 하는 데에는 제일 요건이 쾌락을 정복하는 데 있다'[3]고 갈파하여, 인간의 이성이 배제된 감성에 따른 순간적, 일시적 쾌락도 역시 사람을 불행하게 만드는 요인이라는 점을 지적하였다. 순간적, 일시적, 감각적 쾌락은 곧 감성을 제어하지 못한 인간의 원초적 욕망과 집착에서 비롯된 결과이기 때문에 불행을 초래한다는 논리이다. 요컨대, 숭산은 집착과 욕망으로부터 초탈한 청정지심(淸淨之心)이야말로 행복한 삶을 담보할 수 있다고 하는, 무소유의 경건한 철학적 삶을 강조하였던 것이다.

집착과 욕망에서 초탈한 삶! 숭산이 일상에서 구현한 삶의 모습이 그러하였다. 숭산이 견지했던 이러한 삶의 철학은 곧 일원상의 진리에 따른 종교적 신앙과 수행의 결과이기도 하다. 모든 것을 수용하여 아우르는 일체의 변용이 가능한 이상적 경지가 일원상을 받드는 참된 삶의 모습이라 할 수 있다. 「용서하며 살자」라고 이름한 글 가운데 나오는 아래 인용문이 숭산의 그러한 경지를 잘 보여준다.

> 세상 사람들은 인생을 고(苦)로 본다. 그러나 실은 고반(苦半) 낙반(樂半)이다. … 우리들은 고가 없는 낙의 생활을 하는 것이 소원이다. 이 인생을 편하게 사는 방법이 있어야 한다. 어떻게 해서 인생이 고가 되느냐? 그것은 집착 때문이다. 우리의 머리에는 무엇인가가 꽉 차 있다. 증애·집착·욕심 등 이루 헤아릴 수 없다. … 무심으로 살자. 저 일원상을 보라. 통의 밑이 빠진 모양이다. 즉 아무것도 담겨 있지 않은 빈 모양이다. 잊어버리는 마음을 지녀야 한다. 저 거울을 보라. 꽃이 비추면 꽃이 나타나고, 오물이 비추면 오물을 보여주고, 그리고는 그것이 지나가면 그만이다. '석립청수성(石立聽水聲)'의 진리를 알아야 한다. 돌

이 서서 물 흐르는 소리를 듣는다. 듣는다고 할 것도 없고, 물이 흐르는대로 소리가 나는대로 그대로 지나간다. 다른 사람 잘못을 용서하는 마음을 가져야 한다. 용서하는 마음을 가지려면 마음에 집착이 없이 무심이 되어야 한다. 무심이 되어야 전부를 다 수용할 수 있다. 모두를 수용하는 것은 바로 일원상이다. 일원의 진리 안에 우리는 살고 있다. 다른 사람에 대해서는 잘못을 저질러도 '그럴 수도 있다' 하고 원수까지도 용서하는 마음을 지니고, 자기의 잘못은 엄격하게 '그래서 되느냐' 하는 마음으로 자신의 인격을 다듬어야 한다."4

곧 모든 것을 아우르고 초탈하는 일원상의 진리야말로 일체의 집착에서 벗어나고, 무심의 경지에 이르게 해준다는 설명이다. 나아가 증애·욕망·집착 등 일체의 상념(想念)에서 벗어나 마음을 비워야만, 곧 무심의 경지가 되어야만 다른 사람의 허물과 잘못을 자연스레 용서할 수 있게 된다는 것이다. 이처럼 모든 것을 수용하는 것이 일원상이기에, 일원상을 신앙하고 실천하는 생활이 숭산이 지켜온 삶의 자세였다고 할 수 있다.

일원사상에 바탕을 둔 통합과 포용의 실천적 지향은 숭산이 대학을 경영하는 커다란 원칙의 하나가 되기도 하였다. 서거 직전인 1986년 11월에 숭산이 대학의 경영문제와 관련하여 남긴 다음 어록에서도 그러한 원융정신(圓融精神)이 생생하게 감지된다.

우리 원불교 정신이 무엇인가. 바로 일원사상 아닌가. 일원사상은 모든 것을 버리지 않고 포용하고 살려 쓰는 것인데 이리 쪼개고 저리 쪼개어 네 편, 내 편 하고 편 가르기를 하면 어떻게 앞으로 학교를 운영하겠는가. 또 학교를 운영하는데 원불교 사람만 가지고 될 수 있겠는가. 타 종교인도 필요한 사람은 활용해서 써야 학교가 원융하게 발전하지 않겠는가.[5]

인맥·정파·교파 등에 얽매여 피아를 가르지 말고 모두를 아우르고 포용하자는 원융의 정신으로 일원사상을 실천할 때 합력이 이루어져 학교가 더욱 발전할 것이라는 주장을 편 것이다.

이상에서 언급한 종교적 신앙과 수행에 따른 숭산의 삶의 철학은 아래 '나의 좌우명'의 사상적, 정신적 토대가 된 동시에 그 표출이기도 하다.

나의 좌우명

一. 공중사(公衆事)는 원근친소(遠近親疏)에 끌리지 말고 공정하게 처리하고 사리사욕을 취하지 말아야 한다.

一. 자기의 잘못은 엄격하게 '네가 그래서 되느냐.' 하며 자책하고, 남의 잘못은 '사람은 그럴 수도 있다.' 하고 관대하게 용서한다.

一. 우리 인간은 다 관세음보살과 같은 아름답고 자비스러운 본성을 가지고 태어났다. 그러니 나도 관세음보살이라고 자기를 존중히 생각한다. 그러면 혹 부당한 일을 하게 될 경우가 되더라도 '나는 관세음보살인데 부당한 일을 해서 되느냐' 하면 불의를 저지르지 아니하게 된다.[6]

이러한 좌우명을 통해 숭산의 위인과 품성이 어떠했는지, 삶의 철학이 무엇이었는지 하는 큰 틀을 짐작할 수 있다. 오랜 종교적 수양

나의 左右銘

崇山

一. 公家事는 遠近親疎에 끌리지 말고 公正하게 處理하고 私利私欲을 取하지 말아야 한다

二. 自己의 잘못은 嚴格하게 「네가 그래서 되느냐」하며 自責하고 남의 잘못은 「사람은 그럴수도 있다」하고 寬大하게 容恕한다

三. 우리 人間은 다 觀世音菩薩과 같은 아름답고 慈悲스러운 本性을 가지고 태어났다.
그러니 나도 觀世音菩薩이라고 自己를 尊重히 생각한다
그러면 或 不當한 일을 하게될 境遇가 되더라도 「나는 觀世音菩薩인데 不當한 일을 해서 되느냐」하면 不義를 저지르지 아니하게된다

숭산의 친필 좌우명(『원광』116, 1983년 9월호 화보)

으로 체인화되고 일상화된 이타적 삶의 전범(典範)을 엿볼 수 있게 한다. 공사(公事)는 공명정대하게 처리하고, 자신에게는 엄정하게 하는 반면, 타인에게는 너그럽게 하고, 사람의 천품(天稟)을 불성(佛性)으로 어질게 보는 관점에서 자신을 존중하는 긍정적 생각을 하는 것이 숭산 '좌우명'의 요체인 것이다. 이와 같은 삶의 태도와 자세는 결국 자신의 건전한 발전과 행복을 지향하게 할 뿐만 아니라, 이웃과 사회 공동체를 더 높은 차원의 이상사회를 향해 발전시키는 동인이 된다고 할 수 있다.

지금 여기에 꽃이 피어 있다
정성 다해 힘껏 피어 있다
우리도 이 꽃과 같이
정성 다해 힘껏 살아보자

생전에 숭산이 삶의 철학으로 읊은 구절이다.[7] 평소 일상에 임하는 숭산의 태도와 자세가 어떠했는지를 단적으로 보여준다. 이처럼 숭산은 원불교를 신앙하는 종교인, 그리고 대학 총장이라는 교육자로서 경건한 삶을 일관되게 살았다. 술과 담배를 금했을 뿐만 아니라, 일상에서 철저하게 규칙적 생활로 일관할 수 있었던 것도 그의 정신적 기저에는 고결한 도덕성이 배양되어 있었기 때문이다.[8]

앞서 좌우명에서 모든 사람을 자비로운 관세음보살로 보았듯이, 숭산은 지위·신분·성별을 막론하고 사람을 부처처럼 공경하라고 가르쳤다. 어린 학생이나 문하의 제자를 대할 때라도 언제나 정성을 다해 응대하였다. 일상에서 경건하고 정성을 다하는 숭산의 모습은 오래도록 그와 함께 하고 또 지근에서 모셨던 여러 지인과 후학들의 회고 가운데 자주 산견된다. 숭산을 40년 동안 보필했던 김정용은 숭산의 인품과 일상의 모습을 다음과 같이 회고하였다.

숭산 어른은 화내는 것을 피하셨으며 화난 일을 다른 곳에 옮기시지 않았다. 아무리 어처구니없거나 화나는 일을 당해도 당사자 앞에서는 내색을 하지 않으셨다. … 마땅찮거나 터무니없는 시비에도 크게 흔들림없이 미소와 인정으로 면전 박대를 피하셨다. 그 어른이 생전에 보여주신 장점 중의 한 가지는 바로 이 미소를 잃지 않은 것이다. 그것은 바로 자비이며 사랑의 화현이다. 그 어른의 그런 인품을 두고 어떤 언론인은 '생불'이라는 별호를 붙였다고도 들은 바 있다. 그만큼 면전에서 남을 호되게 꾸중하지 않는 인품이셨다. 또 한 가지 장점은 그 어른의 철저한 시간관념이다. 대학의 행정을 측근에서 보필하면서 느낀 것은 철저하신 시간관념이었다. 대학 내에는 크고 작은 회의들을 직접 주재하시거나 경청하실 일이 많으시다. 숭산 어른은 그 많은 회의 장소에 3~4분 전이면 어김없이 입석하셨다. 독일의 칸트가 사는 마을의 주민들은 그의 산책시간을 보며 틀린 시계를 바로 고쳤다고 한다. 숭산 어른 역시 칸트처럼 시간 준수에 철저하셨다.[9]

일상생활에서 심중을 잃고 역정을 내는 일이 없었으며, 언제나 온화한 미소를 머금고 있었고, 그 미소는 곧 그가 심중에 품고 있던 자비와 사랑의 자연스런 표출이라는 것이다. 또 한 가지가 숭산의 철저한 시간관념을 언급한 것이다. 공사의 바쁜 일상 속에서도 이처럼 철저한 시간관념을 가질 수 있었던 것은 상대방에 대한 공경과 배려,

그리고 경건한 삶의 자세에서 비롯되었다는 점에서 주목된다. 곧 숭산 내면의 고결한 품성이 외형적 행동으로 표출된 것 가운데 한 가지가 정확한 시간관념이었다고 생각한다.

숭산의 풍모와 인품, 검박한 생활 등을 회고한 모상준(牟相峻, 1923~2018)의 다음 기록도 특기할 만하다.

숭산 종사의 몸가짐이 일원의 상징처럼 훤칠한 몸매는 누가 보아도 도인(道人)으로 여겨지기에, 자주 상견하게 되는 처지에서 생불이라 이름하게 되는 것은 의젓한 천품에서 우러나는 종교인의 훈기가 아닐 수 없습니다. 숭산 종사의 사재(私財)는 상속받은 집 한 채뿐이고, 만인이 우러러보는 총장직에 오래 계시게 되는 좋은 여건마저도 아랑곳없이 담소하고 청빈한 몸가짐이 그 일생이었습니다. 대화의 언성은 듣기에 다정다감한 말씀이었으며 인사 나눌 때는 연령의 차와 상대적인 우열감 없이 자리를 일어서서 받아주며 존대의 말씀을 쓰시고 모든 일을 숙의할 때도 너그럽고 잔잔한 가운데 응해 주셨기에 상대에게 거부감이나 위축함을 못 느끼게 하셨습니다.[10]

모상준은 유일학림 1기 출신으로 원광대에서 경리부장, 부속실장 등을 맡아 숭산을 오래 보좌한 인물이다. 그도 역시 숭산이 종교인으로서의 늠름한 천품과 수행자적 도인의 풍모를 지녔다고 회상하였다. 나아가 '청빈한 몸가짐이 그 일생'이라고 표현한 그대로 일생토록 청빈하게 생활하였으며, 늘 온화한 표정과 다정한 언성으로 상대가 누구든 정성껏 공경히 대했다고 술회하였다.

다음으로, 원광대 부총장을 지낸 김도융(金道隆, 1933~2018)은 '공을 위하여 사를 놓아버린 공도인'이라는 제하에 숭산을 다음과 같이 회고하였다.

(숭산 종사는) 공인으로서의 삶을 시작한 이후 열반에 이를 때까지 철저하게 공도자의 길을 걸었다. 검소한 의식주 생활로 필요한 것 외에 재산을 모은 일이 없었다. 숭산 종사가 열반에 들 때 남긴 재산은 단지 물려받은 가옥 한 채가 있을 뿐이었다. 이렇듯 스스로 검소한 생활을 할 뿐 아니라 가족들도 철저하게 검소한 생활을 하도록 인도하였다. 공과 사를 엄격히 구분하여 사사로운 일로 공용시설을 이용하는 일이 없도록 스스로 모범을 보였다. 다른 가족들은 말할 것도 없으려니와 노령에 이른 사모께도 단 한 번 공용차를 이용하도록 하는 일도 없었다. 교직원들은 흔히 고령인 사모께서 시내버스를 이용하여 시내를 내왕하는 것을 목격하였으며, 그럴 때마다 민망스러운 생각을 금할 수 없었다.[11]

위 회고담의 요지는 일상에서 공사를 엄격하게 구분하여 철저히 공인의 자세를 견지했다는 것이다. 이와 같은 공인의 자세는 '사(私)를 놓아버렸'을 만큼 결과적으로 가사(家事)에서는 일종의 희생을 초래하게 되었다. 숭산의 온갖 열정과 노력은 사적 가정 대신 공적 교단과 학교로 집중되었던 것이다. 자녀들은 물론 부인조차 단 한 차례도 공용차를 이용한 적이 없다는 일화를 통해 숭산의 자세를 다시 확인할 수 있다.

청정한 공도인의 자세, 검소한 생활은 다음 증언에서 더 구체적으로 드러난다.

숭산님께서는 재욕이 없으셨다. 재욕이 없으니, 다른 욕심은 있을 수도 없었다. 위치가 높으셨으니 그에 따른 경제력을 가질 수도 있었을 텐데 숭산님은 전혀 그렇지 않으셨다. 오히려 총부의 작은 방에서 혼자 기거하셨다. 내가 대학 근무를 하기 전에는 연탄불을 갈아드리곤 했었는데, 항상 청빈하신 모습이었다. 이처럼 재욕이 없는 분이셨기에 근검정신이 매우 투철하셨다. 항상 일일달력을 뜯어서 버리지 않고 화장지나 메모지로 쓰셨다. 모든 것을 아껴 쓰는 습관이 몸에 배어 계셨던 것이다. 그리고 공과 사를 구분하시고 몸소 실천하셨다. 또한 주변 사람들에게도 공사정신을 누이 강조하곤 하셨는데 나는 지금도 눈 감고 외울 정도로 깊이 받들고 있다. … 뿐만 아니라 숭산님께서는 '모든 사람을 부처로 모시듯 불공하라'고 강조하셨다. 그 말씀처럼 숭산님께서는 학생이나 직원들이 인사를 드리면 걸어가시다가도 멈추어 모자를 들고 인사를 받으셨다. 젊은 사람이라고 하여 함부로 대하지 않은 모습으로 일관하셨다. … 모든 사람을 공경의 대상으로 모시는 일단을 보여주신 것이다. … 숭산님의 모습은 나에게는 모두 다 배움이었으며 교육이었다.[12]

젊은 시절 다년간 원광대에서 숭산을 모셨던 한길량의 회고를 인용한 것이다. 그는 청빈하고 검소한 생활, 엄격한 공사 구분, 모든 '사람을 부처 모시듯' 한 공경심 등을 구체적인 사례로 들며 인상적으로 소개하였다. 여기에 언급된 내용도 앞서 본 사례, 회고 등과 의당 맥락을 같이 하고 있다. 그러므로 숭산의 평소 일상 그 자체가 그에게는 곧 배움이며 교육이었다고 회고하였던 것이다. 숭산은 가정에서도 밖에서와 같이 검소하고 청빈하게 지냈다. 다음은 따님 박시현(朴

施炫. 1951~)이 부친 숭산을 회고한 글의 일단이다.

> 아버지께서는 당신이 하실 수 있는 일을 다른 사람에게 시키지 않으셨다. 드실 물이 필요하시면 손수 떠서 드시기를 더 좋아하셨으며, 샘에서 손수 뜨신 물을 대야(물통의 오류-필자주)에 담아 부엌으로 날라주시는 일을 기꺼이 하셨다. 부엌에서 일하는 사람을 격려하는 뜻에서 그렇게 하신 것이다. 또한 아랫사람을 항상 정중하면서도 부드럽게 대해 주셨다. 어린 학생에게도 말을 쉽사리 놓지 않으셨다. 아버지께서는 해외여행을 많이 하신 편이다. 그때마다 짐은 무척 간단하였다. 대개의 경우, 때로는 여행기간이 보름이 되어도, 세면도구에 갈아입을 내의 한 벌이 든 작은 펭귄표 손가방이 전부였다.[13]

박시현은 이 글의 끝에 "지금 여기에 꽃이 피어 있다. 정성 다해 힘껏 피어 있다. 우리도 이 꽃과 같이 정성 다해 힘껏 살아보자"라는 숭산의 어구를 소개하면서 "최선을 다하라"라고 가르친, 곧 언제나 경건하고 성실하게 생활하라는 가르침을 새기고 있다고 하였다.

이상에서 보았듯이, 숭산은 일상의 삶과 원불교 신앙, 수행을 일체화시켰다. 종교인이자 교육자로서 집착과 욕망에 초탈하고, 경건하고 성실한 자세로 일관하였다. 그의 일상은 청빈하고 검소했으며, 인간의 평등과 존엄을 신뢰함으로써 모든 사람을 부처와 같이 생각하고 공경하였다. 종교인으로서는 신앙과 수행의 모범이 되었고, 교육자로서는 참된 스승으로 사표(師表)가 되었으며, 학자로서는 진리탐구와 일상적 적용을 일체화시킨 실천적 연구자였다.

환갑을 맞이한 1975년 여름, 숭산은 그 전년에 자신이 설립한 원

원불교사상연구원 하계 야유회(1975, 괴산)

불교사상연구원의 운영진과 함께 유성·괴산 일대로 야유회를 갔다. 이때 그는 자신의 삶을 진솔하게 돌아보는 진귀한 회고 육성을 남겼다. 그 가운데 경건과 초탈, 그리고 실천으로 일관한 철학적 삶의 자세를 언급한 대목은 후인의 심금을 울린다.

나 자신이 죽는다고 생각할 때, 죽으면 편하고 좋다 생각했고, 진즉에 죽을 준비를 다 해왔다. 집안은 물론이고 내가 가진 노트까지 정리했다. 나는 모으는 성질이 아니다보니, 뭐든지 남겨두지 말고 없애버리자 이렇게 생각하고 살고 있다. … 우리 대학이 있는 한은 이 사람이 처음부터 대학을 이렇게 운영해 왔다고 하는 이거 하나만은 남을 것이다. 그래서 내가 가진 것은 물론 총장실 테이블까지 늘 정리해 놓는다. 아무 것도 걸릴 게 없고 애착도 없다. 깨끗하게 싹 정리하고 살고 있다. … 재물이건 인연이건 애착 집착이라는 건 내 마음에 하나도 없다.[14]

서거

숭산의 만년인 1980년대 중기는 민주화를 요구하는 전 국민의 열망이 분출하면서 반독재, 반정부 투쟁이 전국적으로 거세게 일어나던 때였다. 1979년 10·26사건으로 박정희 대통령이 급서한 후 전두환을 정점으로 새롭게 부상한 신군부가 1980년 5·18광주민주화운동으로 상징되는 전 국민의 민주화 열망을 무참히 짓밟고 정권을 장악하여 절대권력을 행사하던 시기가 곧 1980년대였다. 이처럼 전두환 정권에 항거한 국민적 투쟁은 1987년 이른바 6·29민주화선언을 계기로 비로소 진정국면에 접어들었다.

1986년, 숭산이 작고하던 그 해를 전후해서는 전국적으로 민주화 투쟁이 최고조에 달하여 시국상황이 특히 어수선하고 혼란스러웠다. 이 시기 민주화운동을 주도한 세력은 경향 각지 대학의 학생·교수를 비롯하여 이들과 연계되었던 여러 종교, 시민단체였다.

이 시기에 반독재, 반정부 정치투쟁과 함께 또 하나의 민주화 투쟁의 대상으로 부상한 것이 비리가 만연했던 대학재단, 어용무능 교수, 비민주적 대학운영 등 학원 내부의 비민주 요소였다. 이에 대학 내부를 향한 학원 민주화투쟁이 반정부 정치투쟁에 편승하여 거세게 제기되었다. 그러므로 이 시기에는 교수·학생과 군부 독재정권의 대립과 더불어 학생과 대학(재단·총장 등) 사이에도 첨예한 대치가 곳곳에서 일어났다. 학원 소요, 데모는 거의 일상이 되었다.

숭산이 말년에 처했던 시국상황은 이처럼 어지러웠다. 나아가 숭산의 급작스러운 서거는 이처럼 혼란했던 시국상황과 결코 무관하지 않다. 이런 점에서 시대적 아픔과 함께한 희생으로 숭산의 죽음이

와닿게 되는 것이다. 당시 원광대는 전주의 전북대와 함께 1980년대 전북지역 민주화운동의 양대 거점이었다. 서울을 비롯한 전국 각지의 민주화운동과 보조를 같이 한 원광대의 교수·학생들은 시국에 대한 견해를 발표하고 민주화 요구 시위를 일으켰다.

1985년 학생운동은 그해 5월에 일어난 미문화원 점거사건과 8월의 학원안정화법 문제가 야기되면서 격화되었다. 미문화원 점거사건이란 1980년 광주학살의 배후로 미국을 지목한 대학생들이 서울의 미문화원을 기습적으로 점거하고 미국정부를 규탄한 것을 말한다. 또 같은해 4월 대우자동차 파업과 6월 구로동맹파업이라는 연대파업이 연이어 일어나 전두환 정부에 강력한 위협이 되었다. 이에 학생운동을 강력히 탄압할 목적으로 집권 여당인 민주정의당(민정당)은 시위 가담 학생들에 대해 선도교육을 실시하고, 반국가 단체의 이념을 전파하거나 시위를 선동한 자를 엄벌에 처하는 등의 내용을 골자로 하는 '학원안정화법'의 제정을 추진하였다. 하지만 비민주적인 학원안정화법 제정 시도는 결국 완강한 저항에 부딪혀 곧 철회되지 않을 수 없었다.

이처럼 서울을 중심으로 전국적으로 반정부 민주화투쟁이 고조되던 1985년, 원광대생들이 처음으로 시위를 벌이게 된 것은 5월 원탑대동제 때였다. 축제 기간인 5월 16일에 1천 5백여 명의 학생들이 '가장행렬' 행사 진행 중 반정부 구호를 외치며 교문 진출을 시도하다 40여 명이 경찰에 연행되었던 것이다.[15] 이러한 시위에 대해 "학원의 자율은 사회규범 안에서 행해져야 한다."고 전제하고 "자율이 자칫 방종으로 흐르는 어리석음을 범하지 않도록" 주의를 당부한 대목을 통해 숭산의 고뇌를 읽을 수 있다. 나아가 학생들이 5·18추모제를 거행하고 희생자 분향소를 교내에 설치한 데 대해서도 "대학은 지성인의 전당이므로 냉철한 이성을 가지고 이성을 앞세워 행동하는 지식인이 되어 주기를 바란다."고 하여 우려와 함께 비판적 입장을 견지했던 대목을 통해서도 곤욕스럽고 난감했던 숭산의 처지를 이해할 수 있다.[16]

1985년 2학기에 들어서도 학생들의 민주화 시위는 계속되었다. 1985년 9월 10일 학생총회 개최와 함께 개강 '열림굿' 행사를 연 학생들은 행사 후 격렬한 반정부 시위를 벌였다. 당시 원광대 신문에서는 그날의 시위 양상을 다음과 같이 보도하였다.

'정기 학생총회 및 개강 열림굿'이 2천여 학생들이 참가한 가운데 9월 10일 오후 3시부터 소운동장에서 열렸다. 총학생회에서 공동주최한 행사에서 강익현(한의과 2) 총학생회장은 발제를 통해 정치, 외채, 언론의 매도상을 비판하고 모두 하나가 되어 민주화를 향해 전진할 것을 다짐했다. … 끝으로 6시경 스크럼을 짠 학생들은 학교 밖으로 진출을 시도했으나, 이미 전경대가 대기해 있어 실패하고 '학원탄압 중지' 등의 구호와 노래를 부르다가 밤 8시 30분경 자진 해산했다.[17]

이 날의 시위광경은 당시 대학생들이 벌였던 일반적 시위양상을 그대로 보여준다. 먼저 캠퍼스 내에서 집회를 열어 일정한 규모로 세력을 규합하고, 다음으로 그 여세를 몰아 교외(校外) 진출을 시도하고, 끝으로 이를 저지하던 경찰과 대치, 공방전을 벌인 뒤 해산하는 형태가 그것이다.

9월 시위가 끝난 후, 학생운동의 원인과 대처방법을 묻는 대학신문 기자의 질문에 대해 숭산은 "지금 상태로서는 말하기가 매우 곤란하다."고 진솔하게 답하고, 아울러 "정부당국과 학생의 중간 입장에서 조화시켜 나가야 하기 때문에 매우 어려움이 많다."고 현실적 고충을 토로하면서 이해를 호소하였다.[18]

전두환 군사정권에 저항하는 학생·시민 연대 민주진영의 투쟁은 1986년에 들어와 더욱 거세어졌다. 1월 16일 전두환은 국정연설을 통해 88올림픽 개최를 핑계로 대통령 간접선거제를 유지하고자 헌법개정 유보방침을 밝혔다. 이에 대해 신한민주당 등 야당계는 즉각적으로 반발하여 '대통령직선제개헌천만명서명운동'에 돌입하였고, 민주화운동 진영은 본격적으로 장외투쟁을 전개하였다. 3월 9일 천주교 김수환 추기경의 직선제 개헌촉구를 시작으로 기독교·성공회·불교계에서 연이어 시국선언문을 발표하는 등 종교계에서도 종파를 초월하여 서명운동에 동참하였다.[19] 이때 원불교계에서는 광주·대구·대전·서울 등 9개 교구 청년연합회와 전국대학생연합회 대표들이 5월 11일 대전교구에서 민주화를 위한 특별기도회를 갖고 '원불교청년시국선언'을 발표하여 민주화운동에 동참하였다.[20]

학계 또한 3월 28일 고려대 교수 28명이 참여한 시국 선언문 「현 시국에 대한 우리의 견해」가 도화선이 되어 6월까지 전국 29개 대학에서 783명의 교수가 시국선언에 참여하였다. 특히 6월 2일에는 전국 23개 대학 교수 264명이 한신대 수유캠퍼스에 모여 '전국대학교수단' 이름으로 연합시국선언을 하였다.[21] 교수뿐만 아니라 대학원생들도 집단으로 시국선언에 참여하였으며, 심지어는 고등학생들까지 시위에 동참하였을 정도로 전 국민이 민주화 요구에 함께 하였다. 특히 시위가 격화되면서 전두환 반민주정권에 저항하는 학생·노동자들의 분신·투신도 이어졌다. 4월 28일 서울대생 이재호·김세진 2명이 서울 신림동 사거리 가두시위 중 분신하였고, 5월 20일에도 서울대생 이동수가 캠퍼스 내에서 분신하였으며, 같은 날 역시 서울대생 박혜정은 시국을 성토하는 유서를 남기고 한강에 투신하였다. 이어 6월 21일에는 전주의 전북여객 노동자 김남용이 부당한 근로조건에 항거하여 분신하였다. 전두환 정권의 인권탄압을 상징하는 사건 가운데 하나인 서울대생 '권인숙양 부천경찰서 성고문사건'이 일어난 것도 그해 7월이었다. 이처럼 1986년에 들어와 전두환 독재정권에 저항하는 학생·시민·노동자들의 시위와 투쟁이 요원의 불길처럼 확산, 격화되어 가자, 전두환 정권은 민주인사들을 색출, 구속하고 용공조작을 일삼으며 민주화 열기를 차단하는 데 혈안이 되었다. 시국은 그만큼 더욱 어지럽고 혼란스러웠다.

이처럼 전국이 민주화를 요구하는 열기로 끓어오르자, 원광대 학생들도 개교 이래 최대 규모의 민주화투쟁을 벌였다. 1986년 4월 17일 열린 '4·19학생혁명추모제'를 시작으로 9일간 연인원 1만 명이 반독재 시위에 참가하였던 것이다. 시위 진압에 나선 경찰의 과잉대응으로 도서관 내부로 발사한 최루탄에 맞아 학생 두 명이 중상을 입은 것을 비롯하여 모두 100여 명의 부상자가 발생하였다. 또 학생 1명이 구속되고 72명이 연행되었다. 그 뒤 4월 24일 밤에는 본관 앞에 모여 있던 학생들이 총장실을 제외한 본관 유리창을 부수고 승용차를 불태우는 등 과격한 시위양상을 띠기도 하였다.[22] 4월 29일에는 원광대 교수 31명이 성명서 「오늘의 현실에 대한 우리의 견해」를 발표하여 시국선언에 동참하였다.[23]

이처럼 학생시위가 격화되고 교수들의 시국선언으로 학내 분위기

1986년 4·19추모제 학생시위 보도기사(『원광대신문』 1986년 5월 7일자)

가 소란스러워지자, 시국선언이 발표된 그 날짜로 숭산은 총장 이름으로 학생·교직원에게 자제를 당부하고 이성에 호소하는 「담화문」을 발표하였다.

> 오늘의 사회가 안고 있는 어려움과 고통은 우리 모두가 나누어 가져야 할 것이지만, 특히 지성의 산실인 대학과 대학인의 아픔이 더 크고 절실하다고 하겠습니다. 민주화를 향한 학생들의 열의는 충분히 이해되나 그 표현방법에 있어서 이성이 결여된 극렬한 행위는 지성인의 본분에 어긋난 일이라고 생각합니다. 최근 교내에서 일어난 시위와 저지의 와중에서 발생한 학생의 부상은 심히 유감스러운 일이었습니다. 학교

당국은 이에 신속히 대처하여 부상 학생의 치료를 전담할 것을 약속함과 동시에 경찰 당국을 방문하여 유감의 뜻을 전하였고 경찰 책임자가 부상 학생을 위문하고 학교 당국에 정중한 사과의 뜻으로 유감 표명을 하였습니다. … 그런데 지난 24일 밤 외부의 몇몇 불순분자들과 이에 동조한 일부 소수 학생들이 본부의 유리창과 기물을 파괴하고 학교 승용차에 방화하는 등의 비이성적 행위를 저지른 것은 심히 유감스러운 일입니다. 앞으로는 더 이상 이성을 상실한 물리적 충돌이 없어야 하며 이 어려운 사태를 딛고 일어서기 위해서는 책임의 소재를 묻기에 앞서 교수와 학생이 다 함께 대학 본연의 기능인 수업의 정상화를 이룩해야 할 것입니다. … [24]

현하 대학에 몸담고 있는 교수·학생 등 대학인이 전두환 신군부 독재정권으로 야기된 사회적 혼란에 대해 가장 큰 고통을 느끼고 있으며, 과잉진압 경찰과 비이성적 폭력시위 학생 양측에 모두 유감을 표하고, 끝으로 교수와 학생 모두를 향하여 원래 학원의 모습을 되찾을 수 있도록 함께 노력해 줄 것을 당부하는 것으로 마무리하고 있다. 비록 형식적이고도 정형화된 담화문이지만, 그 문면에 배어있는 내용을 통해서 대학의 최고 책임자인 총장의 직분을 가졌던 숭산의 피할 수 없는 현실적 고뇌를 생생하게 감지할 수 있다. 곧 숭산은 서슬 푸른 반민주적 전두환 독재정권으로 인해 야기된 극심한 심적 고통을 고스란히 감내할 수밖에 없는 처지에 있었던 것이다.

학생시위가 격렬해지자 숭산은 4월 24일 그 대책을 논의하기 위해 교수회의를 소집하였다. 그리고 연행학생 석방 등 사태 수습을 위해 노력 중이라는 사실을 학생들에게 알리는 한편, 교권 수호의 결연한 의

지와 함께 민주화가 사회발전의 대도(大道)라는 사실을 천명하였다.[25]

4월 시위는 규모가 크고 양상도 과격했던 만큼 그에 따른 후유증도 컸다. 경찰들이 교내에 진입한 사실을 두고 학생들 사이에는 먼저 학교 당국의 요청이 있었던 것으로 오해와 소문이 난무했던 것 같다. 이러한 소문에 대해 숭산은 학교측의 진입 요청은 결코 없었다는 사실을 밝히는 한편, 경찰서장으로부터 과잉진압에 대한 구두 사과를 받은 사실을 학생들에게 알려 오해를 불식시키고자 노력하였다.[26]

5월에는 원탑대동제를 거부한 학생들에 의해 21일부터 5일간 산발적으로 시위가 이어졌다. 그 와중에 21일 있었던 시위현장에서는 학생 한 명이 최루탄에 맞아 중상을 입었고, 다수의 학생이 연행되는 불상사가 일어났다.[27]

1986년 2학기에는 전북지역 여러 대학의 학생들이 연합하여 시위를 전개하였다. 9월 10일 '반제 반파쇼 민중민주 전북학생연맹'[28] 발족식 및 투쟁 실천대회가 원광대에서 개최된 것이 그것이다. 이날 원광대를 비롯하여 전북대·우석대 등 3개 대학생들이 연합시위에 돌입하여 경찰과 충돌하였다. 연합시위는 12일까지 이어졌다.[29] 연합시위가 끝난 뒤, 숭산 총장은 9월 15일자로 다시 한번 「담화문」(2차)을 발표하여 학생들의 자중자애를 당부하였다.[30]

그뒤 원광대에서는 연합시위가 11월 6일, 11월 19일 두 차례 더 벌어졌다. 먼저 전북대·우석대 학생들과 함께 한 11월 6일 시위는 원광대 교시탑(校是塔) 앞 집회에서 시작되었다. 이들은 군부파쇼 타도 등의 구호를 외치며 대치 경찰을 향해 돌과 화염병을 던지는 등 극렬한 시위를 벌이면서 정문 진출을 시도하였다.[31] 11월 19일의 시위는 이른바 투쟁위원회에서 민주열사를 추모하는 모임으로 시작하였다.

아울러 반정부 시위에 돌입하여 교내로 진입한 전경과 대치하면서 화염병과 돌로 맞서 격렬한 시위를 벌였다.[32]

이 시기 원광대생의 시위 중에는 반정부 투쟁과 함께 학내문제를 제기하는 사례도 있었다. 응용미술과 사태가 그 대표적인 경우였다. 숭산이 병을 얻기 직전인 1986년 11월 17일부터 이 학과 재학생 200명 전원이 학사행정 비리와 실험실습비 유용 등의 해명을 요구하고 어용교수 퇴진을 주장하면서 수업을 전면 거부하였다.[33] 이 문제도 숭산에게는 심적으로 큰 부담으로 작용했을 것으로 짐작된다. 숭산이 서거하던 당년에 이와 같이 혼란스럽던 학내 분위기에 대해 당시 시국현장을 목도한 김영두(金永斗)의 다음 회고는 그 시사하는 바가 크다.

1986년 들어와 학내외에 여러 가지로 복잡한 일들이 많았다. 시국은 시국대로 민주화운동이 불붙어 있었고, 학생들은 학생들대로 목소리가 컸으며, 일부 교수들도 숭산 총장님의 머리를 뜨겁게 하는 일들이 있었다. 특히 2학기에 들어와 몇 차례 찾으시어 오후에 뵈온 적이 있었는데 얼굴이 벌겋게 상기되어 계셨고, 당시 몇 가지의 학내 일로 머리 아파하셨다.[34]

위 증언은 숭산이 작고한 1986년 어지러운 시국상황과 여기에 편승된 복잡한 학내 문제로 인해 끊임없이 소요와 분란이 일어났던 사실과, 이러한 상황에서 숭산이 감내해야 했던 극심한 심적 고통을 생생히 웅변해준다.

전국을 달구었던 학생들의 반정부, 반독재 투쟁은 1985년 봄 이래로 1986년 가을에 이르기까지 더욱 확대, 격화되어갔고, 시국상황 역시 그만큼 혼란스러웠다. 대학의 최고 관리자, 책임자인 총장의 직분을 가진 숭산에게는 당연히 고단한 시절이 아닐 수 없었다. 연일 계속되는 학생들의 반정부 민주시위와 이를 탄압하던 서슬 퍼런 신군부 독재권력 양자의 틈바구니에서 대학과 학생을 보호해야 하는 것이 그에게 주어진 역할이자 임무였다. 당시 시위과정에서 생겨나던 부상자와 연행 구금자 등 모든 '원광인'을 보호하고 원만하게 구제해야 하는 최종 책무가 숭산에게 있었던 것이다.

여기서 특기할 사실은 1980년 이후 숭산이 작고할 때까지 경향 각지의 학생시위에서 빈번하게 등장하던 총장 퇴진 구호가 원광대에서는 한 번도 없었다는 점이다. 시위에 나선 학생들이 반정부, 반독재 구호를 외치고 어용교수 사퇴 등의 구호를 연호하는 가운데서도 숭산 총장에 대해서 만큼은 거취나 처신, 신변 등 그 어떤 문제도 제기하지 않았다. 오랫동안 숭산을 지근에서 보좌했던 모상준이 "박길진 총장만은 어수선했던 학내소요 때도 유례없는 총장 거론이 없었다"[35]라고 한 증언은 이러한 맥락에서 나온 것이었다. 당시 부총장으로 숭산과 함께 학무를 보았던 전팔근 역시 다음과 같이 증언하고 있다.

> 숭산 총장님께서는 그 격렬했던 학생 소요사태에 '총장 나가라!'라는 구호가 전국의 곳곳에서 다반사로 일어나고 있을 때, 원광대에서는 단 한 번도 그와 같은 불상사가 일어나지 않았고 비교적 안전하게 학원을 지킬 수 있으셨던 것도 평소에 총장님께서 보여주셨던 이러한 인격과 여타의 덕행으로 교직원·학생들로부터 신망을 받고 있었던 결과라고 볼 수 있다.[36]

그토록 어려웠던 시국상황에서도 학내에서는 학생·교직원 등 모든 원광인들로부터 당시 숭산이 두터운 신망하에 존경을 받고 있었음을 알려준다. 그리고 이러한 존숭은 오래도록 종교인, 교육자로서의 전범(典範)을 보여온 삶의 결과라는 데서 후인에게 시사하는 바가 크다.

숭산은 1986년 11월 25일 급작스런 발병으로 원광의료원에 입원하였다. 누적된 과로로 인해 심혈관계에 이상이 왔던 것이다. 당시 종법사 김대거는 숭산의 발병 소식을 듣고 첫 마디에 '너무나 무리', '너무나 과로' 한 탓이라고 탄식하였다.[37] 병명은 뇌졸중이었고, 끝내 회복하지 못한 채 발병 9일만에 12월 3일 서거하였다. 향년 72세였다. 부인 임영전은 유고(有故) 당시를 아래와 같이 술회하였다.

> 김장을 하던 나는 손을 씻지도 못하고 너무 추워 방에 들어오니 전화벨이 울렸다. 수화기를 드니 "사모님 총장님께서…"하는 순간, '아, 큰 일이 생겼구나'라는 직감이 왔다. 급히 병원으로 달려가니 '뇌졸증'이라는 병명, 그로부터 9일 동안의 병원생활은 거의 침묵의 연속이었다. 아들 딸들에 대한 당부나 살림살이에 대한 말씀은 들어볼 수 없었다. … <u>역시 죽음을 눈앞에 두고서도 가정사에 대한 말씀은 한마디도 없었다. … 우리 부부는 일생을 교단의 공동체 안에서 개인·가정이라는 개념보다는 모두 함께 공유하는 삶이었다. 우리 부부는 모든 불순물이 제거된 증류수처럼 서로가 가깝지도 멀지도 않은 적당한 거리의 큰 울타리 안에서 삼 남매 아이들을 키웠다.</u>[38](밑줄-필자)

병석에 누워 있던 9일 동안에 단 한 차례도 자녀문제나 가사를 언

숭산 서거 비보를 전하는 『원광대신문』(1986. 12. 3)

급하지 않았다는 것이다. 일생토록 사정(私情)에 이끌리지 않고 공도(公道)로 일관해 왔듯이, 임종 때에도 사사로운 정리(情理)를 초탈했음을 감각케 한다. 그리하여 숭산과 함께 했던 일생을 '교단의 공동체 안에서 개인·가정이라는 개념보다는 모두 함께 공유하는 삶'이었고, 또 '불순물이 제거된 증류수' 같이 청정한 삶이었다고 술회한 것이다.

숭산의 장례식은 원불교 최고장인 '원불교전체장 겸 원광대학교장'(장의위원장 김윤중 교정원장)으로 12월 6일 거행되었다. 원광대 대운동장에서 거행된 이 날 식장 좌우에는 큰 글씨로 아래 만장이 내걸렸다.

장례 행렬

경륜통우주(經綸通宇宙)   경륜은 우주에도 통하고
신의관고금(信義貫古今)   신의는 고금을 꿰뚫었다

여기서 '경륜'과 '신의'는 각각 세상과 인간을 대상으로 한 숭산의 선행과 공덕의 발동을 지시하는 것으로, 위 만장은 결국 숭산의 평생 업적을 한 마디로 압축한 표현이라 할 수 있다. 숭산의 장례식장에는 원불교인·원광인을 비롯해 모두 2만 명의 애도인파가 모였다.[39] 발인식을 마친 뒤 고인의 유해는 익산군 왕궁면 왕궁리 소재 원불교 영모묘원(永慕墓園)에 안장되었다.

종법사가 장례식장에서 행한 설법에서 숭산의 일생을 "법신불을 위하다가 몸을 잊고(爲法忘軀), 공도를 위하다가 자신를 잊은(爲公忘

私)" 삶이었다고 기린 뒤, 법호 숭산(崇山)과 법명 광전(光田)을 풀이하여 길이 추모하였다.

아! 장하고 거룩하다
숭산이라 우러러 받드는 높고 높은 뫼이고
광전이라 밝고 빛나는 중생의 복전이라
하늘같이 높고 땅같이 넓게 길이 빛날 역사의 장을 열었도다.[40]

숭산 서거 직후에는 그를 기리는 조가(弔歌)[41]도 나왔다. 식장에서 불렸던, 숭산의 일생을 함축적으로 표현하고 그의 위업을 기린 조가의 가사는 다음과 같다.[42]

1 새 회상 먼동이 터오를 때에
　　거룩한 혈통 이은 숭산 스승님
　　지덕을 겸수하라 가르치시고
　　세계여 하나되자 염원하셨네

2 교학의 틀을 세워 육영 반백 년
　　회상을 북돋우신 거룩한 공덕
　　세계를 한 집으로 넘나드시며
　　드높이 외쳐주신 우렁찬 원음

(후렴) 법계의 중앙으로 우뚝하신 산
　　억만년 숭산으로 빛나옵소서

또 당대 호남을 대표하는 시인 박항식(朴沆植)은 「어둠 속속들이 밝혀서 일원광명으로 채우셨네」라는 조시(弔詩)를 지었다. 숭산의 서거를 애절한 심정으로 읊은 그 시는 다음과 같다.[43]

산이 높은 줄은 다 알지만
그 산이 무너질 줄 미처 몰랐네
40년 동안의 긴 세월을
한결 같이 이어온 숭산선생님
어둠을 속속들이 뒤흔들어서
일원의 광명으로 채우시었네

세세 사연 깊은 줄은 모두 알지만
그 사연이 갈래 갈래 찢긴 오늘에
일원은 체성(體性)으로 오롯 하구나
일원의 체성은 선성(善性)이라는데
그것을 기르는데 평생을 바쳐
피로한 세상의 잠을 깨웠네

숭산이 서거하자 경향의 언론에서는 일제히 부고를 내고 추모 기사를 실었다. 서거 당일 나온 『동아일보』는 「원사상 체계화한 학자종교인」이라는 추모기사에서 "교리발전에 큰 역할을 하고 원불교사상을 이론적으로 체계화하는 데 앞장섰다."고 하였고, 초급대학이었던 원광대를 대학으로 승격 발전시키는 데도 결정적 몫을 했을 뿐만 아니라, 1972년 종합대학 승격 이후에도 교세를 크게 발전시켰다고 그

업적을 소개하였다.[44]

그동안 숭산의 동정을 비교적 자세히 보도해 온 『조선일보』는 서거 다음날 「오늘의 원불교 틀잡은 이론가」라는 제하에 추모기사를 실었다. 숭산의 일생 업적을 압축적으로 소개한 이 기사는 우선 숭산에 대해 "오늘의 원불교가 되도록 원사상을 체계화하며 교단의 발전을 뒷바라지해온 살신성교(殺身成敎)의 원불교 귀감"이었다고 전제하였다. 이어 원광초급대를 창설하고 현재와 같은 지방 굴지의 종합대학으로 발전시켰을 뿐만 아니라, 원불교 대표자로서 손색이 없는 능력과 여건을 갖추었음에도 더 이상의 지위를 탐하지 않아 결과적으로 "교단 민주체제를 수립하는 데 결정적 역할을 했고 흔들리지 않고 교단이 발전할 수 있는 기틀을 다지게 했다는 평가를 받게 되었다."고 소개하였다.[45]

숭산 서거 당일에 나온 『원광대신문』에서는 2개 면을 할애하여 「숭산 박길진총장 열반」(1면)이라는 제하에 서거 사실을 알리는 한편, 「지덕겸수 도의실천한 원광인의 큰 스승」(7면)이라는 제하에 학교 설립과 교육활동을 중심으로 한 숭산의 업적과 약력을 소개하는 추모·애도 기사를 실었다.[46] 놀랍게도 『원광대신문』은 숭산이 서거한 지 두 달 뒤까지, 즉 1987년 1월 28일자 제531호까지도 '발행인'을 이미 고인이 된 숭산의 명의를 그대로 한 채 발행되었다. 숭산을 보낸 아쉬움과 존모의 정도가 얼마나 대단했는지 당시 정황을 짐작케 하는 대목이다. 3월 4일자 제532호부터 『원대신문』으로 제호를 바꾼 뒤에야 비로소 신임 김정용(삼룡) 총장이 새 발행인으로 등장하게 된다.

주석

1 「교수 프로필; 知와 德을 함께 갖춘 교육가」, 『원대학보』 13, 1960년 7월 1일자.
2 원불교사상연구원 편, 『숭산논집』, 원광대학교출판국, 1996, 350쪽.
3 원불교사상연구원 편, 『숭산논집』, 1996, 353쪽.
4 원불교사상연구원 편, 『숭산논집』, 379~380쪽.
5 가산 김성택 교무, 「숭산종사의 경륜과 중심사상」, 『한 떨기의 꽃이 성실하게 피어 있다』, 원불교사상연구원, 2006, 288쪽.
6 『원광』 116, 1983년 9월호 화보; 박길진, 『일원상과 인간의 관계』, 원광대학교출판국, 1985, 331쪽.
7 김정용, 「피안에 편히 쉬소서」, 『원광』 150, 1987년 2월호, 66쪽; 박시현, 「아버지 우리 아버지」, 『원광』 268, 1996년 12월호, 64쪽. 이 구절은 1973년 발간된 『현대문학』(제19권 8호)에 실린 숭산의 수필 「좋은 얼굴의 〈어떤 빛〉」에 들어있다.
8 「지육보다 덕육을」, 『조선일보』 1978년 9월 21일자.
9 김정용, 「피안에 편히 쉬소서」, 『원광』 150, 1987년 2월호, 66쪽.
10 모상준, 「법계에 우뚝 솟은 숭산종사」, 『원광』 151, 1987년 3월호, 146쪽.
11 김도융, 「인격과 사상」, 『원광』 268, 1996년 12월호, 70~71쪽.
12 정년기념문집 간행위원회, 『일원의 빛 한길로』(길산 한길량법사 정년기념문집), 도서출판 흐맘, 2007, 121~124쪽.
13 박시현, 「아버지 우리 아버지」, 『원광』 268, 1996년 12월호, 63쪽.
14 「녹취록; 숭산 박길진 총장을 모시고-1975년 8월 12~14일/유성, 화양계곡-」, 『원불교사상과 종교문화』 89, 2021, 561~562쪽.
15 「연행학생 풀려」, 『원광대신문』 487, 1985년 5월 29일자.
16 「지성인다운 행동 보일 때」, 『원광대신문』 486, 1985년 5월 22일자.
17 「학생총회 및 개강열림굿 10일 2천여 학생 참가」, 『원광대신문』 493, 1985년 9월 18일자.
18 「대학본질에 충실할 터」 『원광대신문』 491, 1985년 9월 4일자.
19 민주화운동기념사업회연구소 편, 『한국민주화운동사 연표』, 민주화운동기념사업회, 2006, 451쪽.
20 「민주화 특별기도회」, 『원불교신문』 1986년 5월 16일자.
21 「시국선언 교수 전국 7백 83명」, 『조선일보』 1986년 6월 18일자.
22 「담화문」, 『원광대신문』 512, 1986년 5월 7일자.
23 「원광대 31명도」, 『조선일보』 1986년 4월 30일자; 「교수 31명 시국선언문 발표」·「오늘의 현실에 대한 우리의 견해」, 『원광대신문』 512, 1986년 5월 7일자.
24 「개교 이래 최대의 민주화 열기」, 『원광대신문』 512, 1986년 5월 7일자.

25 「학생에게 알리는 글 교수회의에서 발표」,『원광대신문』 512, 1986년 5월 7일자.
26 「경찰 학내진입 학교요청 없었다」,『원광대신문』 512, 1986년 5월 7일자.
27 「5월혁명계승제 열려」,『원광대신문』 514, 1986년 5월 28일자.
28 '반제 반파쇼 민중민주 전북학생연맹'은 1986년 3월부터 서울 소재 대학들에서 결성되기 시작한 '민민투'('반제반파쇼 민족민주화 투쟁위원회) 소속의 전북학생연맹을 지칭한다.
29 「전북 민민투련 발족식」,『원광대신문』 520, 1986년 9월 24일자.
30 「담화문」(2차),『원광대신문』 520, 1986년 9월 24일자.
31 「민민투 6차 실천대회」,『원광대신문』 525, 1986년 11월 12일자.
32 「민민투 실천대회」,『원광대신문』 527, 1986년 11월 26일자.
33 「응미과 교내시위」,『원광대신문』 526, 1986년 11월 19일자.
34 가산 김성택 교무,「숭산종사의 경륜과 중심사상」,『한 떨기의 꽃이 성실하게 피어 있다』, 288쪽.
35 모상준,「법계에 우뚝 솟은 주세성자」,『원광』 151, 1987년 3월호, 147쪽.
36 전팔근,「숭산 스승님의 심법과 행적」,『한 떨기의 꽃이 성실하게 피어 있다』, 253쪽.
37 『대산상사 수필법문집』 3, 원불교 상사원, 1997, 443쪽.
38 임영전,「물맛같은 순수의 큰 사랑」,『원광』 268, 1996년 12월호, 68~69쪽.
39 「고 숭산박길진총장 발인식거행」,『원광대신문』 529, 1986년 12월 10일자;「숭산 박광전 종사 발인식 거행」,『원불교신문』 1986년 12월 16일자. 이때 모인 조객 수를『원광대신문』에는 2만 명,『원불교신문』에는 1만 명으로 집계하였다. 어느 쪽이 더 사실에 부합한 지 판단하기 어렵지만, 여기서는 전자를 따랐다.
40 『대산상사 수필법문집』 3, 446~447쪽;「고 숭산박길진총장 발인식거행」,『원광대신문』 529, 1986년 12월 10일자;「숭산 박광전 종사 발인식 거행」,『원불교신문』 1986년 12월 16일자.
41 작사자는 유일학림 1기 출신의 이공전이고, 작곡자는 당시 원광대 음악교육과 교수로 있던 주산 송도성의 딸 송은이다.
42 「숭산 박길진 총장 조가」,『원광대신문』 528, 1986년 12월 3일자;「숭산 박광전 종사 조가」,『원불교신문』 1986년 12월 16일자;『대산상사 수필법문집』 3, 448쪽.
43 『원광대신문』 529, 1986년 12월 10일자.
44 「원사상 체계화한 학자종교인」,『동아일보』 1986년 12월 3일자,
45 「오늘의 원불교 틀잡은 이론가」,『조선일보』 1986년 12월 4일자,
46 「지덕겸수 도의실천한 원광인의 큰 스승」,『원광대신문』 528, 1986년 12월 3일자.

후인의 추모와 논찬

기념·추모 사업

1986년 숭산 서거 후 원불교인과 원광인 사이에 그를 기리는 키워드로 가장 널리 회자되던 말이 '큰 스승'이었다. 마치 해방 후 환국한 백범 김구를 '선생'이라 이름하고, 그가 서거하자 온 국민이 '백범 선생'을 절규, 연호했던 장면을 떠오르게 한다. '민족적 양심'을 견지했던 백범은 해방 이후 혼란한 시대상황에서 장차 한민족이 나가야 할 올바른 방향성을 제시했기에 모두가 그를 선생으로 불렀던 것이다. 이처럼 원불교 신앙과 수행을 바탕으로 한 종교인, 교육자로서 원불교계, 원광인의 사표가 되었다는 점에서 그를 일컬어 '큰 스승'이라 이름한 것이었다.

숭산의 뒤를 이어 총장에 오른 김정용이 취임 첫 소감으로 '총장에 임명되었다는 사실보다, 먼저 열반하신 고 숭산 총장님께 죄송한 마음 뿐'이라고 운을 뗀 대목에서도 눈시울이 붉어진다.

어차피 후임 총장에 임명되었으니 고인이 물려주신 유업을 잘 받들어 나가야지요. 암담하고 막중한 책임을 느낍니다. 앞으로 고인의 업적에 손상이 가지 않도록 그 유업을 잘 받들어 '대학발전'에 온 정열을 쏟겠습니다.[1]

숭산이 남긴 유업을 계승, 발전시켜야 할 역사적 책무를 무겁게 느낀다고 소회를 피력하였다. 취임 소감에 이어 김정용은 대학운영 방향을 밝히는 가운데 처음으로 숭산 기념사업에 대한 계획과 구상을 언급하였다.

40여 년 동안 고인을 모시고 일해 왔으므로, 그때의 경험을 바탕으로 최선을 다해 운영해 나갈 방침입니다. 그리고 고인의 유업을 받드는 데 일층 노력하면서 교수·직원·학생간의 대동화합에 역점을 두어 일을 추진해 나가겠습니다. … 고 숭산 총장님의 유덕을 기리는 기념사업회를 만들어 장학사업과 학술행사, 기념관과 동상 건립 등을 계획하고 있습니다.[2]

이처럼 1987년 정초에, 숭산을 추모하고 기리기 위한 숭산기념사업회를 결성하여 장학사업, 학술행사, 기념관과 동상 건립 등의 사업을 추진할 계획이라는 포부를 밝힌 것이다. 이에 따라 숭산기념사업회가 1987년 2월 실제로 발족하기에 이르렀다. 이리 시내 중앙동의 뉴타운백화점[3]에서 열렸던 창립대회 소식을 당시 『원광대신문』은 아래와 같이 자세히 보도하였다.

숭산기념사업회 창립준비위원회가 지난 2월 26일 오후 4시 20분부터 김총장을 비롯 미망인 임영전 여사와 교무위원·동창회장단·학생대표 등 관계자 70여 명이 참석한 가운데 뉴타운백화점 3층 크로바홀에서 열렸다. 숭산기념사업회 창립준비위원회와 발기인 총회를 겸해서 치루어진 이 날 회의에서 김총장은 "전체 원광인과 일반 사회의 참여와 협조로 반드시 기념사업회가 성공하리라 믿는다."고 말하고, 기획실에서 작성하여 교무위원회의 심의를 거친 '숭산기념사업회 정관'을 심의, 일부 수정하여 확정하였다. 숭산 전 총장을 추모하고 유덕을 기리는 각종 사업을 추진하기 위해 창립된 '숭산기념사업회' 정관의 중요 내용을 보면, 회장은 총장이 되며 기획분과·재정분과·홍보분과·사업분과·재학생분과 등의 기구를 두고 동상·기념관 건립과 학술연구, 장학지원사업 등을 한다.[4]

숭산기념사업회의 조직은 기획·재정·홍보·사업·재학생 등 5개 분과를 두기로 하고, 구체적인 사업으로는 동상과 기념관 건립, 학술연구, 장학지원 등의 사업을 펴기로 결의하였다. 이에 따라 400명이 참석한 가운데 첫 총회를 1987년 4월에 개최하여 29개 조의 정관을 확정하고 실효성이 적은 재학생 분과를 폐지하고 나머지 4개 분과를 두기로 결의하였으며, 김정용 회장 아래 전팔근·송천은·전경진·신영길 등 4명의 부회장을 두기로 하였다. 그리고 1단계 사업으로 기념관과 동상을 건립하고, 2단계로는 문화재단 설립을 추진하기로 결의하였다.[5]
당시 『원대신문』에는 기념사업회 설립에 즈음하여 다시금 숭산을 추모하고 그의 위덕(偉德)을 기리면서 추모사업이 원만하게 진행될 수 있도록 전 원광인의 합력을 당부하는 요지의 사설이 실렸다.

숭산기념사업회를 발족하여 동상을 건립하고 기념관을 건립하며 문화재단을 설립하는 것은 숭산 전 원광대학교 총장을 추모하고 그 유업을 기림을 목적으로 함을 정관에서 밝히고 있다. 우리 모두의 원광인은 끼치신 큰 은혜에 보답하는 마음으로 정성과 힘을 한 데 모아 우리 대학사(大學史)와 더불어 길이 빛날 기념비적인 사업을 추진해 나아가야 하겠다. … 지덕겸수 도의실천의 표상으로서 원광인의 큰 스승이었던 숭산 총장은 우리들에게 높은 긍지와 사명감을 자각하면서 흔들리지 않는 주체적 삶을 살아갈 수 있도록 교육적, 인격적 영향력을 몸소 실천적으로 발휘하여온 위대한 지도자였다. 숭산 전 총장은 교육지도자로서, 한 인간으로 우리 가슴에 남긴 숭고한 자취는 원광의 역사와 더불어 꺼지지 않을 빛으로 영원히 살아남을 것이다. … 새삼 세월의 무상함을 느끼며 다시금 옷깃을 여미고 머리숙여 두 손 모아 고인의 명복을 빌면서 하늘같이 높고 땅같이 넓은 끼치신 공적과 은혜에 감사하며 큰 스승의 유덕(遺德)을 기린다. 숭산 전 총장이 40여 년간 오직 교육계에 헌신하면서 우리 원광인 모두에게 끼치신 높고 크신 은혜에 보답하기 위해서는 우리 모두 유덕을 기리는 기념사업 추진에 한마음 한뜻으로 온갖 정성과 힘을 경주하자.[6]

위 사설은 숭산이 작고한 후에 모두가 비통해하는 가운데 추모의 열기로 팽배해 있던 분위기를 생생하게 보여준다. 하지만, 숭산기념사업회에서 계획한 초기 사업 가운데는 학술사업이 포함되어 있었으나, 이후 진행되는 과정에서 특기할 성과와 실적은 없었던 것 같다. 서거 10주년을 맞아 주로 숭산을 추모하는 데 뜻을 둔 수사적(修辭的) 문장 외에는, 그리고 사후에 발간한 세 권의 유저 외에는 특기할 연구성과나 자료집 발간 등 '숭산학' 정립에 토대가 될 기초학술사업까지는 관심이 미치지 못하고 말았다. 원광인 모두가 큰 스승으로 칭송했던 숭산의 생애와 업적을 연구하기 위한 학술적 토대를 마련하지 못한 점은 못내 아쉬움으로 남는다. 그의 사후에 출범했어야 할 숭산학이 태동하지 못한 근본 이유나 배경이 여기에 있다고 생각한다.

1987년 말, 유일학림 개교 이후 원광대 역사를 처음으로 집대성한 『원광대학교 40년사』가 발간되었다. 숭산의 분신과도 같은, 그의 혼이 담긴 이 교사(校史)는 12월 2일 원광대 학생회관에서 발간 기념회를 가졌고, 이튿날 중앙총부에서 열린 서거 1주기 추모식 때 그의 영전에 봉정하였다.[7] 그 「간행사」에서 총장 김정용은 이 책이 숭산의 유업으로 발간되었다는 사실을 분명히 밝히고 있다.

> 지나온 원광 40년의 발자취를 정리하여 교사로 결집하려 했던 박총장님의 유업을 받들어 이에 그 완간의 결실을 상재하게 되니 결실의 감회 또한 그 어느 일보다도 값지고 기쁘기 그지 없습니다.[8]

1988년에는 숭산 동상이 건립되었다. 5월 25일 거행된 제막식에는 500여 명이 참석하였다. 높이 3.3m 입상으로 제작된 동상의 건립 비용 5,700만 원 전액은 원불교계, 대학 관련 지인들이 마련한 성금으로 충당하였다.[9] 동상에는 숭산의 업적을 기린 아래 문구가 새겨져 있다.

> 빛나고 숭고하도다 숭산의 행적이여. 성종(聖種)의 기틀을 숙겁(宿劫)에 닦으사 기연(機緣) 따라 출세하니 명은 길진, 법명은 광전, 숭산은 법

원광대학교 교정에 건립된 숭산 동상

호이시다. 반백년 육영의 길에 성심을 다하셨고 풍부한 식견과 덕망을 겸비한 원광대학교 창립총장으로서 지덕겸수의 학풍과 덕화구현의 일가를 이루셨네. 원만한 지도력과 공명정대한 심법은 후학의 우러른 바이셨고, 백년대계의 인류교육에 무량대도인 원리(圓理)를 담아 양재육영(養材育英)에 노심초사하신 각고(刻苦)는 원광을 휘감으니 정신개벽의 메아리 사해에 넘쳐나고 그 초석 굳건하여 만대에 탄탄할 사 그 유업계승에 어찌 소홀함이 있으랴.

지덕을 겸수하고 도의를 실천하라.

숭산기념사업회는 동상 건립에 이어 두번째 사업으로 1991년에 숭산기념관을 개관하였다. 지하 1층, 지상 3층 규모로 총공사비 37억

숭산기념관 전경

1,400만 원이 투입되었다. 1990년 5월 착공에 들어가 1991년 5월 준공하였다 그러나 여러 사정으로 개관식은 9월 4일에서야 열렸다. 개관에 즈음하여 건물 명칭을 두고 학생회와 교수협의회 등 학내에서 논란이 일었기 때문이다. 숭산 한 개인의 기념관으로 온전히 사용하는 것은 부당하며 교수회관 등 학교 공익시설로 용도를 변경하자는 주장이 일각에서 제기되었던 것이다. 학교 당국과 숭산기념사업회는 교수복지 등 교육적 공익 용도로 사용하는 것을 타협한 끝에 11월 13일에야 겨우 숭산기념관으로 명칭을 확정할 수 있었다.[10] 숭산 사후 5년이 지나는 동안 그의 유훈과 추모의 정리(情理)가 원광인들의 마음에서 점차 희석되어 가는 광경을 여기서 생생하게 목도하게 된다. 서거 직후 하늘과 땅만큼 크고 넓다고 기린 '큰 스승' 숭산은 불과 5년이 지난 시점에서 이처럼 시야에서 차츰 멀어지기 시작했다.

그 뒤 1994년 서거 8주년에 즈음하여 원광대 총동문회 주최로 추모 강연회가 열렸다. 9월 29일 숭산기념관에서 열린 강연회에서는 종교(김도용), 학문(송천은), 사상(류병덕), 교육(이상비) 등 4개 분야로 나뉘어 강연이 진행되었다.[11]

1996년은 원광대 개교 50주년인 동시에 숭산 서거 10주기를 맞이하는 해였다. 그해, 숭산이 설립한 원불교사상연구원에서는 숭산의 유고를 정리하여 유저 『숭산논집(崇山論集)』을 간행하였다. 숭산의 생질이기도 한 송천은 총장은 그 경위를 다음과 같이 밝혔다.

> 숭산님은 초기 원불교 사상의 기초를 세우는 데 매우 커다란 역할을 하신 분입니다. 숭산님은 원광대학교의 설립 이후부터 상당기간 동안 스스로 강단에 서서 동서철학과 불교학, 그리고 원불교의 교의에 대한 심도있는 강의와 많은 논술을 발표하시어 원불교학의 방향을 정하는 데 결정적인 공헌을 하신 분입니다. … 열반하신 지 10년의 세월이 경과했지만 미처 그분의 철학과 인품을 엿볼 수 있는 문집을 제대로 정리하지 못하고 있음을 아쉽게 여기던 차 본교의 개교 50주년을 맞이한 금년에 그 기념사업의 일환으로 출판을 계획하게 되었습니다. 기획처의 기획과 후원 아래 흩어져 있던 숭산님의 모든 유고를 정리하여 원불교사상연구원에서 정리, 편술, 『숭산논집』이란 서명으로 출판하게 되니 참으로 다행한 일이 아닐 수 없습니다.[12]

이처럼 서거 10주기를 맞아 난삽한 여러 원고를 모아 문집을 간행한 것은 이후 숭산 연구에 상당한 도움을 주었다는 점에서 적지 않은 의의가 있다. 또한 원불교 교단의 기관지 『원광』에 특집 추모기사도 실렸다. '움직이는 산, 거룩한 삶'이라는 대주제하에 유가족의 회고담을 비롯하여 김도용·류병덕 등 후학의 추모글을 실었다.『원광』에는 이에 앞서 숭산 서거 직후인 1987년 2월호에 '우뚝 솟은 뫼, 밝은 복전(福田)'이라는 추모 특집으로 김정용·한기두(정원)·선우휘·김창환·서희건·민준식 등 6인의 추모글이 실린 적이 있다.

2004년, 숭산이 설립한 원불교사상연구원이 개원 30주년을 맞았다. 이에 서거 18주년이 되는 12월 3일 원불교사상연구원 주최로 '아! 숭산종사'라는 대주제하에 비교적 성대한 추모대회가 열렸다. 당시『원불교신문』에서는 그 대회의 실상을 비교적 소상하게 소개하였다.

원불교사상연구원은 (12월) 3일 숭산종사 열반 18주기를 맞아 숭산종사의 인품과 업적을 추모하는 기념대회를 열었다. 원광대학교 숭산기념관에서 열린 추모대회는 숭산종사의 생애와 사상·업적 등을 사진·영상·발표·문화공연 등으로 조명해 관심을 끌었다. 양현수 교무는 숭산의 일생과 업적을 사진자료 중심으로 소개해 눈길을 끌었다. 김정용 원로교무는 숭산종사의 인격을 "진리에 눈뜨게 해준 스승으로, 35년간 대학에 봉직하며 기틀을 세운 대교육자요 교육행정가로, 원불교학의 체계를 세워준 대학자였다."고 회고했다. 평생 지기였던 정종 교수는 숭산과의 만남, 열반에 이르기까지 감회와 일화 등을 감동적으로 소개했다. 정현인 교무는 '숭산의 철학세계'라는 발표를 통해 "종교인이며 철학자인 숭산의 결론적 테마는 '종교와 철학의 현실적 구현'이다."면서 일원상 진리 연구, 공과 무, 염불, 선사상 등으로 정리했다. 전팔근 원로교무는 숭산종사의 심법과 행적을 "온유 겸비한 총장님, 복이 많으신 총장님, 공사가 분명하셨던 총장님, 민주학원 건설에 힘쓰신 총장님, 측량할 수 없는 법력을 가지신 총장님이셨다."고 회고했다. 2부는 숭산종사의 가르침을 받은 제자들의 회고담과 비디오 상영으로 진행됐다. 비디오는 '숭산종사의 가르침', '기억 속의 숭산종사'라는 주제로 상영했다. 행사를 주관한 원불교사상연구원장 정갑원 총장은 "추모대회는 우리의 건학이념과 근본을 돌아보는 진지한 시간이 되었다."며 "숭산문집 발행 등 후속작업을 계속 추진하겠다."고 밝혔다. 한편 숭산종사의 생전 사진과 유물이 숭산기념관 전시실에 마련돼 숭산종사의 인품을 가깝게 느낄 수 있었다.[13]

이날 추모대회에서는 종교·철학·교육 분야를 중심으로 한 숭산의 생애와 사상을 언급한 학술발표도 있었다. 하지만, 전체 행사기조는 숭산의 학덕과 업적을 추모하고 선양하는 데 있었고, 숭산이 남긴 소중한 역사 자산을 앞으로 더 바람직한 방향으로 계승 발전시킬 구체적 방안과 토대를 마련할 방향성에 대한 언급이 없었다는 점은 아쉬움으로 남는다.

그 뒤 2006년은 원광대학교 개교 60주년인 동시에 숭산 서거 20주년을 맞이하는 의미깊은 해였다. 그 해에 원불교사상연구원에서는 2004년 숭산 추모대회 당시 발표한 글 등을 모아 『한 떨기의 꽃이 성실하게 피어 있다』(숭산문집)라는 추모문집을 간행하였다. 서거 10주년(1996)에는 유고를 모은 『숭산논집』을, 그리고 20주년에는 추모 '숭산문집'을 발간했던 것이다.

숭산의 마지막 추모사업은 서거 35주년이 되던 2021년 12월 3일 '숭산 박길진, 원광의 빛'이라는 대주제하에 개최한 학술회의이다.

숭산 서거 10주기 추모 『숭산논집』(1996)과 20주기 추모 숭산문집
『한 떨기의 꽃이 성실하게 피어 있다』(2006)

세계적 팬데믹이던 코로나19가 창궐하는 가운데 어렵게 열린 이 학술회의에서는 자료·종교·교육·국제활동·사상 등 다양한 분야별로 학술논문이 발표되었다. 숭산 사후 35년만에 처음으로 순수 학술영역에서 숭산의 학문과 사상, 그리고 생애 전반을 다루면서, 향후 "이 학술대회를 계기로 숭산학을 수립해야 한다."고 하여 '숭산학' 연구 및 정립의 당위성이 비로소 언급되기에 이르렀다.[14]

숭산 서거 후 그의 업적과 학은을 기리는 추모사업조차도 세월의 경과에 따라 그 열기가 차츰 희석되어 갔다. 앞서 언급하였듯이, 서거 당시 숭산을 관통하는 키워드가 '큰 스승'이었고, 그가 끼친 공적에 대한 평가는 하늘과 땅에 비유될 만큼 절대적이었다. 하지만, 서거 20년이 경과하는 2006년 이후 숭산은 원불교, 원광대학교 역사에서 거의 잊혀진 인물이 되고 말았다. 교단과 학교 기록에 유의미한 숭산의 이름은 더 이상 등장하지 않는 것이 그 증좌이다. 세월이 지나면서 숭산에게 배우고 숭산을 모셨던, 곧 직접 훈자(薰炙)된 당대 인물들이 물러나고, 숭산을 간접 전문(傳聞)하였거나 아예 경험하지 못한 새로운 세대가 대학과 교단의 주역으로 차츰 등장함에 따라 숭산이 지닌 역사자산의 소중한 가치는 함몰되고 말았다.

거듭 강조하거니와, 숭산이 원불교, 원광대 역사에서 이처럼 잊혀져간 근본적 이유는 관련 자료의 체계적 수집과 정리, 그에 기반한 학술연구사업이 제대로 발양되지 못한 데 있다. '숭산학'이라는 학문적 토대 위에 소중한 역사자산의 가치를 발양할 수 있는 제반 작업이 뒷받침되지 못한 채 숭산과 함께 했던 당대 인물들의 퇴진과 함께 서서히 단절되어 갔던 것이다. 그동안 이루어진 숭산 기념사업의 방향성과 관련하여 이 점은 참으로 애석한 일이 아닐 수 없다.

후인의 논찬

숭산과 동향인 영광 출신으로 배재고보와 동양대를 함께 다닌 지우 정종은 숭산의 서거 당시 「숭산 박광전님의 영전에 삼가 이 글을 올립니다」라는 추도사를 썼다. 이 글에서 그는 숭산과의 오랜 인연, 지난날의 추억을 회고하면서 오랜 벗을 영결하는 절절한 심경을 기술하였다. 숭산의 넉넉한 품성, 철학이 있는 삶의 모습을 감성적 필치로 그려낸 이 추도사는 숭산을 이해하는 데 적지 않은 도움이 된다. 장문의 애도사 가운데 숭산의 품성을 기술한 한 구절을 소개하면 아래와 같다.

숭산의 지우 정종
숭산과 동향(영광) 출신으로 배재고보·도요대학 동문이었다.

당신이 가지신 것 중에서 내가 가장 존귀하게 여겨온 것은 당신의 한결같은 대인관계입니다. 세상이야 어떻게 변하든, 자성(自性)을 지킨다는 것인데, 그 일이 어찌 쉬운 일입니까? 50년 전의 그 자리가 지금과 같고, 50년 동안의 그 자리가 하루 같다는 건 결코 쉬운 일이 아닙니다. 한 마디로 당신은 누구에게나 어디서나 너무나 인간적인 인간이었습니다.[15]

정종은 숭산이 일생동안 한결같이 자성(自性)을 지켜왔고, 인간 본연의 모습 그대로 끝까지 간직하고 있었다고 평가하였다. '너무나 인간적인 인간'이라는 표현이 숭산의 참된 인성을 잘 드러내준다고 할 수 있다. 나아가 '대학 운영을 도맡은 30대 이래로 숭산 선생에게는 사(私) 없는 공(公)[16] 뿐의 그리고 원(圓) 뿐의 생활이었습니다.'라고 단정하여 사심을 철저히 배제한 공인, 종교인으로서의 그의 일생을 평가하였다.[17] 숭산이 집착과 욕망에서 초탈하여 청정한 마음으로 일관되게 영위한 삶의 또 다른 표현이며 칭탄이라 할 수 있다.

작고 두 달 뒤인 1987년 2월에 나온 『원광』에는 숭산 추모 특집이 실렸다. '우뚝 솟은 뫼, 밝은 복전(福田)'으로 이름한 그 특집호에는 아래와 같이 모두 6편의 글이 실렸다.

- 김정용, 「피안(彼岸)에 편히 쉬소서」
- 한정원(기두), 「숭산종사의 교학사상」

- 「지육(知育)보다는 덕육(德育)을」(조선일보 선우휘 대담기사)
- 「덕성교육을 실천한 청백리」(KBS TV 일요방담, 1985. 11. 3)
- 서희건(徐熙乾), 「오늘의 원불교 틀잡은 이론가」
- 민준식(閔俊植), 「곡(哭)! 박길진 원광대총장 영전에」

　김정용과 한기두는 숭산을 지근에서 오래도록 보좌해 온, 그의 유업의 계승자들로서 숭산의 삶을 돌아보고 그 업적을 정리한 것이다. 40여 년간 숭산을 보좌하다가 숭산 사후 총장직을 승계한 김정용은 숭산의 일생 삶을 소태산의 혈통 계승자, 종교계 지도자, 원불교학과 철학의 대학자, 대학교육행정가, 바른 성품의 '생불(生佛)' 등 네 가지 특징으로 압축하여 소개하였다.
　숭산이 원광대학에서 배양한 제자 한기두는 숭산의 교학사상의 특징으로 현실에서의 실천성을 강조하였고, 일원상과 인간의 관계, 원불교리에 기본한 덕육(德育)사상의 구현, 끝으로 원불교의 세계성이라고 말하고 있다. 김정용과 한정원 두 인물이 숭산의 업적과 종교사상을 거시적 관점에서 정리한 이 글들은 숭산 연구에 균형잡힌 방향성을 제시하고 있다는 점에서 의의가 있다. 그 외 다른 글들은 모두 신문·방송에 소개된 숭산 관련 기록을 전재한 것으로, 그의 삶과 업적의 요체를 압축적으로 보여준다. 「지육보다는 덕육을」은 숭산이 64세 때인 1978년 『조선일보』에 실린 대담기사를 전재(轉載)한 것이고, 「덕성교육을 실천한 청백리」는 1985년 11월 3일 KBS '일요방담' 코너에서 서예가 김창환(金昌煥)과 함께 대담한 내용을 전재한 것이다. 제목에서 짐작하다시피 이 기사들은 주로 원불교학에 바탕을 둔 숭산의 덕성 중심의 교육철학을 소개하고 있다.

「오늘의 원불교 틀잡은 이론가」와 「곡! 박길진 원광대총장 영전에」 두 건은 모두 숭산 서거 당시에 나온 추모 기사들이다. 전자는 『조선일보』의 서희건 기자가 숭산의 일생을 소개한 기사이며, 후자는 전남대 총장을 지낸 민준식(閔俊植, 1925~1992)이 『광주일보』에 기고한 추도문이다. 그 가운데 원불교 광주교구 청운회의 회장과 원광대 객원교수를 역임했던 민준식 총장이 쓴 추도문 한 구절을 소개한다.

> 대학가에서는 흔히들 그 분을 '생불(生佛)'이란 애칭으로 통한다. 중앙의 회의에서 함께들 만나면 생불님으로 부르곤 하였다. 나는 그 애칭이 그 분에게 아주 잘 어울린다는 것을 이 시간에 다시 한번 느껴본다. 그 분은 진리를 깨닫고 몸소 실천하신 분이었다. 마음에 아무 것도 걸릴 것 없이 사신 분이다. 몸에 아무 것도 가릴 것이 없이 사신 분이다. 하나의 경지에 이르지 못하고, 하나의 자아로 되어나지 못하고 어찌 그토록 걸림이 없고 가림이 없이 자유자재하며 살 수 있었겠는가.[18]

김정용에 이어 민준식도 숭산이 생전에 '생불'로 불리었다는 사실을 웅변해 주면서, 숭산의 삶은 진리를 깨닫고 실천한 경지였으므로 거리낌이나 구애됨이 없었다는 것이다. 생불이라는 별호는 곧 숭산의 일생 삶을 관통하는 또 하나의 키워드인 셈이다.

숭산 서거 후 유일학림 시절 제자인 모상준도 「법계에 우뚝 솟은 주세성자」라는 제하에 숭산을 추모하는 글을 남겼다. 위에 언급한 『원광』 추모특집의 연장으로 짐작되는 이 글에서 그는 아래와 같이 숭산을 기렸다.

숭산종사는 대종사의 친자로서 대종사의 일원 종교이념을 이어받은 종교실학자이십니다. 기존 종교의 본래 이념을 대종사의 원사상으로 총섭(總攝)시켜 명실공히 실용종교생활을 하게 하는 이론학자이십니다. 대종사께서 제시한 원불교 최고 종지인 일원상 진리를 현실화한 종교실존체계 확립이었습니다. 인간의 기본 도리인 도덕의 원리가 다름 아닌 일원의 진리와 상즉(相卽)되는 현실의 것이 사실적인 것임을 토대로 밝혀서 사람의 보람이 신앙과 수행의 병진 생활에 곁들여 있음을 이론적으로 정립해 주셨습니다.[19]

모상준은 신앙과 수행을 일상생활과 일체화시켜 실용종교생활을 역설한 종교실학자로 숭산을 규정하였다. 곧 실천력을 역설하고 몸소 이행한 학자로 존모한 것이다. 이러한 견지에서 그는 실천적 의지야말로 숭산이 견지했던 '일원상과 인간의 관계'를 규정하는 조건이 된다고 보았다. 나아가 그는 또 숭산의 삶 가운데 원불교학에 기반한 원광대 육성, 해외교화사업 등에 남긴 족적을 특히 높이 평가하였다.

원불교 교단의 언론계에 주로 몸담았던 송인걸도 '대종경 속의 사람들'을 연재하면서 숭산의 빼어난 인품과 탁월한 업적을 아래와 같이 칭탄하였다.

숭산종사는 교학의 체계 수립을 도모한 대종사님의 최초 제자였지만 속 깊은 발원과 간절한 기도로 수행의 일가(一家)를 이룬 인격자였다. … 숭산종사는 과묵한 중에도 지극히 평범한 실천자였으며, 음미해 볼수록 느낄 수 있는 인간미와 유머가 있었다. 그 바쁜 격무 속에서도 평상심을 떠나지 않으면서 세속을 초탈한 기품은 항상 맑고 향기로웠다.

일생을 정확한 시간생활과 행주좌와어묵동정(行住坐臥語默動靜) 간에 무위이화(無爲而化)의 자연을 잃지 않았다. 그러므로 많은 후진들은 숭산종사의 인품과 설법에 깊이 감명받고 자각하는 경우가 많았다. 특히 잔잔한 미소 속에 의두요목(疑頭要目)과 성리소식을 일깨우는 설법은 다시 한번 자성(自性)을 반조할 수 있는 계기를 주었다. 숭산종사는 자신이 대종사님의 친자이거나 신학문을 전공했다는 흔적이 없었다. 다만, 새 회상의 창업과정에서 자신이 해야만 하는 크고 굵은 걸음만을 묵묵히 걸었을 뿐이었다.[20]

송인걸은 곧 원불교의 교학체계를 수립한 공적을 높이 평가한 뒤, 수행의 일가를 이룬 인격자, 실천가로 존숭하였다. 나아가 숭산은 언제나 평상심을 갖고 세속 초탈의 기풍, 고매한 인품에 더하여 탁월한 설법으로 후학들에게 많은 영향을 끼친 사실을 특기하였다. 이상에서 언급한 회고, 추모 논찬은 숭산 서거 후에 주로 그의 제자·후학·지인들이 숭산을 기리고 선양하는 데 그 목적을 두었다.

그뒤 1996년 12월, 숭산 열반 10주기를 맞아 『원광』 특집호가 나왔다. 여기에는 '움직이는 산, 거룩한 삶'이라는 제하에 모두 4편의 회고, 추억담이 담겨 있다. 딸 박시현이 쓴 「아버지 우리 아버지」, 부인 임영전의 「물맛같은 순수의 큰사랑」 등 유가족의 입장에서 숭산을 회고한 글 두 편이 실렸다. 숭산이 평소 가정에서 가족을 대하던 생생한 모습을 꾸밈없이 진솔하게 담아냈다는 점에서 숭산 이해에 적지 않은 도움을 준다. 그 가운데 부인 임영전이 회고한 한 대목을 인용하면 다음과 같다.

숭산님은 한마디로 물맛같은 도인이셨다. 평생 나에게 사랑한다는 말씀 한번 없었지만 순수하고 순박한 그대로를 보여주었다. 빛깔도 냄새도 맛도 없는 원천수였다고 생각한다. 주위에서 나에게 재미없이 산다고 말들을 했지만 나는 그것이 큰사랑이라 느꼈고 아쉬움이나 미련이 없었던 것이 솔직한 나의 심정이다. 마음 고생 시켜본 일도 없었고 괴로움을 끼쳐준 일도 없었다. 숭산님은 식성도 수월해 특별히 신경쓸 일도 없었다. 정신적 고통이 없었다.[21]

평생 숭산을 내조한 부인의 입장에서 그리는 정을 담고 '물맛'에 비유하면서 일상에서 경험한 원만한 이미지와 덕성스런 품성을 생생하게 기술한 것이다.

이 두 편 외에 김도융의 「인격과 사상」, 류병덕(기현)의 「원불교 해석학의 맹아, 숭산 박길진 박사」 등 두 편은 숭산을 보필한 후학의 입장에서 숭산의 삶과 업적, 학문을 회고담식으로 정리한 것이다. 먼저 김도융은 특히 숭산의 교학(학문)에 대해 다음과 같이 평가하였다.

숭산종사는 우주의 진리를 대각한 소태산 대종사의 훈증을 받으며 성장하는 가운데 대종사의 일원주의 사상에 감화를 받았으나 이를 맹목적으로 수용하지 아니하고, 오랜 철학적 탐구를 통해 그 심원한 의미를 통찰함으로써 자신 안에서 새롭게 소화 흡수된 일원주의를 재확립하였다. 이러한 일원주의에 바탕하여 동서의 철학 및 종교 사상을 두루 수용 회통시켜 '철학적 일원주의 사상'을 제시, 후진들로 하여금 원광학파를 형성할 수 있는 토대를 마련하였다.[22]

숭산 학문의 대표적 계승자인
류병덕(위)과 한기두(아래)

이처럼 그는 숭산이 정립한 일원철학을 강조하고 '철학적 일원주의 사상'을 제시함으로써 '원광학파'를 형성할 수 있는 여건과 토대를 마련한 것으로 평가하였다. 여기서 언급한 원광학파란 숭산을 정점으로 그로부터 학문적 가르침과 영향을 받아 종교사상을 수용한 교학 연구자 그룹을 지칭한 것으로 짐작된다. 앞으로 다방면으로 숭산 연구가 진척되어 숭산학이 정립된다면, 그에 따라 원광학파의 학문적 내용과 성격, 그리고 그 범주에 대한 논급이 더 분석적으로 이루어질 것으로 기대한다.

한기두와 함께 원광대학 초창기에 배양한 대표적인 제자 류병덕은 숭산을 일컬어 아버지와 스승을 겸했다고 할 정도로 지극히 존숭하였다. 그가 '법연의 아버님, 학은의 스승님'이라고 부르며 숭산을 회고한 대목을 보자.

법연의 아버님, 학은의 스승님

아아, 숭산님을 생각하면 할 말이 너무 많아 주어진 지면 속에다가 무엇을 어떻게 채워 넣어야 할지 도저히 자신이 없다. 이미 그 분을 의식 속에서 객관화시켜 내놓기에는 너무나 일체화되어 있다. … 숭산님의 학은은 물론이며 1958년도 시간강사 1년, 1959년부터 조교수 생활을 하여 지금의 명예교수에 이르기까지 필자의 성장을 지켜봐 주시고 잡아주시며 이끌어주셨다. 한 터전, 한 집안에서 돌봐주신 은사이며 어른으로서 자애로움과 엄격한 무서움을 한 몸에 지니셨던 분이다.[23]

류병덕은 자신이 곧 숭산과 한 몸처럼 일체화되었다고 할 만큼 부모 같은 은사로서 자신의 성장을 이끌어 주었다고 하였다. 추모글의 끝에 그는 숭산을 향한 북받치는 격한 감정을 다음과 같이 토로하였다.

마지막까지 내용과 형식을 다 함께 중시 여겨 저희에게 보이기 싫으셨구료. 이렇게 갑자기 떠나셨지만, 이 자리에 남아 최후의 순간까지 최선을 다하여 꿈꿨던 진리의 증언을 위해 남은 평생 바치다 가렵니다. 어느 곳에서 다시 뵐 때까지 쓰러지지 않고 나아갈 수 있도록 영혼이나마 도와주소서. 큰 스승이시여.[24]

한편, 대학에서 오래도록 숭산을 보필해온 전팔근은 숭산 서거 18년이 지난 2004년에 다음과 같은 존모(尊慕)의 글을 남겼다.

숭산 총장님의 운신 처사하시는 것을 뵈올 때면 언제나 따뜻한 햇볕을 받고 유유히 흐르고 있는 대하(大河)를 연상한다. 희로애락의 감정을 쉽게 드러내시지 않고 모든 청탁을 감싸 안으시며, 언제나 너그러우시고 온화한 기운으로 주변 사람을 편안하게 해 주셨다. 엄하신 듯하면서도 온정을 느끼게 하셨고 무관심한 듯하시면서도 자상하시었다. 어떤 경우를 당하셔도 결코 언성을 높이시거나 각박하심이 없고 언제나 마음에 여유를 지니고 계셨다. 후진들을 훈계하실 때에도 분위기가 너무 심각해지려고 하면 약간의 유머를 사용하시어 분위기를 바꾸어 놓으셨다.[25] …

숭산 총장님은 하루 24시간이 공인으로서의 생활이셨다. 원불교의 우뚝 솟은 어른으로서는 물론, 큰 대학의 총장으로서의 생활에 생애를 바치셨다. 공(公)이 즉 사(私)이고 사(私)가 즉 공(公)인 생활을 해오셨다. 총장님의 엄격하신 공의 개념이나 공사간 구분으로 인한 처사에 어떤 개인에게는 때로 서운함을 느끼게 하신 일이 있으셨을 것이다. 그러나 마음속에 공으로 채워진 사람은 공의 정신이 어묵동정(語默動靜) 간에 스며나올 수밖에 없는 것이다.[26]

숭산의 삶과 학문, 사상과 철학, 인연과 일화 등을 자유롭게 회고담의 형태로 정리한 위의 글들은 모두 숭산을 지근에서 보좌한 후학들이 진솔되게 기술한 자료라는 점에서 숭산의 삶과 업적을 복원하고 이해하는 데 적지않은 도움을 준다.

주석

1 「신임총장에 김삼룡박사 취임」,『원광대신문』530, 1987년 1월 1일자.
2 「신임총장에 김삼룡박사 취임」.
3 구 삼남극장 자리에 1982년 신축한 건물로, 현재는 '수요양병원'이 들어섰다. 삼남극장은 1977년 이리역 폭발 참사 때 가수 하춘화가 공연했던 장소로 유명해졌다.
4 「숭산기념사업회 창립」,『원대신문』532, 1987년 3월 4일자.
5 「숭산기념사업회 1차 위원총회」,『원대신문』539, 1987년 5월 6일자; 「숭산 동상 건립키로」,『원불교신문』1987년 5월 6일자.
6 「사설; 숭산기념사업회 출범」,『원대신문』540, 1987년 5월 13일자.
7 「숭산기념사업회」,『원불교신문』1987년 12월 6일자.
8 교사편찬위원회 편,『원광대학교40년사』, 1987,「간행사」;「원광대학교40년사 발간」,『원대신문』559, 1987년 12월 9일자. 교사의 발행일도 숭산 서거 1주기에 맞추어 1987년 12월 3일로 되어 있다.
9 「교립 원광대 초대총장 박광전 종사 동상 건립」,『원불교신문』1988년 6월 6일자.
10 「총회 후 숭산기념관 현판 떼고 교수회관에 어울리는 시설 요구」,『원대신문』658, 1991년 9월 11일자;「교수회관, 명칭 및 용도 합의」,『원대신문』666, 1991년 11월 20일자.
11 「숭산의 종교, 학문, 사상 강연회」,『원불교신문』1994년 10월 7일자.
12 송천은,「간행사」,『숭산논집』, 원광대학교출판국, 1996.
13 「추모 기념대회 아! 숭산 숭산종사」,『원불교신문』2004년 12월 10일자.
14 원영상,「개회사」,『숭산 박길진, 원광의 빛』(원광대학교개교75주년기념·숭산박길진총장열반35주년기념 학술회의자료집), 2021년 12월 21일.
15 정종,「내가 본 숭산 박길진 총장; 슬프도다! 숭산박길진 선생이시여!」,『원광대신문』529, 1986년 12월 10일자. 이 애도사는「숭산 박광전님의 영전에 삼가 이 글을 올립니다」라는 제목으로 수정되어『한 떨기의 꽃이 성실하게 피어 있다』에 수록되었다.
16 원문에는 '利없는 介뿐의'로 오기되어 있다.
17 정종,「내가 본 숭산 박길진 총장; 슬프도다! 숭산박길진 선생이시여!」;『한 떨기의 꽃이 성실하게 피어 있다』, 99쪽.
18 민준식,「곡! 박길진 원광대총장 영전에」,『광주일보』1986년 12월 4일자;『원광』1987년 2월호, 81쪽.
19 牟相峻,「法界에 우뚝 솟은 주세성자」,『원광』151, 1987년 3월호, 145쪽.
20 『원광』1990년 2월호, 76쪽; 송인걸,『대종경 속의 사람들』, 월간원광사, 1996,

112쪽.
21 임영전, 「물맛같은 순수의 큰사랑」, 『원광』 268, 1996년 12월호(숭산종사 열반 10주기 특집호), 67쪽.
22 김도융, 「인격과 사상」, 『원광』 268, 1996년 12월호, 74쪽.
23 류기현, 「원불교 해석학의 맹아, 숭산 박길진 박사」, 『원광』 268, 1996년 12월호, 75쪽.
24 류기현, 「원불교 해석학의 맹아, 숭산 박길진 박사」, 82쪽.
25 전팔근, 「숭산 스승님의 심법과 행적」, 『한 떨기의 꽃이 성실하게 피어 있다』, 246쪽.
26 전팔근, 「숭산 스승님의 심법과 행적」, 249쪽.

숭산이 남긴 유훈

I

원광의 빛 숭산 박길진.

　그는 우리에게 어떤 교훈을 남겼는가? 이 물음은 종교·철학·교육 등 여러 방면에 걸친 숭산의 사상과 활동을 어떤 역사상(歷史像)으로 제시할 것인가 하는 사관(史觀)에 따른 평가 문제와 직접 연관되어 있다고 생각한다. 하지만, 그에 대해 적절한 답을 구하는 것은 결코 쉬운 일이 아니다. 숭산이 누르는 역사적 중압감, 그의 사상과 활동이 보이는 다단성(多端性) 등으로 인해 숭산의 역사상을 단선적으로 명확하게 제시하기란 매우 어렵기 때문이다. 숭산에 대한 올바른 이해와 평가를 위해서는 '숭산학'의 발흥을 통해 향후 더 많은 연구와 담론이 축적되어야만 하는 이유가 여기에 있다.

　역사가 효용성과 가치를 가질 수 있는 것은 지난 일에 대해 시비득실의 책임을 묻고 또 이를 통해 감계(鑑戒) 할 수 있기 때문이다. 인류 역사는 이러한 책임과 감계의 기능을 통해 발전해 왔다. 그런데 역사의 주체가 인간인 만큼, 신이 아닌 인간이 만드는 역사가 언제나 합리적으로 발전해 온 것은 아니다. 사람이 역사를 대할 때 한편 두려워하면서도, 다른 한편에서는 한없이 너그럽게 여기는 이유가 여기에 있다. 하지만 인간이 영속성을 갖고 행복을 추구하고 누릴 수 있기 위해서는 누구나 공유하는 보편적 가치 기준을 역사가 제시할 수 있어야만 한다.

일제강점기에 유소년, 청년기를 보낸 숭산은 해방 후 분단과 전쟁으로 이어지던 극심한 혼란기에 장년기를 보냈다. 이후 1986년 작고할 때까지 노년기는 박정희, 전두환 군사정권의 서슬 퍼런 독재하에서 보냈다. 곧 숭산의 생애 70여 년은 수난과 암흑, 혼돈과 전란, 억압과 투쟁으로 점철되던 참으로 고단한 세월이었다.

일찍이 원불교 교단의 장래 발전을 선도할 역량을 배양하기 위해 서울·도쿄 등 외지에서 10년간 수학한 숭산은 당대 최고의 지성인으로 성장하였다. 하지만, 교단의 지도자로 등장한 숭산의 앞 길에는 피할 수 없는 시대적 조건에 기인하는 여러 난관이 도사리고 있었다. 일제 탄압과 6·25전쟁, 군사독재정권의 압박 같은 외압으로부터 교단과 대학을 지켜내야만 했기 때문이다. 결국 숭산은 이처럼 고단하고 험난한 여정을 원불교의 종교적 신앙과 가르침에 따라 평생 일관되게 걸었다.

일제 강점으로 인한 민족 수난기에 원불교(불법연구회)는 단 한번, 일순간도 일본제국주의에 결탁하거나 강점(强占)을 용인한 적이 없었다. 오직 고통스런 현실을 감내하면서 수난을 함께 했을 따름이다. 현실과 이상의 괴리 속에서 일제 강점기를 지내온 원불교나 숭산이 겪었던 고뇌와 아픔은 당시 민족 구성원 모두가 함께 한 현실이었다.

탄압이 가중되던 일제 말기에 갑자기 맞이한 교조 소태산의 서거가 당시 원불교가 처했던 시대적 고통과 수난상을 그대로 웅변해 주고 있다는 사실을 잊지 말아야 할 것이다.

해방 후 숭산도 부친 소태산과 유사한 시대적 환경에서 극심한 압박과 고통을 받았다. 과거 소태산 때의 일제 대신 전두환 군사정권이 자리잡고 있었던 것이다. 전두환 정권의 폭압이 극점에 이르던 무렵에 숭산이 급서한 것은 군사정권으로 야기되던 난국적 상황과 결코 무관하지 않다. 부친 소태산이 원불교(불법연구회)의 법통 수호를 위해 헌신했듯이, 숭산 또한 대학 공동체를 지켜내야만 했던 시대적 소임에 헌신했다는 사실을 간과해서는 안 될 것이다. 이처럼 소태산과 숭산 부자는 공동체의 수호와 보전이라는 공익을 우선한 결과 모두 희생을 숙명으로 받아들였던 것이다.

II

숭산은 평생 고결한 심성과 맑은 영성을 지니고 있었다. 고향 영광에서 자라던 소년시절부터 부친 소태산의 훈자(薰炙)를 바탕으로 우주 자연의 운행질서와 인간심성의 본래성 등에 대해 체험적 탐구와 사색을 하였다. 그의 탐구정신은 성장해서도 언제나 한결같았고, 학문 수학을 병진하면서 끊임없는 자기수양 노력과 구도의 정진을 통해 그 심성과 영성의 순수성, 청정성을 지켜갈 수 있었다. 일생동안 여러 방면에서 펼친 활동과 학문적 성취의 발원지가 바로 이곳이었다는 점에서 그 의의를 간과할 수 없을 것이다.

젊은 시절, 열정적으로 공부한 숭산은 당대 최고 수준의 학문적 역량을 축적할 수 있었다. 배재고보·도요대학에서 그를 가르친 스승들은 대부분 철학·종교 등 해당 학문 분야에서 최고의 권위를 가진 인물들이었다. 숭산은 이들로부터 최고의 학문을 배울 수 있었다. 숭산 또한 그 학문을 수용할 수 있는 내적 역량을 갖추고 있었다. 그 결과 수학기 10년을 거치는 동안에 숭산은 최고의 학문적 성취를 이룩할 수 있었던 것이다.

수학시절 숭산이 이처럼 공부에 기울인 노력과 정성은 그가 남긴 회고록 곳곳에서 산견된다. 내용과 논지, 구성 면에서 경이로울 정도로 뛰어난 도요대학 졸업논문 「실재의 연구」는 또 그 생생한 증좌가 되고 있다. 젊은 시절, 이처럼 온축한 학문적 역량은 숭산이 일생 교육자, 종교 지도자, 학자로 활동하는 데 중요한 역할을 한 지적 자산이 되었다.

숭산은 학문 수학기에 깨달은 독서의 중요성을 후학들에게 평생토록 역설하였다. 이 세상을 보는 눈인 동시에 지혜의 원천이 독서라는 인식을 가지고 그 중요성을 강조하였다. 교육자로서 숭산을 이해하는 한 단서가 독서라고 해도 지나치지 않을 만큼 여기에 큰 비중을 두었다. 이처럼 독서를 중시했던 것은 그것이 가진 절대적 효용성을 일찍이 경험한 데서 우러나온 절실한 가르침이었다. 나아가 독서는 숭산이 일상에서 늘 중시했던 실천 공부의 한 방편이었다는 점에서도 그 참된 의미를 발견할 수 있을 것이다.

III

 숭산은 실천을 중시하였다. 어떤 사상·철학·신념·신앙도 궁극적으로 의미를 가지려면 반드시 그 실천이 전제가 되어야 한다는 인식을 가지고 있었다. 이처럼 '실천'은 숭산의 일생을 관통하는 키워드라 해도 과언이 아닐 만큼 그를 이해하는 데 중요한 단서가 되는 개념이다.
 철학과 종교를 아우르는 종교철학자로서 숭산은 일생동안 실천적 위기지학(爲己之學)에 전념한 인물이었다. 숭산에게 특징된 이러한 실천성을 강조한 결과 혹자는 그를 일컬어 '종교실학자'로 이름하기도 하였다. 이와 같이 실천을 지극히 중시했던 태도는 성장기 수학시절부터 몸에 배여 체인(體認)된 것이었다.
 수학시절 숭산은 학문 온축(蘊蓄)에 진력했을 뿐만 아니라 구도(求道)를 위한 여정에도 열정을 쏟았다. 범어사의 강영명(姜永明), 화엄사의 진진응(陳震應)과 같은 고승은 물론, 기독교의 박애정신을 몸소 실천한 일본의 저명한 사회운동가 가가와 도요히코(賀川豊彦) 목사까지 찾아가 절대 진리를 구하고자 했던 것이 그 두드러진 예이다.
 이와 같이 실천을 중시했던 숭산의 삶의 자세, 태도는 또 원불교의 교리정신에 바탕을 둔 것이기도 하다. 수양실천과 진리탐구를 병진하는, 곧 실천적 의지를 전제로 하는 일원상 진리의 신앙인 원불교의 가르침이 숭산의 학문과 사상, 나아가 일상생활 전반에 언제나 구현되고 있었다. 생활 속에서 실천을 통한 일원상 진리의 구현, 이것이 숭산이 견지한 생활철학의 요체였다.
 숭산의 여러 저술 곳곳에서도 실천적 의지의 구현 노력을 보여주는 대목이 산견된다. 예컨대, 신앙심의 실천을 시종일관 역설한 논문 「일원상 연구」의 결론부에서 화두로 '불법시생활 생활시불법'을 제시한 것도 신앙심과 일상이 서로 혼연일체가 되어야 한다는 적극적 실천성을 표방한 것이다. 또 『일원상과 인간의 관계』에 드러난 숭산의 종교적, 학문적 실천 지향성, 그리고 원불교 경전 『대종경』을 주석한 『대종경강의』에서도 시종일관 철학적 해석과 더불어 종교적 실천성을 역설했던 점 등도 숭산이 실천적 의지를 얼마나 중시했었는지 생생히 알려주고 있다.

숭산의 실천 지향성은 그가 평생 종사했던 교육 분야에서 특히 두드러진다. 원광대 개교와 함께 원불교 사상의 구현을 표방하고 내건 교훈 '지덕겸수 도의실천'이 실천을 전제로 한 숭산의 교육철학의 방향성을 잘 보여준다. 덕성 함양과 인격 수양을 강조한 이 교훈은 숭산이 바르고 참된 인성 함양을 위해 기울였던 실천 지향의 교육적 구호였다. 원광대 교정의 숭산 동상에 새긴 공적의 끝에 '지덕을 겸수하고 도의를 실천하라'고 한 외침이 곧 덕성 함양의 실천을 강조했던 숭산 교육철학을 압축한 표현이다.

'백 가지 이론보다 한 가지 실천'을 역설하고, '연단에서 하는 말과 실천'이 서로 일치하지 않는다고 신랄하게 비판한 숭산의 어록 등은 모두 숭산의 실천 지향적 삶의 자세를 웅변해 준다. 나아가 실제 생활과 동떨어진, 곧 실천이 배제된 산중 도인과 같은 종교인의 형상을 일컬어 '천년이 가도 움직이지 않는 바위'로 비유하여 아무런 효용성, 가치를 지닐 수 없다고 한 주장을 통해서 숭산의 현실적, 실천 지향의 종교관을 피부로 느낄 수 있다.

이와 같은 숭산의 실천적 의지는 생활, 처신의 여러 방면에서도 그대로 적용되었다. 그가 적지 않은 비중을 두고 가르치던 덕목 중의 하나인 인사 예절이 그 경우이다. 숭산은 어린 시절부터 인사하는 예절교육을 철저하게 체득하였고, 또 뒷날 교단과 학교의 지도자가 된 후에도 인사 예절을 항상 존중하였다. 인간의 덕성 교육은 예의에서 비롯되며, 바른 품성과 예의의 출발점이 곧 인사 예절이라는 인식을 가지고 있었기 때문이다. 인사를 하거나 받는 예절은 숭산 철학을 관통하는 실천의 한 가지 표출이라는 점에서 밀접한 연계성을 가지고 있다고 할 수 있다.

IV

숭산은 종교인으로서 원불교의 교리에 따른 가르침을 일상에서 철저히 받들었다. 신앙과 수행을 통해 인간의 삶의 품격이 한층 더 향상되고 행복해질 수 있다는 것이 그의 종교관이었다. 또 사람이 일상에서 즐겁게 만족하고 행복하기 위해서는 끊임없이 일어나는 마음속의 욕망을 채우고자 하는 마음, 곧 욕심이라는 집착으로부터 초탈해 자유로워져야 한다는 원불교 교리에 따른 종교적 믿음을 가지고 있었다. 이러한 논리와 인식은 유쾌하고 행복한 생활을 영위하기 위한 제일의 요건이 '쾌락을 정복'하는 것이라는 주장과도 같은 맥락에서 이해된다. 이성이 배제된 감성에 따른 즉흥적 쾌락은 인간의 근원적 욕구를 제어하지 못한 욕망의 분출이기 때문에 불행을 가져오게 된다는 것이다. 욕망과 집착으로부터 초탈한 삶, 곧 무심(無心)·공심(空心)·허심(虛心)에 따른 무소유(無所有)의 경건한 삶, 이것이 숭산이 추구하던 삶의 본래 모습이었다.

　숭산이 영위한 삶의 실상은 실제로 그러하였다. 모든 사물과 현상을 아우르고 초탈하는 일원상의 진리를 신앙함으로써 그 이치에 따라 일체의 집착에서 벗어나 무심의 경지에 이르렀다. 나아가 이처럼 초탈한 무심의 경지에 이르게 되면, 다른 사람의 허물과 잘못도 자연히 용서할 수 있게 된다는 것이다. 이것이 일원상의 진리를 받들고 실천한 숭산의 참된 삶이었다.

　이처럼 숭산은 일상의 삶과 원불교의 종교적 신앙, 구도수행을 일체화시켜 체인한 인물이었다. 타고난 인간의 존엄을 신뢰함으로써 모든 사람을 부처와 같이 공경하였다. 종교인으로서는 신앙과 수행의 모범이 되었고, 교육자로서는 참된 스승으로서 사표(師表)가 되었으며, 학자로서는 진리탐구를 일상에 적용시킨 실천적 학인(學人)이었다.

V

숭산은 원불교와 원광대의 미래 발전에 이바지할 수 있는 고귀한 가치를 지닌 역사적 인물이다. 서거 직후에 숭산을 일컬어 원광의 '큰 스승'이라고 한 칭탄은 일찍이 그 사실을 예견한 것으로, 결코 우연히 나온 말이 아니었다.

　숭산은 일체 욕심에서 초탈하였다. 생전 또는 사후에 그를 둘러싼 여러 가지 일화를 통해서도 원불교의 신앙과 가르침에 따라 무심, 무소유로 일관했던 그의 삶을 충분히 짐작할 수 있다. 일체의 물욕은 물론, 심지어는 가족, 가정까지도 초탈했을 만큼 그의 삶은 철저히 이타적이었다. 원불교계와 원광대의 최고 지도자로서 숭산이 가졌던 지위로 미루어 부귀와 권세를 먼저 떠올리겠지만, 실상은 전혀 그렇지 않았다. 가족과 가정보다 언제나 원불교와 대학을 우선하였다. 오로지 원불교와 대학의 발전을 위해서만 노력과 정성을 기울였던 것이다. 가족, 가정의 희생을 필연적으로 가져올 수밖에 없었던 이러한 공심(公心)의 실천은 부친 소태산이 가사(家事)보다 불법연구회를 언제나 우위에 두고 전념했던 처신과 상통하는 것이었다.

1926년 겨울, 숭산의 모친인 대사모(大師母)가 처음 익산에 들어와 불법연구회의 공가(公家)에 머물다가 소태산의 퇴거 명을 받아 어린 두 아이를 데리고 본부 밖으로 무작정 나서야만 했던 그 광경이 공심에 따른 소태산의 이타적 삶을 대변해 주는 가장 극적인 장면이다. 숭산도 마지막 임종의 병상에서 공사(公事) 외에 자녀, 가사에 관해서는 단 한 마디 언급조차 없었다고 한다. 그런 숭산이기에 유족에게 사재(私財)를 남겼을 리 만무하였다. 무릇 오늘의 원불교는 교조 소태산 이하 숭산과 같이 초기 교단을 이끈 인물들의 헌신적 희생이라는 자양분을 토대로 성장했다는 사실을 상기하지 않을 수 없다.

서거 후 숭산은 거의 온전히 잊힌 채 오늘에 이르렀다. 안타깝게도 소중한 역사적 자산이 묻혀 빛을 발하지 못하고 있었던 셈이다. 원불교 교단과 원광대의 밝은 미래를 담보하기 위해서는 숭산과 같은 고귀한 역사자산을 발굴하고 선양하는 작업이 선행되어야 할 것이다. 숭산 연구의 학문적 체계화, 곧 '숭산학'의 발흥을 고대해 마지 않는다.

참고문헌

숭산 저작물

저서

『대종경강의』, 원광대학교출판국, 1980.
『숭산법사 예화집』, 원불교출판사, 1984.
『일원상과 인간의 관계』, 원광대학교출판국, 1985.
원광대학교 의전과 편, 『봉황과 더불어』(유저), 1994.
원불교사상연구원 편, 『숭산논집』(유저), 원광대학교출판국, 1996.

논문

「실재의 연구-쇼펜하우어를 중심으로-」, 일본 도요대학 졸업논문, 필사원
 고본, 1941[원제「實在の研究ーショペンハウエルを主として-」].
「일원상 연구」, 『논문집』3, 원광대학, 1967.
「일원상에 대하여」, 『원불교개교반백주년기념문총』, 1971.

시·시조·한시

「공장생활」, 『會報』8, 불법연구회, 1934. 3.
「청춘」, 『회보』13, 1934. 7.
「나의 원」, 『회보』14, 1935. 2.

「주먹」,『회보』 22, 1936. 2.

「새로운 출발」,『회보』 31, 1937. 1.

「그 이」,『회보』 39, 1937.

「사랑」,『회보』 40, 1937.

「求本」,『회보』 54, 1939. 4.

「신춘」,「회보」 56, 1939. 7.

「희망」,『일원상과 인간의 관계』(일본유학시).

「그 이」(獨步 박광전),『금강』 창간호, 금강단 문예부, 1946.

「본래면목」 1·2,「생사」,「순결심」,『원광』 55, 1967. 5.

「無」,『원광』 100, 1979. 7.

「一」(필명 獨步, 번역시, 원작자 실베스타),『원광』 4, 1950. 4(이 시는『일원상과 인간의 관계』(1985)에「父」로 改題되어 실렸음).

「叡智」(필명 獨步, 번역시, 원작자 브라우닝),『원광』 11, 1955. 9.

「설악산」·「비선대」·「비룡폭」,『원광』 60, 1968. 7.

「新聞隨感」,『원광대학신문』 211, 1975. 10. 1.

「설악 2수」,『원광』 87, 1975. 12.

「寄水谷先生」(이하 한시).

「聞惠杏先生回春欣然寄意」.

「開窓遙憶平岡先生」.

회고록

「求道歷程記(108~122); 숭산 박광전 법사편」,『원불교신보』 연재물(1985. 9. 16~1986. 2. 16).

「내가 걸어온 길」,『원광대학신문』 438, 1983. 8. 31.

강의노트(『숭산논집』, 2006 所收)

유일학림(원광대학 초기) 교안:「『불교정전』주해」.

동양윤리학 강의노트:「동양윤리학」.

서양철학사 강의노트:「서양철학사 개요」.

유일학림(원광대학 초기) 교안:「이기론」.

원불교수행론 강의노트:「禪論」.

원불교 수행론 강의노트:「염불론」.

불법연구회『회보』· 원불교『원광』

「우리의 立脚地」,『회보』22, 1936. 2.

「참 나를 찾으라」,『회보』24, 1936. 4.

「불교의 의의」,『회보』50, 1938. 12.

「서양의 圓相思想」,『원광』창간호, 1949. 7.

「불교의 세계관」,『원광』4, 1950. 4.

「취임에 際하여」·「업과 윤회」,『원광』5, 1950. 7.

「유교의 中思想」,『원광』6, 1954. 4.

「인격수양과 禪」,『원광』9, 1955. 4.

「원광의 소망」,『원광』10, 1955. 6.

「선악 표준의 轉倒」,『원광』11, 1955. 9.

「구미 각국의 불교상황」,『원광』14, 1956. 4.

「歐美瞥見抄」,『원광』15, 1956. 6.

「일원상을 신앙하는 이유」,『원광』16, 1956. 9.

「원광대학 개교 10주년에 際하여」,『원광』17, 1956. 12.

「원불교 명칭과 특색」,『원광』20, 1957. 9.

「要言數題」,『원광』21, 1958. 1.

「愉樂한 생활」,『원광』25, 1958. 11.

「제5차 세계불교도대회에 다녀와서」, 『원광』 26, 1959. 1.
「부처님 사업에 끼친 특별한 공덕-특별공로자표창식찬사-」, 『원광』 28, 1959. 5.
「거룩하신 지도자였다」(정산종법사교회전체장 발인식 개회사), 『원광』 39, 1962. 4.
「佛法是生活」, 『원광』 40, 1962. 6.
「세계적 원불교에의 토대를 더욱 굳게-교단 대표단 일본 불교계 방문을 마치고-」, 『원광』 44, 1964. 2.
「염불의 원리」, 『원광』 46, 1964. 8.
「정성을 합합시다」, 『원광』 47, 1965. 2.
「공부하는 교단이 됩시다」, 『원광』 51, 1966. 5.
「禪의 생활화」, 『원광』 56, 1967. 8.
「일원상에 대하여」, 『원광』 57, 1967. 11.
「일원상 연구」(연재물), 『원광』 59~65(1968. 5~1970. 4)·67(1967. 10).
「한결같이 받들어 믿는 자세」(인터뷰), 『원광』 65, 1970. 4.
「종교생활은 마음공부하는 생활」, 『원광』 66, 1970. 7.
「세계는 하나요 인류도 하나다-세계 인류에게 보내는 평화 메시지-」, 『원광』 68, 1970. 12.
「하나의 세계 건설의 지상과업 수행」(개교반백년기념대회 개식사), 『원광』 71, 1971. 10.
「원광대학교총장 취임사」·「염불수행」, 『원광』 73, 1972. 4.
「대사모 유족대표 고사; 이 회상 만난 기쁨으로 樂道」, 『원광』 76, 1973. 1.
「敎史 발간 기념; 반백년 교단의 實錄正史」, 『원광』 87, 1975. 12.
「원불교와 일원상」, 『원광』 98, 1978. 11.
「性理의 消息」, 『원광』 105, 1980. 12.
「나의 좌우명」(친필), 『원광』 116(화보), 1983. 9.

「원로와의 대화; 원광대총장 숭산 박광전 법사」(인터뷰), 『원광』 125, 1985. 1.

원불교사상연구원 『원보』

「종교 생활의 의의」, 『院報』 2, 1979. 6.

「극락생활의 길」, 『원보』 3, 1979. 9.

「종교와 원불교」, 『원보』 4, 1979. 10.

「생활하면서 공부하는 길」, 『원보』 5, 1979. 11.

「언제나 한결같이(動靜一如)」, 『원보』 6, 1980. 3.

「남의 인권 존중」, 『원보』 7, 1980. 9.

「正覺正行」, 『원보』 8, 1980. 11.

「作業取捨」, 『원보』 9, 1980. 12.

「圓滿具足」, 『원보』 10, 1981. 3.

「염불법」, 『원보』 11, 1981. 4.

「영성의 회복」, 『원보』 12, 1981. 5.

「종교」, 『원보』 13, 1981. 6.

「본래심」, 『원보』 14, 1981. 9.

「閻王에게 자랑할 수 있는 일」, 『원보』 15, 1981. 11.

「마음의 혹을 떼어 버리자」, 『원보』 16, 1982. 3.

「心王」, 『원보』 17, 1982. 7.

「聖者의 생활」, 『원보』 18, 1982. 10.

「自他力을 병진하는 신앙」, 『원보』 19, 1983. 5.

「작은 일부터 실천합시다」, 『원보』 20, 1983. 6.

「교당에 나가는 이유」, 『원보』 21, 1983. 10.

「진정한 종교의 모습」, 『원보』 22, 1984. 3.

「거울의 교훈」, 『원보』 23, 1985. 5.

「반성의 생활」,『원보』 24, 1985. 10.

원불교·원광대학교 출판물.

「지덕연찬에 힘쓰라」·「쇼펜하우어 윤리론」,『曙苑』창간호, 1952.

「권두언; 교육방향의 재고」, 논문집『원대학보』창간호. 1956.

「美國短信 제1신」, 논문집『원대학보』창간호, 1956.

「國故整理의 방법과 그 과제-한국불교문제연구소 설치에 際하여-」,『원대학보』6, 1957. 9. 15.

「나의 修學時代; 일체를 독서로 극복했다」,『원대학보』8, 1958. 10. 25.

「전후 일본의 종교계; 불교학계의 활동상황」,『원대학보』30, 1964. 1. 20.

「본래심을 회복하자」,『원불교청년회보』6, 1968. 1.

「동서양 사상에 있어 唯一者」,『원대학보』76, 1968. 3. 1.

「일원상의 진리」,『원대학보』77, 1968. 3. 15.

「無我奉公」,『원대학보』81, 1968. 5. 20.

「無時禪 無處禪」,『원대학보』83, 1968. 6. 15.

「大宗經講話」,『원불교신보』2~7, 1969. 6. 15~9. 1.

「인성과 수양」,『원불교신보』5, 1969. 8. 1.

「일원상에 대하여」,『원불교개교반백주년기념문총』, 1971. 10.

「禪이란 무엇인가」,『원불교신보』107, 1973. 11. 25.

「소태산의 종교관」(기조강연),『원불교사상』2, 1977.

「오늘의 사회와 원불교」(대담기사),『원불교신보』1981. 6. 6.

신문·잡지

1970. 1. 21,「뚜렷한 교육관 앞서야」(인터뷰)『전북매일신문』.

1970. 8. 21,「나의 인간수업」(박천석 기록)『전북일보』.

1972. 2. 4,「지덕 겸한 학풍을」(금요 인터뷰)『전북일보』.

1972. 2. 11, 「새해는 이렇게」, 『전북매일신문』.

1972. 8. 17, 「마음의 평정」('일사일언' 칼럼) 『조선일보』.

1972. 8. 26, 「心田啓發」('일사일언' 칼럼) 『조선일보』.

1972. 9. 9, 「평범한 진리」('일사일언' 칼럼) 『조선일보』.

1972. 9. 19, 「민족의 긍지」('일사일언' 칼럼) 『조선일보』.

1975. 12. 5, 「교육의 방향」('천자춘추' 칼럼) 『한국일보』.

1975. 12. 13, 「인성과 감각」('천자춘추' 칼럼) 『한국일보』.

1975. 12. 15, 「도의실천」('전북광장' 칼럼) 『전북일보』.

1975. 12. 18, 「보람있는 생활」('천자춘추' 칼럼) 『한국일보』.

1975. 12. 27, 「새마을정신」('천자춘추' 칼럼) 『한국일보』.

1976. 8. 7, 「오늘을 사는 지혜; 바꾸어 생각해 보자」 『조선일보』.

1977. 1. 22, 「농촌과 새마을운동」('전북광장' 칼럼) 『전북일보』.

1977. 12. 3, 「친절」('일사일언' 칼럼) 『조선일보』.

1977. 12. 10, 「유통활동의 과제」('일사일언' 칼럼) 『조선일보』.

1977. 12. 17, 「靜坐」('일사일언' 칼럼) 『조선일보』.

1977. 12. 24, 「이리참극의 교훈」('일사일언' 칼럼) 『조선일보』.

1977. 12. 31, 「歲暮의 의미」('일사일언' 칼럼) 『조선일보』.

「좋은 얼굴의 〈어떤 빛〉」, 『현대문학』 19-8, 현대문학사, 1973.

「나무들」, 『신동아』 115, 동아일보사, 1974.

「己未遺感」, 『신동아』 175, 1979.

「창간사」, 『대학교육』 창간호, 한국대학교육협의회, 1983. 1.

「원광대학교의 건학이념과 발전방향」, 『대학교육』 4, 1983. 7.

1956년 세계일주

『숭산 세계일주 일기』(필사본, 원광대 숭산기념관 소장).

『숭산 세계일주 사진첩』(원광대 숭산기념관 소장).

추모 · 기념문류

『한국불교사상사』, 화갑기념논문집, 원광대학교출판국, 1975.

『한국근대종교사상사』, 고희기념논문집, 원광대학교출판국, 1984.

『원광』 제150호(1987.2), 숭산 박광전종사 추모특집.

 피안에 편히 쉬소서(김정용).

 숭산종사의 교학사상(한정원).

 지육보다는 덕육을(선우휘).

 덕성교육을 실천한 청백리(KBS방담).

 오늘의 원불교 틀잡은 이론가(서희건).

 곡! 박길진 원광대총장 영전에(민준식).

『원광』 제268호(1996.12), 숭산종사 열반 10주기 특집호-움직이는 산, 거룩한 삶-.

 「아버지 우리 아버지」(박시현).

 「물맛같은 순수의 큰사랑」(임영전).

 「인격과 사상」(김도융).

 「원불교 해석학의 맹아, 숭산 박길진 박사」(류기현).

「법계에 우뚝 솟은 주세성자」(모상준),『원광』 151, 1987. 3.

『한 떨기의 꽃이 성실하게 피어 있다』, 원불교사상연구원, 2006(2004년 12월 원불교사상연구원 숭산추모대회 발표논고 수록).

 「숭산종사의 생애와 사상」(김정용).

 「숭산 박광전 종사의 생애와 사상」(양현수).

 「숭산 종사의 종교관」(송천은).

 「숭산의 철학세계」(정현인).

 「숭산의 교육사상」(김혜광).

 「숭산 스승님의 심법과 행적」(전팔근).

 「나의 스승 숭산종사」(최성덕).

「숭산님의 화경청적(和敬淸寂)한 삶」(조원오).

「숭산종사의 경륜과 중심사상」(김성택).

「내가 받은 숭산 종사님 법문」(한길량).

「숭산종사 어록」.

참고자료

원불교 자료

『원불교 교전』(『정전』·『대종경』).

『정산종사법어』.

『대종경선외록』.

성업봉찬휘보편찬위원회 편,『성업봉찬휘보』, 소태산대종사탄생백주년성업봉찬회, 1992.

『圓佛敎敎故叢刊』1~5, 원불교 정화사, 1973.

원불교 교정원 총무부 편,『원불교 법훈록』, 원불교 원광사, 1999.

원불교72년총람편집위원회 편,『원불교칠십이년총람』I~IV. 원불교창립 제이대 및 대종사탄생백주년 성업봉찬회, 1991.

원불교100주년기념성업회 편,『원불교100년총람』1~10, 2017.

단행본

교사편찬위원회 편,『원광대학교40년사』, 원광대학교, 1987.

교화부 편수과 선진문집편찬위원회 편,『주산종사문집』, 원불교출판사, 1980.

김형석,『백년의 독서』, 비전과리더십, 2021.

독립기념관건립추진위원회 편,『독립기념관건립사』, 1988.

민주화운동기념사업회 연구소 편,『한국민주화운동사 연표』, 민주화운동기념사업회, 2006.

박민영, 『만주·연해주 독립운동과 민족수난』, 선인, 2016.

박용덕, 『소태산 박중빈 불법연구회 4; 일제수난과 대응』, 도서출판 여시아문, 2021(전면개정판).

박장식, 『평화의 염원』, 원불교출판사, 2005.

배재학당사 편찬위원회 기획·주관, 『배재학당사』(중·고사), 학교법인 배재학당, 2013.

송인걸, 『대종경 속의 사람들』, 월간원광사, 1996.

심재룡 역, 『아홉 마당으로 풀어쓴 선』, 현음사, 1986.

아산종사문집간행위원회 편, 『개벽회상의 공도생활』, 원불교출판사, 2008.

원광대학교60년사편찬위원회 편, 『원광대학교60년사』, 2016.

원불교 서울교당93년사 편찬위원회 편, 『서울교당93년사 ①』, 원불교출판사, 2016.

원불교사상연구원 편, 『숭산 박길진, 원광의 빛』, 원광대학교개교75주년기념·숭산박길진총장열반35주년기념 학술회의자료집, 2021. 12. 21.

이마미치 도모노부 지음, 이영미 옮김, 『단테 '신곡' 강의』, 안티쿠스, 2008.

이치노헤 쇼코 지음, 장옥희 옮김, 『조선침략 참회기-일본 조동종은 조선에서 무엇을 했나-』, 동국대학교출판부, 2013.

이혜화, 『소태산평전』, 북바이북, 2018.

익산시사편찬위원회 편, 『익산시사』 상, 익산시, 2001.

임병직, 『임병직 회고록』, 여원사, 1964.

임혜봉, 『친일승려 108』, 청년사, 2005.

장도영 엮음, 『두 하늘 황이천』, 원불교출판사, 2017.

전팔근, 『세상은 한 일터』, 원불교출판사, 2010.

정년기념문집 간행위원회, 『일원의 빛 한길로』(길산 한길량법사 정년기념문집), 도서출판 흐맘, 2007.

정종, 『내가 사랑한 나의 삶 80』 상·중, 도서출판 동남풍, 1995.

주산종사추모사업회 편,『민중의 활불 주산종사』, 원불교출판사, 2007.

『주해강설 한글 금강경』, 원광대학 교학연구회, 1956.

친일반민족행위진상규명위원회,『친일반민족행위진상규명보고서』(Ⅳ-9), 2009.

한국근현대사연구회 편,『한국독립운동사강의』, 한울, 1998.

한길량,『나의 스승 나의 인연』, 도서출판 흔맘, 2014.

『대산상사 수필법문집』3, 원불교 상사원. 1997.

국사편찬위원회 편,『윤치호일기』7, 1918년 4월 11일자.

『대한민국사자료집 33』(이승만관계서한자료집 6), 국사편찬위원회, 1997.

『원불교70년정신사』, 원불교출판사, 1989.

『한국대학교육협회의회10년사』, 한국대학교육협의회, 1992.

『한국대학교육협의회30년사』, 한국대학교육협의회, 2013.

논문 · 논설류

김도형,「도산 안창호의 '불법연구회' 방문과 그 성격」,『원불교사상과 종교문화』80, 원광대학교 원불교사상연구원, 2019.

김봉곤,「남원 박주현 가문의 항일운동과 원불교」,『원불교와 독립운동』, 원광대학교 원불교사상연구원·독립기념관 한국독립운동사연구소 공동 학술대회 자료집, 2019. 2. 19.

＿＿＿＿＿,「원광대학교와 숭산」,『숭산 박길진, 원광의 빛』, 원광대학교개교 75주년기념·숭산박길진총장열반35주년기념 학술회의 자료집, 2021. 12. 21.

김영진,「식민지 조선의 황도불교와 공(空)의 정치학」,『한국학연구』22, 인하대학교 한국학연구소, 2010.

김정용,「일제하 교단의 수난」,『원불교70년정신사』, 원불교출판사, 1989.

김팔곤,「원불교의 '종교연합'운동」,『종교연합운동의 어제, 오늘, 그리고 내일』, 묘산김팔곤박사화갑기념논총간행위원회, 1993.

마츠모토 세이이치(松本誠一),「숭산의 수학 역정(歷程)-박길진 원광대학교 초대 학장·총장과 도요대학-」,『숭산 박길진, 원광의 빛』, 원광대학교개교75주년기념·숭산박길진총장열반35주년기념 학술회의자료집, 2021년 12월 21일.

박맹수,「원광대학교 초대총장 숭산 박길진박사 관련 자료해제」-『조선일보』게재 숭산 관련기사를 중심으로-」,『원불교사상과 종교문화』89, 2021.

박민영,「일제강점기 원불교계와 독립운동의 상관성에 대한 시론적 검토」,『원불교사상과 종교문화』80, 2019.

_____,「자료로 본 숭산 박길진의 삶」,『원불교사상과 종교문화』92, 2022.

_____,「숭산 박길진의 1956년 세계일주 해외교화 여정」,『원불교사상과 종교문화』96, 2023.

_____,「숭산 박길진의 1956년 세계일주 교화여행의 역사적 의의」,『원불교사상과 종교문화』98, 2023.

배병욱,「일제시기 中村健太郎의 언론활동과 내선융화운동」,『인문사회과학연구』21-3, 부경대 인문사회과학연구소, 2020.

송천은,「숭산 박광전종사의 종교관-일원상을 중심으로-」,『원불교학』10, 한국원불교학회, 2018.

신광철,「대산 김대거종사 대화 정신의 테오리아와 프락시스-'세계평화 3대 제언'의 논리와 실천을 중심으로-」,『원불교와 평화의 세계』(대산김대거종사탄생100주년 기념논문집), 원불교출판사, 2014.

안관수,「숭산의 교육철학」,『원불교사상과 종교문화』91, 2022.

양은용,「국제불교문화학술회의 40년의 회고와 전망」,『원불교사상과 종교문화』50, 2011.

_____,「숭산 박길진 박사 논저해제」,『원불교사상과 종교문화』90, 2021.

유지원,「숭산 박길진의 국제 활동과 그 의의」,『원불교사상과 종교문화』91, 2022.

이경옥,「육산 박동국 종사의 생애와 사상」,『개벽을 열다』, 모시는사람들, 2016.

이치노헤 쇼코(戶彰晃, 일본 조동종 雲祥寺 주지),「하쿠분지 2대 주지 우에노 슌에이」(원광대학교 원불교사상연구원 제210차 월례연구발표회 발표문, 2015. 6. 15).

이혜경,「양명학과 근대일본의 권위주의-이노우에 데츠지로와 다카세 다케지로를 중심으로-」,『시대와 철학』30, 한국철학사상연구회, 2008.

전팔근「해외교화사」,『원불교70년정신사』, 원불교출판사, 1989.

정순일,「숭산의 불교사상」,『원불교학』4, 원광대 원불교사상연구원, 1999.

정종,「한 구도자의 신앙고백」,『한국종교사상의 재조명』상, 진산한기두박사화갑기념논문집, 원광대학교출판국, 1993.

정현인,「숭산 박광전의 생애와 사상」,『원불교의 인물과 사상』, 원광대 원불교사상연구원, 1999.

조성환,「쇼펜하우어와 원불교의 대화-숭산 박길진의 '실재의 연구'를 중심으로-」,『원불교사상과 종교문화』90, 2021.

최동희,「산업사회와 종교」,『한국종교』14, 원광대 종교문제연구소, 1989.

황명희·허석,「원산 서대원의 생애와 사상 재조명」,『원불교사상과 종교문화』87, 2021.

허석,「숭산 박길진 박사의 일원사상 고찰」,『원불교사상과 종교문화』85, 2020.

허석,「숭산 박길진 박사의 종교철학 고찰」,『원불교사상과 종교문화』91, 2022.

「녹취록; 숭산 박길진 총장을 모시고-1975년 8월 12~14일/유성·화양계곡-」,『원불교사상과 종교문화』89, 2021.

신문 · 잡지류

신문

1916. 8. 25, 「宇佐美長官招宴」, 『매일신보』.

1916. 12. 9, 「兩博士의 歷訪」, 『매일신보』.

1923. 9. 8, 「禮泉唯一學院曙光」, 『조선일보』.

1924. 6. 4, 「불법연구회 창립」, 『시대일보』.

1925. 5. 26, 「익산에 수도원」, 『동아일보』.

1928. 11. 25, 「세상 풍진 벗어나서 淡湖畔의 이상적 생활」, 『동아일보』.

1929. 1. 7, 「사립학교교원자격인정자」, 『매일신보』.

1931. 8. 3, 「JODK」, 『매일신보』.

1932. 10. 24, 「춘무산 박문사 건립되다(상)-반도의 대은인 이등공을 추억」, 『경성일보』.

1933. 9. 6, 「興文中學 환영 축구시합」, 『조선중앙일보』.

1934. 6. 9, 「培材校 기쁜 날 성대히 始終」, 『매일신보』.

1936. 7. 17, 「김제 복취회관 상량식」, 『매일신보』.

1937. 6. 25, 「심전개발과 자력갱생, 장래가 기대되는 익산 불법연구회」, 『매일신보』.

1937. 8. 1, 「불교혁신 실천자, 불법연구회 박중빈씨」, 『조선일보』.

1937. 8. 1, 「청년정치가인 전북도회의원 趙海英」, 『조선일보』.

1938. 4. 10, 「三橋警務局長 이리 거쳐 군산 향발」, 『매일신보』.

1939. 8. 10, 「이리경찰서원이동」, 『매일신보』.

1939. 10. 9, 「宗圓牧次郎少將 北支로 향발」, 『동아일보』.

1941. 10. 21, 「시대의 선구자」, 『경성일보』.

1941. 11. 15, 「동양식품공사 간장 광고」, 『신한민보』.

1946. 3. 25, 「益山民戰을 결성」, 『자유신문』.

1946. 4. 14,「民戰 익산진용 결정」,『자유신문』.

1948. 2. 3,「불법연구회 개칭」,『동아일보』.

1948. 5.5,「국회의원후보자등록고시」,『군산신문』.

1951. 9. 28,「初大道 2년제로」,『자유신문』.

1955. 12. 14,「다비드왕의 아량 발휘 요청; 이대통령에 賀川氏의 사과서한」, 『동아일보』.

1956. 6. 20,「도산선생의 탄사; 본지특파원 성동호씨 원불교 본지 현지답사」,『국민보』.

1956. 10. 20,「개교10주년기념행사」·「기증도서 만여 권」,『원대학보』 창간호.

1956. 12. 1,「개교 10주년 기념!」·「도서 6백권 기증; 미국 각 대학에서」, 『원대학보』2.

1957. 2. 24,「거듭되는 수증도서; 로스안젤스대학서 1만권」,『원대학보』3.

1957. 9. 15,「待望中의 敎學槪論 드디어 집필완료」,『원대학보』6.

1957. 9. 15,「후원에 최선 다하겠다; 재미재단후원회간사 현씨 來校」,『원대학보』6.

1957. 9.25,「동포소식」,『국민보』(미주 하와이).

1958. 6. 20,「해외에 소개될 우리 대학; 영, 버마서 사진과 연혁 요구」,『원대학보』7.

1958. 10. 25,「10월은 감격의 달」,『원대학보』8.

1958. 10. 25,「Gard박사 연구차 視察來校」,『원대학보』8.

1958. 11. 21,「세계승려대회 파견대표 결정」,『조선일보』.

1958. 11. 21,「한국대표 不遠出發, 세계불교대회에」,『경향신문』.

1959. 7. 1,「현대불교교육의 이념」(리차드 가드, 교학연구회 譯),『원대학보』10.

1959. 8. 12~9. 23,「붉은 생지옥에서 13년」·「공포의 생지옥」(최관오),『국민보』.

1960. 12. 15, 「해외포교연구회 구성; 자료수집과 번역사업이 급무」, 『원대학보』 15.

1960. 12. 15, 「해외불교지소개」, 『원대학보』 15.

1961. 9. 30, 「美人佛教學者 가-드박사 소식」, 『원대학보』 18.

1961. 11. 10, 「교학연구회 임원개선」, 『원대학보』 19.

1961. 11. 18, 「4년제 주간대 12개 교를 정비」, 『조선일보』.

1962. 5. 2, 「학생, 도서 양 과장 경질」, 『원대학보』 21.

1962. 11. 25, 「해외불교지 1; 中道 Middle Way」(박광진), 『원대학보』 24.

1963. 4. 15, 「해외불교지 2; 금련화 The Golden Lotus」(박광진), 『원대학보』 25.

1963. 6. 1, 「해외불교지 3; 대보리 The Maha Bodhi」(박광진)·「일본 불교계 시찰; 재일교포 신도 주선으로」, 『원대학보』 26.

1963. 12. 17, 「대학정원 2만명을 증원」, 『동아일보』.

1963. 12. 18. 박길진 학장, 「인사말씀」, 『원대학보』 29.

1964. 1. 20·3. 20, 전팔근, 「일본의 情景(상·하)」, 『원대학보』 30·31.

1964. 1. 20, 「93세의 鈴木박사와 환담」·「모교에서 명예박사학위」, 『원대학보』 30.

1964. 1. 20, 「환영회 및 좌담회」, 『원대학보』 30.

1964. 3. 1, 「대학인사」, 『원대학보』 31.

1964. 7. 21, 「우리말로 옮겨질 팔만대장경」, 『동아일보』.

1964. 8. 2, 「모든 불경 우리말로 번역」, 『조선일보』.

1965. 1. 15, 「종합대학체제로 나아가는 雄姿!」·「대학의 지역적 기회균등을; 박학장님 年頭辭」, 『원대학보』 38.

1965. 4. 26, 「미불교전문가 Richard A.Gard 박사 7년만에 다시 내방」, 『원대학보』 40.

1965. 8. 23, 「일본 불교타임스사서 佛書 337권 기증」, 『원대학보』 43.

1965. 10. 25,「도서관현황」,『원대학보』 45.

1966. 1. 21,「김갑수씨 등에 名博, 동국대서」,『동아일보』·『조선일보』.

1966. 1. 21,「명예법박학위, 東大서 김갑수씨에」,『경향신문』.

1966. 3. 15,「박학장에 名譽文博」,『원대학보』 48.

1967. 10. 5,「서로의 문을 열고; 한 자리에 모인 종교계 영도자들」,『동아일보』.

1967. 10. 16,「WFB 푼 총재 내한; 원불교 서울지부서 환영좌담회」,『원대학보』 71.

1968. 1. 1,「대학원 신설」,『원광대학보』 75.

1968. 12. 26,「종교헌장 만들기로」,『조선일보』.

1969. 10. 10,「종합대학 개편 인가신청」,『원대학보』.

1970. 10. 15,「세계종교자평화회의에 박길진학장 등 참가」,『원대학보』 120.

1970. 10. 30,「강대국은 비무장하라; 京都 세계종교자평화회의」,『동아일보』.

1970. 10. 30,「강대국은 비무장하라; 경도(京都) 세계종교자평화회의」,『동아일보』.

1970. 10. 31,「세계는 하나 인류는 하나, 세계종교자평화회의」,『경향신문』.

1970. 11. 3,「원불교와 반백년」,『조선일보』.

1970. 11. 7,「박학장 세계종교평화회의 참가코 귀국」,『원대학보』 121.

1971. 3. 20,「사무직 대폭교체, 교양학부 별립」,『원대신문』 126.

1971. 6. 3,「박길진학장 등 도일; 세계평화촉진종교자대회 참가차」,『원대신문』 131.

1972. 7. 15,「평화의 창조와 인간성의 회복」,『원불교신보』.

1972. 5. 19,「문화재보호협회 발족」,『조선일보』.

1972. 12. 1,「중국문화학원과 자매결연」,『원대신문』 156.

1972. 12. 22,「박총장 문화학원과 結緣코 귀국; 국제진출 계기 마련」,『원대신문』 157.

1972. 12. 27, 「자유중국 다녀온 박원광대총장」, 『조선일보』.

1973. 7. 10~1974. 5. 25. 황이천, 「내가 內査한 불법연구회 (1)-(17)」, 『원불교신보』 99~119.

1973. 5. 15, 「유일학림에서 오늘까지」, 『원광대학신문』.

1973·1. 8, 「원불교 교조 미망인 양하운 여사 별세」, 『동아일보』.

1974. 9.4(夕刊), 「韓國人權侵害抗議」, 『讀賣新聞』(일본).

1974. 3. 1, 「박총장 渡日; 京都 불교대학과 문화교류」, 『원광대학신문』 178.

1974. 6. 25, 「원대 마백연구소에 일본 청풍학원에서 3천만원」, 『원불교신보』.

1974. 7. 10, 「원불교사상연구원 발족」, 『원불교신보』.

1974. 7. 23, 「장관, 총장도 앞으로 갓; 1차 55명 새마을연수」, 『조선일보』.

1974. 8. 1, 「원불교사상연구원 개원」, 『원광대학신문』 187.

1974. 8. 22, 「미륵사지 사적 始掘式」, 『동아일보』.

1975. 2. 10, 「박광전·문동현씨 귀국」, 『원불교신보』 135.

1975. 5. 1, 「성명서」, 『조선일보』.

1975. 7. 31, 「골목에 평상 놓고 땀 식혀; 滌暑秘法」, 『전북일보』.

1975. 5. 29, 「이선근 회장 유임, 문화재보호협회」, 『경향신문』.

1975. 5. 29, 「이선근 회장 유임, 문화재보호협 총회」, 『조선일보』.

1975. 10. 30, 「한국철학자대회; 1~2일 원광대」, 『조선일보』.

1975. 10. 31, 「박길진박사 화갑기념 철학대회」, 『동아일보』.

1975. 11. 1, 「한국철학자대회」, 『원광대학신문』.

1975. 11. 4, 「새 가치체계의 정립; 원광대 주최 한국철학자대회」, 『조선일보』.

1975. 11. 25, 「『한국불교사상사』 출간」, 『경향신문』.

1975. 12. 9, 「한국불교사상사, 원광대編」, 『조선일보』.

1976. 1. 1, 「국민총화와 북괴야욕; 새해특집 鼎談」, 전북신문.

1976. 2. 15, 「박총장 渡日; 한일종교협의회 참석차」, 『원광대학신문』 220.

1976. 9. 24, 「원불교 연구발표」, 『경향신문』.

1976. 2. 17,「불교태고종 종무총장 등 12명 한일종교인협의회 참석 도일」, 『경향신문』.

1976. 8. 7,「바꾸어 생각해 보자」,『조선일보』.

1976. 9. 21,「박총장 시민의 章 수여」,『원광대학신문』.

1976. 11. 25,「백제 제3의 도읍터 발견」,『조선일보』.

1977. 6. 1,「원불교사상연구 제1회 학술회의」,『동아일보』.

1977. 6. 7,「한국의 人本사상; 원광대 원불교사상연구원 학술회의」,『조선일보』.

1977. 10. 8,「원불교사상 발표회」,『조선일보』.

1977. 10. 20,「총화 애향심의 결정」,『전북일보』.

1977. 11. 1,「박총장, 이학장 向比; 세계침구학술회의 참석차」,『원광대학신문』.

1977. 11. 15,「필리핀 세계침구학술회의」,『원광대학신문』.

1977. 11. 25,「박광전법사 세계침술학술회의 다녀와 본사 기자와 대담」, 『원불교신보』.

1978. 9. 21,「知育보다는 德育을; 박길진 원광대 총장, 주필 선우휘 대담」, 『조선일보』.

1978. 10. 1,「박길진총장 일행 도일; 세계불교대회 참석차」,『원광대학신문』 300.

1978. 10. 21,「박총장 일행 귀국; 세계불교도회의 마치고」,『원광대학신문』 304.

1979. 5. 29,「한국 철학의 정립; 국내 1백여 학자 학술회의」,『조선일보』.

1979. 8. 21,「박길진총장 세계종교회의 참석차 도미」,『원광대학신문』 328.

1979. 8. 25,「세계평화종교자대회에 참가」,『원불교신보』.

1979. 9. 11,「박길진총장 귀국; 세계평화 종교자대회 마치고」·「전팔근학장 5일 귀국」,『원광대학신문』 330.

1980. 4. 15, 「연대·중대·원광대 부총장 등 보직사임」, 『경향신문』.

1980. 10. 13, 「전통사상에 원불교 큰 기여; 원광대 학술회의 종교계서 관심」, 『동아일보』.

1980. 10. 14, 「원불교는 전통사상 계승」, 『조선일보』.

1981. 7. 20, 「원불교는 현대 물리학과 상통; 圓佛敎思想硏 학술회의」; 『동아일보』.

1981. 7. 24, 「물질과 정신 균형 안 잡히면 위기; 원불교사상 세미나」, 『조선일보』.

1981. 4. 16, 「아시아 종교연합 운영위원회의」, 『원불교신보』.

1981. 4. 1, 「세계종교회의 참석 박길진총장 출국」, 『원광대학신문』 366.

1981. 11. 12, 「박길진총장 종교회의 참석」, 『원광대학신문』 387.

1981. 11. 26, 「아시아세계종교회의 서울개최 확정」·「종교연합의 문제; 박길진총장 종교연합 창설 제의에 즈음하여」(류병덕), 『원광대학신문』 389.

1982. 3.19, 「대학의 자율」(사설), 『동아일보』.

1982. 2. 19, 「올림픽推委 시도별 구성」, 『동아일보』.

1982. 2. 4, 「원불교사상 발표회」, 『조선일보』.

1982. 2. 4, 「원불교사상연구 발표」, 『경향신문』.

1982. 3. 24, 「88서울올림픽 박총장 전북위장 피선」, 『원광대학신문』.

1982. 3. 12, 「박길진 원광대총장, 세계종교인회의 참석」, 『경향신문』.

1982. 4. 3, 「대학에 새로운 기풍 불어넣겠다」, 『서울신문』.

1982. 4. 13, 「자율적 대학교육 힘써야」, 『전북일보』.

1982. 4. 3, 「대학교육협 회장에 박길진 원광대총장」·「잠깐 5분 인터뷰, 박길진 대학교육협 초대회장」, 『동아일보』.

1982. 4. 3, 「대학교육협의회 발족」·「대학의 고민 함께 해결; 대학교육협의회 박길진 초대회장」, 『조선일보』.

1982. 4. 3, 「대학교육협의회 회장 박길진 총장 "좋은 학풍, 전통 본받도록

돕겠다」,『경향신문』.

1982. 8. 28,「준비위원 명단」,『경향신문』·『조선일보』.

1982. 4. 5,「대학간 정보교환-자율조정의 폭 넓히겠다」,『중앙일보』.

1982. 4. 6,「88서울올림픽」,『원불교신보』.

1982. 4. 6,「제10차 평화연구 집회; 한,일종교계 대표 참석」,『원불교신보』.

1982. 11. 30,「원불교사상연 발표」,『조선일보』.

1983. 1. 7,「'대학교육협' 법인화 추진」,『동아일보』.

1983. 2. 4,「원불교사상연구 발표」,『경향신문』.

1983. 4. 3,「대학교육협의회 회장 박길진 총장 "좋은 학풍, 전통 본받도록 돕겠다"」,『경향신문』.

1983. 2. 3,「원불교思想발표회, 원광대 思想研」;『동아일보』.

1983. 2. 3,「원불교사상발표회」,『조선일보』.

1983. 4. 10,「동일대학 전,후기 모집허용」·「대학운영의 개선책」·「대학교육협의회 '3개 건의안' 전망」『조선일보』.

1983. 3. 16,「제2대 성업봉찬사업」,『원불교신보』.

1983. 3. 23,「교당 휴일로 정해 단체로 즐겨」,『경향신문』.

1983. 12. 15,「대학 팽창에 질은 저하」,『동아일보』.

1983. 12. 21,「학원사태 제적생 복교허용」,『동아일보』.

1984. 9. 5,「박길진총장 세계종교자평화회의 참가」,『원광대신문』464.

1984. 8. 26,「세계불교도우의회 성황」,『원불교신보』.

1984. 5. 3,「외국보도진 1천명 내한; 교황 한국순례 4박 5일」,『조선일보』.

1984. 2. 13,「'호남한국화300년展' 열린다」,『경향신문』.

1984. 2. 8,「복교생문제 공동보조」,『동아일보』.

1984. 2. 9,「復校는 大學 일임」,『조선일보』.

1984. 3. 1,「새 회장에 장충식 총장」,『조선일보』.

1984. 3. 31,「원광대 농성 매듭」,『조선일보』.

1984. 5. 23, 「박총장, 옥야대상. 국제라이온즈클럽서」, 『원광대신문』 460.

1984. 9. 19, 「교수동정」, 『원광대신문』 465.

1984. 7. 20, 「박길진 원광대총장, 스리랑카 불교대회에 참석」, 『경향신문』.

1984. 8. 18, 「세계종교회의 떠나」, 『조선일보』.

1984. 8. 1, 「박총장 불교대회 참가; 전팔근·김철 교수도」, 『원광대신문』 463.

1984. 8. 20, 「박길진 원광대총장, 나이로비 종교지도자회의 참석」, 『경향신문』.

1984. 9. 16, 「인간존엄과 세계평화 추구」, 『원불교신보』.

1984. 11. 8, 「원광대 박길진총장 고희 기념 종교논문집」, 『동아일보』·『조선일보』.

1984. 11. 8, 「박길진 원광대총장 고희 기념 논문집 봉정식 가져」, 『경향신문』.

1984. 11. 11, 「종교인의 종교관 재정립을; 원광대서 '종교분쟁방지' 학술강연」, 『조선일보』.

1985. 5. 29, 「연행학생 풀려」, 『원광대신문』 487.

1985. 9. 18, 「학생총회 및 개강열림굿 10일 2천여 학생 참가」, 『원광대신문』 493.

1985. 9. 4, 「대학본질에 충실할 터」, 『원광대신문』 491.

1985. 5. 22, 「지성인다운 행동 보일 때」, 『원광대신문』 486.

1985. 10. 12, 「圓미술대전 작품모집」, 『조선일보』.

1985. 10. 27, 「종교인협의회 회장」, 『조선일보』.

1985. 10. 28, 「박길진 원광대총장 종교인협의회 회장에」, 『경향신문』.

1986. 1. 10, 「원미술 서울전시 주관」, 『조선일보』.

1986. 4. 29, 「원불교의 고향 영광 영촌마을」, 『동아일보』.

1986. 4. 30, 「원광대 31명도」, 『조선일보』.

1986. 5. 16, 「민주화 특별기도회」, 『원불교신문』.

1986. 5. 21, 「미주 원불교대 설립」, 『경향신문』.

1986. 5. 23,「원불교 미가주 원불교大 설립키로」,『동아일보』.

1986. 5. 28,「5월혁명계승제 열려」,『원광대신문』514.

1986. 5. 31,「아시아 종교인 평화회의」,『경향신문』.

1986. 5. 7,「담화문」(총장)·「경찰 학내진입 학교요청 없었다」·「개교 이래 최대의 민주화 열기」·「교수 31명 시국선언문 발표」·「오늘의 현실에 대한 우리의 견해」,『원광대신문』512.

1986. 6. 18,「시국선언 교수 전국 7백83명」,『조선일보』.

1986. 9. 24,「담화문」(총장, 2차)·「전북 민민투련 발족식」,『원광대신문』520.

1986. 11. 12,「민민투 6차 실천대회」,『원광대신문』525.

1986. 11. 19,「웅미과 교내시위」,『원광대신문』526.

1986. 11. 26,「민민투 실천대회」,『원광대신문』527.

1986. 12. 3,「원광대 박길진 총장」·「圓思想 체계화한 학자종교인」,『동아일보』.

1986. 12. 3,「지덕겸수 도의실천한 원광인의 큰 스승」,『원광대신문』528.

1986. 12. 4,「곡! 박길진 원광대총장 영전에」(민준식),『광주일보』.

1986. 12. 4,「원광대 박길진 총장 별세」·「오늘의 원불교 틀잡은 이론가」,『조선일보』.

1986. 12. 10,「고 숭산박길진총장 발인식거행」,『원광대신문』529.

1986. 12. 10, 정종,「슬프도다! 숭산 박길진 선생이시여!」,『원광대신문』.

1986. 12. 16,「숭산 박광전 종사 발인식 거행」,『원불교신문』.

1987. 1. 1,「신임 총장에 김삼룡박사 취임」,『원광대신문』530.

1987. 3. 4,「숭산기념사업회 창립」,『원대신문』532.

1987. 5. 6,「숭산기념사업회 1차 위원총회」,『원대신문』539.

1987. 5. 13,「숭산기념사업회 출범」(사설),『원대신문』540.

1987. 5. 6,「숭산 동상 건립키로」,『원불교신문』.

1987. 12. 6,「숭산기념사업회」,『원불교신문』.

1988. 6. 6, 「교립 원광대 초대총장 박광전 종사 동상 건립」, 『원불교신문』.

1988. 10. 26, 「대봉도 39, 대호법 28인 탄생」, 『원불교신문』.

1989. 5. 16, 장성운, 「울산교육 발전에 헌신, 좌고우면 않았던 참교육자; 김삼도 교장을 아십니까」, 『경상일보』.

1991. 9. 11, 「총회 후 숭산기념관 현판 떼고 교수회관에 어울리는 시설 요구」, 『원대신문』 658.

1991. 11. 20, 「교수회관, 명칭 및 용도 합의」, 『원대신문』 666.

1994. 10. 7, 「숭산의 종교, 학문, 사상 강연회」, 『원불교신문』.

1996. 5. 10, 「원광대학교 개교 50주년」, 『원불교신문』.

1999. 12. 31, 「이오은 교무, 세계불교대표로 상임회장 피선; 세계종교인평화회의 제7차 세계대회서」, 『원불교신문』.

2000. 9. 29, 윌리엄 벤들리, 「인류의 미래 개척하는 삼동윤리」, 『원불교신문』.

2004. 8. 10, 「해방50년 불교50년-역경 3」, 『법보신문』.

2004. 12. 10, 「추모 기념대회 아! 숭산 숭산종사」, 『원불교신문』.

2011. 2. 25, 「서문성 교무의 소태산대종사 생애 60가지 이야기」, 『원불교신문』.

2013. 6. 9, 「이도전 교무가 쓰는 선진읽기 27. 묵산 박창기 대봉도」, 『원불교신문』.

2013. 7. 26, 「경산 박광진 정사 열반」, 『원불교신문』.

2014. 8. 21, 「아시아종교인평화회의 25일부터 인천에서 열려」, 『경향신문』.

2014. 12. 4, 이융조, 「오늘의 홍이섭 역사학」, 『대전일보』.

2015. 6. 19, 「우에노 슌에이는 누구인가」, 『원불교신문』.

2017. 6. 27, 최병헌, 「한국 불교의 역사적 성격론」, 『법보신문』.

2022. 11. 1, 「세계불교도우의회 방콕서 총회」, 『원불교신문』.

2023. 6. 13, 김경집, 「재일본조선불교청년회」, 『불교신문』.

잡지

서경전, 「십타원 대사모님의 생애」, 『원광』 76, 1973년 1월호.

한정원, 「대사모님 추억」, 『원광』 76, 1973년 1월호.

박윤철, 「숭산 박길진 종사의 '일원철학'의 연원-아르투르 쇼펜하우어-」, 『원광』 547, 2020년 3월호.

교무부 편수과, 「1930년대의 불법연구회」, 『원광』 78, 1973년 8월호.

「일제하의 교단사 내막」, 『원광』 105, 1980년 12월호.

「1930년대의 불법연구회」, 『원광』 78, 1973년 8월호.

이은석, 「日政의 수난과 대종사열반」, 『院報』 13, 원광대 원불교사상연구원, 1981.

이운철, 「소태산 대종사의 광복의 예시」, 『원광』 156, 1987년 8월호.

「유일학림 제1회 졸업식 훈사」(이공전 受筆), 『원광』 창간호, 1949년 7월호.

「교계소식」, 『원광』 창간호, 1949년 7월호.

「교계소식」, 『원광』 5, 1950년 7월호.

「교계소식」, 『원광』 9, 1955년 4월호.

「교계소식」, 『원광』 15, 1956년 5월호.

서경전, 「십타원 대사모님의 생애」, 『원광』 76, 1973년 1월호.

황정신행, 「遺志 받들어 더욱 精進」, 『원광』 76, 1973년 1월호.

「숭산선생 환송의 밤」, 『원광』 13, 1956년 1월호.

마성, 「서경보-한국불교 세계화에 앞장선 '박사' 스님」, 『불교평론』 70, 2017년 여름호.

「해외불교소식」, 『원광』 23, 1958년 7월호.

「세계불교상황」, 『원광』 18, 1957년 3월호.

「해외불교소식」, 『원광』 16, 1956년 9월호.

「해외불교소식; '인류 평화를 기원함'」, 『원광』 21, 1958년 1월호.

「하와이 불교소식」, 『원광』 17, 1956년 12월호.

「해외불교소식」,『원광』 21, 1958년 1월호.

「해외불교소식; 메리하알로우 여사의 서한」,『원광』 34, 1960년 12월호.

「해외불교소식」,『원광』 24.

박광진,「세계불교현황」(1-3),『원광』 41·43·44, 1962~1964.

「해외(미국) 불교지에 소개된 우리 원불교」,『원광』 17, 1956년 12월호.

「해외불교소식; 영국의 종교지 The Voice에 본교 기사」,『원광』 32, 1960년 4월호.

「원광대학장 박광전씨 한국불교대표로 파견-제5차 국제불교대회에-」,『원광』 25, 1958년 11월호.

「미국불교학자 라차드 가드(R.A.Gard) 박사 本敎來訪」,『원광』 25, 1958년 11월호.

「원불교의 역사적 발전을 축원」·「세계종교의 방향과 원불교」,『원광』 71, 1971년 10월호.

전팔근,「해외교화의 방향」,『원광』 101, 1979년 12월호.

류병덕,「평화운동의 계보와 전망」,『원광』 68, 1970년 12월호.

「교계소식」,『원광』 43, 1963년 7월호.

한기두,「원불교사상연구원 설립 의의」,『원광』 84, 1975년 2월.

박윤철,「숭산 박길진 종사의 일원철학의 연원-아르투르 쇼펜하우어」,『원광』 547, 2020년 3월호.

Rev. Jack Austin Edit, *Western Buddhist* 10th.~13th., spring 1957~spring 1958.

일본어 문헌

朝鮮總督府 編,『朝鮮總督府及所屬官署職員錄』(1922·1925).

東洋大學 編,『東洋大學創立五十年史』, 1937.

淵上福之助,『躍進朝鮮と三州人』, 1936.

總理廳官房監査課 編,『公職追放に關する覺書該當者名簿』, 日比谷政經會, 1949.

東洋大學創立100周年史編纂室 編,『東洋大學史紀要』3, 東洋大學創立100周年記念事業事務局, 1985.

廣池利邦 編,『廣池利三郎追悼記』, 廣池千九郎顯彰會, 1993.

大內那翁逸·津野田喜長 共編,『舊帝國陸軍編制便覽』第1卷, 2003.

竹內洋,『革新幻想の戰後史』, 中央公論新社, 2011.

小笠原雄·田中每実·森田尚人·矢野智司,『日本教育學の系譜』, 勁草書房, 2014.

井上圓了,「哲學ノ必要ヲ論シテ本會ノ沿史ニ及フ」,『哲學會雜誌』1·2, 東京帝國大學文學部哲學會, 1887.2·3.

筧實,「新刊紹介;'哲學槪論' 齋藤昫著」,『哲學硏究』251, 京都哲學會, 1937.

棚瀨襄爾,「宗敎民族學者としての故宇野圓空先生」,『民族學硏究』13-4, 日本民族學會, 1949.

狩野陽,「奧田三郞敎授について」,『北海道大學敎育學部紀要』13, 北海道大學敎育學部, 1967.

鄭璁,「東京の叡智-柳宗悅先生を中心に-」,『忘れ得ぬ日本人-朝鮮人の怨恨と哀惜』(尹靑光編), 東京, 六興出版, 1979.

菊川忠夫,「大島正德の生涯と思想」,『幾德工業大學硏究報告』A-8, 神奈川工科大學, 1984.

坪內祐三,「高島平三郞」,『20世紀ニッポン異能·偉才100人』, 朝日新聞社, 1993.

井上克人,「明治期アカデミー哲學とその系譜-本體的一元論と有機體の哲學-」, 東洋大學國際哲學硏究センター,『國際哲學硏究』3, 2014.

鄭子路,「幽玄論史百年(二)-複眼的·總合的硏究への道程-」,『人間文化硏究』11, 廣島大學大學院總合科學硏究科人間文化硏究會, 2019.

연보

1915 1세

전라남도 영광군 백수면 길룡리 영촌에서 부친 소태산 박중빈(朴重彬)과 모친 양하운(梁夏雲) 대사모의 4남매 중 장남으로 출생(음 7. 5). 본명 길진(吉眞), 법명 광전(光田), 법호 숭산(崇山).

1916 2세, 시창 1

부친 소태산 원불교 개교(開敎)(4. 28)

1921 7세, 시창 6

향리 서당에서 『천자문』 수학

1924 10세, 시창 9

큰동생 길주(吉珠, 법명 光靈) 출생(음 12. 23)
원불교 전신 불법연구회 창립(4. 29)

1925 11세, 시창 10

영광 백수공립보통학교 입학
작은동생 길연(吉緣, 법명 光振) 출생(음 11. 13)

1926 12세, 시창 11
　　전북 이리읍 송학리(현 익산시 송학동) 이거
　　이리공립보통학교(현 이리초등학교) 전학(4월)

1929 15세, 시창 14
　　누나 길선, 주산 송도성과 결혼(12. 21)

1931 17세, 시창 16
　　이리공립보통학교 졸업(3. 20)
　　서울 배재고등보통학교(5년제) 입학(4. 4)

1935 21세, 시창 20
　　자작시「나의 원(願)」발표(불법연구회『회보』14, 2월)

1936 22세, 시창 21
　　독립운동 지도자 도산 안창호, 불법연구회 방문(2. 21)
　　배재고등보통학교 졸업(3. 3)
　　일본 토요대학(東洋大學) 예과 입학(4월)
　　불법연구회 경내에 이리경찰서 북일주재소 신설, 순사 황가봉 상주
　　　사찰(10월)

1938 24세, 시창 25
　　토요대학 예과 수료, 철학과 본과 진학(3월)
　　일제, 전시체제 전환을 위해 이른바 국가총동원법 공포(4. 1)
　　조선총독부 미츠하시(三橋孝一郞) 경무국장, 익산 불법연구회 방문사찰
　　　(4. 8)

1939 25세, 시창 24

불법연구회 불교전수학원(佛敎專修學院) 원장 피임

* 일본유학 중 구도를 위해 '빈민가의 성자' 가가와 도요히코(賀川豊彦) 목사 방문

1941 27세, 시창 26

토요대학 철학과 졸업(3월), 귀국

불법연구회 학원교무(4월)

큰동생 길주 병사(18세, 12. 19)

1942 28세, 시창 27

불법연구회 교무부장(4. 26~1945)

1943 29세, 시창 28

임영전(林靈田, 본명 達廉)과 결혼(1월)

서울 박문사(博文寺) 체류(4~5월)

부친 소태산 열반(6. 1), 정산 송규 종법사 취임(6. 8)

불법연구회 교리서『불교정전』간행(8월)

1945 31세, 시창 30

해방(8. 15). 불법연구회, 전재동포구호사업 전개(서울·부산·전주·이리)

1946 32세, 시창 31

매형 송도성 병사(40세, 3. 27)

민주주의민족전선(세칭 '민전') 익산군위원회 부위원장(3월)

원광대학교 전신 유일학림 개교(5. 1). 학림장 박장식, 학감 숭산

불법연구회 대각전에서 광복 1주년 기념으로 안중근의사 '활동사진'
   상영(8. 26)

연보 509

1947 33세, 시창 32

　　장남 성종(聖宗) 출생(12. 20)

1948 34세, 시창 33

　　제헌의회 선거 익산군 갑 선거구 선거위원회 위원장(5. 10)

　　원불교 개교식(開敎式)(4. 27)

1949 35세, 시창 34

　　유일학림 제1회 졸업(4. 7), 2기생 입학(5. 1)

1950 36세, 시창 35

　　원불교 중앙총부 교정원장(4. 26~1951. 4. 26)

　　6·25전쟁 발발로 북한군, 중앙총부 점거(7월~9. 27)

1951 37세, 시창 36

　　장녀 시현(施炫) 출생(3. 8)

　　원광초급대학(2년제) 개교식(10. 1), 학장 취임

1952 38세, 시창 37

　　원광대학 최초 교지 『서원(曙苑)』 창간

　　(6월, 2호부터 『원광문화』로 개제)

1953 39세, 원기 38

　　원광대학(4년제 단과대학) 인가(1월)

　　원불교 제1회성업봉찬기념대회 개회(4. 26)

　　원불교 수위단회 수위단원(4. 26)

1954 40세, 원기 39

　　　　차남 병건(炳健) 출생(3. 13)

　　　　원광대학 제1교사(석조 2층, 건평 210평, 6개 강의실) 준공(3월)

1955 41세, 원기 40

　　　　원광대학 제1회 졸업식(3월)

1956 42세, 원기 41

　　　　원광대학 최초 논문집『원대학보(圓大學報)』창간(1월)

　　　　세계일주 교화여행 12개국(일본·미국·영국·노르웨이·스웨덴·덴마크·
　　　　독일·스위스·이집트·인도·태국·홍콩) 순방(1. 12~2. 25)

　　　　* 뉴욕 방문 중 일본의 세계적 불교학자 스즈키 다이세츠(鈴木大拙, 1870~1966) 상면

　　　　원광대학 교학연구회(敎學硏究會) 창립(6. 9)

　　　　강설주해본『한글 대장경』발간(10. 9 한글날)

　　　　원광대학 개교 10주년 기념행사(10. 20, 10. 26~28)

　　　　원광대 대학신문『원대학보(圓大學報)』창간(10. 20)

　　　　* 이후『원대신문』(한글제호, 126호, 1971. 3. 20) →『원광대학신문(圓光大學新聞)』(178호,
　　　　1974. 3. 1) →『원광대신문(圓光大新聞)』(443호, 1983. 10. 5) →『원대신문(圓大新聞)』
　　　　(532호, 1987. 3. 4) →『원대신문』(한글제호, 772호, 1996. 3. 4) 순으로 제호 바꿈

1957 43세, 원기 42

　　　　'재미재단후원회'(원광대 후원기구) 간사 피터현(Peter S. Hyun, L.A.
　　　　거주) 원광대학 방문(7월)

1958 44세, 원기 43

　　　　미국 불교학자 리차드 가드(Richard A. Gard), 익산 방문(10. 19~21)

　　　　세계불교도우의회(World Fellowship of Buddhists, WFB) 제5차 총회
　　　　참가(태국 방콕, 11. 24~30)

1959 45세, 원기 44
신설 원광여자중고등학교 기성회 부회장(1월)

1960 46세, 원기 45
원광대학 『논문집(論文集)』 발간(10월)
원광대학 해외포교연구회 창립(11. 24)

1961 47세, 원기 46
박정희 5. 16군사쿠데타 발발
원불교 교전편찬 기구인 정화사(正化社) 감수위원(12. 15)

1962 48세, 원기 47
교헌개정안기초위원회 위원(2. 21)
종법사 정산 송규 서거(1. 24), 정산종법사교회전체장의위원회 위원장
5·16군사정권의 이른바 사립대학 정비조치로 원광대학, 비정규 '각
　종학교'인 '원광대학림'으로 격하(3월)
해외포교문제연구소 설립, 영문 포교지 원부디즘 *WON BUDDHISM*
　창간(12. 30)

1963 49세, 원기 48
재일교포 초청으로 일본 불교계 시찰(11. 25~12. 27)
* 방일 중 도쿄에서 스즈키 다이세츠 교수와 재회

1964 50세, 원기 49
원광대학, 4년제 정규대학 복설 인가(1. 21)
원불교개교반백년기념사업회 회장(4. 29)

동국대학교 동국역경원 역경위원(7월)

1965 51세, 원기 50
학교법인 원광학원 설립허가(초대 이사장 성정철, 1. 30)

1966 52세, 원기 51
명예문학박사 학위수증(동국대, 1. 21)

1967 53세, 원기 52
한국종교인협회 주관 제1회 '공동의 모임'에 원불교 대표로 참석
(성균관 명륜당, 6. 23)

1968 54세, 원기 53
원광대학 대학원 신설, 대학원장 겸임(3. 1)
한국종교인협회 주관 종교헌장제정 기초위원 피선(12월)

1969 55세, 원기 54
청와대 예방, 박정희 대통령 면담(8. 14, 이공주·박장식·이운권·김정용 동행)

1970 56세, 원기 55
제1회 세계종교인평화회의 참석(일본 교토, 10. 16~21)

1971 57세, 원기 56
원불교개교반백년기념대회 개최(10. 7~12)
제3회 세계연방평화촉진종교인대회 한국대표 참가(일본 요코하마, 5. 29~30)

1972 58세, 원기 57

원광대학교(종합대학 설립인가 1971. 12. 31) 초대총장 취임식(2. 26)

대만 중국문화학원(원장 張其昀, 현 중국문화대학)에서 명예철학박사 학위수증(12. 11)

박정희정권, 장기집권을 위해 유신헌법 공포(12. 27)

1973 59세, 원기 58

모친 양하운 대사모 서거(83세, 1. 7)

원광대, 일본 붓쿄대학과 공동으로 한일불교학학술회의 개최(5. 11)

원광대학교 부설 마한·백제문화연구소(초대소장 김정용) 개소(10. 1)

국민훈장 모란장 수증(12. 5)

1974 60세, 원기 59

일본 교토 붓쿄대학 초청으로 방일, 학술교류 협의(2. 3~10)

원광대학교 원불교사상연구원 설립, 초대 원장(7. 4)

1975 61세, 원기 60

화갑기념 논문집 『한국불교사상사』 출간 및 (제1회) 한국철학자대회 (대주제 '새 가치체계 정립의 문제') 개최(원광대, 11. 1~2)

중국종교인협회 초청으로 대만(당시 자유중국) 방문(1. 21~2. 3)

학원가 반정부시위 탄압을 위해 대통령 '긴급조치 7호' 발동(4. 10)

사이공 함락, 월남 패망(4. 30)

한국문화재보호협회(회장 이선근 동국대 총장) 이사 피선(5월)

1976 62세, 원기 61

이리시민의 날 문화공로 문화장(文化章) 수상(9. 20)

1977　63세, 원기 62

　　필리핀 마닐라에서 개최된 세계침구학술회의 참석(11월)

　　이리역 폭발 참사(11. 11)

　　원불교사상연구원 제1회 학술회의(대주제 '한국의 인본사상') 개최

　　　(원광대 대강당, 7. 4)

　　정전, 대종경 등 원불교 9종교서 수록 『원불교전서』 발간

　　　(감수위원, 11월)

1978　64세, 원기 63

　　세계불교도우의회 제12차 총회 참석(일본 도쿄·교토, 10. 1~6)

1979　65세, 원기 64

　　제2회 한국철학자대회(대주제 '한국철학 정립의 문제') 개최

　　　(원광대, 5. 27)

　　제3차 세계종교인평화회의 참석(미국 프린스턴, 8. 29~9. 3)

1980　66세, 원기 65

　　전두환 신군부세력에 항거한 5·18광주민주화운동 발발

　　저서 『대종경강의』 출간(6월)

1981　67세, 원기 66

　　원불교 교단, 종교연합기구(UR) 창설준비위원회 초대 위원장(5월)

　　일본 붓쿄대학으로부터 '붓쿄대학 명예박사' 칭호를 받음(9. 2)

　　아시아종교인평화회의 제2차 총회 참석(인도 뉴델리, 11. 6~12)

1982 68세, 원기 67

원불교사상연구원 제1회 총발표회 개최(2. 2~3)

제10회 세계종교인평화회의 참석(일본 도쿄, 3. 14~17)

서울올림픽대회 범국민추진 전북위원회 위원장(3. 23)

한국대학교육협의회 초대회장(4. 2~1984)

독립기념관 건립추진위원회 추진위원(10월)

1983 69세, 원기 68

'원불교창립제2대 및 대종사탄생백주년 성업봉찬회' 회장(2. 22)

원광대생, 원탑축제 기간 대대적 반정부시위(5. 16)

1984 70세, 원기 69

국립광주박물관 주최 '호남한국화300년전(展)'(12월 개최) 지도위원(1월)

홍콩에서 개최된 아시아종교인협의회(ACRP) 집행위원회의 참석(4월)

이리 향토사회 발전 공로로 국제라이온스클럽 수여 옥야대상(沃野大賞) 수상('옥야'는 익산의 옛 지명)

세계불교도우의회 제14차 총회 참가(스리랑카 콜롬보, 8. 2~7)

제4회 세계종교인평화회의 참가(케냐 나이로비, 8. 21~9. 1)

고희기념 논문집 『한국근대종교사상사』 발간 및 한국종교학자대회 (대주제 '한국종교의 근대화 방향') 개최(11. 9~10)

저서 『숭산법사 예화집(例話集)』 출간

1985 71세, 원기 70

저서 『일원상과 인간의 관계』 발간(5월)

평생 회고록 「구도역정기 108~122; 숭산 박광전 법사편 1~15」 연재

(『원불교신보』1985. 9. 16~1986. 2. 16)

한국종교인협의회(현 한국종교협의회) 회장(10. 10)

KBS 명사 초청 대담프로 '일요방담' 출연(11. 3)

1986 72세, 원기 71

원미술대전(圓美術大展) 대회장으로 서울전시회 개막(원불교 서울회관, 1. 10)

원광대생, '4. 19학생혁명 추모제' 최대규모 반정부 시위(4. 17~26, 1만 명 참가)

원광대교수 31명, 민주화요구 성명서 「오늘의 현실에 대한 우리의 견해」 발표(4. 29)

원광대 교내시위 자제 요청 총장 「담화문」 발표(5. 7)

미주원불교대학설립추진위원회 위원장(5. 9)

제20회 국제평화제 조직위원회 총재 피임(서울 힐튼호텔 및 잠실체육관, 5. 15~18)

아시아종교인평화회의(ACRP) 제3차 총회(서울 엠배서더호텔, 6. 16~21) 한국위원회 부위원장

서거(12. 3). 원불교전체장 겸 원광대학교장(전체 장의위원장 김윤중 교정원장)으로 익산 왕궁리 원불교 영모묘원 안장. 종사(宗師) 서훈 추서

1987 원기 72, 서거 후 1년

숭산기념사업회 창립(회장 김정용, 2. 26)

『원광대학교 40년사』 발간, 1주기 추모식 영전 봉정(12. 3)

1988 원기 73, 서거후 2

원광대학교 캠퍼스 내 동상 건립 제막식(5. 25)

1991 원기 76, 서거후 5

원광대학교 숭산기념관 개관(9. 4)

1994 원기 79, 서거후 8년

원광대학교 총동문회 주최 서거 8주기 추모 강연회(숭산기념관, 9. 29)

유저 『봉황과 더불어』 간행

1996 원기 81, 서거후 10년

서거 10주기 추모 유저 『숭산논집(崇山論集)』 출간

2004 원기 89, 서거후 18년

원불교사상연구원 개원 30주년 및 숭산 서거 18주기 기념 '숭산종사 추모기념대회' 개최(12. 3)

2006 원기 91, 서거후 20년

서거 20주기 추모 『숭산문집; 한 떨기의 꽃이 성실하게 피어 있다』 출간 (10월)

2021 원기 106, 서거후 35년

서거 35주년 기념 숭산 박길진 기념관 개관식 및 '숭산 박길진, 원광의 빛' 학술회의(12. 3)

찾아보기

ㄱ

가가와 도요히코(賀川豊彦) 79, 80, 475
가가와 도요히코 기념 마츠자와 자료관
　(賀川豊彦記念 松澤資料館) 82
가와무라 마사미(河村正美) 110
『가족구성(家族構成)』 72
강영명(姜永明) 79, 475
강필국 195
경남고등여학교 118
경성방송(JODK) 44
경성법학전문학교 130
경성제일고보 58
『경험파의 철학(經驗派の哲學)』 66
고려선사(高麗禪寺) 216
곤도 히사지(近藤壽治) 75
곤방단원(坤方團員) 199
「공안해의(公案解義)」 332
곽종원 304
「교육칙어(敎育勅語)」 76
교의사상강좌(敎義思想講座) 296
교정원장(敎政院長) 191, 195, 196
『교학개론』 297, 299
『교학개설(敎學槪說)』 109, 297, 299
『교학연구(敎學硏究)』 292
교학연구회(敎學硏究會) 162, 163, 286, 297

교헌개정안기초위원회 200
『구도역정기』 345, 349
구마모토 리헤이(熊本利平) 114
「구미별견초(歐美瞥見抄)」 334
「구본(求本)」 129
구양근 118
국가총동원법 105, 106
국립광주박물관 306
국립정치대학 48
『국민보』 357
국민정신문화연구소 75
국민정신총동원조선연맹 106
국민총력조선연맹 106
국어국문학연구회 162
국제불교문화학술회의 285
국체명징(國體明徵) 106
『국체의 본의(國體の本義)』 75
궁성요배(宮城遙拜) 106
권오익 38
『금강경(金剛經)』 24
『금련화(金蓮花)』 243, 246
금련화 출판사 250
금산사(金山寺) 99
기독교청년회(YMCA) 43
긴급조치 7호 180
김구 132

김대거(金大擧) 131, 199, 386, 440
김도융(金道隆, 팔곤) 294, 425, 455, 456, 465
김동성(金東成) 211, 212
김민서 27
김범부(金凡夫) 56
김삼도(金三道) 58
김삼매화(金三昧華) 39
김수환 433
김영두(성택) 349, 350
김영수(金映遂) 145, 163, 164
김영신 107
김영춘 183
김옥렬(金玉烈) 212
김윤중(金允中) 200, 288~290, 441
김인룡(金仁龍) 147, 173, 183
김인철 268
김정용(金正勇, 三龍) 147, 173, 181~184, 271, 273, 289, 290, 292, 293, 295, 296, 298, 336, 337, 359, 394, 424, 448~450, 452, 456, 460, 461
김지현 147
김찬삼(金燦三) 212
김창환(金昌煥) 456, 461
김태길 359
김태석(金太石) 301
김태흡(金泰洽) 120
김현준(金賢準) 56
김홍철 294

ㄴ
「나의 수학시절」 50
「나의 원(願)」 129, 343
「나의 일생」 345, 349
나이로비 274
나카무라 겐타로(中村健太郞) 113
나카지마 토쿠조우(中島德藏) 75
남가주대학(USC) 218, 257
남경중앙정치대학 48, 50
남성중학교 164
「내가 걸어온 길」 345
내선일체(內鮮一體) 106
뉴욕불교사원 222
니시 요시오(西義雄) 69

ㄷ
다카시마 헤이자부로(高島平三郞) 73
단전주(丹田住) 61
대각전(大覺殿) 132, 143, 145, 150, 262, 266
대동아공영 105
대리석 사원(The Marble Temple) 264
대보리회 234
『대보리』 246
대사모(大師母) 17, 30, 203, 204, 479
대영박물관 226
대일본언론보국회 68
『대종경』 116, 199, 207, 332, 386
『대종경강의』 207, 331, 332

『대학교육』 307
대학교육협의회 367
「대학의 징표」 167
대한민국 임시정부 132
대한적십자사 304
덕혜옹주 82
도요대학(東洋大學) 49, 53, 55, 62, 127, 215, 282, 341
도진호(都鎭鎬) 216, 217
독립기념관 305
독립기념관 건립추진위원회 306
독립운동 46, 48, 52, 98, 100
독보(獨步) 17, 344, 396
동국역경원 56, 301, 302
「동서사상의 유일자」 373
동양식품회사(Jan. U. Wine) 218
동원도리(同源道理) 373
동지회(同志會) 218, 220

ㄹ

라담 호텔 220
라콤파템 사원 264
런던 223
로스앤젤레스 216, 218
로스앤젤레스시립대학 218, 257
루벤대학 273
류병덕(柳炳德) 161, 183, 268, 285, 288~290, 455, 456, 465~467
리차드 가드 262, 264

ㅁ

마닐라 305
마츠자와병원(松澤病院) 74, 82
마키 지로(牧次郎) 113
마하쿨라대학 264
마한·백제문화연구소 181
말라라세케라 261
『매일신보』 113
메리 할로우 245
메릴랜드대 220
명예대호법 112
모리네이 목사 226
모상준(牟相峻) 147, 273, 425, 439, 462, 463
모수동 183
「무(無)」 343
무아봉공(無我奉公) 143, 144
문동현(文東賢) 285
문록선 58
문월라(文月羅) 215
문일평(文一平) 39
문정규(文正奎) 32, 94
문화재보호범국민운동 304
『미국불교』 246
미륵사지 181
미문화원 점거사건 431
미츠하시 고이치로(三橋孝一郎) 103, 105
「민족의 긍지」 353

민족중흥 178
민주주의민족전선 300, 357
민준식(閔俊植) 456, 461, 462
민태식 38
민항공운공사(CAT) 215

ㅂ

「바꾸어 생각해 보자」 353
바바(馬場) 215
박군옥(朴君玉) 18
박길선(朴吉善) 19
박길연(朴吉緣) 19, 183, 247, 258, 289, 290
박길주(朴吉珠) 19, 115~117
박도선화(朴道善華) 18
박동국(朴東局) 18
박만옥(朴萬玉) 18
박문사(博文寺) 108, 111, 191
박성삼(朴成三) 17
박시현(朴施炫) 427, 464
박억(朴億) 17
박용익(朴用翼) 301
박임련 38
박장식(朴將植) 113, 120, 122, 124, 130, 131, 145, 173, 190, 200, 206, 288~290
박재규 308
박정희 168, 173, 178, 179, 364, 430
박제현 290

박종홍 336
박중관(朴中觀) 298
박창기(朴昌基) 143, 195
박항식(朴沆植) 173, 444
반제 반파쇼 민중민주 전북학생연맹 437
방언공사 98, 99
방정환(方定煥) 56
방콕 235
배재고등보통학교 36, 53
배헌(裵憲) 96
백수공립보통학교 26, 27
백악관 220
버클리대학 257
『버클리의 불성』 246
버킹엄궁 226
범어사 79
범태평양불교청년대회 215, 216
법신불(法身佛) 24, 234
『법의 광명』 246
법학연구회 162
베른 231
베를린 229, 230
『보경육대요령(寶經六大要領)』 119
보광사(普光寺) 94
보-불전쟁 승전기념탑 229
복취회(福聚會) 108, 110
「본래면목(本來面目)」 343
봄베이 233, 234

『봉황(鳳凰)과 더불어』 331, 337
부다가야(Buddha Gaya) 234
『북미시보(北美時報)』 220
북일주재소 103
불교동지회 242, 243
『불교연합회람지』 246
불교전수학원(佛敎專修學院) 130, 141
『불교정전(佛敎正典)』 78, 108, 114, 119, 223, 241, 339
『불교타임즈(佛敎タイムス)』 283
『불교평론』 243, 246
불교협회(The Buddhist Society) 223
불법시생활(佛法是生活) 생활시불법(生活是佛法) 396, 476
불법연구회(佛法硏究會) 25, 26, 29, 39, 40, 55, 60, 61, 79, 147, 374
『불법연구회규약(佛法硏究會規約)』 119
『불법연구회회규』 114
『불성평론』 246
『불심』 246
『불조요경(佛祖要經)』 27
붓쿄대학(佛敎大學) 181, 284
비겔란 조각공원 226
「비룡폭」 344
「비선대」 344

ㅅ ─────

『사선을 넘어서(死線を越えて)』 81
사성당(四聖堂) 55

사은(四恩) 373, 378, 380, 383
사이공 180
사이토 쇼(齋藤昞) 68
4·19학생혁명추모제 434
사카자키 칸(坂崎侃) 68
『사회생활의 기조(社會生活の基調)』 65
산야 다르마삭티 261
산토 토마스대 305
삼대력(三大力) 378, 383, 385
삼동윤리(三同倫理) 275
삼론종(三論宗) 265
3선개헌 179
3·1운동 43, 99
삼학(三學) 385
서경보(徐京保) 145, 262
서경전(徐慶田) 18, 29
서기채(徐奇彩) 18
서대원(徐大圓) 18, 27, 120, 373, 374
서병재(徐炳宰) 145, 182
서상인(徐相仁) 94
서양불교교단 250
『서양불교』 246
『서원(曙苑)』 154, 161
서창열 294
서희건(徐熙乾) 456, 461, 462
선우휘(鮮于煇) 335, 361, 456, 461
성의철 211
성정철 171
세계불교도우의회(WFB) 260, 358, 367

세계연방평화촉진종교인대회 273
「세계종교연합 설립선언문」 277
「세계종교연합 설립취지문」 277
세계종교인평화회의(WCRP) 269, 358, 367
세계침술학회 305
『소리』 247
소지지(總持寺) 273
소태산(少太山) 17, 20, 23, 97, 98, 118, 123, 389
송규(宋奎) 19, 113, 120, 143, 150, 184, 194, 199, 210, 266, 275, 373, 405
송도성(宋道性) 19, 39, 125, 131, 184
송벽조(宋碧照) 131
송병준 112
송상면 94
송수은 290
송영봉(宋靈鳳) 281
송은석 290
송인걸 463, 464
송창허(宋蒼虛) 145
송천은(宋天恩) 19, 182, 288~290, 293, 450, 455
송학동 29
쇼펜하우어 50, 52, 64, 341, 342, 374, 376, 378, 391
수양력 383~385
『수양연구요론(修養研究要論)』 119
수위단(首位團) 199

숭산기념관 453
숭산기념사업회 449, 453
『숭산논집(崇山論集)』 331, 337, 338, 341, 455, 457
『숭산법사 예화집(例話集)』 331, 332
「숭산선생 환송의 밤」 212, 334
『숭산 세계일주 일기』 212
숭산학 452, 458, 459, 479
스미스소니언재단 220, 257
스즈키 나오지(鈴木直治) 77
스즈키 다이세츠(鈴木大拙) 222, 282
스즈키 다이세츠 기념관(鈴木大拙館) 223
스즈키 텐잔(鈴木天山) 111
스톡홀름 229
스프루이텐부르크-드바르즈 243
스핑크스 232
『승가(僧伽)』 246
『승리』(부처열반2500주년기념특별판) 246
시창(始創) 107
시카고 220
신간회 97
신봉조 38
『신사상의 비판과 주장(新思想の批判と主張)』 65
신영길 450
신영묵 38
「신춘(新春)」 129, 382

『신흥동방』 246
신흥무관학교 96
신흥우(申興雨) 43
「실재(實在)의 연구－쇼펜하우어를 중심으로」 64, 341, 372, 390, 474
심전개발운동(心田開發運動) 110
「심전계발」 353
쓰네미츠(常光活然) 283

ㅇ
아리스토텔레스 66
『아비달마불교의 연구(阿毘達磨佛敎の研究)』 69
아스토리아 호텔 226
아시아재단 221, 257
아시아종교인평화회의(ACRP) 276
아우스트 229, 245
아테네 232
안이정 147
안중근 132
안창호(安昌浩) 96, 100, 101
안춘생 306
야마나카(山中龍淵) 283
야부키 게이키(矢吹慶輝) 70
야스다(保田正昇) 42, 43
양명학 65
양유찬(梁裕燦) 211, 220
양하운(梁夏雲) 17, 203
양현수 456

에타니 류카이(惠谷隆戒) 284
엠버시호텔 216
엠파이어스테이트 빌딩 211, 221
여운형(呂運亨) 37
여청운(呂淸雲) 28
염불 400
「염불법」 400
영모묘원(永慕墓園) 442
「예지(叡智)」 344
오니시 요시노리(大西克禮) 77
오스틴(Rev. Jack Austin) 250, 251
오시마 마사노리(大島正德) 65
5·16군사쿠데타 168
오종태 200
오창건 94
오츠카 야스지(大塚保治) 77
오카 큐가쿠(丘球學) 111
오쿠다 사부로(奧田三郎) 73
오쿠라 쿠니히코(大倉邦彦) 127
오크(Oke) 229
오타니대학(大谷大學) 282
오희원 290
옥녀봉 21, 98
옥야대상(沃野大賞) 304
왓 포 사원 264
왓 프라깨우 235
요시다 구마지(吉田熊次) 74
요코하마(橫濱) 273
요한 헤르바르트(J. F. Herbart) 75

찾아보기 525

「용서하며 살자」 419
우가키(宇垣一成) 110, 111
우노 엔쿠(宇野圓空) 70, 71
「우리의 입각지(立脚地)」 129
우사미(宇佐美勝夫) 43
우에노 슌에이(上野舜穎) 109
우찬툰(U. Chan Htoon) 261
우치무라 간조(內村鑑三) 80
『원(圓)』 246
『원광』 163, 167, 208, 241, 244, 245, 248
원광대(圓光臺) 167
『원광대신문(圓光大新聞)』 164
원광대학 156, 171, 211
원광대학교 174, 182
『원광대학교 40년사』 140, 452
원광대학림(圓光大學林) 169
『원광대학약사』 162, 240, 241, 243, 249, 254
『원광문화(圓光文化)』 161, 241
원광중학교 153
원광초급대학 150, 152, 153
원광학원 171
『원대신문(圓大新聞)』 164
『원대학보(圓大學報)』 161, 163, 171, 241, 247, 256, 401
원법교(圓法敎) 235
『원보(院報)』 292
원부디슴사 290

원부디즘 286, 291
원불교개교반백년기념사업회 201
『원불교교전(圓佛敎敎典)』 199, 286, 290, 291
「원불교교헌(圓佛敎敎憲)」 147, 193, 199, 200
『원불교사상(圓佛敎思想)』 292, 295
『원불교사상과 종교문화』 292
원불교사상연구원 163, 291, 331, 338, 360, 428, 455~457
『원불교신문』 140
『원불교신보』 292
『원불교요람』 223, 240, 241, 243, 244, 249, 252, 254, 263, 291
원불교창립 제2대 및 소태산대종사탄생 100주년 성업봉찬회 205
원불교청년시국선언 433
『원시불교에서의 반야 연구(原始佛敎に於ける般若の研究)』 69
원융-실재론(圓融實在論) 64
원인(圓人) 385
원탑대동제 431, 437
원탑제(圓塔祭) 179
웨스트민스트사원 226
유신헌법 179
유엔주재 한국대표부 211, 221
유일학림(唯一學林) 139, 142, 145, 197, 405
유정천(劉定天) 17, 19

유호기(劉澔基) 46
6·29민주화선언 313, 430
6·25전쟁 143, 148, 150, 194, 196, 256
윤기원 183
윤덕영 111
윤두서(尹斗緖) 306
윤정운 290
윤치호(尹致昊) 43
이경렬 38
이공전(李空田) 147, 200, 268, 271, 288~290
이공주(李共珠) 39, 42, 173, 195, 206
이광수 111
이광정 268
이노우에 데츠지로(井上哲次郎) 63
이노우에 엔료(井上圓了) 53, 63
이데 다카시(出隆) 66
이동완 94
이동진화(李東震華) 39
이리공립보통학교 29, 31, 128
이리농림학교 115
「이리 참극의 교훈」 353
이범녕(李範寧) 218
이병도(李丙燾) 337
이병은 182
이상비 174, 350, 455
이상은 359
이서호(李西鎬) 301

이선경(李善慶) 289, 290
이선근(李瑄根) 304
이성신 147
이순석 147
이슬람교 234
이승만(李承晩) 37, 211, 218, 220, 221, 357
이영해 183
이완철 200
이운권(李雲捲) 150, 173, 200, 203, 288~290
이윤재 38
이은석(李恩錫) 109, 296, 298
이재철 131
이정기 38
이정은 147
이종행(李鍾行) 182, 183, 240, 258
이주일 340
이중정(李中正) 288~290, 296, 298
이창빈(李昌彬) 305
이청담(李靑潭) 262
이춘기 174
이토 히로부미(伊藤博文) 48, 111, 132
이환의(李桓儀) 174
이후락 173
「일(一)」 344, 396
일원사상 421
일원상(一圓相) 24, 373, 378, 379, 385~389, 391, 395, 399, 420

찾아보기 527

『일원상과 인간의 관계』 331, 333, 339, 341
「일원상에 대하여」 373
「일원상(一圓相) 연구」 67, 69, 78, 333, 342, 372, 389
「일원상을 신앙하는 이유」 373
「일원상의 유래와 법문」 373, 374
「일원상의 진리」 373
일원세계(一圓世界) 143, 144
일원주의(一圓主義) 276
일원철학(一圓哲學) 52
임병직(林炳稷) 211, 221
임영전(林靈田) 118, 440, 450, 464
임제종 69
임종권(林鍾權) 163
임청암 118

ㅈ

『자비의 소리』 246
장용하 38
장인숙 308
장제스(蔣介石) 48
장준하(張俊河) 56
장충단(獎忠壇) 111
장충식 308, 314
장치원(張其昀) 302, 303
전경진 450
전두환 307, 364, 430, 433
전시연합대학 150

전원배 161, 173, 294, 359
전음광 131, 190
전재동포(戰災同胞) 구호사업 126
전조선축구대회 45
전팔근(全八根) 182, 240, 268, 271, 274, 281, 289, 290, 439, 450, 456, 467
정갑원 457
정관평(貞觀坪) 25
정광훈 200
정래동(丁來東) 164
정봉길(鄭奉吉) 289, 290
정성숙(鄭盛熟) 289, 290
정수봉 308
정순택 38
정원명(鄭元明) 215
정일지(丁一持) 27
정자선(丁慈善) 224, 290
『정전(正典)』 119, 145, 199, 332
정종(鄭瑽) 56, 66, 67, 81, 83, 127, 456, 459, 460
「정좌(靜坐)」 353
정현인 456
정화사(正化社) 200, 288
정화성 183
제1대 성업봉찬기념대회 199
제국대학(帝國大學) 63
제네바 232
제대만몽연구회(帝大滿蒙研究會) 72
제생의세(濟生醫世) 143, 144, 192,

210, 235
조동종 108, 111, 215, 218
조명기(趙明基) 56, 58, 302, 336
『조선불교(朝鮮佛敎)』 113
조선불교동경유학생회 58
조선불교중앙교무원 58
『조선불교혁신론(朝鮮佛敎革新論)』 373
조선체육회 45
조세핀 브리트 220, 245
조송광(曺頌廣) 107
조조지(增上寺) 268
조좌호(曺佐鎬) 38
조해영(趙海英) 300
『종교공회』 Forum 246
종교문제연구소 285
종교연합(UR) 271, 276, 279
종합대학교추진위원회 174
주영하 304
『주해강설 한글금강경』 163, 223
중국문화대학 302
중국문화학원(中國文化學院) 203, 302
『중국불교』 246
『중도(中道)』 246
중앙교의회(中央敎議會) 196
중앙당무학교(中央黨務學校) 48
중앙불교전문학교 57, 58
중앙선원(中央禪院) 214
중앙정치대학 48
중일전쟁 105, 127

지덕겸수(知德兼修) 도의실천(道義實踐) 139, 160, 182, 401, 405, 476
「지덕(知德) 연찬(研鑽)에 힘쓰라」 154
「지육(知育)보다는 덕육(德育)을」 361
진실재(眞實在) 372, 376~379, 381, 382, 391
진진응(陳震應) 79, 475

ㅊ

차낙훈(車洛勳) 164
「참 나를 찾으라」 129
철학관(哲學館) 50, 53, 55
철학관대학 55
철학관사건 76
철학당(哲學堂) 55
『철학이전(哲學以前)』 66
『철학자휘(哲學字彙)』 63
『철학회잡지(哲學會雜誌)』 53
청목당(靑木堂) 114
최관오 38
최남선 94
최덕신(崔德新) 220
최린 111
취리히 231
취사력 383~385
츠키지 혼간지(築地本願寺) 268

ㅋ

카네기재단 221

카이로 232
칸트 64
『캐나다 신지학(神智學)』 247
캘리포니아대학교 버클리 220
캘커타 234
컬럼비아대 220, 222
케임브리지대학 226
코펜하겐 229
코펜하겐대학 227
코프 고베(Co-op Kobe) 81
콜롬보 268
크리스마스 험프리 224

ㅌ ─────────────
태평양전쟁 68, 105, 127
토다 테이조(戶田貞三) 72
토바세 도시미치(鳥羽瀨 俊道) 220

ㅍ ─────────────
판 와나메티 261
팔만대장경 301
88서울올림픽대회 범국민추진 전북위
　원회 305
팬암(Pan Am) 215
『평화신문』 220
'평화와 자유' 47, 48
푼 피스마이 디스쿨 261
프랑크푸르트 230
프린스턴대학 257

피터현 217, 218, 230, 257, 357

ㅎ ─────────────
하기락 359
하네다(羽田)공항 215
하동산(河東山) 262
하재창 294
학사(學舍)신축추진위원회 155
학원교무(學園敎務) 130
학원안정화법 431
한교(韓喬) 42
『한국근대종교사상사(韓國近代宗敎思想
　史)』 336, 367
한국대학교육협의회 306
한국문화재보호협회 304
『한국불교사상사(韓國佛敎思想史)』
　336, 358
한국종교연구협회 315
한국종교인협의회 315
한국종교학자대회 365, 367
한국철학자대회 358, 359, 363, 365
한기두(韓基斗) 30, 183, 292, 293, 296,
　299, 456, 460, 461, 466
한기준 38
한길량(韓吉良) 198
『한 떨기의 꽃이 성실하게 피어 있다』
　349, 457
한미재단 221
한일불교학학술회의 285

한종만 183, 293
합동통신사 211
해외교화 208, 210
해외포교문제연구소 286, 289, 290
해외포교문제연구회 289
해외포교연구회 286, 288, 290
해인사 301
『해조음(海潮音)』 Hai Chao Ying 246
허건(許楗) 306
허련(許鍊) 306
현규병(玄圭炳) 148
『현대실재론의 연구(現代實在論の研究)』 65
현상즉실재론(現象則實在論) 63
현승렴 217
호남철도경비대 150, 194
호남한국화300년전(展) 306
호놀룰루 215, 216
호적(胡適) 223
호젠 세키 222
홀멘콜렌 스키장 226

홍찬(洪燦) 220
화엄사 79
황가봉(黃假鳳) 99, 103, 104, 121
황국신민서사(皇國臣民誓詞) 106
황국신민화 58, 106
황도불교(皇道佛敎) 113, 114
황수영(黃壽永) 337
황온순(黃溫順, 황정신행) 108, 195, 203, 224
『회보(會報)』 386
훈트 215, 245
흥문중학(興文中學) 46
「희망」 126, 343
히라오카 도호(平岡宕峯) 181
히로시마(廣島) 273
히로이케 치쿠로(廣池千九郎) 70
히로이케 토시사부로(廣池利三郎) 69, 215, 282
히로이케 토시쿠니(廣池利邦) 69
힌두교 234

원광의 빛
숭산 박길진

초판 1쇄 발행   2024년 12월 3일

지은이   박민영
펴낸이   주혜숙

펴낸곳   역사공간
등록   2003년 7월 22일 제6-510호
주소   04000 서울특별시 마포구 동교로 19길 52-7 PS빌딩 4층
전화   02-725-8806
팩스   02-725-8801
전자우편   jhs8807@hanmail.net

ISBN   979-11-5707-627-7   93990

• 책값은 뒤표지에 있습니다. 잘못된 책은 바꾸어 드립니다.